NOVO CURSO DE DIREITO PROCESSUAL CIVIL

1

DE ACORDO COM O

CÓDIGO DE PROCESSO CIVIL

E AS LEIS N. 13.256, DE 4-2-2016,
E 13.363, DE 25-11-2016

1

MARCUS VINICIUS RIOS GONÇALVES

NOVO CURSO DE DIREITO PROCESSUAL CIVIL

TEORIA GERAL E PROCESSO DE CONHECIMENTO

(1ª PARTE)

15ª EDIÇÃO

2018

saraiva jur

ISBN 978-85-472-1326-8 obra completa
ISBN 978-85-472-2368-7 volume 1

DADOS INTERNACIONAIS DE CATALOGAÇÃO NA PUBLICAÇÃO (CIP)
ANGÉLICA ILACQUA CRB-8/7057

Gonçalves, Marcus Vinicius Rios

Novo curso de direito processual civil, volume 1 : teoria geral e processo de conhecimento (1ª parte) / Marcus Vinicius Rios Gonçalves. – 15. ed. – São Paulo : Saraiva Educação, 2018.

1. Processo civil 2. Processo civil – Brasil I. Título II. Série.

17-1381 CDU 347.9(81)

Índices para catálogo sistemático:

1. Brasil : Direito processual civil 347.9(81)
2. Brasil : Processo civil 347.9(81)

SOMOS EDUCAÇÃO | saraiva jur

Av. das Nações Unidas, 7.221, 1º andar, Setor B
Pinheiros – São Paulo – SP – CEP 05425-902

SAC
0800-0117875
De 2ª a 6ª, das 8h às 18h
www.editorasaraiva.com.br/contato

Vice-presidente Claudio Lensing
Diretora editorial Flávia Alves Bravin

Conselho editorial
Presidente Carlos Ragazzo
Consultor acadêmico Murilo Angeli Dias dos Santos

Gerência
Planejamento e novos projetos Renata Pascual Müller
Editorial Roberto Navarro

Edição Eveline Gonçalves Denardi
Sergio Lopes de Carvalho

Produção editorial Ana Cristina Garcia (coord.)
Luciana Cordeiro Shirakawa
Rosana Peroni Fazolari

Arte e digital Mônica Landi (coord.)
Claudirene de Moura Santos Silva
Guilherme H. M. Salvador
Tiago Dela Rosa
Verônica Pivisan Reis

Planejamento e processos Clarissa Boraschi Maria (coord.)
Juliana Bojczuk Fermino
Kelli Priscila Pinto
Marília Cordeiro

Fernando Penteado
Tatiana dos Santos Romão

Novos projetos Laura Paraíso Buldrini Filogônio

Diagramação e revisão Know-How Editorial

Comunicação e MKT Carolina Bastos
Elaine Cristina da Silva

Capa Aero Comunicação
Foto do autor Nelson Toledo
Produção gráfica Marli Rampim
Impressão e acabamento RR Donnelley

Data de fechamento da edição: 24-10-2017

Dúvidas? Acesse www.editorasaraiva.com.br/direito

CL 604556 CAE 623465

ÍNDICE

livro II
INSTITUTOS FUNDAMENTAIS DO PROCESSO CIVIL

livro IV
DOS ATOS PROCESSUAIS

livro V
DA TUTELA PROVISÓRIA

livro VI
FORMAÇÃO, SUSPENSÃO E EXTINÇÃO DO PROCESSO CIVIL

livro VII
DO PROCESSO E DO PROCEDIMENTO

NOTA DO AUTOR

Esta edição do *Novo Curso de Direito Processual Civil* é a segunda lançada após a entrada em vigor do novo CPC, em 18 de março de 2016.

Mais do que promover as alterações necessárias para adequar a obra ao novo Código e à alteração superveniente, trazida pela mencionada lei, esta edição procurou penetrar-lhes o espírito, apresentando ao leitor uma visão sistematizada dos princípios, dos institutos fundamentais e das regras gerais da nova legislação. A ideia não foi apresentar uma obra apenas reformada, mas verdadeiramente reconstruída. É evidente que nem tudo foi alterado pela nova legislação, e alguns temas sobreviveram quase incólumes a ela. Mas mesmo estes foram tratados de forma a harmonizá-los com o espírito de modernização que presidiu o novo CPC.

Procurou-se, nesta edição, incorporar a experiência proveniente destes quase dois anos que transcorreram desde que o NCPC entrou em vigor. A aplicação prática de uma nova lei, sobretudo de um novo Código de Processo Civil, é riquíssima fonte de subsídios, pois permite verificar em concreto os benefícios que ela traz e as dificuldades que acarreta. O tempo que transcorreu desde a edição anterior também foi útil para afastar alguma obscuridade que havia surgido nos primeiros momentos de interpretação da nova legislação, tão vasta e minuciosa. Algumas questões continuam controvertidas; outras, aos poucos, vão sendo solucionadas, pela doutrina e pela jurisprudência.

O *Novo Curso* continua dividido em três volumes. Mas foi necessário alterar o conteúdo de cada um deles, para adaptá-los à nova disposição do CPC de 2015. O primeiro volume contém o exame dos temas tratados na Parte Geral da nova lei. São abordados os princípios e os institutos fundamentais, o tema das partes e seus procuradores, dos sujeitos do processo e os relativos aos atos processuais, acrescentando-se um extenso capítulo sobre a tutela provisória. Além disso, ainda no primeiro volume são examinadas as primeiras fases do procedimento comum, isto é, a fase postulatória e a ordinatória. No segundo volume, conclui-se o exame do procedimento comum, com a fase instrutória e a decisória, e são abordados os procedimentos especiais, de jurisdição contenciosa e voluntária. Por fim, o terceiro volume é dedicado à execução civil, que abrange tanto o processo de execução por título extrajudicial quanto o cumprimento de sentença, e aos processos nos tribunais e meios de impugnação das decisões judiciais.

As significativas alterações estruturais e de conteúdo não modificaram, porém, a filosofia desta obra, de fazer uso de linguagem acessível e singela, que permita ao estudante e ao leitor, sem perda de conteúdo, alcançar o máximo de compreensão sobre a ciência do Processo Civil.

Espera-se que a nova edição alcance esse objetivo e que seja recebida com a mesma benevolência que os leitores dedicaram às edições anteriores e para a qual manifesto perene gratidão. Ela terá alcançado sua finalidade se, de alguma forma, despertar o interesse do leitor para os mecanismos do Processo Civil ou facilitar o seu acesso à nova legislação.

livro I
NOÇÕES GERAIS

capítulo I
INTRODUÇÃO

1. AS REGRAS DE CONDUTA

O homem é um ente social e gregário. Não se concebe, salvo situações excepcionais, que possa viver isoladamente. Entre as necessidades humanas mais profundas está a do convívio social, a de estabelecer relações com outros homens, com as mais diversas finalidades e os mais variados graus de intensidade.

Os eremitas e aqueles que se isolam por completo do convívio humano constituem exceções à regra. Dessa necessidade surgiram as sociedades. Formaram-se grupos sociais cada vez maiores e as relações entre os homens adquiriram complexidade.

Mas a manutenção da sociedade não prescinde do estabelecimento de regras que pautem o convívio dos homens. A psicologia profunda tem demonstrado que o ser humano é movimentado por instintos, que, se não sujeitos à repressão, podem colocar em risco a própria vida em comunidade.

Por isso, desde há muito que o grupo social estabeleceu regras de conduta, impostas a todos ou a alguns de seus membros. A preservação da vida em comum exige a imposição de regras, pois o homem não pode existir exclusivamente para satisfazer os próprios impulsos e instintos.

Não se sabe se as sociedades humanas e o direito surgiram concomitantemente, ou se o nascimento daquelas precedeu o deste, pois mesmo nas sociedades mais primitivas encontram-se normas que o grupo impõe aos seus integrantes. Parece evidente, porém, que foi a instituição de regramentos e normas de conduta que permitiu à sociedade evoluir e atingir o grau de desenvolvimento em que se encontra atualmente.

2. CONFLITOS DE INTERESSES

A imposição de regras ao indivíduo, pelo grupo social, não é suficiente para evitar, por completo, os conflitos de interesses. Nem sempre os bens e valores estão à disposição em quantidade tal que satisfaça a todos os indivíduos, o que pode provocar disputas. Além disso, nem sempre os integrantes do grupo social obedecem espontaneamente as regras de conduta por ele impostas.

Em decorrência, percebeu-se que não basta simplesmente estabelecer regras de conduta se não há meios de impô-las coercitivamente. De nada vale a proibição se não há como impor o seu cumprimento.

Em princípio, os conflitos eram solucionados pelos próprios envolvidos. A solução dada era, portanto, parcial, porque provinha das partes em litígio. Era a fase da autotutela: o titular de um direito fazia com que ele valesse pela força. A justiça era feita pelas próprias partes envolvidas no litígio.

Mas essa solução era frequentemente insatisfatória, porque na autotutela nem sempre levava a melhor aquele que tinha razão. Vencia, muitas vezes, a força bruta, a esperteza e a astúcia.

Essas circunstâncias geravam tal insatisfação entre os membros da coletividade que havia risco à sobrevivência desta. Foi só com o surgimento do Estado que se encontrou uma solução satisfatória para os conflitos.

3. AUTOTUTELA E JURISDIÇÃO

Foi a partir do momento em que os Estados se estabeleceram e ganharam força que a solução dos conflitos de interesses deixou de ser dada pela autotutela. Até então, eram as próprias partes envolvidas que solucionavam os conflitos, com o emprego da força ou de outros meios. Quando havia uma desavença, ou as partes conseguiam chegar a um acordo, ou uma delas submetia à força os interesses da outra.

Nas sociedades modernas, o Estado assumiu para si, em caráter de exclusividade, o poder-dever de solucionar os conflitos. Desde então, compete-lhe a elaboração das regras gerais de conduta e a sua aplicação aos casos concretos. Ele é suficientemente forte para impor a qualquer membro da coletividade o cumprimento da norma jurídica concreta. A solução dos conflitos é dada pelo Estado mesmo quando ele próprio é um dos envolvidos, por isso há divisão de funções das atividades estatais. Compete ao Estado-juiz a solução dos conflitos de interesses, que, desde então, passou a ser imparcial.

O Estado substituiu-se às partes, incumbindo a ele dar a almejada solução para o litígio.

É tal a sua preocupação em impedir a autotutela que a lei pune como ilícito criminal o exercício arbitrário das próprias razões. Mas, ainda hoje, existem no ordenamento jurídico hipóteses excepcionais em que o Estado, ciente de sua incapacidade de estar presente em todas as situações possíveis, permite ao titular de um direito a autotutela. São casos específicos, em que a defesa de um direito pelas próprias mãos constitui ato lícito. Como exemplos podem ser citadas a legítima defesa pessoal ou de terceiro, autorizada no Código Penal, e a legítima defesa da posse, prevista no Código Civil.

No cumprimento do dever de editar normas de conduta, o Estado inicialmente regrou os comportamentos que os indivíduos deveriam ter em sociedade. Em caso de desobediência a elas, o prejudicado poderia comparecer em juízo para reclamar do Estado-juiz a formulação de norma para o caso concreto, suscetível de sanção e hábil para compelir o renitente a cumprir a sua obrigação. E o Estado, que já regulava o comportamento dos indivíduos em sociedade, passou a editar normas e princípios regulamentadores do processo, por meio do qual se emite a regra concreta de conduta capaz de solucionar o conflito de interesses.

4. PROCESSO CIVIL

O Direito Processual Civil é o ramo do direito que contém as regras e os princípios que tratam da jurisdição civil, isto é, da aplicação da lei aos casos concretos, para a solução dos conflitos de interesses pelo Estado-juiz.

Aquele que se pretenda titular de um direito que não vem sendo respeitado pelo seu adversário pode ingressar em juízo, para que o Estado faça valer a norma de conduta que se aplica ao fato em concreto.

É com a intervenção estatal que os direitos se tornam efetivos e podem ser realizados e satisfeitos, quando não o foram espontaneamente. O que a desencadeia é a provocação do lesado. O processo civil estabelece as regras que balizarão a relação entre o Estado-juiz e as partes no processo. Mas é preciso distinguir a jurisdição civil da penal, porque somente a primeira é objeto do Direito Processual Civil.

A jurisdição civil é a que está relacionada a pretensões de cunho privado (relativas a direito civil ou comercial) ou público (referentes a direito constitucional, administrativo, tributário). A penal é aquela em que a pretensão é de aplicação da pena, em decorrência de crimes ou contravenções penais.

5. DIREITO MATERIAL E PROCESSUAL

Distinguem-se as normas de direito material das de direito processual. Estas tratam do processo, que não é um fim em si mesmo, mas apenas um instrumento para tornar efetivo o direito material.

Os membros da coletividade têm inúmeros direitos, que lhes são assegurados por lei. As normas de direito material contêm a indicação daqueles que o integrante da comunidade possui. Mas nem sempre esses direitos são respeitados pelos demais membros do grupo. São comuns as violações e o desrespeito ao direito alheio.

Aquele que se diz titular do direito substancial pode, então, ir a juízo postular a intervenção do Estado, para que este recomponha o seu direito lesado, fazendo-o valer. Para que o Estado possa apreciar a pretensão formulada, concedendo-lhe ou não a tutela, é necessário um processo, que não é um fim em si mesmo, mas um meio para se conseguir a efetivação do direito.

Aquele que ingressa em juízo não busca o processo como um objetivo, mas como meio de obter a efetividade do direito substancial.

6. INSTRUMENTALIDADE DO PROCESSO

O juiz deve estar sempre atento ao fato de que o processo não é um bem a que se aspira por si mesmo, mas um meio de obter a solução dos conflitos de interesses e a pacificação social. Ele é o instrumento da jurisdição. Por isso, embora a lei imponha a obediência a determinadas formas, o ato processual será válido, a despeito de sua inobservância, desde que tenha atingido o resultado para o qual foi previsto. Afinal, se o ato atingiu sua finalidade, ninguém teve prejuízo. As formas que a lei impõe ao processo não são um objetivo em si, mas uma garantia dada aos que dele participam. Se, apesar de desrespeitadas, a finalidade for atingida, não se decretará a nulidade do ato.

7. DENOMINAÇÃO E NATUREZA DO DIREITO PROCESSUAL CIVIL

Atualmente, o nome da disciplina que contém as normas e princípios gerais relacionados à jurisdição civil é Direito Processual Civil. Não se usa mais a expressão Direito Judiciário Civil, pois, como ensina Arruda Alvim, ela "não abrangia o processo de execução, que também é atividade jurisdicional. Dizia respeito, o Direito Judiciário (por causa da origem do termo *juditium*), somente à atividade do juízo, entendida esta predominantemente como atividade lógico-jurídica, em especial a do processo de conhecimento. Por outro lado, a denominação é ampla demais, compreendendo outros assuntos, como o da organização judiciária, por exemplo, o qual não se pode dizer integrante do conceito de Direito Processual Civil, no que respeita à sua essência, embora tradicionalmente venha sendo estudada nesta disciplina"[1].

A ciência processual civil estuda as normas e princípios que tratam das relações que se estabelecem no processo e dos atos que nele são praticados, e não da organização e funcionamento do Poder Judiciário. O termo "civil", que integra a denominação "Direito Processual Civil", serve para distingui-lo do sistema de normas que concerne à jurisdição penal, mas não implica que ele tenha relação exclusiva com o direito civil. O Direito Processual Civil regula a aplicação da jurisdição nas causas que se referem ao direito privado e público de uma maneira geral. É ramo do direito público, pois suas normas disciplinam a relação entre as partes e o poder estatal, no curso do processo. Mesmo que o direito substancial invocado seja de natureza privada, as normas de processo têm sempre natureza pública. Isso não obsta a que, nos casos em que se admite autocomposição, as partes, desde que maiores e capazes, possam estipular alterações nos procedimentos e convencionar sobre seus ônus, poderes, faculdades e deveres processuais, antes e depois do processo (art. 190 do CPC).

8. O DIREITO PROCESSUAL CIVIL E OS DEMAIS RAMOS DO DIREITO

O Direito Processual Civil é um ramo autônomo do direito, mas nem por isso deixa de ter relações com os outros ramos. Com alguns essa relação é intensa, com outros, menos.

a) O processo civil e o direito constitucional: o Direito Processual Civil é regido por normas e princípios que estão na Constituição Federal e nas leis infraconstitucionais, tanto que se costuma falar em direito constitucional processual, quando se quer referir ao conjunto de normas de natureza processual civil que se encontra na Constituição; e em direito processual constitucional, que é o conjunto de normas que regula a aplicação da jurisdição constitucional[2].

---

1. Arruda Alvim, *Manual de direito processual civil*, v. 1, p. 15-16.

2. Nelson Nery Junior, *Princípios do processo civil na Constituição Federal*, p. 15.

São exemplos de normas constitucionais que têm relevância para o processo civil a garantia geral do acesso à justiça (art. 5º, XXXV), da isonomia (art. 5º, *caput* e I), do contraditório (art. 5º, LV) e da duração razoável do processo (art. 5º, LXXVIII), entre outros. Alguns desses princípios foram reproduzidos nos primeiros artigos do CPC.

A Constituição Federal cuida da composição e das atribuições dos órgãos incumbidos de aplicar a jurisdição e das garantias dos juízes (vitaliciedade, inamovibilidade e irredutibilidade de vencimentos).

São normas que regulam a jurisdição constitucional as que tratam do mandado de segurança, do *habeas data*, dos recursos extraordinário e especial e da ação direta de inconstitucionalidade, entre outras.

b) O processo civil e o processo penal: há muita relação entre ambos, que, afinal, constituem conjuntos de normas e princípios voltados para a aplicação da jurisdição. Existe um grande espaço de intersecção entre eles, a ponto de se poder falar em uma teoria geral do processo constituída por regras e princípios inerentes aos processos de maneira geral, sejam eles civis ou penais. Os institutos fundamentais (jurisdição, ação, defesa e processo) e os princípios estruturais das duas ciências (devido processo legal, isonomia, contraditório) são os mesmos, e as distinções são relacionadas ao tipo de pretensão formulada. Na jurisdição penal, a pretensão é específica: aplicação de sanção penal àquele a quem se acusa de ter perpetrado um crime ou contravenção penal. A natureza dessa pretensão e as peculiaridades da sanção penal exigem que o processo penal tenha certas particularidades, que o diferenciam do processo civil. Mas o arcabouço estrutural das duas ciências é fundamentalmente o mesmo.

c) O processo civil e o direito penal: como já mencionado, a princípio a justiça era feita diretamente pelos próprios envolvidos no litígio. A autotutela, ou justiça de mão própria, era a forma empregada pelas civilizações mais primitivas para a solução dos conflitos. Com o passar do tempo, procurou-se atribuir a um árbitro – muitas vezes um sacerdote, ou alguém a quem a comunidade tributava grande respeito – o poder de compor as lides. Com a evolução das sociedades e a criação de um Estado suficientemente poderoso, a ele passou a ser carreado o poder-dever de solucionar os conflitos de interesses. E, desde então, proibiu-se (salvo raras exceções expressamente autorizadas em lei) a autotutela, tendo-se transformado em ilícito penal a conduta daquele que faz justiça com as próprias mãos. O CP, art. 345, pune o crime de exercício arbitrário das próprias razões. Sanciona-se a conduta daquele que, para satisfazer uma pretensão legítima, vale-se da própria força ou astúcia, em vez de recorrer ao Estado.

d) O processo civil e o direito privado: as controvérsias de direito substancial privado, de natureza civil ou comercial, quando levadas a juízo, são resolvidas pela aplicação da jurisdição, de acordo com as regras do processo civil. Mas, além desse ponto de contato entre as duas ciências, há outros que podem ser mencionados. O processo é instrumento e, como tal, deve plasmar-se às exigências do direito material. Por isso, a lei processual cria procedimentos especiais, que se amoldam às peculiaridades do direito material em discussão. O procedimento especial das ações possessórias, por exemplo, respeita a lei material, que garante ao possuidor esbulhado ou turbado há menos de ano e dia a possibilidade de reaver, desde logo, a coisa. O procedimento do inventário leva em conta o que há de específico no direito material à sucessão, e o de falência, as exigências da *pars conditio creditorum*.

Há outros institutos processuais fortemente influenciados pelo direito material, como a capacidade processual, que em regra coincide com a capacidade civil, e a sua integração, decorrente da outorga uxória. O direito material relaciona-se com a admissão do litisconsórcio e da intervenção de terceiros e com a fixação de competência, baseada na distinção entre direito real e pessoal e no domicílio das partes. São alguns exemplos que demonstram que, conquanto o processo já tenha, há muito, garantido sua autonomia do direito substancial privado, há ainda profundas interligações entre os dois ramos do direito.

e) Processo civil e direito público: o primeiro não serve apenas para a aplicação ao caso concreto do direito privado, mas também do público. É ele o veículo para a aplicação das normas de direito tributário e administrativo nas contendas entre o particular e a administração pública, ou entre dois entes que a componham. Acentua-se ainda a relação entre esses ramos do direito na jurisdição voluntária, considerada como administração pública de interesses privados, na qual o juiz atua em função primordialmente administrativa.

capítulo II
A LEI PROCESSUAL CIVIL

1. NORMA JURÍDICA

A exigência de maior segurança das relações jurídicas resultou na supremacia da lei, isto é, da norma escrita emanada da autoridade competente, sobre a consuetudinária.

A norma jurídica é uma regra geral de conduta, cujas principais características são: a) generalidade, pois ela se dirige a todas as pessoas, indistintamente, ou ao menos a uma categoria jurídica. Por isso, o seu comando é abstrato e leva em conta fatos considerados genericamente; b) imperatividade, porque a norma impõe um dever de conduta aos indivíduos. Decorre daí o seu caráter, via de regra, bilateral, pois a cada dever que a lei atribui a uns correspondem direitos equivalentes a outros. A norma caracteriza-se por ser provida de sanção, o que a distingue das leis físicas; c) autorizamento, isto é, possibilidade de a parte lesada por sua violação exigir-lhe o cumprimento. Isso é o que difere a norma jurídica das demais normas de conduta, como as de natureza ética ou religiosa; d) permanência, pois a norma jurídica prevalece até ser revogada; e) emanação de autoridade competente, respeitadas as previsões da Constituição Federal.

2. NORMAS COGENTES E NÃO COGENTES

São várias as classificações das normas jurídicas. Uma das mais importantes é a que leva em consideração a sua imperatividade e as distingue em cogentes e não cogentes. As primeiras são as de ordem pública, que se impõem de modo absoluto, e que não podem ser derrogadas pela vontade do particular. Isso decorre da convicção de que há certas regras que não podem ser deixadas ao arbítrio individual sem que com isso a sociedade sofra graves prejuízos. As normas não cogentes, também chamadas dispositivas, são aquelas que não contêm um comando absoluto, sendo dotadas de imperatividade relativa. Dividem-se em permissivas, quando autorizam o interessado a derrogá-las, dispondo da matéria da forma como lhe convier, e supletivas, quando aplicáveis na falta de disposição em contrário das partes.

3. NORMA PROCESSUAL

É aquela que trata das relações que se estabelecem entre os que participam do processo e do procedimento, isto é, do modo pelo qual os atos processuais sucedem-se no tempo. A relação processual e o procedimento são inseparáveis e não existem isoladamente. Ambos compõem e integram o processo, por isso as normas processuais são as que tratam de um ou outro. Entre elas, há as que versam mais diretamente sobre a relação que se estabelece entre os sujeitos do processo, como as que cuidam dos poderes do juiz, dos ônus e direitos das partes, e as que se referem especificamente ao procedimento.

No regime do CPC de 1973, dado o caráter público das normas de direito processual civil, entendia-se que elas eram, na sua imensa maioria, cogentes e inderrogáveis. Salvo algumas exceções, não era dado às partes nem ao juiz afastar a sua incidência. A convenção entre as partes raramente tinha relevância no processo. Entre as normas dispositivas, podiam ser citadas as que tratavam da possibilidade de inversão convencional do ônus da prova (CPC de 1973, o art. 333, parágrafo único) e da suspensão do processo ou da audiência de instrução e julgamento por convenção. As regras de competência relativa constituíam um outro exemplo, pois podiam ser derrogadas pelas partes.

O CPC atual modificou esse panorama, pois ampliou muito as hipóteses em que se permite a negociação processual. Se na lei anterior, ressalvados os casos mencionados, era limitado o poder das partes de modificar regras procedimentais, ainda nos processos que versassem sobre direitos disponíveis, na atual, o art. 190 dispõe que, nos processos que versem sobre direitos em que se admite a autocomposição, "é lícito às partes plenamente capazes estipular mudanças no procedimento para ajustá-lo às especificidades da causa e convencionar sobre os seus ônus, poderes, faculdades e deveres processuais, antes ou durante o processo". O juiz controlará, de ofício ou a requerimento das partes, a validade das convenções processuais para evitar casos de nulidade e inserção abusiva em contrato de adesão ou em que alguma das partes esteja em situação de vulnerabilidade. A convenção processual, como manda a lei, pode ser estabelecida antes do início do processo, ou na sua pendência.

Outros exemplos de negociação processual são os estabelecidos nos arts. 191, 357, § 2º, e 471 do CPC. O primeiro permite que o juiz e as partes, de comum acordo, fixem um calendário para a prática dos atos processuais, com eficácia vinculante, o que tornará dispensável a intimação das partes para a prática do ato processual ou realização de audiência que constem do calendário. O segundo permite às partes, na fase de saneamento do processo, apresentar ao juiz, para homologação, a delimitação consensual das questões de fato sobre as quais deverá recair a atividade probatória e de direito, que sejam relevantes para a decisão de mérito. Por fim, o último dispositivo permite a perícia consensual, em que o perito será indicado de comum acordo pelas partes. Essa perícia substituirá, para todos os efeitos, a perícia judicial.

4. FONTES FORMAIS DA NORMA PROCESSUAL CIVIL

A expressão "fonte do direito" tem mais de um significado. Pode indicar o poder de criar normas jurídicas e a forma de expressão dessas normas. As fontes formais são as maneiras pelas quais o direito positivo se manifesta.

São consideradas fontes formais de direito a lei, a analogia, o costume, os princípios gerais do direito e os precedentes vinculantes (art. 927, I a V, do CPC). São fontes não formais a doutrina e a jurisprudência, ressalvados os precedentes vinculantes.

A lei é considerada a fonte formal direta ou principal do direito. A analogia, os costumes, os princípios gerais, bem como os precedentes vinculantes são fontes acessórias.

Os ordenamentos jurídicos modernos têm por pressuposto fundamental que o direito não contém lacunas. Por isso, o próprio sistema fornece elementos para a integração da norma e técnicas pelas quais se supre uma eventual lacuna, salvaguardando a integridade do ordenamento.

As normas processuais civis têm as mesmas fontes que as normas em geral, tanto as principais ou diretas quanto as acessórias ou indiretas (art. 4º da Lei de Introdução às Normas do Direito Brasileiro).

A primeira fonte do processo civil é a Constituição Federal, que contém normas que tratam das tutelas e garantias fundamentais do jurisdicionado (devido processo legal, acesso à justiça, isonomia, contraditório, motivação das decisões), que organizam a estrutura judiciária nacional, cuidando da competência dos tribunais superiores e das diversas justiças, que concedem aos membros da magistratura as garantias indispensáveis para o exercício das suas funções e que fixam regras para que a legislação infraconstitucional possa regulamentar o procedimento e a organização judiciária.

A CF, em seu art. 5º, § 2º, inclui, entre as fontes de direito processual, os tratados internacionais de que o Brasil faça parte. Como exemplo, podem ser citados os que cuidam do cumprimento de cartas rogatórias e da execução de sentenças estrangeiras.

Os únicos exemplos de precedente vinculante previstos na Constituição Federal são os decorrentes do controle concentrado de constitucionalidade pelo STF (art. 102, § 2º, da CF) e o da súmula vinculante (art. 103-A). O CPC, no entanto, criou novos exemplos no art. 927, III, IV e V (ver a respeito, o item 5, *infra*).

4.1. A lei federal como fonte formal do processo civil

As leis são atos do Poder Legislativo que impõem regras gerais de conduta. São processuais aquelas que cuidam abstratamente do processo, disciplinando a relação processual e o procedimento. Quando tratam especificamente da jurisdição civil, são leis processuais civis.

Em regra, a disciplina do processo civil é feita por lei federal ordinária. O próprio Código de Processo Civil tem essa natureza (Lei n. 13.105/2015).

De acordo com a CF, art. 22, I, compete à União legislar sobre direito processual e outros ramos do direito. Por isso, as normas que cuidam estritamente do processo e da relação processual só podem ser editadas pela União. Todavia, no art. 24, XI, a CF atribui competência concorrente à União e aos Estados para legislar sobre "procedimento em matéria processual". Os §§ 1º, 2º e 3º desse dispositivo determinam que a União editará as normas gerais sobre procedimento, cabendo aos Estados competência suplementar para editar as de caráter não geral. Na ausência de lei federal, a competência estadual é plena, podendo o Estado editar normas de cunho geral.

Esse dispositivo constitucional torna necessário distinguir as normas processuais propriamente ditas das normas procedimentais, o que nem sempre é fácil, porque o procedimento é parte inseparável do processo, não se podendo isolá-lo da relação jurídica processual.

As normas procedimentais, em relação às quais o Estado tem competência supletiva, são aquelas que versam exclusivamente sobre a forma pela qual os atos se realizam no processo e se sucedem no tempo. Diferem das que tratam das relações entre os sujeitos do processo, os poderes, faculdades, direitos e ônus atribuídos a cada um.

Nem sempre, porém, é fácil isolar as normas estritamente processuais das demais, porque o procedimento inexiste sem uma relação jurídica subjacente, e esta se desenvolve por intermédio daquele.

O Código de Processo Civil, lei federal ordinária, é o diploma que cuida da jurisdição civil, contenciosa e voluntária, em todo o território nacional. É o principal conjunto de normas que regram o processo civil, embora haja inúmeros outros. Entre eles, podem ser citados a Lei de Ação Civil Pública, a Lei do Mandado de Segurança, a Lei da Ação Popular, a Lei do Juizado Especial Cível, a Lei de Falências, a Lei de Assistência Judiciária, a Lei do Inquilinato, o Código de Defesa do Consumidor, a Lei de Arbitragem e a Lei da Mediação. A maior parte dessas leis contém normas de diversas naturezas, entre as quais as de cunho processual.

4.2. Constituição e leis estaduais

Como já foi ressaltado, a União tem competência exclusiva para legislar sobre normas de caráter processual, com a ressalva da competência supletiva dos Estados para editar normas de cunho estritamente procedimental.

A Constituição Federal (art. 125) atribui aos Estados a incumbência de organizar a sua própria justiça, respeitados os princípios nela estabelecidos. Por isso, compete-lhes editar as leis de organização judiciária, cuja iniciativa é do Tribunal de Justiça (CF, art. 125, § 1º).

Também é atribuição dos Estados dispor sobre a competência dos tribunais. A Constituição do Estado de São Paulo, por exemplo, disciplina extensamente a competência do Tribunal de Justiça, a partir do art. 69. Trata, ainda, da declaração de inconstitucionalidade e da ação direta de inconstitucionalidade de leis estaduais e municipais (art. 90). A autorização para legislar sobre essa matéria é dada pela CF, art. 125, § 2º.

5. JURISPRUDÊNCIA (FONTE NÃO FORMAL)

A jurisprudência não pode, como regra, ser considerada, ao menos cientificamente, fonte formal de direito, mas apenas fonte não formal ou informativa. Mas há duas hipóteses previstas na CF em que ela passa a ter força equiparada à das normas jurídicas, erigindo-se em fonte formal: a das decisões definitivas de mérito do Supremo Tribunal Federal em controle concentrado de constitucionalidade (art. 102, § 2º, da CF) e a da edição de súmulas vinculantes pelo Supremo Tribunal Federal, na forma do art. 103-A da Constituição Federal (introduzido pela EC n. 45/2004 e regulamentado pela Lei n. 11.417, de 19-12-2006).

O nosso ordenamento jurídico processual, oriundo do sistema romano-germânico, estava baseado fundamentalmente na norma escrita, embora mesmo antes da entrada em vigor do CPC/2015 já fosse possível identificar a influência do sistema anglo-saxônico. Com a nova lei, que adotou o sistema dos precedentes vinculantes, pode-se afirmar que o nosso sistema, embora ainda predominantemente embasado na *civil law*, passou a ser, de certa forma, híbrido, já que, tal como nos países da *common law*, os precedentes e súmulas vinculantes se erigem em verdadeira fonte formal do direito. Mas apenas nos casos em que eles são vinculantes. Afora essas hipóteses, a jurisprudência não é fonte formal do direito. Uma sentença ou uma decisão judicial não podem estar fundadas apenas em jurisprudência (não vinculante), porque tecnicamente ela não é fonte de direito; devem basear-se em lei, ou, no caso de lacuna, nas fontes formais subsidiárias. Os precedentes judiciais não obrigatórios serão úteis para reforçar as conclusões do julgador. Quanto mais reiteradas forem as decisões em determinado sentido, mais auxiliarão a demonstrar o acerto do julgamento, sobretudo quando provierem dos Tribunais Superiores.

O CPC deu extraordinária importância à jurisprudência. Determinou que os tribunais a uniformizem e a mantenham estável, íntegra e coerente, editando enunciados de súmulas correspondentes a sua jurisprudência dominante, na forma estabelecida e segundo os pressupostos fixados no regimento interno. Ampliou, ainda, o rol de precedentes obrigatórios, ordenando que os juízes e tribunais observem: as decisões do Supremo Tribunal Federal em controle concentrado de constitucionalidade; os enunciados de súmulas vinculantes; os acórdãos em incidente de assunção de competência ou de resolução de demandas repetitivas e em julgamento de recursos extraordinário e especial repetitivos; os enunciados das súmulas do Supremo Tribunal Federal em matéria constitucional e do Superior Tribunal de Justiça em matéria infraconstitucional; e a orientação do plenário ou do órgão especial aos quais estiverem vinculados. Nas três primeiras hipóteses, isto é, afronta a decisão do STF em controle concentrado de constitucionalidade, afronta de súmula vinculante, ou inobservância de decisão proferida em incidente de assunção de competência e em julgamento de casos repetitivos, considerados tais o incidente de resolução de demandas repetitivas e o recurso especial e extraordinário repetitivos (nos recursos repetitivos, a reclamação só caberá se esgotadas as instâncias ordinárias – art. 988, § 5º), caberá ao interessado ou ao

Ministério Público fazer uso da reclamação, como meio de impugnação. Não há previsão de reclamação para as duas últimas hipóteses.

6. INTERPRETAÇÃO DA LEI PROCESSUAL CIVIL

O art. 3º da Lei de Introdução às Normas do Direito Brasileiro, norma de superdireito, aplicável a todos os ramos jurídicos, consagra o princípio da obrigatoriedade da lei, independentemente do conhecimento do destinatário: "Ninguém se escusa de cumprir a lei, alegando que não a conhece".

Esse dispositivo visa garantir a eficácia da ordem jurídica, que ficaria seriamente ameaçada se fosse admitida a alegação de ignorância como escusa. Como corolário desse princípio, presume-se que o juiz conhece o direito (*iura novit curia*), razão pela qual não há necessidade de que as partes demonstrem a vigência de uma norma jurídica. Essa regra vale, no entanto, para as normas federais, porquanto não se pode exigir do juiz que conheça as estaduais, municipais, estrangeiras ou consuetudinárias (CPC, art. 376), das quais pode exigir a prova de vigência.

Os textos legais contêm normas que precisam ser apreendidas e conhecidas pelo aplicador. É preciso que ele procure penetrar o significado do texto, buscando o verdadeiro sentido expresso na norma. Só assim ela poderá ser bem aplicada.

Nos diplomas legais há normas de cunho geral e abstrato, que devem ser aplicadas a um caso concreto, regulando a relação jurídica que foi posta *sub judice*. O julgador, responsável pela criação da norma jurídica concreta, deve primeiro interpretar a norma abstrata, fazendo valer a vontade da lei.

Nessa tarefa de intérprete, o juiz deve partir do que consta do texto, mas não ficar restrito a ele. Antes, deve compreendê-lo à luz do sistema jurídico, buscando também alcançar a finalidade com que a norma foi editada.

A Lei de Introdução às Normas do Direito Brasileiro contém um preceito fundamental, que deve servir de norte para a interpretação e aplicação das leis. Estabelece o art. 5º que, "na aplicação da lei, o juiz atenderá aos fins sociais a que ela se dirige e às exigências do bem comum". E o art. 8º do CPC dispõe expressamente: "Ao aplicar o ordenamento jurídico, o juiz atenderá aos fins sociais e às exigências do bem comum, resguardando e promovendo a dignidade da pessoa humana e observando a proporcionalidade, a razoabilidade, a legalidade, a publicidade e a eficiência".

Essas são as normas dirigidas ao julgador e ao intérprete. O juiz deve interpretar a lei de forma a prestigiar aqueles valores que são caros à vida social e à preservação do bem comum.

Todas as leis estão sujeitas à interpretação, por meio da qual se descobrem o alcance e o sentido de norma. O antigo brocardo romano *in claris cessat interpretatio* não tem mais acolhida entre nós, porque mesmo os textos que parecem claros devem ser analisados e interpretados à luz do sistema, podendo disso resultar uma compreensão distinta da que resultaria da leitura isolada de seu conteúdo.

A ciência que estuda a interpretação das leis denomina-se hermenêutica jurídica. De diversas maneiras podem ser classificados os seus métodos. Quanto às fontes ou origem, a interpretação pode ser autêntica, jurisprudencial ou doutrinária. A autêntica é aquela dada pelo próprio legislador que criou a norma e que, reconhecendo a dificuldade na sua compreensão, edita uma outra, aclarando o conteúdo da primeira. A jurisprudencial é a dada pelos tribunais no julgamento dos casos concretos. Não tem força vinculante, salvo nos casos já mencionados, mas influencia muito o espírito dos julgadores. E a doutrinária é a que provém dos estudiosos e comentaristas do direito. A opinião dos jurisconsultos também não tem força vinculante, mas é inegável a sua repercussão sobre os operadores do direito.

Quanto aos meios, os métodos de interpretação dividem-se em gramatical, sistemático, teleológico e histórico.

O gramatical ou literal é aquele em que o texto normativo é analisado do ponto de vista linguístico. Examinam-se a forma como o texto foi redigido, o significado das palavras, a maneira como elas foram empregadas, a pontuação e as relações entre os diversos termos. Costuma ser a primeira fase do processo interpretativo.

O meio sistemático examina a norma em conjunto com outras e com os princípios que regem aquele ramo do direito. Pressupõe que o dispositivo não existe isoladamente, mas que está inserido em um contexto, fazendo parte de um capítulo ou seção de determinado diploma.

A interpretação teleológica busca penetrar nos objetivos e finalidades que se pretende alcançar por intermédio da norma. O art. 5º da Lei de Introdução às Normas do Direito Brasileiro recomenda que o juiz busque, como finalidade da lei, a obtenção do bem comum e o respeito aos objetivos sociais a que a lei se destina.

Por fim, a interpretação histórica baseia-se nos antecedentes da norma, que incluem as leis que a precederam e o processo legislativo do qual ela resultou.

Quanto aos resultados, a interpretação pode ser declarativa, extensiva ou restritiva. É declarativa quando faz coincidir o texto legal com a extensão da norma. Há uma coincidência entre o que o legislador disse e o que pretendia dizer. Há casos em que ele, ao reduzir a escrito a norma jurídica, acabou por dizer mais, ou menos, do que pretendia. A interpretação extensiva ou ampliativa é aquela na qual o intérprete conclui que o texto diz menos do que o legislador pretendia dizer, de forma que o alcance da norma ultrapassa aquilo que dele consta; a restritiva é aquela em que ocorre o contrário, ou seja, o texto diz mais do que o verdadeiro alcance da norma.

Nenhum método de interpretação deve ser utilizado isoladamente, nem uns repelem os outros. Antes, recomenda-se que as várias técnicas atuem conjuntamente, trazendo cada qual a sua contribuição para o aclaramento da norma.

As regras gerais de interpretação valem também para o processo civil, não havendo peculiaridades que sejam dignas de nota. Mas é preciso ressalvar que o aplicador da lei processual não pode perder de vista o seu caráter instrumental.

7. LEI PROCESSUAL CIVIL NO ESPAÇO

O CPC, em seu art. 16, não deixa dúvida quanto à extensão territorial da aplicação das normas processuais. As normas de processo civil têm validade e eficácia, em caráter exclusivo, sobre todo o território nacional.

Isso significa que em todos os processos que correm em território nacional devem-se respeitar as normas do CPC. Nada impede que elas sejam aplicadas fora do território nacional, desde que o país em que o processo tramita consinta nisso.

Todavia, como regra, pode-se dizer que a soberania dos países determina a cada qual que edite suas próprias leis processuais, aplicáveis aos processos que neles correm.

A regra do CPC, art. 16, vale mesmo que o direito substancial a ser aplicado seja estrangeiro. Há casos de processos que tramitam no Brasil, mas que devem ser resolvidos de acordo com a lei material de outro país. O art.

10 da LINDB fornece um exemplo: as regras de sucessão de um estrangeiro serão as do seu país de origem, mesmo que os bens estejam no Brasil e o inventário aqui se processe, desde que elas sejam mais favoráveis ao cônjuge ou filhos brasileiros. Mas o processo de inventário deve obedecer às normas do CPC.

Os processos que correm no exterior e os atos processuais neles realizados não têm nenhuma eficácia em território nacional. Para nós, é como se não existissem, ainda que neles tenha sido proferida sentença.

Para que ela se torne eficaz, é preciso que haja homologação pelo Superior Tribunal de Justiça. As determinações judiciais vindas de países estrangeiros também não podem ser cumpridas no Brasil senão depois do *exequatur* do STJ.

8. LEI PROCESSUAL CIVIL NO TEMPO

8.1. Vigência

Não há particularidades que distingam a lei processual das demais, no que concerne ao início de vigência. Em regra, a própria lei estabelece a sua *vacatio legis* (as sucessivas leis que alteraram o Processo Civil, nos últimos anos, cuidaram de indicar a data de início da vigência), mas se não o fizer, será de todo aplicável o disposto na LINDB, art. 1º: "Salvo disposição contrária, a lei começa a vigorar em todo o País 45 (quarenta e cinco) dias depois de oficialmente publicada".

A lei vigora até o momento em que for revogada, o que ocorre nas hipóteses da LINDB, art. 2º, § 1º: "A lei posterior revoga a anterior quando expressamente o declare, quando seja com ela incompatível ou quando regule inteiramente a matéria de que tratava a lei anterior".

8.2. A lei processual nova e os processos em curso

Quando entra em vigor, uma nova lei processual encontra processos já encerrados, que nem se iniciaram ou que ainda estão em andamento. As duas primeiras situações não trazem nenhuma dificuldade: se o processo já estava extinto, nada mais há a discutir, não podendo a lei retroagir para atingir situações jurídicas já consolidadas. Os processos ainda não iniciados serão inteiramente regidos pela lei nova. A dificuldade fica por conta dos processos pendentes.

De uma maneira geral, a lei processual aplica-se de imediato, desde o início da sua vigência, aos processos em andamento. Mas devem ser respeitados os atos processuais já realizados, ou situações consolidadas, de acordo com a lei anterior. Vigora o princípio do *tempus regit actum*.

O processo é um conjunto de atos que se sucedem no tempo, da propositura da demanda até o trânsito em julgado da sentença ou até a satisfação do credor (nos processos de conhecimento de natureza condenatória). Quando a lei processual nova entra em vigor, haverá atos processuais que já foram praticados e os que se estão por praticar. Os já consumados mantêm-se, pois a lei nova só rege situações futuras. Só os atos posteriores à vigência da lei é que serão por ela regulados.

É possível falar, dessarte, em ato jurídico processual perfeito, que se realizou de acordo com os ditames da lei vigente e que, por isso, não pode ser atingido pela lei nova.

Os problemas mais sérios de direito intertemporal são os relacionados ao direito processual adquirido. A lei nova não atinge situações consolidadas nem prejudica atos já realizados. Mais complexo é o caso se a lei processual entra em vigor quando o ato processual ainda não foi praticado, mas já estava em curso o prazo para a sua realização. Imagine-se, por exemplo, que esteja correndo o prazo para as partes interporem agravo de instrumento contra uma decisão quando entra em vigor uma lei processual nova suprimindo essa possibilidade.

Parece-nos que, desde o momento em que a decisão foi proferida, surgiu para as partes o direito de interpor recurso na forma prevista no ordenamento jurídico vigente. Há um direito adquirido processual de que o recurso possa ser interposto. Aquelas decisões proferidas durante a vigência da lei antiga poderão ser objeto de agravo de instrumento, mesmo que o recurso seja interposto na vigência da lei nova. Já as decisões posteriores a ela não permitirão a interposição desse recurso.

Outro exemplo ajudará a ilustrar a questão do direito processual adquirido. Imagine-se que, enquanto flui um prazo recursal, entra em vigor uma nova lei, que o reduz. As partes não podem ficar prejudicadas com isso, porque tinham direito adquirido de recorrer no prazo originário, desde que a decisão houvesse sido proferida sob a égide da lei antiga. Por isso, tanto o recurso quanto as respectivas contrarrazões deverão ser apresentadas nesse prazo. Mas, das decisões posteriores à nova lei, o prazo recursal será aquele por ela fixado.

Diferente será a situação da lei nova que ampliar o prazo recursal já em andamento, pois ela beneficiará as partes. Afinal, o art. 5º, XXXVI, da Constituição Federal estabelece que a lei não retroagirá para prejudicar o direito adquirido. A ampliação do prazo não prejudica o direito das partes. É preciso, porém, que ele ainda esteja em curso. Se, quando entrou em vigor a lei que ampliou o prazo do recurso, o prazo anterior já estava findo, a decisão já precluíra, e a ampliação terá sido tardia, não podendo a lei nova retroagir para atingir situações jurídicas já consolidadas.

O direito processual adquirido pode referir-se até mesmo a situações pré-processuais. Imagine-se que uma pessoa solicita um empréstimo de outra e, para oferecer-lhe garantia, prontifica-se a firmar uma confissão de dívida, assinada por duas testemunhas. A lei processual assegura eficácia executiva a esse documento, e o credor, por isso, concorda.

Tempos depois, lei processual nova suprime a garantia do rol de títulos executivos extrajudiciais. Haveria grave ofensa ao direito adquirido, se o credor não pudesse valer-se da via executiva, uma vez que ele só aceitou a garantia em razão da sua eficácia. Por isso, a nova lei só se aplicará às confissões de dívida celebradas posteriormente.

O operador do direito, portanto, deve estar atento para que a vigência imediata da lei processual civil não prejudique situações jurídicas já consolidadas e direitos materiais e processuais adquiridos.

No CPC, a regra geral de aplicação da lei no tempo vem expressa no art. 14: "A norma processual não retroagirá e será aplicável imediatamente aos processos em curso, respeitados os atos processuais praticados e as situações jurídicas consolidadas sob a vigência da norma revogada".

9. INTEGRAÇÃO DAS LACUNAS NA LEI PROCESSUAL CIVIL

A exigência de plenitude e integridade do ordenamento jurídico não se coaduna com a existência de lacunas. Por isso, o próprio sistema fornece os meios para a sua integração. O juiz não pode recusar-se a sentenciar ou despachar alegando a existência de lacuna ou obscuridade da lei.

Assim, quando não há fontes diretas ou principais de direito processual, ele deve valer-se das subsidiárias ou acessórias, que são a analogia, os costumes e os princípios gerais do direito (art. 4º da Lei de Introdução às Normas do Direito Brasileiro).

Elas são os instrumentos que o legislador, ciente da impossibilidade de regular tudo por lei, põe à disposição do juiz, para que ele promova a integração do ordenamento, suprimindo eventuais lacunas.

Existe hierarquia entre as fontes subsidiárias do direito. Elas não se aplicam indistintamente, a critério do juiz, mas sucessivamente. Por isso, ele só decide com fundamento nos costumes se não for possível recorrer à analogia, e com base nos princípios gerais do direito se não houver costumes que possam ser aplicados ao caso *sub judice*.

9.1. Analogia

Prevalece sobre as demais fontes subsidiárias do direito, porque nela o juiz encontra solução dentro do próprio sistema jurídico, e não externamente. Para tanto, vale-se de elementos que estão no ordenamento jurídico e, por um raciocínio lógico, podem ser aplicados a situações semelhantes, para as quais não haja previsão expressa. A lógica indica que a solução deve ser a mesma para duas hipóteses fáticas parecidas. Por isso, quando o juiz não encontra no ordenamento solução para um caso específico, deve valer-se da solução aplicável a caso semelhante.

9.2. Costumes

Diferem da lei quanto à origem, porque esta promana de processo legislativo, ao passo que o costume não tem procedência certa. Além disso, a lei apresenta-se sob a forma de um texto escrito, enquanto o costume é consuetudinário.

Ele é constituído sempre por dois elementos, um externo e outro interno. O primeiro consiste na prática reiterada de um comportamento; e o segundo, na convicção da sua obrigatoriedade, que há de ser reconhecida e cultivada por toda a sociedade ou, ao menos, por uma parcela ponderável dela.

Por isso, pode ser conceituado como a prática constante, uniforme e pública de um determinado ato ou comportamento, acompanhado da convicção de sua necessidade.

9.3. Princípios gerais do direito

Quando o juiz não encontra solução para a lacuna na analogia e nos costumes, deve valer-se dos princípios gerais do direito. São eles constituídos por regras não escritas, mas que se encontram na consciência coletiva dos povos, sendo universalmente aceitos.

Em geral, tais princípios encontram-se implícitos no sistema, embora muitas vezes transformem-se em direito objetivo. Como exemplos, podem ser citados o de que a ninguém é dado beneficiar-se da própria torpeza, o de que a boa-fé se presume, o de que ninguém pode transferir mais direitos do que tem ou o de que deve prevalecer o interesse de quem procura evitar um dano sobre o daquele que procura alcançar um ganho.

capítulo III
EVOLUÇÃO HISTÓRICA DO PROCESSO CIVIL

1. INTRODUÇÃO

O direito processual, como ciência autônoma, dotada de princípios e regras próprias, é relativamente recente, não tendo completado ainda cento e cinquenta anos. Isso não significa que o processo, como meio de solução de conflitos, seja um fenômeno dos tempos atuais. O processo moderno é derivado do direito romano e germânico.

Em Roma, o processo como método de solução de conflitos teve excepcional florescimento. Era a partir dele e da atividade estatal que se formava o direito substancial. Havia confusão entre ação e lei e verdadeira identificação entre o direito material e o processo. O direito e a ação eram uma só coisa, e o estudo de um confundia-se com o do outro.

Podem-se distinguir três fases no Direito Processual Civil romano: o período das *legis actiones*, em que o direito era predominantemente oral, e o direito substancial era criação pretoriana; o período formulário, em que o direito passou a ter uma base escrita, embora continuasse em boa parte oral;

e o período da *extraordinaria cognitio*, em que o direito era predominantemente escrito, no qual surgiram princípios e regras que tratavam do exercício da jurisdição e da formação do processo, desde o seu início até a sentença.

Com a queda do império romano e as invasões bárbaras, o direito altamente desenvolvido dos romanos sofreu o impacto de uma cultura muito inferior, que utilizava métodos completamente diferentes. O sistema processual dos bárbaros era fundado em superstições e ritos sacramentais, que não se compatibilizavam com o sistema romano.

Os invasores procuraram impor a sua forma de solução de conflitos aos vencidos, mas durante muito tempo os dois sistemas conviveram.

No sistema romano, por exemplo, as provas destinavam-se a formar a convicção do juiz, que exercia a função estatal de dirimir um conflito de interesses. No direito germânico, o papel do juiz era mais reduzido, pois a sua decisão não era dada com base na própria convicção, mas no resultado mecânico da soma dos valores das provas. Cada uma tinha o seu valor, e aqueles que as apresentassem mais valiosas venceria a demanda, independentemente da convicção do juiz (prova legal e ordálias).

O processo medieval foi caracterizado por essa simbiose entre o antigo direito romano e o dos bárbaros.

Não havia ainda nenhuma elaboração científica a respeito do processo, como entidade autônoma, e da relação processual, como distinta da relação material subjacente.

Foi somente a partir de 1868, com a publicação, por Oskar von Bulow, da obra *Teoria dos pressupostos processuais e das exceções dilatórias*, que se concebeu a existência de uma relação processual, que constitui um conjunto de ônus, poderes e sujeições entre as partes do processo, distinta da relação material subjacente, e que pode existir ainda que se conclua pela inexistência do direito material. Foi a partir daí que o processo civil adquiriu autonomia, como ciência independente, passando a ter institutos e princípios próprios. A nova ciência tratou logo de definir os contornos de seus institutos fundamentais, como jurisdição, ação, exceção e processo.

Desde então, a ciência processual teve um notável desenvolvimento, em especial a partir dos estudos de grandes juristas alemães (Wach, Degenkolb, Goldschmidt, Rosemberg, Lent e Schwab) e italianos (Chiovenda, Carnelutti, Calamandrei, Liebman e Cappelletti).

Atualmente, a ciência do processo civil passa por grandes modificações. Ao lado do processo civil clássico, têm surgido novas tendências e instrumentos diversificados, que se destinam a fazer frente às necessidades das sociedades contemporâneas.

As atuais tendências não suprimem o processo tradicional, mas com ele se harmonizam. Há, nos dias de hoje, notável preocupação com certos aspectos do processo, para os quais as regras tradicionais não dão solução. São notórios, por exemplo, os problemas relacionados ao acesso à justiça e à lentidão dos processos, bem como à distribuição dos ônus decorrentes da demora na solução dos conflitos. Há ainda preocupação quanto à socialização da justiça, que provém da tomada de consciência de que muitos dos conflitos de interesses deixavam de ser levados a juízo, seja em virtude do custo que isso demandava, seja porque o interesse não tinha um lesado direto, pois o dano pulverizava-se entre toda a sociedade (interesses difusos e coletivos).

São exemplos das novas tendências do processo civil a criação dos juizados especiais cíveis, que procuram facilitar o acesso jurisdicional, tornando consumidores da justiça pessoas que possivelmente não levariam a juízo seus litígios de menor extensão; as tutelas de urgência, que buscam minimizar os efeitos danosos da demora do processo; a tutela de interesses difusos e coletivos, atribuída a determinados entes, e que resultou na Lei da Ação Civil Pública e na proteção coletiva do consumidor, a solução conjunta de demandas e de recursos repetitivos, para evitar soluções incongruentes, entre outros.

O que se tem buscado, portanto, é a universalização da justiça, seja facilitando-lhe o acesso a todos, seja distribuindo melhor os ônus da demora no processo, seja permitindo a tutela de interesses que, por fragmentados entre os membros da coletividade, não eram adequadamente protegidos.

2. O PROCESSO CIVIL NO BRASIL

No Brasil, foram vários os diplomas legais que dispuseram sobre o processo civil. Entre eles:

a) As Ordenações Filipinas (vigoraram durante o período colonial, e pelo primeiro e segundo Impérios).

b) Regulamento n. 737. Entrou em vigor em 1850, mas se aplicava tão somente às causas comerciais. Somente em 1890 teve sua aplicação estendida às causas cíveis.

c) Constituição de 1891. Atribui competência concorrente aos estados para legislar sobre processo civil, o que deu ensejo ao surgimento de Códigos Judiciários estaduais, em alguns estados da Federação, sem prejuízo da existência de normas federais de processo.

d) Constituição de 1934. Tornou a atribuir à União a competência para legislar sobre processo. Não revogou os Códigos Judiciários, que permaneceram vigentes até que fosse editado o Código de Processo Civil, de vigência nacional.

e) Código de 1939. Vigorou de 1º de janeiro de 1940 a 31 de dezembro de 1973. Embora tenha consagrado numerosas das conquistas feitas, até a época, pela ciência do Processo Civil, pecava pela timidez e falta de técnica. No entanto, consistiu em um significativo avanço em relação ao período anterior.

f) Código de 1973. Entrou em vigor em janeiro de 1974, e foi elaborado a partir do projeto do Ministro Alfredo Buzaid, ilustre representante da Escola Paulista do Processo Civil, que se desenvolveu a partir dos estudos realizados por Enrico Tullio Liebman e seus discípulos. Representou enorme avanço, pois imprimiu ao Código um caráter mais científico, adotando os desenvolvimentos mais recentes da técnica processual. Foi substituído pelo CPC atual.

g) Constituição de 1988. Atribuiu à União competência exclusiva para legislar sobre direito processual, concedendo aos estados competência supletiva sobre procedimentos em matéria processual. Consagrou inúmeros princípios do processo, dando ensejo ao desenvolvimento do direito processual constitucional.

h) Reformas sucessivas e pontuais da legislação. A busca da maior efetividade do processo e o desenvolvimento de novas técnicas processuais têm dado ensejo a uma onda de reformas que alteraram, em boa parte, a fisionomia do Código, sem modificar-lhe, no entanto, a estrutura fundamental.

i) Código de 2015. Em dezembro de 2014, o Congresso Nacional aprovou o Projeto de Lei n. 166/2010 (Projeto n. 8.046/10 da Câmara dos Deputados), encaminhando-o à Presidente da República para sanção. Sancionado, o projeto converteu-se na Lei n. 13.105, de 16 de março de 2015, com uma *vacatio legis* de um ano. Vencido o prazo, entrou em vigor um novo Código de Processo Civil, em substituição ao anterior, o CPC de 1973 (Lei n.

5.869, de 11-1-1973). O projeto teve origem em anteprojeto elaborado por comissão de juristas de grande renome, presidida pelo Ministro Luiz Fux, do Supremo Tribunal Federal, e tendo por relatora a ilustre Professora Tereza Alvim Wambier. As sucessivas alterações pelas quais passara o CPC de 1973, nas últimas décadas, haviam-lhe desfigurado a estrutura originária. Além disso, as inúmeras conquistas científicas na área do processo, e as próprias mudanças na sociedade, tornavam recomendável a edição de um novo CPC, que sistematizasse e organizasse as regras gerais do Processo Civil, e incorporasse as conquistas da ciência processual nos últimos quarenta anos. Foi isso o que o novo CPC procurou fazer.

O novo CPC se destaca pela busca de sistematização e organicidade, com a adoção inédita de uma Parte Geral e de uma Parte Especial. A primeira, dedicada à formulação de regras sobre as Normas Processuais Civis, está dividida em seis livros: o Livro I, que trata das Normas Fundamentais do Processo Civil; o Livro II, que trata da Função Jurisdicional; o Livro III, que trata dos sujeitos do Processo; o Livro IV, que trata dos atos processuais; o Livro V, que trata da Tutela Provisória; e o Livro VI, que trata da formação, suspensão e extinção do processo. São livros que contêm princípios e regras gerais, aplicáveis a todos os tipos de processo. A Parte Especial contém três Livros: o Livro I é dedicado ao Processo de Conhecimento (tanto de procedimento comum como de procedimento especial, tanto de jurisdição contenciosa como de jurisdição voluntária) e ao Cumprimento de Sentença; o Livro II trata do Processo de Execução; e o Livro III, dos Processos nos Tribunais e dos Meios de Impugnação das Decisões Judiciais. E há um Livro Complementar, que trata das Disposições Finais e Transitórias.

capítulo IV
OS PRINCÍPIOS FUNDAMENTAIS DO PROCESSO CIVIL

1. INTRODUÇÃO

Tem excepcional importância o estudo dos princípios que regulam o processo civil e são denominados "fundamentais". Só se pode designar como ciência aquele ramo de estudos regrado por princípios, que lhe dão a necessária coerência e uniformidade. Sem eles, corre-se o risco da perda de unidade do conhecimento.

Como o processo civil distinguiu-se de outros ramos do direito, adquirindo foros de ciência autônoma, natural que se tenham estabelecido princípios gerais, que o regulam, sendo dever do cientista estudar a forma pela qual eles interagem, se relacionam, e qual a sua influência sobre as normas processuais em geral.

Os princípios fundamentais erigem-se em verdadeiras premissas, pontos de partida, nos quais se apoia toda ciência. O conhecimento científico não prescinde de sua existência e exige que os estudiosos os respeitem e obedeçam.

Vem do século XIX a célebre divisão dos princípios em informativos (ou formativos) e fundamentais.

Os informativos constituem, em verdade, regras técnicas e têm cunho mais propriamente axiomático que ideológico. Por isso, independem de demonstração.

Entre eles, costuma a doutrina distinguir quatro:

a) princípio lógico: o processo deve seguir uma determinada ordem estrutural, havendo certos atos que necessariamente devem preceder a outros. Não seria lógico o processo, por exemplo, em que a resposta do réu viesse antes do pedido do autor;

b) princípio econômico: deve-se buscar os melhores resultados possíveis com o menor dispêndio de recursos e esforços;

c) princípio jurídico: o processo deve obedecer a regras previamente estabelecidas no ordenamento jurídico;

d) princípio político: o escopo do processo é obter a pacificação social com o mínimo de sacrifício pessoal.

Esses princípios ou regras técnicas dispensam maiores considerações, em virtude de seu cunho axiomático. Mais importante, do ponto de vista científico, é o estudo dos princípios gerais ou fundamentais, estes sim de cunho político-ideológico, que constituem as verdadeiras premissas da ciência processual. Muitos deles têm estatura constitucional. Por isso mesmo, costuma-se falar em um direito constitucional processual, embora somente razões didáticas possam justificar a designação, na medida em que não se está diante de um novo ramo do direito e do processo, mas de um conjunto de normas e princípios processuais que adquirem particular importância, por terem sido tratados pelo legislador constitucional.

O direito constitucional processual incumbe-se da análise das normas de cunho processual tratadas na Constituição e do exame de regras infraconstitucionais, à luz dos princípios estabelecidos pela Carta Magna. Há outros princípios, de menor magnitude, que, embora fundamentais, não têm natureza constitucional.

O art. 1º do CPC deixa explícita a sua filiação e submissão ao Texto Constitucional: "O processo civil será ordenado, disciplinado e interpretado conforme os valores e as normas fundamentais estabelecidas na Constituição da República Federativa do Brasil, observando-se as disposições deste Código". A rigor, esse dispositivo era desnecessário, já que a supremacia da Constituição Federal independe de determinação de lei ordinária. Mas ele se justifica por duas razões. Colocado no início da Parte Geral, serve para dar-lhe organicidade e maior coerência; e tem função didática, funcionando como uma espécie de lembrança permanente da necessidade de aplicar e interpretar o Código à luz da Constituição Federal.

Além do disposto no art. 1º, o novo Código repete, nos arts. 2º a 11, princípios fundamentais do processo que já constam da Constituição Federal, como o da inércia da jurisdição, do acesso à justiça, da duração razoável do processo, da isonomia e do contraditório. A função desses dispositivos também é de dar maior organicidade à lei e de reforçar a ideia de que o CPC deve ser interpretado e aplicado à luz desses princípios.

2. PRINCÍPIOS GERAIS DO PROCESSO CIVIL NA CONSTITUIÇÃO FEDERAL

2.1. Princípio da isonomia

A Constituição Federal, no art. 5º, *caput* e inciso I, estabelece que todos são iguais perante a lei, sem distinção de qualquer natureza. Sob o ponto de vista processual, a isonomia revela-se pela necessidade de dar às partes tratamento igualitário, ficando-lhes assegurada a paridade de tratamento em relação ao exercício de direitos e faculdades processuais, aos meios de defesa, aos ônus, aos deveres e à aplicação de sanções processuais (art. 7º do CPC).

A paridade, no entanto, não pode ser apenas formal. Não basta tratar igualmente a todos, que nem sempre têm as mesmas condições econômicas, sociais ou técnicas. O tratamento formalmente igualitário pode ser causa de grandes injustiças. É preciso que a igualdade seja substancial, tal como revelada na vetusta fórmula: "tratar os iguais igualmente, e os desiguais desigualmente, na medida da sua desigualdade".

O Código de Defesa do Consumidor, por exemplo, não atribui direitos e obrigações formalmente iguais ao consumidor e ao fornecedor. Se o fizesse, seria fonte de grande desequilíbrio, porquanto este, em virtude de seu poder econômico e de seu conhecimento técnico, encontra-se em posição de vantagem sobre aquele. Para reequilibrar a relação e instituir uma igualdade mais verdadeira, de cunho substancial, a lei consagra uma série de medidas protetivas ao consumidor, como a vedação de cláusulas abusivas ou a possibilidade de inversão do ônus da prova.

Essa aparente desigualdade entre os direitos do consumidor e do fornecedor nada tem de inconstitucional, pois é da desigualdade formal que advém a igualdade substancial, esta sim consagrada na Carta Magna.

No processo, o legislador e o juiz devem atentar para que seja respeitada a igualdade entre os litigantes. Cumpre ao legislador instituir normas que procurem mitigar as desigualdades porventura existentes entre as partes. Como exemplo de atenção ao princípio da isonomia podem-se citar as regras relativas à assistência judiciária, que permitem a quem não tem condições econômicas valer-se de assistência jurídica gratuita, ou a concessão de prazos maiores para que o Ministério Público e a Fazenda Pública possam manifestar-se nos autos (arts. 180 e 183 do CPC). Como é notório que eles atuam e participam de um número vultoso de processos, para assegurar-lhes igualdade de condições, a lei garante-lhes o prazo maior.

O juiz deve conduzir o processo de maneira tal que garanta a igualdade das partes, dando-lhes as mesmas oportunidades de manifestação, e decidindo a questão posta em juízo de forma que assegure a isonomia. A busca da igualdade substancial vai exigir do julgador que, muitas vezes, seja mais tolerante com um dos litigantes, desde que observe desequilíbrio econômico ou técnico entre eles. Deve o juiz ser mais paciente com pequenas falhas formais que a parte mais fraca ou o seu advogado perpetrem e examinar com mais condescendência as provas por ela produzidas. Não se trata, evidentemente, de perder a imparcialidade. Muito ao contrário, é por meio desse tratamento desigual que o magistrado poderá assegurar um resultado mais justo, o que mostra que os princípios da igualdade e da imparcialidade interagem.

Mas, para que se conceda tratamento diferenciado aos litigantes, é preciso que haja um efetivo desequilíbrio entre eles. Somente os desiguais demandam tratamento distinto, que deve ser dado na medida das diferenças.

Os arts. 180 e 183 do CPC, que dão prazo maior ao Ministério Público e à Fazenda, não são inconstitucionais, porque há uma razão para o privilégio: eles atuam em uma enormidade de processos. Por esse motivo, também se justifica que os beneficiários da justiça gratuita tenham prazos em dobro para manifestar-se, quando patrocinados por entidades públicas organizadas e mantidas pelo Estado (art. 5º, § 5º, da Lei n. 1.060/50). Também têm privilégio de prazo os escritórios de prática jurídica das faculdades de Direito reconhecidas na forma da lei e as entidades que prestam assistência jurídica gratuita em razão de convênios firmados com a Defensoria Pública (art. 186, § 3º). Na vigência do CPC/73 o benefício só era reconhecido em favor dos Centros Acadêmicos de universidades públicas, mas, diante dos termos do CPC/2015, o benefício deverá ser concedido também às universidades particulares, desde que reconhecidas na forma da lei.

A remessa necessária é outro privilégio que também merece análise à luz do princípio da igualdade. Em si, ela não o ofende, pois apenas submete a eficácia da sentença à apreciação do tribunal. O que constitui injustificável privilégio é a impossibilidade de se agravar a situação da Fazenda (Súmula 45 do STJ). Não há, portanto, um reexame de toda a decisão, mas reapreciação apenas daquilo em que a Fazenda sucumbiu, o que não se sustenta à luz do princípio da isonomia.

Melhor seria que o legislador suprimisse a remessa necessária na hipótese de sucumbência da Fazenda, pois tem ela a faculdade de recorrer se o desejar e estiver insatisfeita com o resultado. Embora louvável, a limitação da remessa necessária em determinados casos, prevista pelo CPC, ainda se mostra tímida e insuficiente.

O CPC atual ainda criou novas regras que têm, entre outras, a finalidade de melhor assegurar a isonomia dos litigantes. Uma delas é a necessidade de observar preferencialmente a ordem cronológica dos processos remetidos à conclusão para sentença ou acórdão. Trata-se de regra instituída no art. 12 da nova lei e que vale apenas para as sentenças e acórdãos, não para decisões ou despachos. O § 2º do art. 12 estabelece, no entanto, exceções, prevendo situações em que a ordem cronológica preferencial poderá ser quebrada.

O incidente de resolução de demandas repetitivas também pode ser incluído entre os mecanismos que favorecem a isonomia, já que permite uma solução única para questões de direito suscitadas em uma multiplicidade de processos, afastando a possibilidade de que litigantes diferentes, em situação jurídica igual, obtenham soluções distintas.

2.1.1. A isonomia e a ordem cronológica

2.1.1.1. Introdução – a ordem cronológica preferencial para que juízes e tribunais profiram sentenças ou acórdãos

Entre as mais relevantes inovações introduzidas pelo Código de Processo Civil está a determinação de que juízes e tribunais profiram sentenças ou acórdãos atendendo preferencialmente à ordem cronológica de conclusão. A regra está contida no art. 12, *caput,* do CPC. Mas esse dispositivo, ainda durante a *vacatio legis*, sofreu importante modificação. Na redação originária da Lei n. 13.105/2015 constava: "Os juízes e os tribunais deverão obedecer à ordem cronológica de conclusão para proferir sentenças e acórdãos". Embora o § 2º do art. 12 trouxesse algumas situações em que a regra não era aplicável, o caráter peremptório do dispositivo não trazia dúvidas sobre a necessidade de que ela fosse sempre observada. Salvo os casos de exclusão, os juízes e os tribunais teriam de observar a ordem cronológica nas sentenças e acórdãos. Tal redação mereceu, desde o início, severas e justificadas críticas. O princípio da isonomia consiste em tratar igualmente os iguais e desigualmente os desiguais, na medida de sua desigualdade. Ora, os processos judiciais não são iguais, e as questões de fato e de direito submetidas ao exame do Judiciário podem ser infinitas, desde as mais simples até as mais complexas, que exigem profunda reflexão. A redação originária do art. 12, *caput*, prestigiava a isonomia formal, em detrimento da real, já que tratava igualmente todos os processos, desde os mais simples e de fácil solução até os mais complexos. A consequência, que já vinha sendo apontada pela doutrina, não seria acelerar o andamento dos processos mais complexos, mas retardar o desfecho dos mais simples, que eventualmente teriam de aguardar a solução daqueles, para evitar violação da ordem cronológica. Três dos enunciados da ENFAM, Escola Nacional de Formação e Aperfeiçoamento de Magistrados, tinham por objetivo flexibilizar a regra peremptória do art. 12. Eram eles o Enunciado 32: "O rol do art. 12, § 2º, do CPC/2015 é exemplificativo, de modo que o juiz poderá, fundamentadamente, proferir sentença ou acórdão fora da ordem cronológica de conclusão, desde que preservadas a moralidade, a publicidade, a impessoalidade e a eficiência na gestão da unidade judiciária"; o 33: "A urgência referida no art. 12, § 2º, IX, do CPC/2015 é diversa da necessária para a concessão de tutelas provisórias de urgência, estando autorizada, portanto, a prolação de sentenças e acórdãos fora da ordem cronológica de conclusão, em virtude de particularidades gerenciais da unidade judicial, em decisão devidamente fundamentada"; e o Enunciado 34: "A violação das regras dos arts. 12 e 153 do CPC/2015 não é causa de nulidade dos atos praticados no processo decidido/cumprido fora da ordem cronológica, tampouco caracteriza, por si só, parcialidade do julgador ou do serventuário".

Em boa hora, durante a *vacatio legis* do CPC de 2015, o art. 12, *caput*, sofreu importante modificação, passando a dispor que "os juízes e os tribunais atenderão, preferencialmente, à ordem cronológica de conclusão para proferir sentença ou acórdão". O restante do art. 12 permaneceu sem alterações. Por simetria, também foi alterado o art. 153, que passou a dispor que "o escrivão ou o chefe de secretaria atenderá, preferencialmente, à ordem cronológica de recebimento para publicação e efetivação dos pronunciamentos judiciais". A alteração é fundamental. Com ela, quebrou-se o caráter peremptório da norma, que vedava, ressalvadas as exceções do § 2º, qualquer inversão. A necessidade de observância da ordem cronológica foi mantida, mas com abrandamento. Tal como redigido, após a modificação, o art. 12, *caput*, o juiz poderá deixar de observar a ordem cronológica não apenas nas hipóteses previamente estabelecidas pelo § 2º, mas em outras em que, por qualquer razão, ele entender que isso é justificável. Ao dispositivo, na sua nova redação, deve se dar interpretação em consonância com o texto constitucional: o julgamento de processos semelhantes, de complexidade aproximadamente igual, deve respeitar a ordem cronológica, observadas as exceções e preferências do § 2º. Mas havendo razões para a inversão, como, por exemplo, as decorrentes das diferenças de complexidade ou de urgência entre os processos, ou qualquer outra, o juiz poderá alterar a ordem do julgamento, o que deve fazer fundamentadamente. A alteração do art. 12, *caput*, portanto, apenas abrandou ou flexibilizou a necessidade de observância da ordem cronológica, mas não a eliminou, tanto que foram mantidos íntegros os parágrafos do art. 12, inclusive os relativos aos casos em que a lei expressamente exclui a observância da ordem.

O art. 12 foi colocado no capítulo que trata das normas fundamentais do processo civil, sendo possível associá-lo, sobretudo, à efetivação de dois princípios constitucionais: o da razoável duração do processo e o da isonomia. Do primeiro porque a observância da ordem cronológica levará ao julgamento preferencial dos casos mais antigos, em detrimento dos mais recentes, com o que se evitará que aqueles se alonguem em demasia. Mas o principal fundamento da ordem cronológica é o princípio da isonomia real. Uma vez que todos devem receber tratamento igualitário, não haveria razão para que, em processos assemelhados, a sentença ou o acórdão fosse proferido antes nos mais recentes que nos mais antigos, estando ambos prontos para apreciação.

2.1.1.2. Extensão do dispositivo

Não há necessidade de se observar, preferencialmente, a ordem cronológica em todos os pronunciamentos judiciais. O art. 12 faz expressa referência a sentença e a acórdãos. O dispositivo não se aplica, portanto, aos despachos e decisões interlocutórias, bem como às decisões proferidas monocraticamente nos Tribunais, já que nestas não há acórdão. A ordem preferencial, nos Tribunais, deve ser observada quando houver julgamento colegiado de recursos, ou de ações de competência originária, por acórdão. Diante dos termos peremptórios da lei, não haverá necessidade de observar-se a ordem cronológica preferencial ainda que sejam proferidas decisões interlocutórias de mérito. O art. 356 do CPC permite ao juiz que profira julgamento antecipado parcial de mérito, decidindo um ou mais pedidos formulados ou parcela deles que se mostrarem incontroversos ou estiverem em condições de imediato julgamento, nos termos do art. 355. Quando ele o fizer, o seu pronunciamento terá natureza de decisão interlocutória, já que o processo deverá prosseguir, para instrução e julgamento dos demais pedidos formulados. Sendo decisão, não haverá necessidade de se observar a ordem cronológica.

2.1.1.3. As exceções

O *caput* do art. 12 determina que juízes e tribunais atendam preferencialmente à ordem cronológica de conclusão para proferir sentenças e acórdãos. Isso significa que, não havendo razões que justifiquem eventual inversão, a ordem deve ser observada. O § 2º estabelece algumas exceções, em rol meramente exemplificativo, prevendo hipóteses em que o juiz não precisará atender preferencialmente à ordem. São elas:

I) As sentenças proferidas em audiência, homologatórias de acordo ou de improcedência liminar do pedido: a audiência a que se refere o inciso é a de instrução e julgamento. Concluída a instrução, o juiz poderá determinar que as partes se manifestem oralmente, proferindo em seguida o julgamento. Essa sentença poderá ser prolatada ainda que existam outros processos mais antigos, enviados à conclusão para julgamento, desde que o juiz julgue na própria audiência. Se ele determinar a conversão dos debates em memoriais e a vinda oportuna dos autos para sentenciamento, deverá atender, preferencialmente, à ordem cronológica. Também estão excluídas as sentenças homologatórias de acordo, pois não se justificaria que a homologação aguardasse outros julgamentos. Por fim, também se excluem as sentenças de improcedência liminar, proferidas nas hipóteses do art. 332, I a IV, e § 1º, do CPC. Mas apenas se a improcedência for liminar. Se o juiz, por exemplo, não reconhecer, de imediato, a prescrição ou decadência e determinar a citação do réu, mais tarde, se quiser reconhecê-las, extinguindo o processo com resolução de mérito, deverá atender preferencialmente à ordem cronológica.

II) O julgamento de processos em bloco para aplicação de tese jurídica firmada em julgamento de casos repetitivos: o art. 928 do CPC considera julgamento de casos repetitivos aqueles proferidos em incidente de resolução de demandas repetitivas e recursos especial e extraordinário repetitivos. Nesses casos, o julgamento é vinculante (art. 927, III), competindo ao juiz ou tribunal apenas aplicar a tese, sob pena de caber reclamação. A exclusão vale tanto para os juízes, ao proferir sentença, quanto para os tribunais, na prolação de acórdão. Mas é condição que o julgamento em bloco seja feito para aplicação de tese em julgamento repetitivo. Era bastante comum, na vigência do CPC de 1973, que juízes e tribunais julgassem em bloco processos ou recursos, porque envolviam idêntica matéria de direito. Para melhor rendimento de suas atividades, eles agrupavam processos ou recursos envolvendo a mesma matéria, para julgá-los em bloco. Isso não mais seria possível se tivesse sido mantida a redação originária do art. 12, *caput*, do CPC. Mas com a alteração da norma, para estabelecer a observância da ordem cronológica apenas em caráter preferencial, será possível que, nesses casos, os julgamentos sejam feitos em bloco, ainda que em detrimento da ordem cronológica, quando o juiz ou tribunal verificar que isso acelera a decisão, tornando mais eficiente a sua atividade.

III) O julgamento de recursos repetitivos ou de incidente de resolução de demandas repetitivas: essa é uma hipótese que diz respeito exclusivamente aos acórdãos proferidos por tribunais. O julgamento de recursos repetitivos só diz respeito aos recursos especiais e aos extraordinários. O STJ e o STF não precisarão observar preferencialmente a cronologia se o REsp ou RE for afetado no julgamento de recurso repetitivo. E o incidente de resolução de demandas repetitivas é julgado pelos tribunais, por órgão a ser indicado pelos regimentos internos, com possibilidade de eventual RE ou REsp. Tanto o julgamento do incidente quanto o dos recursos a ele afetos terão preferência sobre os demais.

IV) As decisões proferidas com base nos arts. 485 e 932: as sentenças proferidas com base no art. 485 são as de extinção sem resolução de mérito, que podem ser dadas em qualquer fase do processo, desde que verificadas as causas, enumeradas naquele dispositivo. E as decisões do art. 932 são as monocráticas, prolatadas pelo relator. Nem era necessário que estas fossem incluídas entre as exceções, já que o art. 12, *caput*, só se refere a sentenças e acórdãos, e as decisões monocráticas do relator não se inserem em nenhuma das duas categorias.

V) O julgamento de embargos de declaração: os embargos têm natureza de recurso, mas não precisam observar preferencialmente a ordem cronológica, nem quando interpostos contra sentença, nem contra acórdão. A exclusão se justifica porque o julgamento já terá ocorrido, cabendo embargos apenas para sanar eventual erro, omissão, contradição ou obscuridade.

VI) O julgamento do agravo interno: é aquele previsto no art. 1.021 do CPC, contra decisão do relator, para o respectivo órgão colegiado.

VII) As preferências legais e as metas estabelecidas pelo Conselho Nacional de Justiça: a hipótese dispensa maiores esclarecimentos. Quando a lei estabelece preferência em favor de determinado litigante é porque entende que ele está em situação diferenciada. E os desiguais têm de ser tratados desigualmente, na medida de sua desigualdade. É o que ocorrerá, por exemplo, nas hipóteses do art. 1.048. Também as metas do Conselho Nacional de Justiça estabelecem situações prioritárias, que justificam a desigualdade de tratamento. Os casos em que houver preferência legal não observarão a ordem cronológica geral. Mas o art. 12, § 3º, determina que após a elaboração de lista própria se respeite a ordem cronológica entre elas. Assim, haverá duas listas: a geral, dos processos aptos para julgamento, que deverão observar a ordem cronológica geral; e a lista própria de processos em que haja preferência legal. Entre esses processos, também deverá ser observada a ordem cronológica. O art. 12, § 6º, determina que ocupe o primeiro lugar na lista do § 1º, portanto da lista comum, ou o primeiro lugar na lista do § 3º (se houver hipótese de preferência legal) aquele processo que tiver sua sentença ou acórdão anulado, salvo quando houver necessidade de realização de diligência ou de complementação de instrução ou se enquadrar na hipótese do art. 1.040, II, do CPC. Ainda que tenham sido mantidas as listas, mesmo após a alteração do art. 12, *caput*, pela Lei n. 13.256/2016, cumpre observar que o juiz e os tribunais deverão atender preferencialmente, e não necessariamente, à ordem cronológica, nos termos mencionados no item 2.1.1.1, *supra*.

VIII) Os processos criminais, nos órgãos jurisdicionais que tenham competência penal: a hipótese versa sobre órgãos com competência cumulativa para a ação civil e penal. A ordem cronológica preferencial é restrita às sentenças e aos acórdãos cíveis, não se estendendo aos criminais.

IX) A causa que exija urgência no julgamento, assim reconhecida por decisão fundamentada: todas as hipóteses anteriores tratam de situações determinadas e específicas, a respeito das quais não há nenhuma margem de avaliação pelo juiz ou tribunal. Nesta hipótese caberá ao julgador essa avaliação. Não se trata de discricionariedade do julgador, mas de verificação se o caso *sub judice* se enquadra ou não como hipótese de julgamento urgente.

Caso ao processo que estava apto para sentença for juntado algum requerimento da parte, o juiz o decidirá, mas o processo retornará à mesma posição em que estava na lista, exceto quando implicar a reabertura da instrução ou a conversão do julgamento em diligência.

O rol das exceções do § 2º do art. 12 não é taxativo, mas meramente exemplificativo. A ordem cronológica deve ser preferencial, e não necessariamente observada, podendo haver inversão sempre que haja justificativa razoável para tanto.

2.1.1.4. Controle no cumprimento do dispositivo

O art. 12, § 1º, do CPC determina que a lista de processos aptos a julgamento deverá estar permanentemente à disposição para consulta pública em cartório e na rede mundial de computadores. Trata-se de mecanismo previsto para permitir o controle da observância da ordem cronológica preferencial. Como a lista será divulgada publicamente, qualquer pessoa poderá fiscalizar o cumprimento do determinado no *caput*.

Mas o dispositivo faz uso de uma expressão que pode trazer dificuldades e embaraços ao encarregado de alimentar a lista: "processos aptos a julgamento". Haverá casos em que, concluída a fase instrutória e apresentadas já as alegações finais, será evidente que o processo está em condições de julgamento. É verdade que, entre as exceções que dispensam a observância da ordem, estão as sentenças de improcedência liminar, de homologação de acordo e de extinção sem resolução de mérito. Mas não estão as de julgamento antecipado de mérito. Somente o juiz, após o encerramento da fase postulatória, terá elementos para saber se o processo pode ser julgado no estado em que se encontra, ou se há necessidade da abertura de instrução. O encarregado da lista não terá como saber. Por essa razão, não haverá, provavelmente, como alimentá-la de forma completa. E, mesmo para o juiz, nem sempre será possível decidir, de imediato, se o processo está ou não apto para o julgamento, o que pode exigir longa reflexão. Se um processo é enviado ao juiz para que, em princípio, profira decisão saneadora, ele pode demorar alguns dias refletindo sobre o tema e, nesse ínterim, proferir sentenças em processos enviados à conclusão mais recentemente. Caso ele, ao final, após madura reflexão, decida julgar o primeiro processo, e não saneá-lo, como pensara de início, haverá violação à ordem cronológica? Não seria razoável que assim fosse! O problema, que se apresentaria grave se fosse mantida a redação originária do art. 12, *caput*, foi solucionado, já que a ordem cronológica não precisará mais ser observada sempre, ressalvadas as exceções legais, mas apenas em caráter preferencial. O meio de controle previsto no art. 12, § 1º, do CPC estava mais em consonância com a redação originária do *caput*, em que a ordem cronológica tinha sempre de ser observada. Com a alteração do dispositivo, decorrente da Lei n. 13.256/2016, o meio de controle foi mantido, já que a exigência da ordem cronológica foi preservada, mas perdeu boa parte de sua razão de ser, já que ela não precisará ser observada senão em caráter preferencial, podendo haver inversão sempre que haja causa razoável para tanto.

2.2. Princípio do contraditório

Pela Constituição Federal, art. 5º, LV, "aos litigantes, em processo judicial ou administrativo, e aos acusados em geral são assegurados o contraditório e ampla defesa, com os meios e recursos a ela inerentes". Com isso, nenhuma dúvida pode restar quanto à necessidade de obediência ao contraditório, tanto no processo civil quanto no administrativo.

É preciso dar ciência ao réu da existência do processo, e às partes, dos atos que nele são praticados, permitindo-lhes reagir àqueles que lhes sejam desfavoráveis. As partes têm o direito de ser ouvidas e de expor ao julgador os argumentos que pretendem ver acolhidos.

Há uma diferença entre o contraditório no processo civil e no penal. Neste, como está em jogo a liberdade das pessoas, ele deve ser real e efetivo. Mesmo que o réu não queira defender-se, é preciso que o faça. Se se recusar, o juiz nomeará em seu favor um defensor dativo. E, caso tenha constituído advogado, se a defesa por ele apresentada não for suficiente, ou for atécnica, o juiz o declarará indefeso e nomeará outro, em substituição.

No processo civil o contraditório tem menor amplitude. Basta que seja dada ciência às partes do que ocorre no processo, com a oportunidade de reação. Se a parte não desejar defender-se ou manifestar-se, sofrerá as consequências de sua inércia, não cabendo ao juiz forçá-la. E, se o advogado apresentar defesa insuficiente ou atécnica, não poderá ser substituído pelo julgador. Isso vale mesmo para os processos em que se discutam direitos indisponíveis.

A diferença é que, nesses, a inércia da parte em defender-se não traz as mesmas consequências jurídicas que naqueles que versem direitos disponíveis.

Tanto num como noutro, o juiz não pode obrigar o réu a defender-se e apresentar contestação. Mas, no processo que trata dos direitos indisponíveis, a revelia não produz o costumeiro efeito de fazer presumir verdadeiros os fatos narrados na petição inicial.

O princípio do contraditório deve ser respeitado também nas execuções. Não com a mesma amplitude do processo de conhecimento, haja vista os diferentes fins a que ele se propõe. Como neste a finalidade é a aplicação do direito ao caso concreto, necessário um contraditório mais amplo, para que o juiz possa ouvir os argumentos de ambas as partes e decidir pelos mais convincentes.

Na execução, não cabe mais ao juiz deliberar sobre o direito, mas satisfazê-lo para o credor, com a prática de atos concretos e a alteração do mundo empírico. Por isso, o contraditório é mais limitado. Mas não deixa de existir, sendo necessário que o executado seja citado (na execução por título extrajudicial) e intimado de todos os atos relevantes, como a penhora e os leilões judiciais, e que tenha oportunidade de manifestar-se e reclamar de irregularidades perpetradas. A admissão, tanto doutrinária quanto jurisprudencial, das exceções e objeções de pré-executividade (embora de utilidade bastante restrita no CPC atual), nas quais o devedor se defende no próprio bojo da execução ou do cumprimento de sentença, sem embargos ou impugnação, confirma a existência do contraditório na execução.

Não há qualquer ofensa a esse princípio na concessão de liminares *inaudita altera parte*, pois elas pressupõem uma situação de urgência tal que não há tempo hábil para ouvir a parte contrária, ou a existência de risco nessa ouvida, ante a perspectiva de que ela tome providências para tornar inviável a realização da medida.

A necessidade de tornar efetivo o processo e a garantia constitucional do acesso à justiça justificam que nessas hipóteses o contraditório seja postergado (e não suprimido). Com isso, a parte contrária tem a possibilidade de manifestar-se e apresentar os seus argumentos, depois que a medida for deferida e cumprida, ocasião em que poderá tentar modificá-la, o que vale tanto para as liminares de cunho cautelar quanto para as satisfativas.

Também não há ofensa ao contraditório na prolação da sentença de improcedência liminar do pedido, presentes as hipóteses do art. 332 do CPC. Conquanto a sentença de mérito seja proferida *ab initio*, a matéria de mérito é exclusivamente de direito, e, uma vez presentes as hipóteses dos incisos do art. 332, o juiz sabe de antemão que o pedido será julgado improcedente, o que não depende de nenhuma alegação do réu, nem de qualquer prova. Não se justificaria que o processo prosseguisse quando já se sabe qual será o resultado. Só na hipótese de sentença desfavorável ao autor é que o juiz poderá valer-se do dispositivo. O autor teve a oportunidade de expor os seus argumentos na inicial. O juiz jamais poderá julgar procedente o pedido sem ouvir o réu. Só então haveria ofensa ao contraditório. Com a improcedência liminar, o réu, conquanto não tenha sido citado, não sofre nenhum prejuízo, já que a sentença lhe é inteiramente favorável.

Questão relevante, que deve ser examinada à luz do princípio do contraditório, é a da prova emprestada, que consiste na possibilidade de utilizar em um processo prova que tenha sido produzida em outro.

A prova deve ser realizada sob o crivo do contraditório. Quando uma das partes junta um documento novo, a outra deverá ser cientificada e ter oportunidade para manifestar-se. Quando uma arrola testemunhas, a outra tem a possibilidade de conhecer o rol com antecedência, para poder preparar eventual contradita e formular reperguntas, no curso da audiência. Na prova pericial, as partes podem acompanhar o perito e apresentar pareceres por assistentes técnicos.

Por isso, a prova produzida em outro processo, em princípio, não pode ser utilizada, sob pena de ofensa ao princípio do contraditório. Poderá sê-lo, no entanto, se as partes nos dois processos forem as mesmas, ou se aquele que não participou da produção da prova no processo anterior concordar em que ela seja usada como prova emprestada. Um exemplo pode ajudar a esclarecer o problema. Quando alguém sofre um acidente de trabalho pode ajuizar dois tipos de ação: aquela em que se postula um benefício acidentário, previsto na lei própria, em face do INSS, e a que busca indenização do patrão que tenha agido com culpa, fundada no direito comum.

Em ambas há necessidade de produção de prova pericial médica para apurar a incapacidade da vítima e a sua extensão. É muito comum que se queira utilizar em um dos processos a perícia produzida no outro. No entanto, as partes não são as mesmas, já que em um o réu é o INSS e em outro, o empregador. Para que se possa usar como prova emprestada a perícia produzida em outro processo, é preciso que a parte que dele não participou concorde, sob pena de ofensa ao princípio do contraditório.

Assim, se a perícia na ação com pedido acidentário (em face do INSS) for favorável à vítima, e ela pretender usá-la como prova emprestada na outra ação, fundada em direito comum, é preciso que haja o consentimento do réu (pois o empregador não participou da produção dessa prova). Já, se a perícia for desfavorável à vítima, nada impede que o empregador a use como prova emprestada, porquanto a vítima participou de sua produção no processo anterior.

O CPC atual tem especial cuidado com o princípio do contraditório e a todo tempo determina providências para que ele seja respeitado. Mas há dois dispositivos que se destacam: o art. 9º e o art. 10. O primeiro veda que seja proferida decisão contra uma das partes sem que ela seja previamente ouvida, ou seja, estabelece que o contraditório seja sempre prévio. O parágrafo único enumera as poucas exceções em que se admite que ele seja diferido: nos casos de tutela provisória de urgência; nos de tutela da evidência, previstos no art. 311, II e III, e na decisão inicial da ação monitória, que determina a expedição de mandado de pagamento, entrega de coisa ou para execução de obrigação de fazer ou não fazer.

Já o art. 10 veda ao juiz que decida, em qualquer grau de jurisdição, com base em fundamento a respeito do qual não se tenha dado às partes oportunidade de se manifestar, ainda que se trate de matéria sobre a qual deva decidir de ofício. Com isso, elimina-se a possibilidade de decisões que surpreendam as partes, porque fundadas em matéria não suscitada anteriormente. Se o juiz, por exemplo, vislumbra eventual prescrição, matéria que ele pode conhecer de ofício, antes de acolhê-la deve dar oportunidade às partes de que se manifestem a respeito. Se a prescrição ou a decadência for detectável de plano e puder levar à improcedência liminar do pedido (art. 332, § 1º), o juiz, antes de julgar, deverá ouvir o autor a respeito. O art. 487, parágrafo único, ao estabelecer que a prescrição e a decadência podem ser conhecidas de ofício, desde que as partes tenham oportunidade de se manifestar, ressalva a hipótese de improcedência de plano (art. 332, § 1º), em que não haveria tal necessidade de prévia manifestação. Mas parece-nos que, diante do que dispõe o art. 9º, o autor tem que ter oportunidade de se manifestar, para que não seja surpreendido, sem a possibilidade de apresentar argumentos que possam afastá-las.

A exigência de prévia manifestação das partes não impede o juiz de aplicar regra jurídica diversa daquela invocada pelas partes, pois o juiz conhece o direito ("jura novit curia") e aplicará a norma mais adequada para solução do caso concreto. Caso, no entanto, as partes não tenham se manifestado a respeito da norma jurídica que o juiz entenda ser aplicável, ele dará oportunidade para que elas o façam.

O descumprimento da determinação do art. 9º e 10 do CPC implicará a nulidade da decisão por ofensa ao princípio do contraditório.

2.3. Princípio da inafastabilidade do controle jurisdicional

O art. 5º, XXXV, da Constituição Federal proíbe a lei de excluir da apreciação do Poder Judiciário lesão ou ameaça a direito.

Esse dispositivo garante a todos o acesso à justiça para postular e defender os seus interesses, por meio de tutela específica.

O acesso à justiça é garantido pelo exercício do direito de ação, que permite ao interessado deduzir suas pretensões em juízo, para que sobre elas seja emitido um pronunciamento judicial.

Esse direito sofre limitações que lhe são naturais e restringem sua amplitude, mas nem por isso constituem ofensa ao princípio da inafastabilidade do controle jurisdicional. Nem todo aquele que ingressa em juízo obterá um provimento de mérito, porque é preciso o preenchimento das condições da ação. Quem não tem legitimidade ou interesse é carecedor de ação e não receberá do Judiciário resposta de acolhimento ou rejeição de sua pretensão.

Essas limitações não ofendem a garantia da ação, pois constituem restrições de ordem técnico-processual, necessárias para a própria preservação do sistema e o bom convívio das normas processuais.

A lei, porém, não pode impor outras restrições que sejam estranhas à ordem processual e dificultem o acesso à justiça. Por exemplo, não é lícito condicionar a garantia da ação ao esgotamento das vias administrativas (salvo a hipótese do art. 217, § 1º, da CF, relacionado à Justiça Desportiva) ou exigir o prévio recolhimento do débito nas ações anulatórias ou declaratórias envolvendo dívidas fiscais.

2.4. Princípio da imparcialidade do juiz

Embora a Constituição Federal não o mencione expressamente, contém uma série de dispositivos que visam a assegurar que as causas de qualquer espécie sejam julgadas por juízes imparciais.

Trata-se de uma necessidade imperiosa, que mantém estreita relação com os princípios do acesso à justiça e isonomia. A imparcialidade do juiz é pressuposto processual de validade do processo. Para garanti-la, a Constituição Federal acolheu o princípio do juiz natural (art. 5º, LIII), proibindo a criação dos tribunais ou juízos de exceção (art. 5º, XXXVII).

A garantia do juiz natural impede que as partes possam escolher, a seu critério, o julgador que irá apreciar a sua pretensão. Se houvesse tal possibilidade, a parte poderia optar por propor a demanda onde melhor lhe conviesse, procurando encontrar um juiz cujas convicções estivessem em consonância com suas postulações.

Para que seja respeitado o princípio do juiz natural três requisitos devem ser observados: a) o julgamento deve ser proferido por alguém investido de jurisdição; b) o órgão julgador deve ser preexistente, sendo vedada a criação de juízos ou tribunais de exceção, que são aqueles instituídos após o fato, com o intuito específico de julgá-lo; c) a causa deve ser submetida a julgamento pelo juiz competente, de acordo com as regras postas pela Constituição Federal e pela lei.

Isso implica que não haja escolha do juiz de acordo com o arbítrio e a vontade das partes. A causa deve ser apreciada por órgão judicial que já exista, no momento do litígio, e tenha sua competência preestabelecida pela Constituição Federal e por lei.

Não constitui ofensa ao princípio da imparcialidade do juiz a possibilidade de modificação de competência, estabelecida em lei (prorrogação, derrogação por eleição de foro, conexão ou continência), porque preestabelecida, constituindo manifestação de critério privatístico de fixação de competência, só admissível quando ela for relativa.

Também não ofende o princípio do juiz natural a possibilidade de alteração de competência, após a propositura da ação, quando houver supressão do órgão jurisdicional ou alteração de competência absoluta (CPC, art. 43), que decorre de dispositivo legal, previamente estabelecido. A parte não poderá dizer-se surpreendida com a alteração superveniente de competência nas hipóteses do art. 43, uma vez que estas já integram as regras do jogo, previamente postas.

O Estado Democrático de Direito não se compadece com a criação de juízos ou tribunais de exceção, que são os instituídos depois do fato que eles julgarão. O princípio do juiz natural exige que, no momento do fato ou do litígio, as partes já tenham condição de saber qual será o órgão judicial competente para o seu julgamento. A criação posterior de órgão ou tribunal para apreciação de um litígio surpreenderia os envolvidos e poderia constituir fonte de abusos e violações à garantia da imparcialidade. Somente em tempos de guerra ou de ruptura das instituições democráticas é que se tem visto a criação de tribunais de exceção, como o de Nuremberg, que julgou os crimes perpetrados pelos nazistas durante a Segunda Guerra Mundial.

O Código de Processo Civil, nos arts. 144 e 145, estabelece uma série de limitações para que o juiz possa exercer as suas funções quando presentes hipóteses que colocariam em risco a sua imparcialidade.

A redação do art. 5º, LIII, da Constituição Federal, determina não apenas que ninguém será julgado, mas também que ninguém será processado, senão pela autoridade competente. Esse dispositivo deu ensejo ao surgimento de grande discussão, a respeito do eventual acolhimento, entre nós, do princípio do promotor natural, cuja finalidade não seria assegurar a imparcialidade do membro do Ministério Público, como é evidente, mas restringir os poderes do Procurador-Geral, de designar promotores em caráter especial, para funcionar em determinados casos. Há forte entendimento doutrinário no sentido da adoção do princípio, diante dos termos em que foi redigido o texto constitucional, e parece-nos que, de fato, foi ele adotado. No Supremo Tribunal Federal chegou a prevalecer entendimento contrário, como se vê do acórdão proferido no HC 90.277/DF, cuja relatora foi a Min. Ellen Gracie, no qual ficou decidido que não houve o acolhimento, entre nós, do princípio do promotor natural. Mais recentemente, porém, o Supremo Tribunal Federal reconheceu a adoção do princípio: "O postulado do promotor natural, que se revela imanente ao sistema constitucional brasileiro, repele, a partir da vedação de designações casuísticas efetuadas pela chefia da instituição, a figura do acusador de exceção. Esse princípio consagra uma garantia de ordem pública, destinada tanto a proteger o membro do Ministério Público quanto a própria coletividade, a quem se reconhece o direito de ver atuando, em quaisquer causas, apenas o promotor cuja intervenção se justifique a partir de critérios abstratos e predeterminados, estabelecidos em lei. A matriz constitucional desse princípio assenta-se nas cláusulas da independência funcional e da inamovibilidade dos membros da instituição. O postulado do promotor natural limita, por isso mesmo, o poder do procurador-geral que, embora expressão visível da unidade institucional, não deve exercer a chefia do Ministério Público de modo hegemônico e incontrastável. Posição dos Min. Celso de Mello (relator), Sepúlveda Pertence, Marco Aurélio e Carlos Velloso. Divergência, apenas, quanto a aplicabilidade imediata do princípio do promotor natural: necessidade da *interpositio legislatoris* para efeito de atuação do princípio (Min. Celso de Mello); incidência do postulado, independentemente de intermediação legislativa (Min. Sepúlveda Pertence, Marco Aurélio e Carlos Velloso)" (HC 67.759, Rel. Min. Celso de Mello, julgamento em 6-8-1992, Plenário, *DJ* de 1º-7-1993). No mesmo sentido: HC 103.038, Rel. Min. Joaquim Barbosa, julgamento em 11-10-2011, Segunda Turma, *DJE* de 27-10-2011; HC 102.147, Rel. Min. Celso de Mello, decisão monocrática, julgamento em 16-12-2010, *DJE* de 3-2-2011.

2.5. Princípio da publicidade dos atos processuais

É garantido pelos arts. 5º, LX, e 93, IX, da Constituição Federal. O primeiro dispõe que "a lei só poderá restringir a publicidade dos atos processuais quando a defesa da intimidade ou o interesse social o exigirem", e o segundo, que "todos os julgamentos dos órgãos do Poder Judiciário serão públicos...". Quanto às partes e seus procuradores, a garantia da publicidade não sofre restrição alguma, sendo necessária para o exercício pleno e efetivo do contraditório.

O art. 11, *caput*, primeira parte do CPC, assegura a publicidade de todos os julgamentos dos órgãos do Poder Judiciário. Em relação a terceiros, a publicidade sofrerá restrições nas hipóteses do art. 189 do CPC, isto é, de segredo de justiça.

A publicidade é necessária para que a sociedade possa fiscalizar seus juízes, preservando-se com isso o direito à informação, garantido constitucionalmente. No entanto, muitas vezes, ela pode ser nociva, quando houver interesse público envolvido ou a divulgação puder trazer danos às partes. Por isso, justifica-se a imposição de restrições para que estranhos, em determinadas circunstâncias, tenham acesso ao que se passa no processo.

2.6. Princípio do duplo grau de jurisdição

Não há, na Constituição Federal, nenhuma exigência expressa de obediência ao duplo grau de jurisdição. No entanto, ele decorre do sistema, que prevê a existência de tribunais para julgar recursos contra as decisões judiciais.

O principal fundamento para a manutenção do princípio é de natureza política: nenhum ato estatal pode ficar sem controle. A possibilidade de que as decisões judiciais venham a ser analisadas por um outro órgão assegura que as equivocadas sejam revistas. Além disso, imbui o juiz de maior responsabilidade, pois ele sabe que sua decisão será submetida a nova apreciação. Como regra, o duplo grau de jurisdição depende de provocação do interessado, ressalvada a remessa necessária.

Todavia, como não há exigência expressa na Constituição de que sempre se obedeça ao duplo grau, existem diversas hipóteses, no nosso ordenamento, em que ele não ocorre, mas que, nem por isso, podem ser qualificadas de inconstitucionais.

Podem-se citar, entre outros, os casos de competência originária do Supremo Tribunal Federal e os embargos infringentes da Lei de Execução Fiscal, julgados pelo mesmo órgão que proferiu a sentença.

Também não há inconstitucionalidade no art. 1.013, § 3º, do CPC, que permite ao tribunal apreciar o mérito, ainda que a primeira instância não o tenha feito, quando haja nos autos elementos suficientes para tanto. Nem no art. 938, §§ 1º e 2º, que permite ao tribunal determinar a realização ou renovação de ato processual que contenha nulidade sanável, antes de prosseguir no julgamento do recurso.

2.7. Princípio do devido processo legal

Esse é o princípio que constitui a base de todos os demais. A Constituição Federal, no art. 5º, LIV, estabelece que "ninguém será privado da liberdade ou de seus bens sem o devido processo legal". Bastaria que fosse acolhido o *due process of law* para que estivessem asseguradas aos litigantes todas as garantias e o direito a um processo e a uma sentença justa. "É, por assim dizer, o gênero do qual todos os demais princípios constitucionais do processo são espécies"[1].

A Constituição Federal brasileira preserva a liberdade e os bens, colocando-os sob a guarda do Poder Judiciário, uma vez que os respectivos titulares não podem deles ser privados por atos não jurisdicionais do Estado. Além disso, o Judiciário deve exercer o poder que lhe foi atribuído respeitando determinadas limitações e preservando as garantias e exigências "inerentes ao

1. Nelson Nery Junior, *Princípios do processo civil na Constituição Federal*, p. 27.

Estado de direito democrático, não podendo ele (poder estatal exercido pelo juiz) avançar sobre competências de outros juízes e não podendo, ainda quando eventualmente lho autorize a lei, exercer o poder de modo capaz de comprimir as esferas jurídicas dos jurisdicionados além do que a Constituição permite"[2].

O princípio do devido processo legal teve origem na Magna Carta, de João Sem Terra, datada de 1215, em que se ressaltava o seu aspecto protetivo no âmbito do processo penal. Ao longo do tempo, ele foi ganhando maior amplitude e generalizando-se. Hoje em dia, não se limita à tutela processual (*procedural due process*), tendo adquirido também um sentido substancial (*substantive due process*), "atuando no que respeita ao direito material, e, de outro lado, à tutela daqueles direitos por meio do processo judicial ou administrativo"[3].

O *substantive due process* constitui autolimitação ao poder estatal, que não pode editar normas que ofendam a razoabilidade e afrontem as bases do regime democrático. Em sentido processual, o princípio obriga a que se respeitem as garantias processuais e as exigências necessárias para a obtenção de uma sentença justa. Exige ainda que o trâmite dos processos seja célere e de duração razoável (art. 5º, LXXVIII, da CF/88).

2.8. Princípio da duração razoável do processo

Foi acrescentado à Constituição Federal pela Emenda Constitucional n. 45/2004, que incorporou ao art. 5º o inciso LXXVIII: "A todos, no âmbito judicial e administrativo, são assegurados a razoável duração do processo e os meios que garantem a celeridade de sua tramitação". A rigor, já se poderia encontrar fundamento, em nosso ordenamento jurídico, para a adoção da regra, no devido processo legal (já que, para que o processo alcance o seu desiderato é preciso que chegue a termo dentro de prazo razoável). Ademais, o Pacto de San José da Costa Rica, de 1969, que foi ratificado, já o consagrava.

O art. 4º do CPC repete o dispositivo constitucional, explicitando que ele se estende também à atividade satisfativa: "As partes têm o direito de obter em prazo razoável a solução integral do mérito, incluída a atividade satisfativa". O dispositivo revela a preocupação geral do legislador com um dos entraves mais problemáticos do funcionamento da justiça: a demora no

---

2. Cândido Rangel Dinamarco, *Instituições de direito processual civil*, v. 1, p. 244.

3. Nelson Nery Junior, *Princípios*, cit., p. 33.

julgamento dos processos. Boa parte das alterações e acréscimos havidos na legislação processual, nos últimos anos, tem por fim buscar uma solução mais rápida para os conflitos. Esse princípio é dirigido, em primeiro lugar, ao legislador, que deve cuidar de editar leis que acelerem e não atravanquem o andamento dos processos. Em segundo lugar, ao administrador, que deverá zelar pela manutenção dos órgãos judiciários, aparelhando-os de sorte a dar efetividade à norma constitucional. E, por fim, aos juízes, que, no exercício de suas atividades, devem diligenciar para que o processo caminhe para uma solução rápida.

A busca deve ser a da obtenção dos melhores resultados possíveis, com a máxima economia de esforços, despesas e tempo. O princípio se imbrica com o da efetividade do processo: afinal, a duração razoável é necessária para que o processo seja eficiente.

Podem ser citados numerosos exemplos de medidas tomadas para torná-lo mais eficiente: a ampliação dos casos de tutelas provisórios, a possibilidade de solução concentrada de casos idênticos e repetitivos, as súmulas vinculantes, a adoção de meios eletrônicos no processo, a redução do número de recursos cabíveis, sobretudo dotados de efeito suspensivo. Deve haver ainda cuidado para que o número de juízes se mantenha condizente com o de processos e que eles estejam suficientemente equipados para dar conta da demanda.

O art. 1.048 do CPC estabelece a prioridade de tramitação de alguns processos, por exemplo, aqueles em que figura parte ou interessado maior de 60 anos ou portador de doença grave. Não há ofensa ao princípio da isonomia, uma vez que as circunstâncias pessoais que justificam a prioridade são de ordem a legitimar a solução mais urgente.

3. PRINCÍPIOS INFRACONSTITUCIONAIS

3.1. Princípio dispositivo

Dois aspectos fundamentais devem ser examinados quando se analisa esse princípio. O primeiro concerne ao ajuizamento das ações, e o segundo, à iniciativa da investigação dos fatos e produção de provas.

Como o processo civil, em regra, versa sobre interesses disponíveis, que dizem respeito à esfera privada do indivíduo, sempre prevaleceu o entendimento de que competia às partes a iniciativa para a propositura da demanda e a exclusividade na produção de provas. O juiz era duplamente inerte: não tinha poder para dar início ao processo, nem para determinar as provas que entendesse necessárias para a sua convicção. Ficavam ressalvados os processos que tratassem de interesses indisponíveis.

Daí concluía-se que, no processo civil, a busca era pela verdade formal: o juiz decidia de acordo com os elementos instrutórios que haviam sido trazidos pelas partes. Não tinha poderes para determinar outras provas, ainda que estas lhe parecessem imprescindíveis, para julgar adequadamente. Quando os elementos trazidos pelas partes não fossem suficientes, deveria o juiz decidir conforme as regras do ônus da prova: se nada ficou demonstrado, ele julgava em desfavor daquele que tinha o ônus de provar. Vigorava, pois, o princípio dispositivo, não só naquilo que se relacionava à propositura da demanda, mas à produção das provas. E isso constituía uma grande diferença entre o processo civil e o penal, no qual vigorava o princípio inquisitivo, com a possibilidade de o juiz investigar livremente, na busca da verdade real.

A atual dinâmica do processo civil não se compadece mais com a imagem do juiz como mero espectador, que assiste passivamente à produção de provas pelas partes.

É preciso distinguir: a iniciativa para a propositura da ação continua sendo das partes (salvo raríssimas exceções, como a arrecadação de bens de ausentes, que pode ser determinada de ofício), cabendo a elas decidir o momento oportuno para tanto. Compete-lhes também fixar os contornos objetivos da lide. Ao autor cumpre expor na petição inicial os fundamentos de fato em que fundamenta o seu pedido, e ao réu, os da defesa, as motivações pelas quais entende que o pedido inicial deva ser desacolhido.

No entanto, proposta a ação o processo corre por impulso oficial, e o juiz, como destinatário das provas, deve ter participação ativa na sua produção. Deve indeferir as provas requeridas pelas partes, quando impertinentes ou desnecessárias, e, ainda, no silêncio delas, determinar as que lhe pareçam necessárias para um julgamento mais justo. Está ultrapassada a ideia de que, no processo civil, o juiz deve contentar-se com a verdade formal, quando a verdade real pode ser alcançada. O CPC, no art. 370, não deixa dúvidas a respeito, atribuindo ao juiz os mesmos poderes instrutórios que à parte.

Em vez de mero espectador, ele deve conduzir a produção de provas, determinando as que lhe pareçam necessárias. Mesmo nos processos que versem sobre interesses disponíveis, há sempre um interesse público subjacente: o de que seja proferida a melhor sentença possível, para que se dê efetividade ao processo e garanta-se àquele que tem razão uma tutela jurisdicional adequada. É falsa a ideia de que no processo civil em que se discute sobre direitos disponíveis o juiz deva contentar-se com a verdade formal. Se possível, ele deve tentar apurar o que efetivamente ocorreu, para julgar em favor daquele que tem razão.

Com isso ele não fere a sua imparcialidade, mas estará buscando a verdade e o cumprimento adequado do seu ofício. A principal função do Judiciário é dar efetiva tutela jurisdicional a quem tenha razão.

As regras do ônus da prova só devem ser aplicadas em último caso. Se, depois de esgotados todos os meios possíveis, nada mais puder ser feito para que os fatos sejam esclarecidos, o juiz, obrigado a proferir sentença (vedada a pronúncia do *non liquet*), deve verificar a quem incumbia a obrigação de provar, julgando em seu desfavor, se tal obrigação não tiver sido cumprida.

Não se pode mais, portanto, afirmar que o processo civil é, genericamente, regido pelo princípio dispositivo, senão no que se refere à propositura da ação e à fixação dos contornos objetivos da lide. Quanto à produção de provas, melhor seria dizer que vale o princípio inquisitivo, tendo o magistrado a possibilidade de investigar e determinar livremente as provas que entenda pertinentes.

O CPC atual, no entanto, dá conteúdo muito mais amplo ao princípio dispositivo, porque permite, nos processos em que se admite a autocomposição, e desde que as partes sejam maiores, que elas convencionem estipulando mudanças no procedimento para ajustá-lo às especificidades da causa. Permite também a convenção sobre os ônus, poderes, faculdades e deveres processuais das partes, antes ou durante o processo. E a estipulação de um cronograma, de comum acordo entre as partes e o juiz. Autoriza, ainda, a realização de perícia consensual, em que o perito é indicado pelas próprias partes.

No CPC de 1973, a disponibilidade ficava, em regra, restrita ao direito material discutido, sendo poucas as possibilidades que as partes tinham de interferir no procedimento, ou nas regras processuais. Predominava a regra de que, dado o caráter publicístico do processo, era restrita a possibilidade de negociação sobre matéria processual, mesmo que o direito discutido admitisse autocomposição. O CPC atual modifica esse panorama, ampliando muito os poderes de convenção das partes, o que constitui das suas maiores inovações.

3.2. Princípio da persuasão racional (livre convencimento motivado)

Há três sistemas que podem ser adotados quanto à apreciação e à avaliação das provas, e que indicam a maneira pela qual o juiz deve firmar sua convicção. O primeiro é o da prova legal, pelo qual não cabe ao magistrado, mas ao legislador, valorar a prova. O valor de cada uma já vem estabelecido em lei, não podendo o juiz desobedecer a hierarquia por ela imposta. O CPC não adotou esse princípio, salvo em raras hipóteses, como a do art. 406, que atribui valor pleno e exclusivo ao instrumento público, quando ele for da substância do ato. A rigor, esse dispositivo nem trata propriamente de avaliação de provas. Ocorre que, quando o instrumento público for da substância do ato, ele não se aperfeiçoa senão pela sua lavratura. Trata-se de hipótese em que o juiz não pode convencer-se com base em prova testemunhal ou pericial, sendo imprescindível a apresentação do instrumento público.

O segundo princípio é o do julgamento de acordo com a consciência, que permite ao juiz julgar livremente de acordo com o que lhe parece mais acertado, ainda que não encontre provas para tanto, ou as encontre em sentido contrário. O julgador não precisaria justificar a sua decisão, que pode ser proferida consoante a sua consciência, ainda que sem apoio nas provas dos autos.

No Brasil, acolheu-se o terceiro princípio, que é intermediário entre os dois primeiros: o da persuasão racional do juiz, também denominado livre convencimento motivado. De acordo com o CPC, art. 371, o juiz apreciará a prova, observando o que consta dos autos, mas, ao proferir a sentença, deve indicar os motivos que lhe formaram o convencimento.

Não há uma hierarquia das provas. O juiz deve ler os autos, analisar os elementos colhidos e formar livremente o seu convencimento. Porém, este deve fundamentar-se naquilo que esteja nos autos e ser exposto na sentença. A motivação deriva da necessidade de um controle pelas partes, pelos órgãos superiores e pela própria sociedade das atividades jurisdicionais.

3.3. Princípio da oralidade

Os procedimentos podem observar três tipos de formas: a oral, a escrita e a mista. A forma oral pura não é adotada no Brasil, porque se exige que os atos e termos do processo sejam documentados. Embora as audiências e requerimentos sejam realizados oralmente, faz-se necessária a sua redução a escrito. Os procedimentos do juizado especial cível, regulados pela Lei n.

9.099/95, observam com mais rigor as regras da oralidade. Mas mesmo neles há necessidade de documentação dos principais atos realizados ao longo do procedimento. Nem aí se poderia falar propriamente na adoção do princípio da oralidade, pois o procedimento é o misto.

Ao longo dos anos, a oralidade perdeu o significado original de procedimento em que todos os atos eram realizados oralmente. Hoje em dia, com a expressão "princípio da oralidade" quer-se significar a necessidade de o julgador aproximar-se o quanto possível da instrução e das provas realizadas ao longo do processo. Por isso, dele decorrem quatro subprincípios, todos indicativos da necessidade de o juiz manter-se próximo da colheita de provas. São eles:

a) Imediação: o julgador deve colher diretamente a prova. Não há, como em outros países, a distinção entre um juiz, responsável pela instrução, e outro, pelo julgamento. Quem vai julgar deve, de forma direta e sem intermediação, fazer a colheita das provas. As exceções a esse subprincípio ficam por conta da necessidade eventual de produção de provas em outras comarcas ou países, que é realizada por meio de carta precatória ou rogatória.

b) Identidade física do juiz: o magistrado que colhe prova oral em audiência fica vinculado ao julgamento do pedido. Ainda que não esteja mais judicando no mesmo órgão, deverá proferir sentença, sendo necessário remeter-lhe os autos. O art. 132 do Código de Processo Civil de 1973, que consagrava expressamente o princípio da identidade física do juiz, não foi repetido no atual, o que traz a relevante questão de saber se ele foi ou não mantido no sistema vigente. O art. 132 dizia que o juiz, titular ou substituto, que concluísse a audiência, deveria proferir sentença. A redação do dispositivo sugeria que do simples encerramento da instrução resultava a vinculação do juiz. Mas não era isso, e sim a colheita de prova oral na audiência, que o fazia. Se, em uma audiência de instrução, as partes desistissem dos depoimentos pessoais e da ouvida de testemunhas, dar-se-ia por encerrada a instrução, passando-se à fase de alegações finais. O juiz não se teria vinculado, porque não houve colheita de provas orais. Quando a realização da audiência desdobrava-se em mais de um dia, porque nem todas as testemunhas compareciam ou o número era tal que não era possível ouvi-las de uma vez, o juiz que havia iniciado a colheita da prova oral deveria terminá-la, pois teria ficado vinculado, ressalvadas as exceções estabelecidas no art. 132. O magistrado que ouvia as primeiras testemunhas deveria ser o mesmo a ouvir as restantes na audiência em continuação. Como já mencionado, o art. 132 do Código Civil de 1973 não foi repetido no CPC atual. Apesar disso, o princípio da identidade física do juiz permanece no sistema atual, se não como lei expressa, ao menos como regra principiológica. O CPC atual continua acolhendo o princípio da oralidade e, como se vê, dentre outros dispositivos, dos arts. 139, 370 e 456 do CPC, a lei atribui ao juiz a colheita das provas, a avaliação daquelas que são pertinentes, bem como a possibilidade de determinar de ofício as necessárias e indeferir as inúteis e protelatórias. É corolário do sistema, e dos demais subprincípios derivados da oralidade, seja o da imediação, o da concentração, seja o da irrecorribilidade em separado das interlocutórias, que seja mantido o princípio da identidade física do juiz, porque o juiz que colhe a prova estará mais apto a julgar, pelo contato direto que teve com as partes e as testemunhas. Como não há dispositivo equivalente ao art. 132 do CPC de 1973, mas o sistema continua acolhendo o princípio da identidade física do juiz, parece-nos que as regras estabelecidas naquele dispositivo continuam valendo, isto é, o juiz que colhe prova em audiência continua se vinculando ao julgamento do processo, ressalvadas as exceções trazidas pelo próprio dispositivo legal. Vale lembrar, ainda, que em tempos não muito distantes a Lei 11.719/2008 introduziu o princípio da identidade física do juiz no Processo Penal, ao acrescentar o § 2º, ao art. 399: "O juiz que presidiu a instrução deverá proferir sentença". Não se justifica que, acolhido recentemente pelo Processo Penal, o princípio seja eliminado do Processo Civil, sendo manifestamente benéficas as consequências de sua adoção e sendo possível deduzi-lo do sistema geral de oralidade acolhido pelo atual CPC.

O art. 132 do CPC 1973 enumerava as hipóteses em que o juiz se desvinculava. Eram situações em que ele, tendo colhido prova oral em audiência, não mais ficava atrelado ao julgamento do pedido, que seria feito por quem o havia substituído. Uma vez que o princípio continua acolhido, parece-nos que as mesmas exceções previstas no sistema anterior devem ser admitidas no atual.

Desvincula-se o juiz que for: a) Convocado (por exemplo, para exercer funções na Corregedoria Geral da Justiça ou na presidência do tribunal). b) Licenciado. Não cessará a vinculação quando houver licença de curta duração, como as decorrentes de licença-paternidade ou de pequenos problemas de saúde. Porém, quando houver a concessão de licenças mais longas, incluindo a decorrente de maternidade, a vinculação cessará, porque não é razoável exigir que as partes esperem por longo período para que seja prolatada a sentença. O Supremo Tribunal Federal tem decidido que as férias desvinculam o juiz, já que enquanto elas perduram, ele fica afastado. Nesse sentido o Recurso Ordinário em *Habeas Corpus* 116.205/São Paulo, de 16 de abril de 2013,

Rel. Min. Ricardo Lewandowski: "Violação do princípio da identidade física do juiz. Não ocorrência... conclusão dos autos quando o juiz titular encontrava-se em gozo de férias". c) Afastado. d) Promovido. e) Aposentado.

Verificadas essas hipóteses, a sentença será proferida pelo juiz que suceder aquele que estava vinculado. Para garantir-lhe o livre convencimento, permite-se que ele mande repetir as provas produzidas.

Dada a relativização do princípio da identidade física, se o processo tiver um juiz vinculado e a sentença for proferida por outro, só haverá *nulidade relativa*, que deverá ser alegada na primeira oportunidade e que só será reconhecida se importar algum prejuízo ao contraditório e à ampla defesa.

c) Concentração: a audiência de instrução é una e concentrada. A colheita da prova oral deve ser feita em uma única audiência, para que o juiz consiga uma visão sistemática dos fatos e possa recordar-se, com maior clareza, das provas produzidas, ao proferir o julgamento. Razões práticas, no entanto, podem fazer com que a audiência, embora una, possa realizar-se em mais de um dia. Isso ocorrerá, por exemplo, quando na mesma ocasião não for possível ouvir todas as testemunhas, seja em razão da ausência de alguma delas, seja em virtude do grande número de pessoas que devam ser ouvidas.

d) Irrecorribilidade das interlocutórias:

O CPC considera efetivamente irrecorríves em separado, como regra, as decisões interlocutórias. O agravo retido foi extinto, e apenas umas poucas decisões interlocutórias, enumeradas no art. 1.015, são suscetíveis de agravo de instrumento. As demais são irrecorríveis em separado. Mas, por essa mesma razão, elas não precluem, podendo ser suscitadas como preliminar de apelação ou nas contrarrazões. O órgão *ad quem*, ao examinar a apelação, apreciará não apenas o que foi impugnado na sentença, mas também reexaminará as decisões interlocutórias que não puderam ser objeto de recurso, mas que foram suscitadas como preliminar de apelação ou nas contrarrazões. Só não estão sujeitas à preclusão as interlocutórias irrecorríveis. As suscetíveis de agravo de instrumento (art. 1.015) precluem se o recurso não for interposto.

3.4. Princípio da boa-fé

O CPC de 1973 já continha não propriamente um princípio geral de boa-fé, mas a determinação, incluída entre os deveres de todos aqueles que de qualquer forma participam do processo, de que procedessem com lealdade e boa-fé (art. 14, III, do CPC/73). Para dar conteúdo a esse dispositivo, o art. 17 enumerava situações em que se considerava haver litigância de má-fé. A novidade, portanto, do CPC atual é elevar a exigência da boa-fé à categoria principiológica, de norma fundamental do processo civil. Isso mostra a preocupação ainda maior do legislador com a observância da boa-fé por parte daqueles que de qualquer forma participam do processo. Para dar maior concretude ao dispositivo, o art. 77 enumera outros deveres daqueles que participam no processo, e o art. 80 enumera as hipóteses em que haverá litigância de má-fé.

Além do princípio geral, há outros dispositivos no CPC que dão maior concretude à exigência da boa-fé. É o caso dos artigos 322, § 2º, e 489, § 3º, que mandam que o pedido e a sentença sejam interpretados de acordo com o princípio da boa-fé. Tal como dizia o art. 14, III, do CPC de 1973, a boa-fé está associada à lealdade processual e à necessidade de respeito a todos aqueles que participam do processo.

3.5. Princípio da cooperação

Vem expressamente consagrado no art. 6º do CPC: "Todos os sujeitos do processo devem cooperar entre si para que se obtenha, em tempo razoável, decisão de mérito justa e efetiva". Constitui desdobramento do princípio da boa-fé e da lealdade processual. Mas vai além ao exigir não propriamente que as partes concordem ou ajudem uma a outra – já que não se pode esquecer que há um litígio entre elas –, mas que colaborem para que o processo evolua adequadamente. Um exemplo concreto é aquele fornecido pelo art. 357, § 3º, que trata do saneamento do processo. Em regra, ele é feito pelo juiz, sem necessidade da presença das partes. Mas, se a causa apresentar complexidade em matéria de fato ou de direito, o juiz deverá convocar audiência para que o saneamento seja feito em cooperação com as partes, oportunidade em que ele, se for o caso, as convidará a integrar ou esclarecer suas alegações.

Melhor seria que o legislador determinasse a cooperação das partes para que se pudesse obter em tempo razoável um provimento jurisdicional justo e efetivo, já que, ao referir-se a decisões de mérito, ele se esqueceu das execuções, nas quais não há esse tipo de decisão. Apesar da omissão, parece-nos que, como o princípio da cooperação está entre as normas fundamentais do processo, na Parte Geral do CPC, ele se aplica tanto aos processos de conhecimento como aos de execução.

O princípio da cooperação exige do magistrado que observe o dever de esclarecer as partes sobre eventuais dúvidas a respeito de suas determinações, bem como de consultar as partes a respeito de dúvidas que ele tenha a respeito das alegações formuladas e das diligências solicitadas, e de preveni-las quanto a eventuais deficiências ou insuficiências de suas manifestações.

livro II
INSTITUTOS FUNDAMENTAIS DO PROCESSO CIVIL

capítulo I
INTRODUÇÃO

São aqueles que constituem o arcabouço da ciência. Todas as normas de cunho processual estão relacionadas ou têm por objeto um desses institutos fundamentais, que são quatro: a jurisdição, a ação, a defesa ou exceção e o processo.

A jurisdição é a atividade do Estado, exercida por intermédio do juiz, que busca a pacificação dos conflitos em sociedade pela aplicação da lei aos casos concretos; a ação é o poder de dar início a um processo, e dele participar, com o intuito de obter do Poder Judiciário uma resposta ao pleito formulado; a defesa é o poder de contrapor-se à pretensão formulada; e o processo é um conjunto de atos destinados a um fim, a obtenção do pronunciamento judicial a respeito dos pedidos formulados.

Toda ciência processual gira em torno desses institutos. Não há norma de cunho processual que não esteja relacionada com uma das quatro categorias.

capítulo II
JURISDIÇÃO

1. INTRODUÇÃO

É uma das funções do Estado, que se substitui às partes na solução dos conflitos de interesses. Nos primórdios da história humana, quando ainda não havia Estado nem leis, a resolução dos litígios era feita pelos próprios titulares dos interesses em disputa. O resultado era, quase sempre, a predominância do mais forte, ou do mais esperto, sobre o mais fraco ou menos inteligente, o que nem sempre se coadunava com os ideais de justiça. A solução dos conflitos era parcial, na medida em que dada pelas próprias partes envolvidas.

Com a evolução das instituições, o Estado assumiu para si, em caráter exclusivo, a responsabilidade de dar solução aos conflitos, proibindo que os próprios envolvidos o fizessem, de forma unilateral. Desde então, as lides passaram a ter uma solução imparcial.

Ao aplicar a lei, que é geral e abstrata, a um caso concreto, busca o Estado a pacificação social. Cumpre ao Poder Judiciário fazer atuar a vontade concreta da lei.

Fica evidenciado, pelo exposto, que uma das principais características da jurisdição é a substitutividade, que deriva de sua atividade de substituir as partes envolvidas no conflito para dar-lhes solução. Com isso, garante-se a exigência contemporânea de imparcialidade.

A jurisdição é exercida em relação a uma lide, que o interessado deduz perante o Estado-juiz, inerte por natureza. Ao ser acionado por um dos interessados, ele, por meio de um processo, irá aplicar a lei ao caso concreto, buscando dar solução ao conflito. Somente os atos jurisdicionais tornam-se imutáveis, porque a partir de um determinado momento não podem mais ser discutidos. Os atos administrativos podem ser revistos e não têm o caráter de definitividade que caracteriza a jurisdição.

2. JURISDIÇÃO, LEGISLAÇÃO E ADMINISTRAÇÃO

O poder é uno, pois há apenas uma separação de funções. A legislativa consiste na atividade de elaboração de normas gerais e abstratas, que são prévias ao conflito de interesses; a jurisdicional, na aplicação dessas normas ao caso concreto submetido à apreciação judicial (criação da norma jurídica concreta).

Não se confunde a função jurisdicional com a administrativa. São três as diferenças fundamentais: a administração não tem caráter substitutivo – os procedimentos administrativos são apreciados por ela mesma; só a jurisdição busca solucionar os conflitos de interesses aplicando a lei ao caso concreto; e só ela produz decisões de caráter definitivo.

3. PRINCÍPIO DA JURISDIÇÃO

Tradicionalmente, a doutrina menciona quatro princípios inerentes à jurisdição. São eles:

a) Investidura: só exerce jurisdição quem ocupa o cargo de juiz. A ausência de investidura implica óbice intransponível para o exercício da jurisdição, que é pressuposto processual da própria existência do processo.

b) Aderência ao território: os juízes só têm autoridade dentro do território nacional, respeitados os limites da sua competência. Esta nada mais é que a medida territorial da jurisdição.

É por essa razão que, fora dos limites territoriais de sua competência, eles devem buscar a cooperação dos outros magistrados, com a expedição de cartas precatórias.

c) Indelegabilidade: a função jurisdicional só pode ser exercida pelo Poder Judiciário, não podendo haver delegação de competências, sob pena de ofensa ao princípio constitucional do juiz natural.

d) Inafastabilidade: a lei não pode excluir da apreciação do Poder Judiciário nenhuma lesão ou ameaça a direito (CF, art. 5º, XXXV). Mesmo que não haja lei que se possa aplicar, de forma específica, a um determinado caso concreto, o juiz não se escusa de julgar invocando a lacuna.

4. ESPÉCIES DE JURISDIÇÃO

Como emanação do poder estatal, a jurisdição é una e não comporta distinção de espécies, salvo por razões exclusivamente didáticas. A doutrina costuma classificá-la quanto ao seu objeto, tipo de órgão que a exerce e hierarquia.

Quanto ao objeto, classifica-se em civil, penal e trabalhista. Em relação ao organismo que a exerce, em comum ou especial, a primeira exercida pela justiça comum estadual e federal, e a segunda pela justiça trabalhista, militar e eleitoral.

Por fim, quanto à hierarquia, em superior e inferior, conforme as decisões provenham de órgão de instâncias superiores ou inferiores.

5. JURISDIÇÃO E COMPETÊNCIA

5.1. Jurisdição internacional (jurisdição de outros Estados)

A jurisdição civil é exercida pelos juízes e tribunais em todo o território nacional, nos termos do CPC, art. 16. Não tem o juiz brasileiro jurisdição em outros territórios, porque, sendo ela uma manifestação do poder estatal, deve respeitar a soberania dos outros países.

Existem ações para as quais o juiz brasileiro tem jurisdição. Outras há, no entanto, que refogem ao âmbito da justiça brasileira. Dinamarco enumera três razões para que sejam estabelecidas regras de jurisdição internacional, excluindo-se a jurisdição nacional para a apreciação de determinadas causas: "a) a impossibilidade ou grande dificuldade para cumprir em território estrangeiro certas decisões dos juízes nacionais, b) a irrelevância de muitos conflitos em face dos interesses que ao Estado compete preservar e c) a conveniência política de manter certos padrões de recíproco respeito em relação a outros Estados"[1].

A jurisdição, como manifestação de poder, encontra óbice na soberania de outros países. De nada adiantaria que a lei brasileira autorizasse o processamento de determinadas ações perante a nossa justiça se a decisão aqui proferida não fosse exequível, por violar ou ofender a soberania de outro país. Reciprocamente, há certas ações que só podem ser julgadas pela justiça brasileira, em caráter de exclusividade. Se o forem em outro país, serão aqui inexequíveis, porque o Superior Tribunal da Justiça lhes negará homologação.

Os atos executivos determinados pelo juiz de certo país não poderão ser cumpridos diretamente em outro sem a colaboração deste. É preciso que, primeiro, haja a homologação da sentença estrangeira, para que ela se torne exequível.

Também são excluídos de nossa jurisdição aqueles conflitos que não tragam qualquer interesse para a justiça brasileira. Um litígio entre estrangeiros, versando sobre fato ocorrido em outro território, não tem nenhuma relação com o Brasil. Por isso, não haveria qualquer razão para que a justiça brasileira dele se ocupasse.

A harmonia e a cooperação entre os países, o respeito mútuo entre eles e os esforços diplomáticos para a boa convivência entre as nações justificam que cada país estabeleça regras e limitações a respeito da extensão da sua jurisdição.

5.1.1. A sentença estrangeira

Uma decisão ou sentença proferida em outro país é ineficaz enquanto tal e não pode ser executada no Brasil, nem produz aqui os seus efeitos. A existência de processo em país estrangeiro também é irrelevante perante a

1. Cândido Rangel Dinamarco, *Instituições*, cit., v. 1, p. 330.

justiça brasileira. Estabelece o CPC, art. 24, que a ação intentada no estrangeiro não induz litispendência, nem obsta a que a autoridade judiciária brasileira conheça da mesma causa e das que lhe são conexas. Mesmo a sentença estrangeira já transitada em julgado deve ser ignorada pelo juiz brasileiro. Para que ela se torne eficaz, é preciso que seja homologada perante o Superior Tribunal de Justiça, na forma do art. 105, I, *i*, da Constituição Federal.

A partir de então, ela se torna eficaz no Brasil, produzindo os efeitos da litispendência (há quem sustente que o disposto no art. 24 do CPC não estaria mais em vigor, porque o Brasil é signatário do Código de Bustamante, cujo art. 394 dispõe em contrário, aduzindo que a pendência de processo no estrangeiro impede a propositura de ação idêntica no Brasil)[2]. Mas o CPC atual é posterior à adesão do Brasil ao Código de Bustamante, e manteve a regra.

5.1.2. Jurisdição do juiz brasileiro

Os arts. 21 a 23 do CPC cuidam das ações que podem correr perante a justiça brasileira. Esses dispositivos contêm todas as hipóteses de ações que podem tramitar no Brasil. As que não se enquadrarem no rol não podem ser aqui julgadas, pois o juiz brasileiro carece, não propriamente de competência, mas da própria jurisdição. Por isso, o processo será extinto sem resolução de mérito. Essa solução difere daquela estabelecida em lei para a incompetência do juízo, dentro do território nacional, solucionada com a remessa dos autos ao foro e juízo competentes. Diferente é a solução quando falta ao juiz brasileiro jurisdição. Não teria cabimento que ele remetesse os autos a outro país, restando a extinção do processo sem resolução de mérito.

Os dispositivos mencionados elencam, pois, as hipóteses de ações que podem ser julgadas pela justiça brasileira. Há, no entanto, uma diferença importante entre eles: os primeiros cuidam da competência concorrente, e o último, da exclusiva.

No caso dos arts. 21 e 22, a justiça brasileira se reconhece com jurisdição, mas não nega que outros países também a tenham. Cabe ao interessado optar entre propor a ação no Brasil ou em outro país igualmente dotado de jurisdição. Se optar por outro país, a sentença lá proferida será ineficaz em território nacional enquanto não homologada pelo Superior Tribunal de Justiça.

---

2. Cândido Rangel Dinamarco, *Instituições*, cit., v. 1, p. 346.

Nas hipóteses do art. 23, a jurisdição da justiça brasileira é exclusiva. Se houver sentença estrangeira versando sobre essas matérias, o Superior Tribunal de Justiça jamais a homologará, de sorte que ela estará condenada a permanecer sempre ineficaz em território brasileiro.

5.1.3. Jurisdição concorrente

São três as hipóteses do art. 21 do CPC. Compete à autoridade judiciária brasileira processar e julgar as ações em que:

a) o réu, qualquer que seja a sua nacionalidade, estiver domiciliado no Brasil. Em regra, as demandas são aforadas no domicílio do réu. Na busca de proteção aos interesses do cidadão brasileiro, a lei estabelece a jurisdição da justiça brasileira quando ele for réu, o que vale para pessoa natural ou jurídica, e mesmo para pessoa jurídica estrangeira que tiver no Brasil agência, filial ou sucursal (CPC, art. 21, parágrafo único);

b) no Brasil tiver de ser cumprida a obrigação. Ainda que ambas as partes sejam estrangeiras, terá jurisdição a justiça brasileira quando o contrato celebrado entre elas tiver estipulado o Brasil como praça de cumprimento da obrigação;

c) o fundamento se originar de fato ocorrido ou de ato praticado no Brasil. Essa norma tem especial importância para as ações de reparação de danos por ato ilícito. Ainda que ele tenha sido praticado por estrangeiro, a jurisdição será da justiça brasileira se o foi em território nacional.

O art. 22 acrescenta três outras hipóteses de jurisdição concorrente: para as ações de alimentos, quando o credor tiver domicílio no Brasil ou o réu mantiver vínculos no Brasil, tais como posse ou propriedade de bens, recebimento de renda ou obtenção de benefícios econômicos; para as ações decorrentes de relação de consumo, quando o consumidor tiver domicílio ou residência no Brasil; e para as ações em que as partes, expressa ou tacitamente, se submeterem à jurisdição nacional.

5.1.4. Jurisdição internacional exclusiva

O art. 23 do CPC enumera três hipóteses apenas, estabelecendo que compete à autoridade judiciária brasileira, com exclusão de qualquer outra:

a) conhecer de ações relativas a imóveis situados no Brasil, pois estes fazem parte do território nacional. Permitir que a autoridade estrangeira possa proferir sentença versando sobre parte de nosso território ofende a soberania nacional. Não há necessidade de que a demanda tenha natureza real. Mesmo que pessoal, será de competência exclusiva da autoridade brasileira se for relativa a imóvel;

b) em matéria de sucessão hereditária, proceder à confirmação de testamento particular e ao inventário e partilha de bens situados no Brasil, ainda que o autor da herança seja de nacionalidade estrangeira e tenha domicílio fora do território nacional. Embora a lei se refira a inventário, a regra estende-se, por analogia, aos arrolamentos comuns e sumários.

O dispositivo não fez qualquer alusão aos tipos de bens que devem integrar o espólio, de sorte que o dispositivo se aplica sejam eles móveis ou imóveis, sendo irrelevantes a origem e o domicílio do autor da herança;

c) em divórcio, separação judicial ou dissolução de união estável, proceder à partilha de bens situados no Brasil, ainda que o titular seja de nacionalidade estrangeira ou tenha domicílio fora do território nacional. Nessa hipótese, também não faz distinção entre bens imóveis ou móveis, bastando que estejam no Brasil.

5.1.5. Autoridade judiciária brasileira e direito material estrangeiro

O CPC deixa explícito que a jurisdição brasileira exerce-se nos limites do território nacional. Mas a autoridade brasileira pode aplicar, nos processos que aqui tramitam, normas de direito substancial estrangeiro. O art. 376 prevê expressamente essa possibilidade, aduzindo que a parte que alegar direito estrangeiro provar-lhe-á o teor e a vigência, se assim o determinar o juiz. A aplicação de lei substancial estrangeira no Brasil não é regida pelo CPC, mas, em regra, pela Lei de Introdução às Normas do Direito Brasileiro. O art. 10, § 1º, por exemplo, determina que a sucessão de bens de estrangeiros situados no país será regulada pela lei brasileira em benefício do cônjuge ou dos filhos brasileiros, desde que não lhes seja mais favorável a lei do país do *de cujus*.

5.1.6. Cooperação internacional

O CPC abre um capítulo para tratar da cooperação jurídica internacional. Com a globalização dos interesses econômicos e a facilidade de comunicação e de mobilização das pessoas, têm sido cada vez mais frequentes as situações em que um estado necessita da cooperação do outro para a melhor aplicação da justiça, e para fazer valer as decisões por ele proferidas. Daí a necessidade de uma regulação específica do tema. O CPC não apresenta um regramento detalhado e minucioso dos procedimentos pelos quais a cooperação se fará, mas traça as linhas gerais, as regras fundamentais que deverão ser observadas.

No art. 26 fica estabelecido que caberá a tratado de que o Brasil for parte reger a cooperação internacional. Na falta dele, a cooperação poderá realizar-se com base na reciprocidade manifestada por via diplomática.

A cooperação deverá observar determinados requisitos de caráter geral estabelecidos no CPC. São eles: I – o respeito às garantias do devido processo legal no Estado requerente; II – a igualdade de tratamento entre nacionais e estrangeiros, residentes ou não no Brasil, em relação ao acesso à justiça e à tramitação dos processos, assegurando-se assistência judiciária aos necessitados; III – a publicidade processual, exceto nas hipóteses de sigilo previstas na legislação brasileira ou do Estado requerente; IV – a existência de autoridade central para recepção e transmissão dos pedidos de cooperação; V – a espontaneidade na transmissão de informações à autoridade estrangeira (art. 26 e incisos). É vedada, ainda, a prática de atos que contrariem ou que produzam resultados incompatíveis com as normas fundamentais que regem o Estado brasileiro.

O CPC ainda enumera aquilo que será objeto da cooperação internacional: citação, intimação e notificação judicial e extrajudicial; colheita de provas e obtenção de informações; homologação e cumprimento de decisão; concessão de medida judicial de urgência; assistência jurídica internacional ou qualquer outra medida judicial ou extrajudicial não proibida pela lei brasileira (art. 27).

São previstas três maneiras fundamentais pelas quais dar-se-á a cooperação internacional: por auxílio direto, por carta rogatória ou pela homologação de sentença estrangeira.

O auxílio direto cabe para fazer cumprir medida que não decorrer diretamente de decisão de autoridade jurisdicional estrangeira a ser submetida a juízo de delibação no Brasil (art. 28). As hipóteses em que ele ocorrerá estão especificadas no art. 30. São situações em que a cooperação pode ser solicitada pelo órgão estrangeiro diretamente à autoridade nacional, sem necessidade de se observar procedimento perante o Superior

Tribunal de Justiça. A homologação de sentença estrangeira depende de ação julgada pelo Superior Tribunal de Justiça. E a carta rogatória, nos termos do art. 36, é procedimento de jurisdição contenciosa em que se deve assegurar às partes as garantias do devido processo legal. No auxílio direto não há necessidade de intermediação dos órgãos jurisdicionais, já que ele será solicitado e realizado diretamente. De acordo com o art. 30, além daquelas situações previstas em tratados de que o Brasil for parte, caberá auxílio direto para obtenção e prestação de informações sobre o ordenamento jurídico e sobre processos administrativos ou jurisdicionais findos ou em curso; colheita de provas, salvo se a medida for adotada em processo, em curso no estrangeiro, de competência exclusiva de autoridade judiciária brasileira; qualquer outra medida judicial ou extrajudicial não proibida pela lei brasileira. O procedimento do auxílio direto vem regulado nos arts. 31 e s.

O procedimento da carta rogatória perante o Superior Tribunal de Justiça é de jurisdição contenciosa, e vem regulado no art. 36. A homologação de sentença estrangeira já foi examinada no item anterior.

5.2. Competência interna

5.2.1. Noções sobre a estrutura do Poder Judiciário

O Brasil acolheu o sistema da tripartição de Poderes. O Judiciário é um dos Poderes do Estado que goza de independência e deve conviver harmonicamente com os demais, o Legislativo e o Executivo (CF, art. 2º).

A Constituição Federal trata do Poder Judiciário nos arts. 92 a 126. Há dispositivos que cuidam dos órgãos que o integram, da forma de composição e investidura em cada um deles, suas competências, garantias e prerrogativas, bem como das restrições impostas aos seus membros. É a Constituição Federal que indica, portanto, quais são os órgãos judiciários, definindo-lhes a competência.

Ao Poder Judiciário cabe o exercício da função jurisdicional. Seus integrantes formam a magistratura nacional, e seus órgãos são os juízos e os tribunais, aos quais, em regra, compete o reexame das decisões proferidas pela primeira instância. A CF estabelece, no entanto, casos em que a competência é originária dos tribunais.

Dispõe, também, sobre a distinção entre a justiça comum e as especiais, que são a trabalhista, cujos órgãos principais estão enumerados na CF, art. 111, a eleitoral, tratada nos arts. 118 e s., e a militar, mencionada no art. 122, estabelecendo suas competências. No topo de cada uma dessas justiças especiais há um órgão de cúpula: Tribunal Superior do Trabalho, Tribunal Superior Eleitoral e Superior Tribunal Militar. Das suas decisões só poderá caber recurso ao Supremo Tribunal Federal.

A justiça comum, a seu turno, desdobra-se em estadual e federal. Esta é composta por juízos e Tribunais Regionais Federais.

Sua competência é dada *ratione personae*, pela participação, no processo, como parte ou interveniente, das pessoas jurídicas de direito público federais e empresas públicas federais.

A competência da justiça comum estadual é supletiva. Cabe-lhe o julgamento de todas as demandas que não forem de competência das justiças especiais, nem da justiça comum federal. Incumbe aos Estados organizar a sua respectiva justiça, respeitados os dispositivos da CF. Haverá, nos Estados, juízos e tribunais estaduais, com competência estabelecida na Constituição Estadual e nas leis de organização judiciária. No Estado de São Paulo, a segunda instância é composta pelo Tribunal de Justiça.

Sobrepairando aos órgãos de primeiro e segundo graus de jurisdição, tanto da justiça estadual quanto da federal, há o Superior Tribunal de Justiça, criado pela CF de 1988 (arts. 104 e s.). A função precípua desse órgão é resguardar a lei federal infraconstitucional.

Acima de todos os órgãos encontra-se o Supremo Tribunal Federal, guardião supremo da Constituição Federal, cuja competência é estabelecida no seu art. 102.

Esses dois órgãos são as instâncias máximas da justiça brasileira: o Superior Tribunal de Justiça, para os assuntos de direito federal, e o Supremo Tribunal Federal para as questões relacionadas à Constituição Federal.

Aos tribunais compete, em caráter exclusivo, elaborar os seus regimentos internos, dispondo sobre a competência e o funcionamento dos respectivos órgãos jurisdicionais e administrativos.

5.2.2. Conceito de foro e de juízo

A palavra "foro" é equívoca, porque usada em mais de um significado. Em sentido amplo, indica a base territorial sobre a qual cada órgão judiciário exerce a sua jurisdição. O foro do STF e do STJ, bem como dos tribunais superiores das justiças especiais, é todo o território nacional. Já o dos tribunais de segundo grau de jurisdição é a soma dos âmbitos dos foros de todas as comarcas e varas a eles submetidas. O foro dos Tribunais de Justiça estaduais é o território do respectivo Estado; dos Tribunais Regionais Federais, é a soma de todas as varas que pertencem à região que lhe é afeta, havendo atualmente cinco regiões no Brasil, entre as quais se distribui a competência da justiça federal.

Em primeira instância, foro é designação utilizada como sinônimo de comarca ou seção judiciária (na justiça federal). Cada um dos Estados da Federação está dividido em comarcas, sobre as quais os juízes exercem sua jurisdição. Elas são o foro de jurisdição dos juízes estaduais, em primeiro grau de jurisdição. Não se pode confundir a expressão "foro", no sentido dado pelo CPC, como sinônimo de comarca, com a utilizada frequentemente pelas leis de organização judiciária, que chamam "foro" às unidades administrativo-judiciárias de competência, dentro da mesma comarca. No Estado de São Paulo, por exemplo, a comarca da capital tem um foro central e diversos foros regionais. Esses foros, instituídos pela lei de organização judiciária, constituem unidades orgânico-administrativas, em que há o agrupamento de diversos juízos, com igual competência.

A comarca da capital é, portanto, um único foro, no sentido que o CPC empresta a essa palavra. Mas, de acordo com a lei de organização judiciária estadual, ela está dividida em foro central e foros regionais.

É preciso que se tenha sempre o cuidado, portanto, de averiguar em qual sentido a palavra foro está sendo empregada, se no da lei processual ou no da lei de organização judiciária, para que se evitem equívocos que podem decorrer de uma eventual confusão entre esses significados.

Na justiça federal não há comarcas, mas seções judiciárias. De início, como só existiam varas federais nas capitais dos Estados, cada um deles e o Distrito Federal constituíam uma seção judiciária (CF, art. 110).

No entanto, hoje existem varas federais em diversas cidades do Estado de São Paulo, por exemplo, de maneira que o foro (dimensão territorial da jurisdição) da capital não se estende mais a todo Estado, havendo diversos outros foros no interior. Na seção judiciária, que engloba o Estado todo, há o foro da capital e os foros das varas federais do interior, que são as respectivas porções territoriais por elas abrangidas.

Com foro não se confundem os juízos. Cada um dos órgãos jurisdicionais é um juízo. Na justiça comum estadual o conceito de juízo coincide com o das varas: unidade judiciária, integrada por um juiz e respectivos auxiliares.

Assim, sendo foro comarca, é comum que em um mesmo foro existam vários juízos. Na capital de São Paulo eles são agrupados, de acordo com a lei de organização judiciária, em foro central e foros regionais. Do ponto de vista do CPC, estes nada mais são que agrupamentos de juízos, e não propriamente foros (comarcas).

A questão é relevante, porque estão no CPC as normas que permitem apurar o foro (comarca) competente, mas estão na lei de organização judiciária as que versam sobre o juízo. Como foro central e foro regional são agrupamentos de juízos, e não comarcas, para apurar se a competência é de um ou de outro devem ser consultadas as normas de organização judiciária, e não as da lei processual.

5.2.3. A competência de foro e de juízo

A CF atribui à União competência para legislar sobre processo (art. 22, I), e aos Estados, para organizar a sua justiça (art. 96, II, *d*). Também outorga a estes competência supletiva para legislar sobre procedimento (art. 24 e parágrafos). É preciso não confundir as leis de processo com as de organização judiciária. As primeiras são todas aquelas que tratam da atividade jurisdicional. Como ensina Arruda Alvim, "tudo aquilo que diga respeito à tutela do direito invocado, à produção de provas que objetivem demonstrar esse direito, é matéria de processo"[3]. A competência para elaborá-las é da União e, supletivamente, na forma da CF, art. 24 e parágrafos, do Estado.

Todavia, a atribuição para editar normas de organização judiciária, aquelas que tratam da estruturação da justiça estadual e da regulamentação e constituição dos órgãos judiciários, é do Estado.

No tema da competência, três verificações hão de ser feitas: primeiro, qual a justiça competente, se a comum ou as especiais. Para tanto, basta examinar a Constituição Federal. Depois, procura-se descobrir qual o foro competente (comarca). É o CPC que fornece as regras para essa busca.

---

3. Arruda Alvim, *Manual de direito processual civil*, v. 1, p. 196.

Apurada a comarca em que correrá a demanda, cumpre ainda verificar qual o órgão judiciário dentro dessa comarca (juízo) que deverá proceder o julgamento. Para tanto, não é mais o CPC que fornecerá as regras, mas as leis de organização judiciária estaduais. As normas federais permitirão que se apure até qual a comarca competente, mas, dentro dela, será preciso recorrer às normas estaduais de organização judiciária para apurar-se o juízo.

5.2.4. Competência absoluta e relativa

As regras de competência podem ser imperativas e cogentes ou apenas dispositivas. No primeiro caso, devem ser conhecidas pelo juiz, de ofício, e não podem ser objeto de derrogação pelas partes em nenhuma circunstância. Essas normas instituem a competência absoluta. Há, no entanto, aquelas de cunho dispositivo, que estão sujeitas ao exclusivo alvedrio das partes. São sujeitas a prorrogação e derrogação, porque a incompetência relativa não pode ser conhecida de ofício pelo juiz, devendo ser alegada pelo réu como preliminar de contestação, sob pena de reclusão. Além disso, a competência relativa pode ser alterada pelas partes por meio da eleição de foro.

O legislador distingue as situações de competência absoluta ou relativa, levando em conta critérios de ordem política. Há casos em que o interesse público recomenda a fixação de regras de competência que não podem ser alteradas, sob pena de grave prejuízo ao funcionamento do Judiciário; há outros em que razões imperativas dessa ordem não estão presentes, devendo ser preservadas a liberdade das partes e a comodidade de seu acesso à justiça.

As principais diferenças entre as regras de competência absoluta e relativa são as seguintes:

a) as causas de modificação de competência (prorrogação, derrogação, conexão e continência) só se aplicam à relativa, não à absoluta;

b) a incompetência absoluta constitui objeção, matéria de ordem pública que deve ser reconhecida e declarada pelo juiz a qualquer tempo. Pode ser conhecida em qualquer grau de jurisdição, exceto nas instâncias extraordinárias, em grau de recurso extraordinário ou especial, que exigem prequestionamento. Até mesmo em remessa necessária deve ser feita, de ofício, a sua verificação. O réu deve alegá-la como preliminar em contestação, mas, se não o fizer, a matéria não se tornará preclusa, podendo ser alegada posteriormente. O juiz que reconhecê-la deve determinar a remessa dos autos ao foro ou juízo competentes, mas os atos praticados pelo juízo incompetente conservarão os seus efeitos, salvo decisão judicial em contrário, até que outra seja proferida, se caso, pelo juízo competente (art. 64, § 4º). A sentença proferida por juízo absolutamente incompetente é nula e enseja a propositura de ação rescisória.

A incompetência relativa, por não constituir matéria de ordem pública, não pode ser conhecida pelo juiz de ofício (Súmula 33 do STJ). Caberá ao réu alegá-la como preliminar na contestação, sob pena de haver prorrogação, caso em que o juiz, antes incompetente, tornar-se-á plenamente competente.

A distinção entre competência absoluta e relativa só diz respeito à competência de foro (comarca). A competência de juízo é sempre absoluta. As regras fixadas nas leis de organização judiciária para apuração de qual o juízo competente, dentro de uma comarca, são sempre absolutas.

5.2.5. Princípio da perpetuatio jurisdictionis

Seria melhor denominado "princípio da perpetuação da competência", e não da jurisdição. Vem previsto no CPC, art. 43.

A competência é determinada no momento do registro ou da distribuição da petição inicial, sendo irrelevantes as alterações posteriores do estado de fato ou de direito, salvo se suprimirem o órgão jurisdicional ou alterarem a competência absoluta.

Se o órgão judiciário for suprimido, os processos que por ele tramitavam serão remetidos a outro juízo. O mesmo ocorrerá se sobrevier uma alteração de competência absoluta. Foi o que ocorreu, por exemplo, com os processos que versavam sobre união estável. Aqueles que já estavam em curso nas varas cíveis foram remetidos às varas de família, em decorrência da lei superveniente, que alterou a competência *ratione materiae*.

Em casos de desmembramento de comarca, existe controvérsia sobre o destino dos processos referentes aos réus domiciliados na outra circunscrição recém-criada. Há decisões do Superior Tribunal de Justiça determinando a remessa dos autos à nova comarca que resultou do desmembramento (STJ, 4ª Turma, REsp 150.902-PR, rel. Min. Barros Monteiro). Entretanto, o entendimento predominante é de que deva prevalecer a perpetuação de competência, permanecendo os processos em andamento na comarca originária. Nesse sentido, a lição de Athos Gusmão Carneiro sobre a necessidade de remeter os autos de processo em andamento à comarca desmembrada: "Doutrina majoritária responde negativamente, em face da regra do art. 87 [atual art. 43] do Código de Processo Civil e considerando tratar a hipótese de modificação do 'estado de direito', ou melhor, das regras jurídicas de determinação de competência, sendo portanto irrelevante a modificação de tais regras relativamente às causas já anteriormente propostas. Mas a orientação da doutrina nem sempre vem sendo acolhida, no plano administrativo, pelos Tribunais"[4].

5.2.6. Critérios para a fixação de competência

O Código de Processo Civil utilizou a divisão tripartida de critérios para a classificação de competência. Essa forma de repartição tornou-se clássica, em especial a partir da obra de Chiovenda, e teve imensa repercussão entre os processualistas, que, de uma forma ou de outra, a adotam com algumas variações.

Os critérios dividem-se em três grupos:

a) objetivo: fixa a competência em razão da matéria e do valor da causa. É utilizado, em regra, pelas leis de organização judiciária para a fixação de competência de juízo. De acordo com o CPC, art. 62, a competência estabelecida em razão da matéria é absoluta; e de acordo com o art. 63, a estabelecida em razão do valor da causa é relativa;

b) territorial: regulamenta a competência de foro, que é relativa;

c) funcional: abrange a competência hierárquica e a que se aplica aos processos que mantêm com outros em andamento uma relação, de maneira que caiba ao juízo onde se processa o primeiro conduzir também o segundo. É regra de competência absoluta.

Dinamarco critica, com razão, a adoção da divisão tripartida de competência, aduzindo que não se ajusta plenamente à nossa realidade jurídica. Efetivamente, a adoção pura e simples dessa divisão torna insolúveis determinadas questões de competência, mormente quando há necessidade de utilização de fatores conjugados para a sua apuração. Outra crítica que o sistema adotado pelo CPC suscita é a de estabelecer a competência pelo valor da causa como sendo relativa. No entanto, o valor da causa é utilizado para fixação de competência de juízo, e não de foro. E as regras de competência de juízo são sempre absolutas, não podendo ser objeto de derrogação entre as partes, uma vez que a lei processual permite a eleição de foro, e não de juízo[5].

---

4. Athos Gusmão Carneiro, *Jurisdição e competência*, p. 60.

5. Cândido Rangel Dinamarco, *Instituições*, cit., v. 1, p. 435.

5.2.7. Regras gerais para apuração de competência

São várias as dificuldades que suscitam a apuração de competência. Cumpre àquele que pretende aforar a demanda examinar:

a) se o processo não é de competência originária do Supremo Tribunal Federal ou do Superior Tribunal de Justiça;

b) se deve ser julgado por alguma das justiças especiais e, em caso afirmativo, pela primeira instância, ou pelos tribunais correspondentes;

c) se, sendo da justiça comum, deve ser julgado pela justiça federal ou estadual;

d) se é ou não de competência originária dos tribunais estaduais ou federais;

e) qual o foro competente;

f) qual o juízo competente.

Esse exame deve levar em conta os elementos da ação, considerados *in statu assertionis*, tal como fixados concretamente na demanda. Por exemplo, se aforada em face da União, a competência será da justiça federal, ainda que ela seja considerada parte ilegítima. O que o juiz considera são os elementos da ação tal como fixados na petição inicial, tenham sido eles escolhidos acertadamente pelo autor ou não.

Para solucionar as questões referentes à competência, todos os elementos da ação deverão ser examinados: cumpre ao juiz verificar, inicialmente, quem são as partes, porque a presença de determinadas pessoas ou de certos entes pode ter relevância, por exemplo, a participação daqueles que determinam a competência da justiça federal. Em seguida, deve examinar a causa de pedir, que, em muitos casos, tem relevância na verificação da competência. Por exemplo, nas ações de reparação de danos por acidente de trânsito, a competência será a do domicílio do autor ou do local do acidente; por fim, deve o juiz verificar o pedido, que também terá repercussão para a competência. Por exemplo, se o bem da vida postulado é um imóvel, e o que se pede é o reconhecimento de um direito real sobre ele, a competência será a da situação do imóvel, ao passo que se o bem for móvel, a demanda deverá ser proposta no domicílio do réu.

A competência originária do Supremo Tribunal Federal está fixada no art. 102, I, da Constituição Federal; do Superior Tribunal de Justiça, no art. 105, I; e das justiças especiais, nos arts. 114, 121 e 124, todos da Constituição Federal.

5.2.8. Competência da justiça federal de primeira instância

A CF, no art. 109, estabelece, em onze incisos, a competência dos juízes federais para processos de natureza criminal e cível.

Ela é, em regra, fixada em razão de pessoa, pela participação, no processo, de pessoas jurídicas de direito público federais e empresas públicas, autoridades federais e indígenas, mas também pode ser determinada pela matéria, como na hipótese do art. 109, III, e até em virtude do tipo de processo, como no art. 109, VII e VIII.

De todas as hipóteses, a mais comum é a da participação no processo da União, entidade autárquica e empresa pública federal. Embora a lei não mencione, as fundações públicas federais também deslocam a competência para a justiça federal. Mas a presença, no processo, das sociedades de economia mista federais não atribui competência à justiça federal (Súmula 508 do STF).

Não é necessário que esses entes figurem no processo na qualidade de autores ou réus, bastando que sejam intervenientes (assistentes, opoentes, denunciados ou chamados ao processo). No entanto, a CF excepciona as causas de falência, acidentes de trabalho e as sujeitas à Justiça Eleitoral e à Justiça do Trabalho.

O juízo universal da falência atrai todas as demandas relacionadas à massa falida, incumbindo-lhe o julgamento dos pedidos e incidentes concernentes à execução universal. Por isso, se a União quiser habilitar o seu crédito, deve requerê-lo ao juízo universal da quebra, e não à justiça federal.

As ações envolvendo acidentes de trabalho também correm perante a justiça comum estadual, embora sejam dirigidas em face do INSS, que é uma autarquia federal (essas ações não se confundem com as de reparação de danos ajuizadas contra o patrão, que, desde a Emenda Constitucional n. 45/2004, passaram à competência da justiça do trabalho). A seguir a regra geral, deveriam ser propostas e julgadas perante a justiça federal. No entanto, a CF excepciona a regra geral, determinando que elas sejam julgadas pela justiça estadual. Mas isso só nas ações que versam sobre acidente do trabalho. Sendo essas demandas de competência da justiça estadual, eventual recurso interposto contra as decisões nelas proferidas deverá ser encaminhado ao tribunal estadual correspondente. Com as ações de natureza acidentária não se confundem as previdenciárias. Nas primeiras, o que se postula é um benefício da previdência social a que se faz jus em virtude de ter havido um acidente do trabalho; nas segundas, o que se pede é um benefício que não é fruto de acidente, mas decorrência da contribuição à previdência social. Aquelas são de competência da justiça estadual; essas, ajuizadas em face do INSS, são de competência da justiça federal. No entanto, nos termos da CF, art. 109, § 3º: "Serão processadas e julgadas na justiça estadual, no foro do domicílio dos segurados ou beneficiários, as causas em que forem parte instituição de previdência social e segurado, sempre que a comarca não seja sede de vara e do juízo federal, e, se verificada essa condição, a lei poderá permitir que outras causas sejam também processadas e julgadas pela justiça estadual".

A competência para julgar as ações acidentárias é originária da justiça estadual, mesmo onde existam varas federais. Por isso, eventual recurso contra as decisões nelas proferidas será julgado pelo tribunal estadual. Todavia, a competência para as ações previdenciárias é originária da justiça federal, sendo supletiva a da justiça estadual, onde ainda não houver juízo federal. O juiz estadual que julga a ação previdenciária faz as vezes do federal. Por isso, o recurso contra as decisões proferidas nessas ações deve ser julgado pelo tribunal federal, e não pelo estadual, ainda que a sentença tenha sido prolatada pelo juiz estadual.

Também não serão julgadas pela justiça federal as ações de competência das justiças especializadas, ainda quando delas participem pessoas jurídicas de direito público federais e empresas públicas.

As demais hipóteses de competência da justiça federal são as enumeradas na CF, art. 109, II: "as causas entre Estado estrangeiro ou organismo internacional e Município ou pessoa domiciliada ou residente no País"; inciso III: "as causas fundadas em tratado ou contrato da União com Estado estrangeiro ou organismo internacional"; inciso VIII: "os mandados de segurança e os *habeas data* contra ato de autoridade federal..."; e o inciso XI: "a disputa sobre direitos indígenas".

5.2.9. Competência da justiça federal de segunda instância

A competência dos Tribunais Regionais Federais é estabelecida na CF, art. 108. Compete-lhes, originariamente, o julgamento das ações rescisórias de seus próprios julgados ou dos juízes federais da região; os mandados de segurança e os *habeas data* contra ato do próprio tribunal ou do juiz federal; os *habeas corpus*, quando a autoridade coatora for juiz federal; e os conflitos de competência entre juízes federais vinculados ao tribunal (art. 108, I, *b*, *c*, *d*, *e*). Em grau de recurso, compete-lhes o julgamento das causas decididas pelos juízes federais e pelos juízes estaduais no exercício da competência federal da área de sua jurisdição.

5.2.10. A decisão sobre a existência de interesse da União e entidades federais

Muito se controverteu sobre a possibilidade de a justiça estadual indeferir o deslocamento da competência para a justiça federal quando algum dos entes mencionados na CF, art. 109, *caput*, demonstra o seu interesse de ingressar no feito. Para uns, a justiça estadual poderia legitimamente examinar se o interesse invocado é autêntico e pertinente, para decidir sobre a remessa dos autos à justiça federal. Para outros, só a esta seria dado examinar se a União tem mesmo interesse.

A questão tornou-se mais acesa ante a proliferação de ações de usucapião, em que a União requeria o seu ingresso, alegando ter interesse porque a área discutida era aldeamento indígena. Muitos juízes estaduais indeferiam o ingresso da União, aduzindo que o interesse demonstrado não era autêntico, dada a notória inexistência de índios nas áreas objeto de discussão.

O STJ editou a Súmula 150, que assim dispõe: "Compete à Justiça Federal decidir sobre a existência de interesse jurídico que justifique a presença, no processo, da União, suas autarquias ou empresas públicas".

Diante disso, fica evidenciada a competência da justiça federal para decidir sobre o interesse desses entes. Caso um deles requeira a sua intervenção em processo que tramita perante a justiça estadual, nada restará ao juiz senão determinar a remessa à justiça federal, única competente para decidir sobre a existência ou não desse interesse.

No entanto, a Súmula 150 deve ser interpretada com ressalva. Não é sempre que o juiz estadual deve remeter os autos à justiça federal para que ela aprecie o interesse da União, mas só quando o pedido de ingresso estiver razoavelmente fundado. Se não o estiver, ou não encontrar respaldo nos elementos trazidos pela requerente, deve o juiz estadual indeferir a remessa dos autos. É o que vem sendo decidido nos casos dos aldeamentos indígenas quando é notório que eles não existem mais (Súmula 650 do STF). O STJ, no acórdão publicado em *RSTJ*, 103/285, que julgou o Recurso Especial n. 114.359-SP, rel. Min. Ruy Rosado de Aguiar, decidiu que compete ao juiz estadual afastar a alegação de interesse da União Federal, em ação de usucapião, em verificando faltar fundamentação razoável, do ponto de vista jurídico, ao seu interesse, bem como por absoluta impossibilidade física. Na ementa desse acórdão consta que "A Súmula 150/STJ não impede que o juiz estadual afaste a alegação de interesse da União, quando sem fundamentação razoável, do ponto de vista jurídico, ou por absoluta impossibilidade física, como tem sido reconhecido, em casos tais, na instância ordinária". No mesmo sentido, *JTJ*, 224/205, rel. Rodrigues de Carvalho.

5.3. Foro competente

Depois de verificar se a competência é da justiça estadual ou federal, cabe analisar qual o foro em que a demanda deve ser proposta. Na estadual, como a organização judiciária divide o Estado em comarcas, cumpre apurar qual delas é competente, e na federal qual o foro federal competente.

O CPC, nos arts. 46 a 53, apresenta as regras essenciais para essa apuração. A esses dispositivos deve ser acrescentado o art. 109, §§ 1º e 2º, da CF, que trata de competência de foro na justiça federal.

O CPC, art. 46, apresenta a regra geral de apuração de foro: as ações pessoais e as reais sobre bens móveis devem ser aforadas no domicílio do réu. Essa a regra a ser observada se não houver normas especiais que disponham de maneira diversa. Nos arts. 47, 51, parágrafo único, 52, parágrafo único, e 53, há exceções à regra geral do art. 46, que sobre ela prevalecem. Os arts. 48, 49, 50, 51, *caput* e 52, *caput*, não constituem verdadeiros foros especiais, mas meras explicitações da regra geral do art. 46. Tratam do inventário e da partilha, que corre no domicílio do *de cujus*; das ações contra o ausente, que devem ser propostas no seu último domicílio; e do incapaz, que deve ser demandado no domicílio de seu representante ou assistente, como manda o CC, art. 76, e, ainda, das ações propostas pela União, pelos Estados e pelo Distrito Federal.

Admite-se a existência de foros concorrentes quando a ação puder ser proposta em mais de um foro, indistintamente. É o que ocorre nas demandas de natureza pessoal propostas em face de dois ou mais réus com domicílios em comarcas diferentes. Diz a lei que o autor poderá propor a ação em qualquer uma delas. Ou ainda nas ações propostas por vítimas de acidente de trânsito, que podem ser aforadas no domicílio da vítima ou no do local do acidente.

5.3.1. Foro comum (art. 46 do CPC)

A opção do legislador brasileiro foi considerar como foro comum para a propositura de ações o do domicílio do réu. Esse o critério que deve prevalecer na falta de fixação de foro especial.

A escolha do legislador afigura-se a mais apropriada: o autor tem a vantagem de eleger o momento mais oportuno para aforar a sua demanda e de selecionar quem será, ou serão os réus em face de quem ela será proposta. Razoável, portanto, que prevaleça o foro do domicílio do réu, para que ele tenha, ao menos, o benefício de responder à demanda, sem a necessidade de deslocar-se.

O disposto no CPC, art. 46, aplica-se às ações fundadas em direito pessoal, seja sobre bens móveis ou imóveis, e em direito real sobre bem móvel. Quando o bem pretendido for móvel, a competência será sempre do domicílio do réu. Quando imóvel, cumprirá verificar se a ação versa sobre direito real (CC, art. 1.225) ou pessoal. No primeiro, aplica-se o art. 47, e a demanda será proposta no foro de situação do imóvel. No segundo, segue-se a regra geral.

O art. 46 é válido para as pessoas naturais e jurídicas, sendo incumbência da lei civil conceituar domicílio, o que ela faz nos arts. 70 a 76. O domicílio da pessoa natural é o lugar onde ela estabelece a sua residência com ânimo definitivo. Quanto às relações concernentes à profissão, é também domicílio da pessoa natural o lugar onde ela é exercida (CC, art. 72). A lei civil acolheu a possibilidade de pluralidade de domicílios. Se o réu tiver mais de um, a demanda poderá ser proposta em qualquer deles, havendo aí foros concorrentes, que também existirão quando a demanda for ajuizada em face de mais de um réu com domicílios diferentes.

O domicílio daquele que não tem residência habitual será o lugar onde ele for encontrado (CC, art. 73), caso em que a demanda será aí proposta ou no domicílio do autor (CPC, art. 46, § 2º).

Há pessoas que têm domicílio necessário, e nesse foro serão demandadas, como o incapaz, o servidor público, o militar, o marítimo e o preso (CC, art. 76). O domicílio das pessoas jurídicas é aquele estabelecido no CC, art. 75: da União, o Distrito Federal; dos Estados e Territórios, as respectivas capitais; do Município, o lugar onde funcione a administração municipal; e das demais pessoas jurídicas, as respectivas diretorias ou administrações ou onde elegerem domicílio especial no seu estatuto ou ato constitutivo. Caso a pessoa jurídica tenha diversos estabelecimentos em lugares diferentes, cada um deles será considerado domicílio para os atos nele praticados.

Todas essas regras de fixação de domicílio do Código Civil repercutem no CPC, em que há vários dispositivos que parecem instituir foro especial, mas que se limitam a definir qual o domicílio de certas pessoas.

Por exemplo, como a lei civil diz que o domicílio do incapaz é o do seu representante legal ou assistente, o CPC, art. 50, determina que aí ele seja demandado. O mesmo vale para o domicílio do ausente (art. 49), da agência ou sucursal, pelas obrigações nela contraídas (art. 53, III, *b*), o local da sede, para os litígios em que for demandada pessoa jurídica (art. 53, III, *a*), o do exercício da atividade principal, para sociedades sem personalidade jurídica, e o do domicílio do *de cujus*, para as causas relacionadas a inventários e partilhas.

Esses não são foros especiais, mas comuns, tendo a lei processual apenas indicado o domicílio dessas pessoas ou entes. Isso é importante porque, como foros comuns, eles não prevalecem sobre os especiais.

O foro comum é apurado utilizando-se o critério territorial de competência. Por isso, ela é relativa, podendo ser objeto de modificação, na forma da lei processual civil.

5.3.2. Foros especiais

a) Foro de situação da coisa: o art. 47 estabelece um foro especial: as ações que versam sobre direito real sobre bens imóveis devem ser propostas no foro de situação da coisa (*forum rei sitae*). O mesmo dispositivo ainda estabelece que a competência, nesse caso, é, em regra, absoluta. Em regra, porque se permite a eleição de foro ou a opção pelo domicílio do réu, desde que a demanda não verse sobre propriedade, vizinhança, servidão, posse, divisão e demarcação de terras e nunciação de obra nova, caso em que a competência será relativa.

A regra do art. 47 decorre da conveniência de que o litígio seja decidido no local em que está a coisa, para que o juiz tenha mais subsídios para proferir o julgamento. Cabe ao legislador civil definir quais são os direitos reais e quais os bens imóveis. Para os fins de apuração de competência, ele considerou as ações possessórias como reais, tanto que determinou o seu aforamento no foro de situação da coisa. Mas só para fins de competência as possessórias devem ser consideradas reais. Sua verdadeira natureza jurídica é pessoal, pois a posse não foi incluída entre os direitos reais enumerados no CC, art. 1.225. Tampouco seguem as regras das ações que versam sobre direito real imobiliário, no que concerne à necessidade de outorga uxória no polo ativo e litisconsórcio necessário no polo passivo (art. 73, § 2º, do CPC).

Quando o autor formular pedidos cumulados, de natureza pessoal e real sobre bens imóveis, prevalece a competência absoluta do foro de situação da coisa (*RT*, 651/186). No entanto, tem sido decidido que "A regra de competência absoluta insculpida no art. 95, CPC [atual art. 47], não tem incidência quando o pedido de reintegração de posse é deduzido como mero efeito ou extensão do pedido principal de resolução do compromisso de compra e venda" (*RSTJ*, 74/229).

Nas ações de resolução de contratos de compra e venda, ou compromisso, com pedido cumulado de reintegração de posse, a competência será a do domicílio do réu, porque a devolução da coisa é consequência da resolução do contrato, sendo esta a postulação principal.

A força atrativa do foro de situação da coisa estende-se também às ações conexas. Caso o imóvel esteja situado em mais de um foro, a demanda poderá ser proposta em qualquer um deles (foro concorrente).

O legislador, ao enumerar, no art. 47, os tipos de litígios relacionados a direitos reais, em que a competência será absoluta, sanou a maior parte das dificuldades que poderiam surgir sobre o assunto. Entretanto, ainda há situações de grande controvérsia doutrinária e jurisprudencial. Por exemplo, a ação em que se pede a desapropriação indireta de imóvel, isto é, a reparação de danos, proveniente do apossamento de um bem pela Fazenda Pública, sem o regular processo expropriatório. Conquanto o pedido seja de indenização, o que faria supor a sua natureza pessoal, tem-se pacificado o entendimento de que a demanda deve ser proposta no foro de situação da coisa, porque ela repercute no direito de propriedade. Acolhido o pedido e feito o pagamento da indenização, haverá transferência de propriedade do bem para o ente público que dele se apossou.

Também há controvérsia sobre as demandas de adjudicação compulsória. O art. 24 do Decreto-lei n. 58/37 estabelece que a competência é a do foro de situação do lote comprometido ou aquele a que se referir o contrato de financiamento, quando as partes não hajam contratado outro. A leitura do dispositivo faz supor que, nessas demandas, embora o foro seja o da situação do imóvel, a competência é relativa, porque se admite eleição. No entanto, o Pleno do Supremo Tribunal Federal decidiu que, nas ações de adjudicação compulsória, o foro de situação da coisa prevalece sobre o de eleição (*RT*, 514/243).

Muito controversa é a questão da competência nas execuções hipotecárias. A sua natureza, porém, é pessoal, porque o que está sendo postulado é o dinheiro a que o credor faz jus, e não o imóvel, que foi dado como garantia, para que sobre ele recaia a penhora. Isso não torna a execução uma ação real, devendo ser seguida a regra geral de competência do domicílio do réu.

b) Foro competente para as ações de divórcio, separação, anulação de casamento e reconhecimento ou dissolução de união estável: o CPC não manteve o foro privilegiado da mulher, para essas ações, que vinha previsto no art. 100, I, do CPC de 1973.

Já há muito se vinha discutindo se era caso de mantê-lo, permitindo-se à mulher que ajuizasse as ações de divórcio, separação, anulação de casamento e reconhecimento ou dissolução de união estável no foro de sua residência. Ele só se justificaria se, pelo menos em algumas situações, ou em algumas regiões do país, a situação da mulher fosse tal que ela tivesse maior dificuldade de acesso à justiça, sobretudo nas demandas contra o marido ou companheiro. O CPC entendeu não haver diferenças tais entre homens e mulheres, no que concerne ao acesso à justiça, que justificasse a manutenção do foro privilegiado. De fato, desde a edição do Código de 1973, passados 40 anos, aumentou significativamente o número de mulheres que gozam de independência econômica e financeira e que tem a mesma facilidade de acesso à justiça que os homens, o que tornava injustificável a manutenção do privilégio.

A competência para as ações mencionadas será a do foro do domicílio do guardião do filho incapaz. Caso não haja filhos incapazes, a competência será do foro do último domicílio do casal (art. 1.566, II, e 1.569 do Código Civil). Mas, para que seja esse o foro competente, é preciso que ao menos um dos cônjuges tenha permanecido nele, porque, se nenhuma das partes residir no antigo domicílio do casal, a competência será a do foro do domicílio do réu.

Como todas as hipóteses estão fundadas no critério territorial, a competência será relativa.

c) Foro do domicílio do alimentando: nas ações de alimentos, a competência é do foro do domicílio ou residência do alimentando (CPC, art. 53, II). A razão é a dificuldade que ele, muitas vezes hipossuficiente, poderia ter para demandar em outra comarca para postular o necessário para a sua subsistência. O foro especial vale mesmo que a ação de alimentos esteja cumulada com investigação de paternidade (Súmula 1 do STJ) ou que o pedido seja de revisão de pensão alimentícia já fixada.

É tal o anseio de proteger o alimentando que, mesmo nos cumprimentos de sentença, permite-se ao exequente optar pelo seu domicílio, em detrimento daquele em que a sentença foi proferida, nos termos do art. 528, § 9º, do CPC. Se a demanda foi ajuizada e sentenciada em um foro, a execução do título judicial poderá ser feita em outro, para o qual o alimentando-exequente tenha mudado o seu domicílio.

d) Foro do lugar do cumprimento da obrigação: de acordo com o disposto no CPC, art. 53, III, *d*, compete ao foro do lugar onde a obrigação deve ser satisfeita o julgamento das ações em que se lhe exigir o pagamento. Esse dispositivo deve ser aplicado em todas as demandas em que o autor postule o cumprimento de uma obrigação.

O juiz verificará se, no contrato, foi estabelecido o local para que a obrigação seja satisfeita, e onde a demanda será aforada. Se não houver previsão, examinará se o contrato ou a lei estabelecem que a obrigação é quesível ou portável. A quesível é aquela cuja satisfação o credor deve ir buscar no domicílio do devedor; a portável, a que este deve ir prestar no domicílio daquele. As demandas envolvendo obrigações quesíveis devem ser propostas no domicílio do devedor, e portáveis, no do credor. Essas regras são de competência relativa, que permite a prorrogação e a derrogação.

O foro especial só vale para as demandas em que se busque o cumprimento da obrigação. Para aquelas nas quais se procurem outras consequências do inadimplemento (por exemplo, a rescisão do contrato ou ressarcimento), segue-se a regra geral de competência.

e) Foro do lugar do ato ou fato: o CPC, art. 53, IV, enumera hipóteses em que a demanda correrá no foro do lugar do ato ou fato. Entre elas:

e1) As ações de reparação de danos em geral: as demandas de responsabilidade civil são propostas no local em que ocorreram o ato ou o fato causadores dos danos. Os atos são as condutas humanas, comissivas ou omissivas, violadoras de direito que causam prejuízo a outrem. Os fatos são eventos que, associados às condutas humanas, geram dano. A queda de uma árvore é um fato, que poderá ensejar a obrigação de indenizar se ficar apurado que a pessoa responsável por dela cuidar negligenciou seus deveres.

Se o pedido de indenização estiver fundado no Código de Defesa do Consumidor, a competência passa a ser do foro do domicílio do consumidor, nos termos do CDC, art. 101, I.

e2) As ações em que for réu o administrador ou gestor de negócios alheios: esse dispositivo aplica-se às demandas aforadas em face de administrador, mandatário ou gestor de negócios. Determina que elas sejam aforadas no lugar do ato ou fato, isto é, naquele em que foi prestada a administração, a gestão de negócio ou cumprido o mandato. Vale, porém, apenas para as demandas em que o administrador ou gestor for réu. Naquelas em que ele for o autor, a regra de competência será a geral.

f) Foro do lugar do fato ou do domicílio do autor: o CPC, art. 53, V, estabelece que as ações de reparação de danos sofridos em razão de delito ou de acidentes de trânsito devem ser propostas no foro do domicílio do autor ou do local do fato. Esses foros são concorrentes, pois cabe ao autor optar entre eles. Nas ações de reparação de danos em geral, a competência é do lugar do ato ou do fato, mas, se eles são consequência de crime ou acidente de veículos, será do foro do domicílio do autor ou do local do fato. A intenção do legislador é favorecer as vítimas, permitindo que elas possam mais facilmente postular a indenização. A regra vale para os danos advindos de delito, isto é, decorrentes de fato tipificado pela legislação penal como crime, ou de acidentes de veículos, abrangidos aqueles que se deslocam por terra, água ou ar, sejam ou não motorizados.

O foro especial prevalece apenas para as ações ajuizadas pela vítima. As seguradoras que pagam indenizações aos seus clientes por acidentes de trânsito sub-rogam-se no direito de se ressarcir do causador dos danos, mas não no direito processual ao foro especial, devendo seguir a regra geral do domicílio do réu (nesse sentido, STJ, 3ª Turma, REsp 35.500-1, rel. Min. Cláudio Santos).

g) Foro de domicílio do *de cujus* para as ações de inventário e partilha: o foro competente para o processamento dos inventários e partilhas, para a arrecadação dos bens da herança, cumprimento das disposições de última vontade, ou para a impugnação ou anulação de partilha extrajudicial é o do domicílio do autor da herança, onde também serão processadas todas as ações em que o espólio for réu, ainda que o óbito tenha ocorrido no estrangeiro. Trata-se de regra de competência relativa, cujo descumprimento deve ser arguido como preliminar em contestação, sob pena de preclusão, ainda que haja interesses de menores (Súmula 58 do extinto TFR).

O parágrafo único estabelece normas de competência subsidiária. Se o autor da herança não possuía domicílio certo, será competente o foro da situação dos bens imóveis. Se os deixou em lugares diferentes, em qualquer destes; e não havendo bens imóveis, o foro do local de qualquer dos bens do espólio.

Além do inventário e partilha, correrão no foro de domicílio do *de cujus* as arrecadações, que envolvem bens deixados por alguém que não tinha herdeiros conhecidos. Quando o juiz toma conhecimento de sua existência, determina sua imediata apreensão, para que eles não pereçam ou se deteriorem. Surge a herança jacente, que mais tarde se transformará em vacante, se persistir a ausência de sucessores.

Também correm no domicílio do falecido as ações para cumprimento de disposições de última vontade deixadas em testamento e aquelas nas quais o espólio for réu, seja de que tipo forem, salvo se fundadas em direito real sobre bens imóveis, que não são atraídas e permanecem no foro de situação da coisa. Portanto, ações de usucapião, desapropriação ou reivindicatórias de bens imóveis que integrem o espólio serão propostas no foro de situação.

Como a regra do CPC, art. 48, é de competência relativa, o foro de eleição prevalecerá sobre o do domicílio do falecido. Se houver necessidade de demandar o espólio em virtude de um contrato no qual consta o foro de eleição, será este que prevalecerá. Nesse sentido, *JTA*, 44/206.

Por essas razões, não se afigura correto falar em juízo universal do inventário, expressão que só seria adequada se todas as ações fossem por ele atraídas.

h) Foro de residência do idoso: o CPC também estabelece o foro privilegiado do idoso, não de caráter geral, mas apenas para as ações que versem sobre direito previsto no respectivo estatuto. Tais ações serão propostas no foro de residência do idoso. O Estatuto, Lei n. 10.741/2003, considera idoso aquele que contar idade igual ou superior a 60 anos (art. 1º). O CPC assegura a ele prioridade de processamento (art. 1.048, I) e foro privilegiado. A ideia é facilitar o acesso à justiça do idoso, nas ações que versem direitos previstos no Estatuto. Como se trata de critério territorial, a competência nesse caso também é relativa.

i) Foro da sede da serventia notarial ou de registro: o foro da sede do Ofício de Registro Público ou do tabelionato será o competente para as ações de reparação de danos por ato por ele praticado em razão do ofício. A hipótese também é de competência relativa.

5.3.3. Competência para as ações em que a União é parte

A Constituição Federal estabelece foro especial para as demandas em que a União é parte. A competência é da justiça federal, e o foro será aquele do art. 109, §§ 1º a 3º.

Se a União é autora, a demanda será aforada na seção judiciária onde tiver domicílio o réu, caso em que não se pode falar propriamente em foro especial. Se, porém, a ação versar sobre direito real que tem por objeto bem imóvel, prevalece o foro do local de situação, apesar do silêncio da CF a respeito.

As demandas em que a União for ré serão aforadas na seção judiciária em que o autor for domiciliado, naquele onde houver ocorrido o ato ou fato que deu origem à demanda, no de situação da coisa ou no Distrito Federal.

Serão propostas no foro de situação da coisa apenas as ações reais que versem sobre bens imóveis. A regra é absoluta. Nas ações pessoais ou reais sobre bens móveis, o foro será concorrente, podendo o autor optar entre o de seu domicílio, o do local do ato ou fato ou do Distrito Federal, sendo relativa a competência.

É controversa a possibilidade de extensão dessas regras às autarquias e empresas públicas. Há decisões entendendo que não (*RTJ*, 154/185, e *RTFR*, 156/67). Parece-nos, porém, que sim, pois as mesmas razões estão presentes para a União e os demais entes, tendo apenas a lei dito menos do que deveria dizer.

Nas ações previdenciárias em que o juiz estadual faz as vezes do federal, quando as varas federais não foram ainda instaladas, a competência será do foro do domicílio do segurado.

5.3.4. Competência para as ações em que figuram como parte os Estados federados ou o Distrito Federal

Os Estados e a Fazenda Estadual não têm foro privilegiado. Por isso, a sua participação no processo não altera as regras gerais de competência de foro. A demanda que verse direito real sobre imóvel será proposta no foro de situação da coisa. Caso o Estado seja autor, e a ação verse sobre direito pessoal, ou direito real sobre bem móvel, a competência será do foro do domicílio do réu. Se o Estado ou o Distrito Federal for réu, a ação real imobiliária será proposta no foro de situação do bem. Se for pessoal ou real sobre bens móveis, a ação poderá ser proposta no foro de domicílio do autor, no de ocorrência do ato ou fato que originou a demanda, ou na capital do respectivo ente federado.

5.4. Competência funcional

As regras de competência funcional para apuração de foro têm natureza absoluta e são aplicadas naquelas demandas que mantêm vínculo ou relação com outra que já está em curso. Por razões de conveniência, e para evitar eventual desarmonia dos julgados, a distribuição é feita por dependência, devendo a demanda posterior ser processada no mesmo foro que a anterior.

É dessa natureza a regra que determina que o cumprimento de sentença se faça no mesmo foro em que correu o processo de conhecimento. A razão é evidente: o foro e o juízo onde foi proferida a sentença terão melhores condições de processar o seu cumprimento. Ou a que determina que os embargos de terceiro sejam distribuídos ao foro e juízo onde corre o processo em que foi determinada a constrição, ou o aforamento da oposição no foro e juízo da ação principal (CPC, art. 683, parágrafo único). Também constitui regra de natureza funcional a que determina que o juiz da causa principal seja o competente para a acessória (CPC, art. 61).

5.5. Competência de juízo

O último estágio da verificação de competência é o relacionado ao juízo em que a demanda deve ser aforada, o que exige consulta não ao CPC, mas às leis estaduais de organização judiciária.

A competência de juízo é sempre absoluta e não está sujeita a prorrogação ou derrogação, mesmo quando apurada pelo critério territorial ou do valor da causa. O CPC admite a eleição de foro, mas não de juízo. É permitido, por exemplo, que se eleja o foro da capital quando a competência for relativa. Mas incorre em grave erro aquele que elege o foro central da capital. É que este não é "foro" no sentido que o CPC empresta à palavra, mas um aglomerado de juízos, ao qual a lei estadual de organização judiciária dá o nome de "foro central", em contraposição aos "foros regionais", outros aglomerados de juízos.

A competência dos foros centrais e regionais é absoluta, sendo estabelecida pelas leis estaduais de organização judiciária.

A lei de cada Estado faz uso dos critérios que lhe pareçam mais apropriados para a apuração da competência do juízo. Os mais utilizados são os que levam em conta a matéria, o valor da causa e o território.

Nas comarcas de maior porte, é comum o estabelecimento de varas com competência específica para o julgamento de determinadas matérias. Em regra, existem varas cíveis, criminais, de família e sucessões, da Fazenda Pública, de registros públicos, de acidentes de trabalho, de falências, entre outras. A sua competência será dada pela matéria sobre a qual versar a demanda.

Nas comarcas em que há um foro central e foros regionais, a competência de uns e outros é dada por uma combinação entre o critério do valor da causa e o territorial.

Por exemplo, na cidade de São Paulo, compete ao foro central o julgamento de demandas em que o valor da causa supere quinhentos salários mínimos (com algumas exceções estabelecidas em lei para demandas de valor superior, que podem correr nos foros regionais, ou de valor inferior, que só podem correr no central). Ações de valor inferior a quinhentos salários mínimos só correrão no foro central quando, sendo pessoais ou reais sobre móveis, o réu estiver domiciliado na região central, ou, versando sobre direito real imobiliário, o bem estiver nessa região. A competência dos foros regionais é para causas de menor valor (com as exceções acima mencionadas), observando-se o domicílio do réu. As ações que versam direito real sobre imóveis correrão no foro de circunscrição do imóvel, seja qual for o valor da causa.

Em qualquer hipótese, a incompetência de juízo é sempre absoluta, o que permite ao juiz declará-la de ofício.

5.6. Os juizados especiais cíveis

A propositura da demanda no Juizado Especial Cível, nas causas de sua competência, é sempre opção do autor, que pode preferir o juízo comum. No Juizado, poderá escolher entre três foros competentes, de acordo com a Lei n. 9.099, de 1995: o do domicílio do réu, o do local em que ele exerce as suas atividades ou o do seu estabelecimento.

A lei traz algumas situações de foro especial no art. 4º. Embora não haja menção às ações que versam direito real sobre bens imóveis – que hoje podem ser aforadas no Juizado Especial Cível –, segue-se a regra geral da competência absoluta do foro de situação da coisa.

Já no Juizado Especial Federal, regulado pela Lei n. 10.259/2001, e no Juizado da Fazenda Pública, instituído pela Lei n. 12.153/2009, não há opção do interessado. Desde que o Juizado esteja instalado, só ele pode julgar as causas de sua competência, não havendo opção pelos procedimentos da Justiça Comum.

6. A MODIFICAÇÃO DE COMPETÊNCIA

A competência absoluta não pode ser modificada nem pelas partes, nem por circunstâncias processuais. Só há modificação de competência relativa.

De quatro maneiras distintas pode operar-se esse fenômeno: prorrogação, derrogação, conexão e continência.

Como visto, são hipóteses de competência relativa as de foro, apuradas de acordo com o critério territorial, exceto no caso do CPC, art. 47. A competência de juízo é sempre absoluta, como também a funcional e a territorial estabelecida com fundamento no art. 47 (ações que versam direito real sobre bem imóvel).

6.1. Prorrogação

A incompetência relativa não pode ser conhecida pelo juiz de ofício. É preciso a expressa arguição pelo réu, feita como preliminar na contestação. Se ele não o fizer, haverá prorrogação, com o que o foro originalmente incompetente torna-se competente. A prorrogação deriva, pois, de uma preclusão: a da oportunidade para o réu arguir a incompetência relativa.

6.2. Derrogação

É o fenômeno que se verifica quando as partes, em contrato, escolhem o foro de eleição. Consiste na escolha de um foro que será o competente para a propositura de futuras ações. Decorre de convenção das partes. O CPC, art. 63, limita a eleição de foro às ações oriundas de direitos e obrigações, ou seja, àquelas fundadas em direito das obrigações. O § 1º determina que a cláusula deve constar de instrumento escrito e aludir expressamente a determinado negócio jurídico.

Não se permite a eleição de foro em ações que versem sobre direito real ou sobre direitos e interesses indisponíveis, como as que se referem ao estado ou à capacidade das pessoas.

Inexiste vedação expressa a que se promova a eleição de foro em contratos de adesão ou naqueles regidos pelo Código de Defesa do Consumidor. No entanto, há certas limitações à liberdade de eleição nesse tipo de contrato. Nos de consumo, a cláusula deve vir em destaque e não pode ser abusiva, nem impor ao consumidor restrições ao seu direito de defesa.

Nos de adesão, a cláusula só valerá se não trouxer prejuízo ao aderente, nem dificultar em demasia o seu acesso ao Judiciário. Não nos parecem acertadas as decisões judiciais que a vedam, por completo, nos contratos de adesão. O que não se admite é que elas possam criar uma situação tal que fira a igualdade das partes, seja no que se refere à facilidade para a propositura da demanda, seja para a apresentação de defesa. Caso a cláusula seja abusiva, o juiz poderá declarar de ofício a sua ineficácia, antes da citação, declinando de sua competência para o juízo de domicílio do réu (CPC, art. 63, § 3º). Esse dispositivo traz certa perplexidade. As ineficácias podem ser declaradas de ofício, e não era preciso que a lei autorizasse o juiz a fazê-lo. Mas se permite que ele vá além, para declarar-se incompetente e remeter os autos ao juízo do domicílio do réu. Ora, ainda que ineficaz a cláusula, a incompetência decorrente seria relativa, pois fundada no domicílio do réu. Como tal, não poderia ser reconhecida de ofício. Mas, diante dos termos peremptórios da lei, permite-se que, nesse caso, o juiz o faça. No entanto, a lei parece atribuir apenas uma faculdade ao juiz, que "poderá" reputar ineficaz a cláusula. O legislador criou uma situação híbrida: o juiz pode declarar a ineficácia da cláusula de eleição de foro, nos contratos de adesão, de ofício e mandar os autos ao juízo competente; mas, se preferir, pode não fazê-lo, caso em que caberá à parte alegá-la em preliminar de contestação. Conclui-se que a incompetência decorrente da ineficácia da cláusula é relativa, mas o juiz pode reconhecê-la de ofício, se assim o desejar. Trata-se, pois, da única hipótese de incompetência relativa, que, por força de determinação legal expressa, pode ser reconhecida pelo juiz, de ofício.

Mesmo que exista foro de eleição, haverá prorrogação se a demanda for proposta em outro foro e não alegada em contestação. Nada impede, ainda, que o autor renuncie ao foro de eleição e proponha a ação no domicílio do réu, caso em que faltará a este interesse para arguir a incompetência.

A eleição de foro não prevalece sobre a conexão. Por isso, uma demanda poderá ser remetida ao juízo prevento, ainda que esteja correndo no foro eleito.

Têm-se verificado, com alguma frequência, contratos em que as partes não se limitam a eleger o foro competente, mas procuram escolher o próprio juízo. As partes estipulam cláusula pela qual fica eleito não o foro da capital, mas o foro central. Isso, porém, não é possível, pois as regras de competência de juízo são absolutas, inalteráveis por derrogação. Em casos assim, o juiz deverá considerar válida apenas a eleição do foro, não a de juízo. A ação processar-se-á na capital, não necessariamente no foro central, mas no juízo competente, de acordo com as leis estaduais de organização judiciária.

Nos termos do CPC, art. 63, § 2º, o foro contratual obriga os herdeiros e sucessores das partes. A sucessão a que alude esse dispositivo abrange a *mortis causa*, proveniente de herança ou legado, e a *inter vivos*.

6.3. Conexão

É uma relação que se estabelece entre duas ou mais demandas. As ações têm três elementos identificadores: as partes, o pedido e a causa de pedir. Haverá conexão entre elas quando tiverem o mesmo pedido ou quando coincidirem os respectivos fundamentos (causa de pedir). Basta, pois, que as duas ações tenham um desses elementos em comum para que sejam consideradas conexas. Não o serão, porém, se o único elemento comum forem as partes.

Manda a lei que, havendo ações conexas, elas sejam reunidas para julgamento conjunto (CPC, art. 55, § 1º). Essa determinação se justifica por razões de economia processual e para evitar decisões conflitantes. Com a reunião, forma-se um processo único, com uma instrução e, ao final, uma só sentença.

Além disso, as ações conexas são aquelas que têm similitude, algo em comum. Não seria conveniente que fossem julgadas por juízes diferentes, correndo-se o risco de decisões conflitantes.

Por essa razão, estabelece o art. 55, § 3º, que "serão reunidos para julgamento conjunto os processos que possam gerar risco de prolação de decisões conflitantes ou contraditórias, caso decididos separadamente, mesmo sem conexão entre eles". A redação da parte final não foi das mais felizes, uma vez que, se há risco de resultados conflitantes, há de ser sempre reconhecida a existência da conexão. Melhor seria se a conexão tivesse sido definida apenas pela possibilidade de julgamentos contraditórios ou conflitantes, já que apenas nessa circunstância se justifica a reunião de ações.

A forma mais simples de se identificar a existência da conexão é verificar se, continuando a correr em separados os processos perante juízos diferentes, existe o risco de julgamentos conflitantes. Em caso afirmativo, está caracterizada a causa de modificação de competência.

Esse temor de resultados conflitantes justifica a permissão legal para que a conexão seja reconhecida de ofício. Apesar de ela só poder modificar a competência relativa, o CPC, art. 55, § 1º, atribui ao juiz poderes para reunir os processos sem requerimento das partes. A conexão não precisa ser arguida no prazo de resposta. Pode ser alegada a qualquer tempo, cabendo ao réu invocá-la como preliminar em contestação (art. 337, VIII). Porém, se não o fizer, inexistirá preclusão.

Como a finalidade principal da conexão é evitar decisões conflitantes, não cabe mais a reunião se em um dos processos já foi proferida sentença (art. 55, § 1º). No mesmo sentido, a Súmula 235 do STJ.

Embora haja grande controvérsia sobre a matéria, parece-nos que se há duas ações conexas, uma na justiça federal e outra na estadual, não há como reuni-las. A conexão só permite a alteração da competência relativa, e a da justiça federal é exclusiva e limitada para aquelas demandas mencionadas na CF, art. 109. Há decisões que, em casos assim, determinam que deve prevalecer a competência da justiça federal, para lá sendo remetidos os autos do processo que corre perante a justiça estadual. Nesse sentido: "Existentes dois feitos que reúnem as mesmas partes, discrepando tão somente da finalidade – consignatória e declaratória – e ditos feitos sendo processados em esferas distintas – prevalece o princípio do privilégio do foro em razão da parte, BNH, sendo competente a Justiça Federal" (STJ, 1ª Seção, CComp 321-ES, rel. Min. Pedro Acioli).

Parece-nos, porém, que o mais acertado é deixar que cada qual das demandas continue correndo em seu local de origem e, se houver risco de decisões conflitantes, suspenda-se o julgamento de uma, aguardando o da outra. Nesse sentido: "A conexão não implica na reunião de processos, quando não se tratar de competência relativa – art. 102 do CPC. A competência absoluta da Justiça Federal, fixada na Constituição, é improrrogável por conexão, não podendo abranger causa em que a União, autarquia, fundação ou empresa pública federal não for parte" (STJ, 2ª Seção, CComp 832-MS, rel. Min. Athos Carneiro).

Como a reunião pressupõe risco de decisões conflitantes, havia certa hesitação, na vigência do CPC de 1973, se poderia haver conexão entre execuções. Para afastar a dúvida, a lei atual determina a reunião dos processos de ações conexas de execução de título extrajudicial e da ação de conhecimento relativa ao mesmo ato jurídico e dos processos de execuções fundadas no mesmo título executivo. No primeiro caso, a reunião se justifica porque aquilo que for decidido na ação de conhecimento poderá repercutir diretamente na execução, uma vez que versa sobre o mesmo título. E, no segundo caso, também se justifica, pois é sempre temerário que duas execuções fundadas no mesmo título corram separadamente. É o que ocorrerá, por exemplo, quando houver duas execuções fundadas no mesmo contrato de locação, mas relativas a períodos diferentes, em que o locatário deixou de pagar os alugueres. Não há litispendência, porque os períodos de cobrança são distintos. Mas é conveniente que o processamento seja conjunto, uma vez que ambas estão embasadas no mesmo título, o contrato escrito de locação.

Em caso de conexão, cumpre decidir em qual dos juízos os processos serão reunidos. Para tanto, é preciso verificar qual deles está prevento, pois é lá que se fará a reunião. A resposta é dada pelo art. 59 do CPC: o registro ou a distribuição da petição inicial torna prevento o juízo.

O CPC atual eliminou a duplicidade que havia no anterior, a respeito da causa geradora de prevenção. Havia dois dispositivos aparentemente conflitantes no CPC de 1973 que tratavam do tema, os arts. 219 e 106, o primeiro estabelecendo que a prevenção era gerada pela citação válida, e o segundo, que era pelo primeiro despacho, isto é, por aquele que determina a citação. A aparente conflitância era resolvida da seguinte forma: como o art. 106 tratava de ações de mesma competência territorial, entendia-se que a prevenção só era dada pelo primeiro despacho, quando os processos de ações conexas corriam no mesmo foro. Com isso, a aplicação do art. 219 ficava restrita às hipóteses de ações que corriam em foros diferentes.

O CPC atual eliminou a duplicidade. Agora, a prevenção é sempre gerada pelo registro ou pela distribuição da ação, onde houver mais de um juiz, conforme o art. 59. Parece-nos, diante do uso da conjunção alternativa, que a prevenção será dada pelo que ocorrer primeiro, registro ou distribuição, conforme o sistema adotado pelo órgão judiciário. Evidente que, onde houver apenas um juiz, será o registro a definir a prevenção, já que não haverá distribuição.

O registro e a distribuição são feitos logo após a propositura da ação, que ocorre com o protocolo da petição inicial (art. 312). Quando houver duas ações conexas, portanto, não será mais relevante, para fins de prevenção, verificar se correm no mesmo foro, ou em foros diferentes. Será necessário apurar em que data ocorreu o registro ou a distribuição (o que tiver ocorrido primeiro) em ambas, para verificar em qual delas ocorreu primeiro, já que será esse o juízo prevento.

Caso as datas coincidam, será preciso verificar, se possível, o horário em que ocorreu o registro ou a distribuição, prevalecendo aquela em que isso tiver ocorrido primeiramente. Se não for possível verificar o horário do registro ou da distribuição, deve-se recorrer à data do protocolo, para se verificar em qual dos dois processos ele ocorreu primeiro.

Questão controversa é a da obrigatoriedade de reunião das ações conexas. Como já foi explicitado, há razões relevantes, relacionadas à economia processual e à necessidade de evitar-se decisões conflitantes, que determinam essa reunião. Mas isso não afasta uma avaliação do juiz quanto ao grau de intensidade da conexão e à conveniência da reunião dos processos. É preciso considerar que a reunião, apesar dos benefícios que pode trazer, também pode gerar problemas, como os que decorram de os processos estarem em fases muito distintas. Ocorre, com frequência, de um deles estar apenas se iniciando e o outro encontrar-se em fase muito mais adiantada, próxima do julgamento. Reuni-los implicaria o retardamento do que está em fase mais adiantada, o que poderá não valer a pena quando o grau de conexidade for muito pequeno e remota a ameaça de decisões conflitantes.

Por isso, deve-se dar ao juiz a possibilidade de apreciar se a reunião é conveniente ou não. No V Encontro Nacional dos Tribunais de Alçada foi aprovada, por 10 votos a 8, a tese de que "O art. 105 [atual art. 55, § 1º] deixa ao juiz certa margem de discricionariedade na avaliação da intensidade da conexão, na da gravidade resultante da contradição de julgados e, até, na determinação da oportunidade da reunião dos processos". Nesse sentido, ainda, STJ, 4ª Turma, REsp 5.270-SP, rel. Min. Sálvio de Figueiredo, e STF, *RT*, 569/216).

Todavia, deve ser anotada a existência de importante corrente em sentido contrário, para a qual a conexão gera uma espécie de competência absoluta, de natureza cogente, que não dá ao juiz nenhuma possibilidade de avaliação sobre a conveniência ou não da reunião de processos. É a opinião de Nelson e Rosa Nery, para quem, "sendo a conexão matéria de ordem pública, o juiz é obrigado a determinar a reunião de ações conexas para julgamento, nada obstante esteja consignado na norma ora comentada que o juiz 'pode ordenar'. O magistrado não pode examinar a conveniência ou oportunidade da reunião, pois o comando emergente do CPC 105 [atual art. 55, § 1º] é cogente: o juiz tem o dever legal, de ofício, de reunir as ações conexas para julgamento conjunto"[6].

A conexão pode ser arguida pelo autor ou pelo réu, a qualquer tempo, desde que um dos processos não esteja julgado. Pode ainda ser alegada pelo Ministério Público, quer atue como parte ou como fiscal da ordem jurídica.

6.4. Continência

Estabelece o CPC, art. 56: "Dá-se a continência entre duas ou mais ações quando houver identidade quanto às partes e à causa de pedir, mas o pedido de uma, por ser mais amplo, abrange o das demais".

---

6. Nelson Nery Junior e Rosa Nery, *Código de Processo Civil comentado*, p. 528.

A continência é, tal como a conexão, uma relação, um vínculo, que se estabelece entre duas ou mais ações em andamento. Para a conexão, bastava um elemento de identificação: mesmo pedido ou igual causa de pedir. A continência é um vínculo mais forte, porque exige dois elementos comuns: as mesmas partes e a mesma causa de pedir. Os pedidos devem ser diferentes (do contrário haveria litispendência), mas um deve ser mais amplo e abranger o outro. A semelhança entre as ações, na continência, é mais intensa que na conexão. Correndo em separado ações que mantenham entre si esse vínculo, o juiz deve determinar a reunião para julgamento conjunto. Mas a reunião só se dará se a ação continente, isto é, a mais ampla, for proposta posteriormente à ação contida. Não haverá utilidade na propositura da ação contida quando a continente já está em curso, pois o pedido da ação continente abrange o da contida, de sorte que o ajuizamento posterior acabará gerando, não propriamente continência, mas uma espécie de litispendência parcial, pois o que se pede na ação contida já está embutido na continente. Caso isso ocorra, não será caso de reunião de ações, mas de extinção sem resolução de mérito, da ação contida ajuizada posteriormente (CPC, art. 57). Salvo essa hipótese, havendo continência as ações serão necessariamente reunidas. Diante dos termos da lei, no caso de continência, não haverá nenhuma avaliação pelo juiz a respeito da necessidade de reunião. Como o liame dela decorrente é ainda maior, a reunião será necessária.

Todas as regras que valem para a conexão aplicam-se à continência.

É manifesta a inutilidade desse instituto, cuja única finalidade é ensejar a reunião dos processos. Mas, para que duas ações sejam continentes, é preciso que tenham em comum a causa de pedir. E, se assim for, elas, antes de continentes, serão conexas, o que já é razão suficiente para a reunião. A continência, por isso, nada mais é que uma espécie de conexão, de grau mais intenso.

São raros os exemplos de ações que mantenham relação de continência. Imagine-se um contrato celebrado por duas pessoas. Uma delas ajuíza ação de anulação do contrato, e a outra, ação de anulação de uma cláusula daquele contrato, ambas as demandas com o mesmo fundamento (por exemplo, o de ter havido a participação de um relativamente incapaz na avença).

7. PREVENÇÃO

As regras de prevenção devem ser observadas quando há necessidade de fixação de competência de um entre vários juízos, todos igualmente competentes para determinada causa. Há casos em que, obedecidos todos os critérios previstos em lei, chega-se a mais de um juízo, com competência para o julgamento da causa, sendo preciso fixá-la em apenas um.

Como ensina Cândido Dinamarco, "consideradas as situações em que a prevenção se dá e a dimensão maior que ela assume em certos casos, são de duas ordens as prevenções, segundo os dispositivos que as estabelecem, a saber: a) prevenção originária, referente à própria causa em relação à qual se deu; b) prevenção expansiva, referente a outras causas ou mesmo outros processos"[7].

A prevenção originária é dada sempre pelo registro ou pela distribuição da petição inicial, nos termos do art. 59 do CPC.

Desde então, fica excluída a competência dos demais juízos que, *a priori*, eram igualmente competentes para conhecer e apreciar a demanda.

Por meio da prevenção, será também fixada a competência quando houver dois ou mais foros, a serem escolhidos pelo autor (foros concorrentes). Ele escolherá um e proporá a ação. A partir de então, o juízo escolhido será o prevento. A prevenção expansiva é aquela que tem relação com as demandas conexas.

De acordo com o CPC, art. 286, serão distribuídas "por dependência as causas de qualquer natureza quando se relacionarem, por conexão ou continência, com outra já ajuizada; quando, tendo sido extinto o processo, sem resolução de mérito, for reiterado o pedido, ainda que em litisconsórcio com outros autores ou que sejam parcialmente alterados os réus da demanda; ou quando houver ajuizamento de ações nos termos do art. 55, § 1º, ao juízo prevento". Nesses casos, a distribuição por dependência far-se-á ao juízo prevento, apurado de acordo com as regras anteriormente mencionadas.

Há prevenção, também, em segunda instância, cabendo aos regimentos internos dos tribunais estabelecer os recursos aos quais se estenderá a competência do juiz ou desembargador prevento.

8. CONFLITO DE COMPETÊNCIA

Quando a competência for absoluta, o juiz a examinará de ofício, naquilo que os alemães denominam "competência da competência". Se ele

---

7. Cândido Rangel Dinamarco, *Instituições*, cit., v. 1, p. 619.

verifica que não é competente para a demanda, determina a remessa dos autos ao foro ou juízo apropriados, sanando-se o vício.

O mesmo não acontece com a incompetência relativa, porque o juiz não pode conhecê-la de ofício, mas apenas quando arguida como preliminar em contestação, sob pena de prorrogação.

O conflito de competência ocorre quando dois ou mais juízes dão-se por competentes ou consideram-se incompetentes para uma determinada demanda. No primeiro caso haverá o conflito positivo, e, no segundo, o negativo. De acordo com o CPC, art. 951, eles podem ser suscitados por qualquer das partes, pelo Ministério Público ou pelo próprio juiz.

O Ministério Público será parte nos conflitos que suscitar. Nos demais, será ouvido como fiscal da ordem jurídica (*custos legis*), mas apenas se presentes as hipóteses do art. 178 do CPC. Do contrário, não intervirá.

Embora o Ministério Público e as partes possam suscitá-lo, o conflito só tem razão de ser se houver discordância entre dois ou mais juízes, ou porque eles se acham todos competentes, ou incompetentes. Ele pressupõe que haja o conflito entre os juízes. Imagine-se, por exemplo, que os autos de um processo foram remetidos do juízo X para o Y, porque aquele deu-se por incompetente. Lá chegando, as partes e o Ministério Público podem suscitar o conflito, mas ele só ocorrerá se esse juízo concordar com o suscitante e efetivamente se entender incompetente. Do contrário, se houver concordância com o juízo X, não existirá conflito.

A parte que, no processo, arguiu a incompetência não pode suscitar o conflito, pois, ou bem a alegação foi acolhida, e o suscitante teve o seu desejo satisfeito, ou não o foi, e cabe a ele oportunamente insurgir-se contra a decisão. Todavia, o fato de ter havido conflito não impede que a parte, no momento oportuno, suscite a incompetência (CPC, art. 952, parágrafo único), porque ela ainda não terá exercido a sua faculdade de fazê-lo.

O procedimento do conflito de competência é o estabelecido no CPC, arts. 953 e s. Ele será suscitado ao presidente do tribunal, devendo o juiz requerê-lo por meio de ofício, e as partes e o Ministério Público por petição.

A competência para o seu julgamento deve ser fixada no regimento interno dos tribunais. No Estado de São Paulo, compete à Câmara Especial do Tribunal de Justiça apreciá-lo.

Será designado um relator, que ouvirá os juízes em conflito, ou apenas o suscitado, se o suscitante for o outro juiz. As informações deverão ser prestadas no prazo fixado pelo relator, que poderá determinar que o processo fique suspenso, caso em que um dos juízes será designado para resolver, em caráter provisório, as medidas de urgência.

Nos casos do art. 955, parágrafo único, o relator poderá decidir o conflito de plano, cabendo agravo interno no prazo de 15 dias a contar da intimação das partes. Prestadas ou não as informações, o Ministério Público, quando for o caso, será ouvido em cinco dias, e o relator o apresentará em sessão de julgamento.

Se o conflito se der entre juízes de primeiro grau, sujeitos ao mesmo tribunal, caberá a este a decisão. Se ocorrer entre juízes sujeitos a tribunais diferentes, como, por exemplo, um juiz estadual e um federal, um estadual e um juiz do trabalho ou juízes estaduais de Estados diferentes, a competência será do Superior Tribunal de Justiça, órgão ao qual todos os juízes em conflito devem sujeitar-se.

O conflito de competência só cabe se ainda não existir sentença transitada em julgado proferida por um dos juízes conflitantes (Súmula 59 do STJ).

9. COOPERAÇÃO NACIONAL

O CPC trata, em capítulo próprio, da cooperação entre os órgãos do Poder Judiciário, estadual ou federal, especializado ou comum, em todas as instâncias e graus de jurisdição, incluindo os tribunais superiores. O art. 67 impõe um dever de cooperação recíproca entre eles, por meio de magistrados e servidores.

O pedido de cooperação independe de forma específica e deverá ser prontamente atendido. Pode ter por objeto: auxílio direto, reunião e apensamento de processos, prestação de informações, atos concertados entre juízes cooperantes, atos esses que poderão consistir, entre outros, na prática de citação, intimação ou notificação de ato, obtenção e apresentação de provas e coleta de depoimentos, efetivação de tutela provisória; efetivação de medidas e providências para recuperação e preservação de empresas; facilitação de habilitação de créditos na falência e na recuperação judicial; centralização de processos repetitivos e execução de decisão jurisdicional. Para tanto, os órgãos judiciais poderão se valer das cartas de ordem, precatória e arbitral, reguladas no próprio CPC.

capítulo III
AÇÃO

1. NOÇÕES GERAIS

É uma palavra que tem sido utilizada em dois significados diversos. Às vezes, fala-se em ação como sinônimo do direito de demandar, isto é, de ingressar em juízo para obter do Judiciário uma resposta a toda e qualquer pretensão a ele dirigida. Esse direito tem por contraposto o dever de o Judiciário dar uma resposta aos pleitos que lhe são dirigidos.

No entanto, só impropriamente a palavra "ação" pode ser usada nesse sentido amplo, pois o direito de obter uma resposta qualquer do Judiciário a tudo o que lhe é dirigido é incondicional e universal, e decorre do direito constitucional de acesso à justiça.

A ação, em sentido próprio, tem um significado mais restrito. Em fase muito antiga, quando o processo ainda não tinha adquirido plena autonomia do direito material, dizia-se que a ação era o próprio direito em movimento. As teorias imanentistas confundiam-na com o próprio direito material cujo reconhecimento se postulava.

Posteriormente, surgiram as teorias concretistas, que guardavam resquícios do período anterior. Seus adeptos sustentavam que só tinha ação aquele que fosse titular efetivo do direito postulado. Só havia exercício do direito de ação, para os concretistas, se o resultado fosse favorável ao demandante. Quando o pedido era procedente, podia-se falar em ação, condicionada a que o autor fosse titular do direito pleiteado. Tais teorias encontram-se há muito superadas.

A autonomia do processo ensejou a substituição das teorias concretistas pelas abstratistas, nas quais o direito de ação não está condicionado à existência do direito material e com ele não se confunde. A ação surge como direito de exigir uma resposta do Poder Judiciário às pretensões a ele dirigidas, independentemente da existência do direito material. Para os abstratistas, terá havido exercício do direito de ação ainda que o resultado seja a improcedência do pedido. A sua existência não está condicionada à do direito.

No entanto, não se acolheram entre nós as teorias abstratistas puras, em que a ação é direito a uma resposta qualquer do Judiciário, independentemente do preenchimento de certas condições. Ela consiste, no Brasil, em um direito à resposta de mérito, isto é, ao pedido que foi dirigido ao juiz. Só existirá ação quando houver o direito a uma resposta de mérito, o que depende do preenchimento de determinadas condições. Portanto, não há exercício do direito de ação quando o juiz extingue o processo sem julgar o mérito, por falta dessas condições. Nesse caso, a máquina judiciária foi movimentada em virtude do direito de demandar, que é garantia inerente ao princípio constitucional do acesso à justiça. Mas não houve ação.

A teoria que aponta a ação como direito a uma resposta de mérito é impropriamente conhecida como eclética. Impropriamente, porque não é intermediária entre as teorias concretistas e abstratistas. Sua natureza é abstratista, porque a existência da ação prescinde do direito. Haverá ação ainda que o resultado final seja a improcedência do pedido. O que se exige é resposta de mérito.

Seria limitar o conteúdo do conceito de resposta de mérito confundi-lo com o de sentença de mérito, que não ocorre nos processos de execução, embora seja inegável a existência de ação executiva.

Resposta de mérito surge como um conceito abrangente: é o direito de obter do Judiciário uma resposta ao que se está postulando. No processo de conhecimento o que se pede ao juiz é que declare o direito, promova um acertamento e decida quem tem razão. O meio processual pelo qual ele responde à pretensão de acertamento é a sentença de mérito. No processo de execução, não se pede mais ao juiz que declare quem tem razão, pois isso já se sabe. A pretensão é que o juiz determine medidas concretas tendentes a obter a satisfação do titular do direito, consubstanciado em um título executivo.

Também na execução, desde que preenchidas as condições, o juiz dará uma resposta ao pedido, uma resposta de mérito. Porém, como o que se postula não é a declaração de quem tem o direito, a resposta não virá sob a forma de sentença, mas como a determinação da prática de atos satisfativos.

Portanto, a sentença de mérito é só uma espécie de resposta de mérito, pois esta abrange a prática de atos satisfativos. Por isso que as execuções são também ações.

Como na execução o juiz só determina a prática de atos satisfativos em favor daquele que demonstra o seu direito por meio de um título executivo, surge a dúvida se as ações executivas são concretas, isto é, se só existem quando o autor for o titular efetivo do direito. Todavia, as execuções são também abstratas, tal como as ações de conhecimento, embora com um menor grau de abstração. A razão é aquela apontada por Cândido Dinamarco: "A ação executiva é abstrata, quase tanto quanto a de conhecimento, pois para a sua configuração é indiferente a existência ou inexistência do direito substancial material do exequente. Quem admite que o título executivo tem a função de provar a existência do direito substancial deve ser levado a afirmar o caráter concreto da ação executiva, pois não se faz execução sem que haja título e, portanto, dependeria esta da comprovada existência do direito. Mas nem o mais idôneo dos títulos executivos, que é a sentença condenatória civil, seria capaz de fazer essa prova, isto é, de demonstrar que o direito material existe no momento do início da execução: ele pode muito bem ter sido extinto ou modificado após a formação do título executivo, seja por adimplemento, novação, compensação, transação, prescrição (CPC, art. 741, IV – atual art. 475-L, VI)[1].

A ação, como direito a uma resposta de mérito, depende do preenchimento de determinadas condições, necessárias para a sua existência. Sem elas, não haverá resposta de mérito, e o autor será considerado carecedor de ação. Haverá um processo, decorrente do direito de demandar, mas não exercício do direito de ação.

As condições da ação são requisitos para que o juiz possa dar resposta à pretensão formulada. Embora todos tenham acesso à justiça, nem todos têm direito de receber uma resposta do juiz à pretensão formulada. Não preenchidas as condições, o juiz porá fim ao processo, sem julgar o mérito da pretensão que lhe foi dirigida.

Exige-se que a pessoa que formule a pretensão e em face de quem ela é formulada seja parte legítima e que haja interesse de agir.

2. CONDIÇÕES DA AÇÃO

São aquelas necessárias para a própria existência da ação. A sua ausência deve ser conhecida pelo juiz de ofício e a qualquer tempo, implicando a extinção do processo sem resolução de mérito. Conquanto o CPC/2015 não utilize a expressão "condições da ação", a redação do art. 17, c/c o art. 485, VI, demonstra que o legislador manteve essa categoria.

1. Cândido Rangel Dinamarco, *Execução civil*, p. 361.

Grande discussão doutrinária grassa a respeito da forma pela qual o juiz deve verificar o preenchimento ou não das condições. Goza de grande prestígio entre nós a teoria da asserção, pela qual elas deveriam ser verificadas em abstrato, pelo que contém a petição inicial, presumindo-se, momentaneamente, que aquilo que dela consta é verdadeiro. O que fica provado depois, ao longo do processo e durante a instrução, é matéria de mérito. Assim, se alguém ajuíza ação de cobrança de uma dívida, aduzindo, na inicial, que ela está fundada em uma prestação de serviços, estarão preenchidas as condições da ação, ainda que mais tarde se apure que, na verdade, a dívida era oriunda de jogo de azar. Como a verdadeira origem do débito só foi apurada mais tarde, ao longo da instrução, e não figura na petição inicial, o julgamento será de mérito, devendo o juiz dar pela improcedência do pedido, e não pela carência de ação, por falta de interesse de agir.

Não nos parece que tenha sido acolhida entre nós a teoria da asserção. Ao contrário, as condições da ação devem ser examinadas não apenas pelo que consta da petição inicial, mas por tudo aquilo que foi trazido aos autos pelas partes. Assim, no exemplo anterior, se constatado que a dívida é de jogo, ainda que isso não figure na inicial, a sentença deverá ser de carência da ação, e não de improcedência. Essa nos parece a posição mais acertada. O acolhimento de uma ou outra das teorias repercutirá na avaliação acerca da existência ou não da ação. Admitida a teoria da asserção, no exemplo da dívida de jogo cuja origem foi comprovada ao longo da instrução, a sentença será de improcedência. Terá havido, portanto, resposta de mérito e exercício do direito de ação. Admitida a teoria do exame em concreto das condições da ação, a sentença será de extinção sem resolução de mérito, e não terá havido o exercício do direito de ação. Desnecessário demonstrar, ainda, a repercussão do acolhimento de uma ou outra, na formação da coisa julgada material, própria apenas das sentenças de mérito.

A carência é matéria de ordem pública, que deve ser conhecida de ofício. As condições da ação devem estar preenchidas no momento da sua propositura e ao longo de todo o processo, até o julgamento. O juiz reconhecerá o autor como carecedor de ação se a falta de condições for superveniente. Falecerá interesse de agir, por exemplo, no prosseguimento de ação de despejo se o réu, no curso do processo, procedeu à desocupação.

2.1. Interesse de agir

É constituído pelo binômio *necessidade* e *adequação*. Para que se tenha interesse é preciso que o provimento jurisdicional seja útil a quem o postula.

A propositura da ação será necessária quando indispensável para que o sujeito obtenha o bem desejado. Se o puder sem recorrer ao Judiciário, não terá interesse de agir. É o caso daquele que propõe ação de despejo, embora o inquilino proceda à desocupação voluntária do imóvel, ou do que cobra dívida que nem sequer estava vencida.

A adequação refere-se à escolha do meio processual pertinente, que produza um resultado útil. A escolha inadequada da via processual torna inútil o provimento e enseja a extinção do processo sem resolução de mérito.

2.2. Legitimidade *ad causam*

É a relação de pertinência subjetiva entre o conflito trazido a juízo e a qualidade para litigar a respeito dele, como demandante ou demandado. Tem de haver uma correspondência lógica entre a causa posta em discussão e a qualidade para estar em juízo litigando sobre ela.

A legitimidade deve existir tanto para o autor quanto para o réu, sob pena de carência da ação, pois ninguém pode ir a juízo, em nome próprio, postular ou defender direito alheio (CPC, art. 18). Não se pode admitir, salvo excepcionalmente, que alguém vá a juízo, na condição de parte, para postular ou defender interesse que é atribuído a outra pessoa.

Caso pudesse fazê-lo, obteria um provimento jurisdicional inútil, porque incapaz de repercutir na sua própria esfera jurídica. Se o sujeito processual litiga sobre causa com a qual não tem pertinência subjetiva, o resultado não lhe poderá ser útil. Por isso que, em certo aspecto, a falta de legitimidade *ad causam* avizinha-se da falta de interesse de agir, havendo quem diga que a ausência daquela implica a inexistência deste. Quem litiga sobre interesse alheio obterá um provimento inútil, pois não poderá realizá-lo concretamente. Daí por que, às vezes, é difícil detectar se a condição faltante é a legitimidade ou o interesse, questão de cunho apenas teórico, porque a falta de qualquer um deles produz a mesma consequência.

2.2.1. Legitimidade ordinária e extraordinária

A regra, no processo civil, é de que ninguém pode ir a juízo, em nome próprio, para postular ou defender direito alheio. Se o fizer, será carecedor de ação. Aquele que alega ser titular de um direito pode ir a juízo postulá-lo em nome próprio. Trata-se da legitimidade ordinária, em que os sujeitos vão a juízo para litigar, em nome próprio, sobre os seus alegados direitos.

Porém, em circunstâncias excepcionais, que decorrem de lei expressa ou do sistema jurídico, admite-se que alguém vá a juízo, em nome próprio, para postular ou defender interesse alheio. Nesse caso, aquele que figura como parte não é o titular do direito alegado, e o titular não atua como sujeito processual.

Há aí um fenômeno de substituição. Substituto processual é aquele que atua como parte, postulando ou defendendo um direito que não é seu, mas do substituído. Por isso que a legitimidade extraordinária é também chamada substituição processual. Quando ela se verifica, há dissociação entre a qualidade de parte e a titularidade do direito material alegado. Com ela não se confunde o fenômeno da representação, em que alguém vai a juízo em nome próprio postular direito também próprio, mas representado por alguém. O substituto processual é parte, defendendo direito de outro; o representante não é parte.

Na legitimidade extraordinária, o substituído processual tem sua esfera diretamente atingida, embora não atue no processo, pois é o seu direito que está sendo discutido em juízo. Por isso, ele não é atingido de forma reflexa, mas de maneira direta, pela sentença prolatada no processo em que não foi parte, mas no qual o seu direito foi discutido. O substituído processual, embora não seja parte, é atingido pela coisa julgada, como se parte fosse.

Em contrapartida, a lei permite que ele ingresse no processo na condição de assistente litisconsorcial do substituto.

Um dos exemplos mais característicos de legitimidade extraordinária é a que ocorre no condomínio.

Estabelece o CC, art. 1.314, que cada condômino pode, sozinho, reivindicar a coisa de terceiro. Aquele que é titular de apenas uma fração ideal pode ir a juízo, se o quiser, para reivindicar a coisa toda, o que inclui a sua própria fração ideal e a dos demais condôminos. O que for só, a juízo, para reivindicar a coisa toda será concomitantemente legitimado ordinário, no que se refere à sua fração ideal, e extraordinário, no tocante às partes dos demais.

É possível a todos os condôminos, em conjunto, ir a juízo defender a coisa comum. Nesse caso, não haverá substituição processual, mas um litisconsórcio facultativo unitário. Porém, se apenas um dos condôminos reivindicar a coisa comum, ele será substituto processual dos demais, que, como substituídos, serão atingidos pela coisa julgada material, como se tivessem atuado e figurado no processo na qualidade de partes.

Por exemplo, se três pessoas, A, B e C forem coproprietárias do mesmo bem, cada qual titular de uma fração ideal, e a coisa estiver indevidamente em mãos de terceiro, a lei faculta que cada um vá a juízo sozinho defender a coisa comum. Nada impede que prefiram ingressar em conjunto, caso em que haverá litisconsórcio facultativo unitário.

Porém, se só um for a juízo – o que independe da anuência e até do conhecimento dos demais, porquanto a substituição processual decorre de lei e dispensa a concordância dos substituídos –, estará defendendo a sua parte e a dos demais, como substituto destes.

Proferida a sentença, todos os condôminos, seja aquele que propôs a ação, sejam os demais, serão diretamente atingidos pela sentença e sofrerão os efeitos da coisa julgada material. Por isso que, se a ação foi proposta só por um, e julgada pelo mérito, os demais não poderão repropô-la no futuro, pois todos serão atingidos. Terão porém a faculdade de ingressar no processo na qualidade de assistentes litisconsorciais do autor.

Quem pode figurar nessa condição é aquele que não é parte, mas o próprio titular do direito que está sendo discutido. Portanto, o substituído processual.

Na ação reivindicatória proposta por um só condômino, há o fenômeno da legitimidade extraordinária concorrente. A ação foi proposta por um deles, mas poderia ter sido por outro, ou por todos em conjunto, em litisconsórcio facultativo. Proposta só por um, aqueles que poderiam ter figurado como litisconsortes e não o fizeram poderão ingressar posteriormente no processo na condição de assistentes litisconsorciais.

Quando há legitimidade extraordinária concorrente, o assistente litisconsorcial nada mais é que um litisconsorte facultativo unitário ulterior. Há casos, porém, em que a legitimidade extraordinária é exclusiva e não concorrente, e a ação só pode ser proposta pelo substituto processual. O substituído, apesar de titular do direito, não tem legitimidade para postulá-lo ou defendê-lo em juízo, ainda que de forma concorrente. Era o que acontecia no regime total de bens, em que o CC antigo atribuía ao marido, em caráter de exclusividade, a defesa em juízo dos bens da mulher.

Uma outra importante hipótese de legitimidade extraordinária é a que decorre da alienação da coisa litigiosa. O CPC, art. 109, *caput*, estabelece que ela não altera a legitimidade entre as partes, e o § 3º acrescenta que a sentença proferida entre as partes originárias estende os seus efeitos ao adquirente ou cessionário. Quando alguém aliena coisa litigiosa, continua no processo defendendo um direito ou interesse que já cedeu a terceiro. Estará, pois, em nome próprio defendendo um direito alheio e agirá como substituto processual. A hipótese de alienação de coisa litigiosa configura, em verdade, um exemplo de legitimidade extraordinária superveniente, porquanto o fenômeno da substituição só se verifica quando, no curso da ação, a coisa litigiosa é vendida ou cedida. O cessionário, que será atingido pelos efeitos da sentença, poderá, se quiser, requerer o seu ingresso na condição de assistente litisconsorcial.

No campo das ações civis públicas há o fenômeno da legitimidade extraordinária quando se atribui aos legitimados do art. 82 da Lei n. 8.078/90 o poder de ajuizar, em nome próprio, ações civis de reparação de danos em favor das vítimas, na defesa dos interesses individuais homogêneos.

As ações coletivas abrangem a defesa de interesses difusos, coletivos e individuais homogêneos. A destes últimos, feita pelos legitimados do art. 82, constitui exemplo de legitimidade extraordinária, pois tais interesses têm seus próprios titulares. Mais complicada é a situação dos interesses difusos e coletivos, que não têm um titular definido. Nesses casos, os legitimados do art. 82 não estão defendendo um interesse propriamente alheio, mas que pertence a toda a coletividade, inclusive eles próprios. Isso fez com que alguns processualistas sustentassem que seria caso de falar em legitimidade ordinária. É preciso admitir, porém, que o interesse não é propriamente desses entes, mas de todo um grupo, classe ou categoria, razão pela qual nos parece que esse seria um caso de legitimidade extraordinária.

2.2.2. Legitimidade exclusiva ou concorrente

A legitimidade é exclusiva quando atribuída a uma só pessoa; e concorrente quando atribuída a mais de uma.

A concorrente pode ocorrer no campo da legitimidade ordinária, como na hipótese de qualquer credor solidário ajuizar ação para cobrança de dívida, ou da legitimidade extraordinária, como no condomínio e na propositura das ações coletivas.

Por fim, a legitimidade concorrente pode ser conjunta ou disjuntiva. Será conjunta quando há mais de um legitimado, mas todos devem ir juntos a juízo, em litisconsórcio necessário; e disjuntiva quando os legitimados podem acorrer a juízo separadamente ou em conjunto, caso em que haverá um litisconsórcio facultativo, como ocorre na hipótese de condomínio.

2.3. Fim da possibilidade jurídica do pedido como condição autônoma da ação

O CPC de 1973 incluía, entre as condições de ação, a possibilidade jurídica do pedido. O atual não mais. Liebman, que sustentava inicialmente a existência de três condições, e cuja teoria foi acolhida pelo CPC, modificou mais tarde sua opinião e passou a sustentar que elas são apenas duas: a legitimidade e o interesse. Para ele, a possibilidade jurídica está absorvida pelo interesse de agir, porque não se pode considerar titular de interesse aquele que formula pretensão vedada pelo ordenamento. A nossa legislação atual acolheu a solução proposta por Liebman, a partir da 3ª edição de seu *Manual*, e passou a considerar a possibilidade jurídica do pedido não mais como condição autônoma, mas como integrante do interesse de agir.

Se o juiz se deparar com uma petição inicial na qual o pedido formulado (ou a causa de pedir em que ele se sustenta) seja juridicamente impossível, ele não deve recebê-la e determinar o prosseguimento do processo. Ao contrário, deverá indeferi-la e julgar o processo extinto sem resolução de mérito, não mais por impossibilidade jurídica do pedido, mas por falta de interesse de agir, já que não se pode atribuir interesse a quem formula pretensão vedada pelo ordenamento jurídico. Não será caso de improcedência liminar, que só deve ser pronunciada quando presentes as hipóteses do art. 332 do CPC, mas de extinção por falta de interesse de agir.

Para que exista o interesse, a pretensão formulada não pode contrariar o ordenamento jurídico. Aquele que vai a juízo postular algo vedado por lei terá sua pretensão obstada. Não haveria sentido em movimentar a máquina judiciária se já se sabe de antemão que a demanda será malsucedida porque contraria o ordenamento jurídico.

Para que o juiz verifique se a pretensão não afronta o ordenamento jurídico, não basta que ele examine, isoladamente, o pedido. É preciso que verifique também a causa de pedir, cuja ilicitude contaminará o pedido.

Se alguém ingressa em juízo postulando a condenação do réu ao pagamento de determinada quantia em dinheiro, o pedido será lícito. Mas, se a causa de pedir for, por exemplo, a vitória do autor em jogo de azar, o juiz indeferirá a pretensão. Contraria o ordenamento a cobrança judicial de dívida de jogo. Por isso, o pedido que, isoladamente, era lícito tornou-se ilícito, porque embasado em causa de pedir ilegal.

Deve o juiz ainda examinar quem são as partes, porquanto a impossibilidade jurídica que produz a falta de interesse de agir pode estar associada à qualidade de quem figura no processo. A execução com penhora e expropriação de bens é lícita e possível. Não o será, porém, se a executada for a Fazenda Pública.

Necessário, portanto, que o juiz examine todos os elementos da ação.

Também não se admite pedido ou causa de pedir que, embora não afrontem diretamente a lei, ofendam a moral e os bons costumes. Não se pode, por exemplo, ingressar em juízo para cobrar por prestação de serviços de prostituição. A imoralidade, e não a ilegalidade, impede que o processo siga adiante.

3. ELEMENTOS DA AÇÃO

Os elementos prestam-se a identificar as ações, tornando possível averiguar quando elas são idênticas ou se diferenciam. Basta que um deles se altere para que se modifique a ação.

Duas ações são idênticas quando têm os mesmos três elementos.

São eles as partes (sujeito ativo e passivo), a causa de pedir (fundamentos de fato e de direito que embasam a pretensão inicial) e o pedido (provimento jurisdicional postulado e o bem da vida que se almeja).

A indicação dos elementos já deve figurar na petição inicial e respeitar as exigências do art. 319 do Código de Processo Civil. Os elementos devem ser indicados em todos os tipos de ação, nos processos de conhecimento, de jurisdição contenciosa e voluntária e nos de execução.

O juiz, ao proferir a sentença, fica adstrito àquilo que consta da petição inicial e aos elementos da demanda. Não pode apreciar pedido mediato ou imediato distinto do que foi postulado, nem fundar-se em causa de pedir que não a apresentada na petição inicial, ou proferir julgamento em relação a quem não figurou como parte.

Os elementos funcionam, pois, como delimitação objetiva da demanda, vinculando o juiz quando do julgamento. São relevantes também no estabelecimento dos limites subjetivos e objetivos da coisa julgada e permitem delinear as relações que podem existir entre duas demandas: a litispendência, a continência, a conexão e eventual prejudicialidade.

3.1. Partes

Parte é quem pede a tutela jurisdicional e em face de quem essa tutela é postulada. Portanto, são partes no processo o autor e o réu, que serão designados como exequente e executado nos processos de execução, embargante e embargado, em embargos de devedor ou de terceiro, impetrante e impetrado em mandados de segurança e *habeas corpus*, e reconvinte e reconvindo em reconvenção.

O representante legal do incapaz não é parte, mas alguém cuja presença é necessária para o suprimento da incapacidade processual da parte. Também não é parte o representante (ou presentante, na expressão de Pontes de Miranda) da pessoa jurídica.

É possível que uma ação não tenha autor, ou réu, embora as hipóteses sejam raras. Só haverá ação sem autor quando o processo puder ser iniciado de ofício, como ocorre, por exemplo, com a arrecadação de bens de ausentes. Entre os procedimentos de jurisdição voluntária, alguns não terão réu, como no caso da separação consensual, em que ambos os cônjuges, de comum acordo, vão juntos a juízo.

No entanto, é concebível a existência de ações sem réu mesmo no campo da jurisdição contenciosa, como nas de investigação de paternidade, quando o suposto pai já faleceu e não deixou herdeiros. Por sua natureza pessoal, e não patrimonial, essa demanda não pode ser dirigida contra o espólio, que é a massa de bens deixada pelo falecido. Ela, em caso de morte do suposto pai, deve ser proposta em face dos herdeiros. Caso eles não existam, a ação não terá réu. Também não têm réu as ações declaratórias de constitucionalidade, propostas perante o Supremo Tribunal Federal.

3.2. Pedido

Ao ingressar em juízo, deve o autor identificar, na petição inicial, o provimento jurisdicional que pretende obter e o bem da vida almejado. Ao primeiro designa-se pedido imediato; ao segundo, pedido mediato. A identificação de uma ação pressupõe que se esclareçam tanto uns como outros. A modificação do pedido imediato, por exemplo, altera a ação, ainda que o bem da vida pretendido seja o mesmo.

O autor deverá escolher qual o tipo de provimento jurisdicional que pretende obter e que seja adequado para a sua situação. Ao ajuizar um processo de conhecimento, ele esclarecerá se busca a condenação do réu, uma declaração sobre a existência ou não de relação jurídica ou a constituição ou desconstituição de uma relação. Ao ajuizar processo de execução, postulará uma tutela executiva, com a prática de atos satisfativos. Ou, se tiver documento escrito sem força executiva, postulará uma tutela monitória.

Se o autor escolher a tutela jurisdicional inadequada, será considerado carecedor da ação, o que não o impedirá de retornar a juízo, desta feita formulando pedido apropriado.

O autor ainda deverá identificar, com clareza, o bem da vida que pretende, sobre o qual recairá a tutela postulada.

O CPC, arts. 322 e 324, determina que o pedido deve ser certo e determinado. Certo é aquele que identifica o seu objeto, permitindo que ele seja perfeitamente individualizado; determinado é o pedido líquido, em que o autor indica a quantidade de bens que pretende haver.

Os incisos do art. 324, § 1º, permitem que o autor, excepcionalmente, formule pedido ilíquido ou genérico nas ações universais, quando não se puder individuar na petição os bens demandados. Essas ações são as que têm por objeto uma universalidade de direito, como a herança e o patrimônio. Não será necessário, por exemplo, em ação de petição de herança, que o autor descreva, na inicial, quais os bens que a compõem, quando não for possível individuá-los desde logo.

Também se admite o pedido genérico quando não for possível determinar, desde logo, as consequências do ato ou fato ilícito. É comum que, no momento da propositura da demanda, o autor, vítima de danos, não conheça a extensão total daquilo que sofreu. Às vezes, a ação é proposta logo após o fato, e ele não tem como saber se ficará definitivamente prejudicado para o trabalho e qual o grau dessa incapacidade.

Por fim, o pedido pode ser genérico quando a determinação do objeto ou do valor da condenação depender de ato que deva ser praticado pelo réu.

Em capítulo próprio, será tratada a cumulação de pedidos e suas várias espécies.

Existem situações em que a lei material confere ao titular de um direito duas ou mais alternativas de sanção para o seu descumprimento. Por exemplo, o Código Civil atribui àquele que adquiriu uma coisa com vício redibitório a possibilidade de postular judicialmente o desfazimento do negócio (ação redibitória) ou o abatimento no preço (ação estimatória ou *quanti minoris*). Da mesma forma, a Lei n. 8.078/90 faculta ao consumidor diversas opções ao adquirir um produto com vício.

Embora do ponto de vista material esses pedidos se diferenciem – a rescisão do contrato é diferente da redução do preço –, do ponto de vista processual são equivalentes.

Isso significa que, se o adquirente do bem com vício optar por mover ação redibitória, não poderá postular em outro juízo a redução do preço. Haverá entre as duas ações litispendência e coisa julgada, pois, embora os pedidos sejam materialmente diferentes, são processualmente idênticos.

3.3. Causa de pedir

Consiste nos fundamentos de fato e de direito que embasam o pedido. Aquele que ingressa em juízo deve expor ao juiz os fatos que justificam o seu pleito e indicar de que maneira o ordenamento jurídico regula aquele tipo de situação.

A atividade jurisdicional consiste em aplicar a um fato concreto as normas gerais e abstratas que lhe são pertinentes. Há sempre uma premissa maior, de cunho genérico e abstrato, e uma premissa menor, concreta. O juiz deve subsumir uma à outra e daí extrair a sua conclusão.

O ordenamento jurídico estabelece que aquele que for casado e praticar adultério cometerá grave infração aos seus devedores matrimoniais, que é causa para separação judicial (fundamento jurídico); se um dos cônjuges, em uma hipótese concreta e em determinadas circunstâncias, praticar o adultério (fato), o juiz aplicará a lei ao caso concreto e concederá a separação postulada.

É preciso que na petição inicial o autor descreva o fato e os fundamentos jurídicos. No entanto, só os fatos é que servem para identificar a ação, e apenas a eles o juiz deve ater-se. Não é preciso que ele se prenda aos fundamentos jurídicos do pedido, porque é de se presumir que o magistrado conhece a lei.

Se alguém, por exemplo, postula indenização por ter sido vítima de um acidente quando era transportado por empresa de ônibus, invocando em seu favor a culpa do réu, o juiz poderá julgar o pedido com fulcro na responsabilidade objetiva, ainda que esta não tenha sido invocada na petição inicial. Não houve julgamento *extra petita*, porque o juiz deve ater-se aos fatos indicados na petição inicial, mas não ao direito invocado, pois vige o princípio do *jura novit curia*.

Cada vez que se alteram os fatos que integram a causa de pedir modifica-se a ação. Por isso, se o autor postula a sua separação judicial com fulcro no adultério, o juiz não poderá decretá-la com base em sevícias. Se o fizer, estará julgando ação diversa da que foi proposta, e sua sentença será *extra petita*.

Mantido o mesmo fato, transitada em julgado a sentença de mérito, reputam-se deduzidas e repelidas todas as alegações e defesas que a parte poderia opor, assim ao acolhimento como à rejeição do pedido.

Por exemplo, se alguém ingressa com uma ação de reparação de danos em virtude de um determinado acidente, aduzindo que o réu atravessou o sinal vermelho e que por isso foi culpado, não poderá ajuizar outra ação sobre o mesmo acidente, pedindo a mesma indenização, agora sob o argumento de que ele também estava em excesso de velocidade. Afinal, as partes, o pedido e os fatos são idênticos, havendo a coisa julgada.

No entanto, alterados os fatos que estejam sendo utilizados para embasar o pedido (fatos que servem como causa de pedir e que fundamentam a pretensão), altera-se a ação.

Há grande divergência entre os doutrinadores quanto à denominação dos fatos e fundamentos jurídicos. Parte da doutrina chama os fatos de causa de pedir próxima e os fundamentos jurídicos de causa remota (Nelson Nery Junior), e outra parte usa essa nomenclatura invertida (Vicente Greco Filho).

Esse sistema, em que os fatos é que delimitam objetivamente a demanda e servem para identificar a ação, decorre da adoção, entre nós, da teoria da substanciação.

Essa teoria contrapõe-se à da individuação, para a qual a delimitação da demanda é dada pelos fundamentos jurídicos do pedido, e não pelos fatos, cuja descrição pode ser alterada no curso do processo.

No Brasil, o juiz pode alterar a qualificação jurídica dos fatos, desde que estes não se modifiquem. Se alguém descreve um acidente de trânsito provocado por uma permissionária de serviço público, e pede indenização com fundamento na responsabilidade subjetiva, pode o juiz acolher o pedido, aplicando as regras da responsabilidade objetiva. Mas os fatos devem permanecer os mesmos.

Grande relevância tem o acolhimento da teoria da substanciação no que concerne à causa de pedir nas ações que versam sobre direito real. Nelas, é preciso que o autor descreva o fato que originou a sua qualidade jurídica e a ofensa ou ameaça ao seu direito.

Não basta que o autor diga ser proprietário do bem, nem que seu direito esteja ameaçado. É necessário que descreva o fato que deu origem à sua qualidade, porque ele influirá na delimitação objetiva da demanda e na formação da coisa julgada.

Por exemplo: uma pessoa ajuíza ação reivindicatória de um bem alegando que é proprietária porque o usucapiu, ainda que não tenha obtido o registro cartorário (a chamada ação publiciana, em que o autor já é proprietário por usucapião, embora não tenha obtido a declaração judicial em seu favor). Mesmo que a sentença seja desfavorável, por não provados os requisitos do usucapião, ela poderá ajuizar nova reivindicatória se adquirir o imóvel do legítimo proprietário. Na primeira demanda, o autor se disse proprietário por ter preenchidos os requisitos do usucapião; na segunda, por ter adquirido a coisa do dono. Mudaram os fatos que deram origem à qualificação jurídica, e, por isso, alterou-se a causa de pedir.

capítulo IV
EXCEÇÃO (O DIREITO DE DEFESA)

O termo "exceção" tem sido usado, em processo civil, para designar mais de um fenômeno. Como instituto fundamental do processo civil, exceção designa o direito de defesa, a possibilidade de o réu contrapor-se à pretensão do autor. Nesse sentido, ela é o contraposto lógico do direito de ação. Ambos os direitos – o de ação e o de defesa – têm estatura constitucional e asseguram que as partes tenham tratamento igualitário no curso do processo.

Em sentido amplo, exceção abrange todas as defesas e alegações que possam ser apresentadas pelo réu para contrapor-se à pretensão inicial.

Em sentido mais restrito, o termo "exceção" aplica-se somente àquelas defesas que o juiz não pode conhecer de ofício. Para que possam ser apreciadas, devem ser alegadas pelo réu no momento oportuno. Nesse sentido, exceção é o oposto de objeção, termo que se emprega para designar as defesas que devem ser conhecidas de ofício, como a falta de condições da ação ou de pressupostos processuais. A prescrição, que foi considerada por lei como mera exceção, transformou-se em objeção, pois deve ser pronunciada de ofício. Nesse sentido é que a doutrina moderna emprega as exceções e objeções de pré-executividade, no processo de execução. Ambas são defesas que o executado apresenta na própria execução, e não na ação autônoma de embargos. A diferença é que a exceção designa as defesas que não podem, e a objeção, as que podem ser conhecidas de ofício.

capítulo V PROCESSO

1. NOÇÕES GERAIS

É o instrumento da jurisdição. Para que o Estado, por seus juízes, possa aplicar a lei ao caso concreto, é preciso que se realize uma sequência de atos, que vão estabelecer relações jurídicas e que são destinados a um fim determinado: a prestação jurisdicional.

Como condição inafastável para o exercício da jurisdição, o processo, ente abstrato, constitui-se por uma sequência de atos, indicados na Constituição Federal e nas leis, que devem ser observados por aqueles que integram a relação jurídica processual.

A apresentação da demanda, a citação do réu, o oferecimento de resposta, as audiências, o julgamento nas várias instâncias constituem atos, encadeados logicamente, que se voltam para o objetivo determinado de realizar a prestação jurisdicional.

Integram o conceito de processo as noções de procedimento e relação jurídica processual. A forma como os atos processuais são encadeados no tempo constitui o procedimento. Se o são de forma comum e observam a sequência tradicional, diz-se que ele é comum. Se a forma de encadeamento dos atos foge ao comum, diz-se que o procedimento é especial.

O processo ainda abrange a relação jurídica que se estabelece entre as partes, e entre elas e o juiz, na qual sobrelevam poderes, deveres, faculdades e ônus.

2. OS DIVERSOS TIPOS DE PROCESSO

O processo tem por objetivo produzir um resultado que corresponda àquele determinado pelo direito material. Por isso, deve amoldar-se ao tipo de pretensão que, por meio dele, busca-se realizar e utilizar uma técnica que seja apropriada para o tipo de conflito que é levado a juízo.

Quando o que se busca é uma declaração sobre quem tem razão, uma certeza jurídica, a formação da lei do caso concreto, utiliza-se o processo de conhecimento; quando se quer não mais o acertamento, a certeza jurídica, mas a satisfação do credor, o processo é de execução.

Entre os processos de conhecimento, há aqueles que visam a obtenção de uma certeza sobre a existência ou não de uma relação jurídica, nos quais será proferida uma sentença declaratória; há os que buscam criar ou desfazer uma relação jurídica, e que têm cunho constitutivo ou desconstitutivo; e, por fim, aqueles em que o juiz condena o réu a uma quantia em dinheiro, a entregar uma coisa ou a uma obrigação de fazer ou não fazer. Nesses a sentença terá cunho condenatório.

A sentença condenatória, depois das alterações trazidas pela Lei n. 11.232, de 2005, não põe mais fim ao processo, que deverá prosseguir para que se obtenha a satisfação do credor. Não haverá, nesses casos, um processo de execução distinto, mas mera fase de cumprimento de sentença. Será possível identificar nesse processo único duas fases distintas: a cognitiva e a executiva, razão pela qual parte da doutrina tem chamado esse processo de sincrético.

3. PRESSUPOSTOS PROCESSUAIS

O processo pode ser considerado uma espécie de caminho que deve ser percorrido pelas partes e pelo juiz para que, ao final, se chegue ao fim almejado, que é a prestação jurisdicional.

Quando tratamos da ação, pudemos mencionar que ela existe como direito a uma resposta de mérito. Para que o juiz possa dar uma resposta, seja ela de mérito ou não, é preciso que haja um processo.

A resposta de mérito exige o preenchimento de condições, cuja ausência torna o autor carecedor de ação. Mas, além disso, é preciso que esse caminho até a resposta de mérito, que é o processo, seja percorrido sem percalços.

Para tanto, devem ser observados certos requisitos que são indispensáveis para a sua regularidade. Sem isso, ele não chegará a bom termo. Antes de examinar o mérito, o juiz deve verificar, primeiramente, se foram obedecidos os pressupostos processuais, isto é, se o caminho percorrido até o resultado final o foi de forma regular; em seguida, deve examinar se o autor tem ou não direito a uma resposta de mérito; e só então dar uma resposta àquilo que foi pedido. Se, desde logo, ficar evidenciada a falta de alguma das condições da ação, o juiz deve extinguir o processo, já que não se justifica que aquele caminho continue a ser percorrido quando já se sabe, de antemão, que não logrará êxito em chegar ao resultado almejado.

Cumpre ao juiz examinar, portanto, se estão ou não preenchidos os pressupostos processuais. Só em caso afirmativo é que se pode chegar a uma resposta de mérito, para a qual são necessárias duas ordens de considerações. É preciso verificar se o autor tem direito a uma resposta de mérito (preenchimento das condições da ação), e se o caminho para chegar a essa resposta (processo) foi percorrido preenchendo os requisitos indispensáveis (pressupostos processuais). Ao proferir a sentença, o juiz examinará, portanto, em primeiro lugar, se foram preenchidos os pressupostos processuais; depois, as condições da ação. Em caso negativo, nada restará senão a extinção do processo sem resolução de mérito. Somente em caso positivo é que o juiz julgará o pedido, concedendo ou não o provimento que o autor postula.

Tal como as condições da ação, os pressupostos processuais devem ser conhecidos de ofício pelo juiz a qualquer tempo. A falta de uns e outros deve ser declarada por ele assim que detectada. Por se tratar de matéria de ordem pública, a não invocação e o não conhecimento, na primeira oportunidade, não geram preclusão, nem para a parte, nem para o juiz. Este não poderá, no entanto, conhecer da matéria, depois de já ter proferido sentença, cabendo ao tribunal fazê-lo, em caso de recurso. A falta de pressuposto só não poderá mais ser reconhecida em recurso especial ou extraordinário, que exigem prequestionamento.

Alguns requisitos são de importância tão grande que a sua não observância implicará a própria ineficácia do processo. Outros não chegam a afetar a eficácia, mas a validade. Os primeiros são pressupostos processuais de eficácia, e os segundos, de validade.

Há que distinguir as invalidades no processo civil e no direito privado. Neste, são identificáveis duas espécies diversas: a nulidade e a anulabilidade (ou nulidade relativa). São claras as diferenças entre ambas: a primeira pode ser alegada por qualquer pessoa, devendo ser declarada de ofício pelo juiz, e, em princípio, não admite que o ato seja ratificado (não convalesce); a anulabilidade só pode ser invocada pelos interessados, não sendo reconhecível de ofício pelo juiz, e permite a ratificação e o convalescimento. Os civilistas têm admitido ainda a possibilidade de declaração de inexistência do negócio jurídico, em especial a partir dos estudos sobre o casamento inexistente, que se estenderam para outros ramos do direito privado.

No processo civil, embora também se admita a existência de nulidades absolutas e relativas, o tratamento dado a elas é diferente. Como o processo não é um fim em si mesmo, mas um meio, um instrumento para a defesa dos direitos, todas as nulidades que o possam atingir são, em princípio, sanáveis.

No processo civil, as nulidades absolutas seriam aquelas relacionadas com a própria estrutura do processo e da relação processual, ou ainda com a viabilidade do exercício do direito de ação. Como acentua Teresa Alvim Wambier, "são as de fundo, ou substanciais (em relação ao próprio processo, não ao direito substancial), porque dizem com os aspectos mais relevantes do processo. As nulidades relativas, por exclusão, são as demais"[1].

As nulidades relativas têm que ser arguidas pelas partes prejudicadas, pois não são cognoscíveis de ofício. Não alegadas a tempo, precluem. Jamais ensejarão, portanto, a nulidade da sentença ou do processo, porque serão sempre sanadas no seu curso. As nulidades absolutas devem ser decretadas de ofício, a qualquer tempo, e não precluem, nem para o juiz nem para as partes. Em regra, não precluem nem mesmo quando decididas pelo juiz, por meio de decisão interlocutória, no curso do processo. Mesmo que afastadas por ele, em determinada fase, poderão ser declaradas posteriormente porque, constituindo matéria de ordem pública, não se sujeitam à preclusão.

As nulidades relativas sanam-se endoprocessualmente. As absolutas, quando não sanadas no curso do processo, geram uma sentença nula, que ensejará a propositura de ação rescisória.

Com os atos processuais inválidos não se confundem os ineficazes.

É preciso distinguir entre uns e outros, porque no processo civil até as nulidades se sanam a partir de um certo momento. Por exemplo, uma sentença nula, porque proferida por juízo incompetente, produzirá efeitos como se

---

1. Teresa Alvim Wambier, *Nulidades do processo e da sentença*, p. 386.

válida fosse e não mais poderá ser rescindida se o prazo para o ajuizamento da ação rescisória tiver sido superado *in albis*.

Portanto, com o transcurso do prazo para a ação rescisória, as nulidades processuais sanam-se, e o ato processual inválido se convalesce.

O mesmo não ocorre com a ineficácia. Como os atos processuais emanam da autoridade estatal, ainda que ineficazes eles podem produzir efeitos jurídicos, sendo necessário, para coartá-los, que a ineficácia seja judicialmente declarada. Não há prazo para que isso seja feito. O ato processual ineficaz não se torna regular apenas porque transcorreu o prazo para a ação rescisória ou outro qualquer.

Em síntese, quando a sentença já transitada em julgado é inválida, caberá ação rescisória, no prazo de dois anos a contar do trânsito, sob pena de convalescimento, dirigida a órgão jurisdicional distinto daquele que proferiu a decisão, em regra de instância superior.

Já a ineficácia não se convalesce. A qualquer tempo, mesmo que superado o prazo para a propositura da ação rescisória, o interessado poderá postular a declaração judicial de ineficácia, por meio de ação própria, que correrá em primeira instância.

Daí a importância de distinguir os pressupostos processuais de ineficácia dos de validade.

3.1. Pressupostos processuais de eficácia

a) Existência de jurisdição: os atos processuais são considerados ineficazes quando praticados por aqueles que não estiverem investidos da função jurisdicional, que tem a investidura como característica: só pode aplicar a lei ao caso concreto aquele que tenha sido dela investido. Serão, por exemplo, considerados ineficazes os atos processuais praticados por juiz que já estava aposentado ou não tinha tomado posse de suas funções.

b) Existência de demanda: a jurisdição é inerte. Sem o aforamento da demanda, não há falar-se em processo, que, com raras exceções, não pode ter início de ofício.

c) Capacidade postulatória: trata-se de hipótese de ineficácia que vem expressamente consignada no CPC, cujo art. 104, § 2º, dispõe que o ato processual praticado por quem não tem capacidade postulatória, se não ratificado no prazo, será havido por ineficaz.

d) Citação: enquanto não citado o réu, a relação processual não está completa. Já se disse que o processo é um conjunto de atos que estabelece uma relação entre três participantes fundamentais: o autor, o juiz e o réu. Sem o aforamento da demanda, não haverá um autor; sem jurisdição, não haverá juiz; e sem a citação, inexistirá processo em relação ao réu. Aqui não há diferença entre falta ou vício de citação. Irrelevante se ela não se aperfeiçoou ou não se realizou de forma adequada. O que importa é que o réu não tomou conhecimento do processo e não teve a oportunidade de participar. Em contrapartida, mesmo que a citação não tenha sido efetivada, o processo será válido e eficaz se o réu comparecer ao processo, demonstrando dele ter tido ciência.

Como o vício de citação gera ineficácia e não nulidade, será impróprio o ajuizamento de ação rescisória, pois nada haverá a rescindir. O correto será a ação declaratória de inexistência por falta de citação, denominada *querela nullitatis insanabilis*, que não tem prazo para ser aforada.

A ineficácia da sentença também pode ser alegada em impugnação à execução (CPC, art. 525, § 1º, I).

Há uma situação em que a citação não será requisito de eficácia: a do art. 332 do CPC, em que se autoriza ao juiz proferir sentença de total improcedência liminar, sem ouvir o réu. Mas se trata de hipótese excepcional.

São esses alguns dos pressupostos de eficácia, talvez os mais importantes. Há outros, no entanto, pois pode-se dizer que um ato processual será ineficaz quando não preencher os requisitos mínimos para ser reconhecido como tal. Será, por exemplo, ineficaz uma petição ou uma sentença que não estiver assinada, ou a sentença que não possuir nenhum conteúdo decisório. Ou ainda a petição inicial que não contiver qualquer pedido.

Parece-nos, por fim, que será ineficaz a sentença que for *extra petita*. Como o pedido do autor é pressuposto processual de existência, e como, nesse caso, se decide sobre algo que não foi pedido, nada resta senão reconhecer-lhe o vício mais grave.

3.2. Pressupostos processuais de validade

Há alguns requisitos, de cunho estrutural, cuja não observância implicará a nulidade absoluta do processo. São eles os pressupostos processuais de validade. Alguns se destacam pela importância de que se revestem. Podem ser enumerados, entre os principais:

a) Petição inicial apta: o aforamento da demanda, com a formulação de um pedido, é, como visto, um pressuposto processual de eficácia. Mas é preciso que a petição inicial seja apta, isto é, que preencha os requisitos necessários para que o processo seja levado a bom termo, e que seja proferida a sentença.

b) Competência e imparcialidade: para que o processo seja eficaz é preciso um juiz. Todavia, para que seja válido, é necessário que o órgão jurisdicional atenda a determinadas condições, imprescindíveis à prolação de um julgamento adequado. Há dois graus de incompetência do juízo e de parcialidade do juiz. A incompetência pode ser absoluta ou relativa. Somente a primeira gera a invalidade do processo, porque a relativa, se não alegada pelo réu como preliminar em contestação, sana-se (prorrogação de competência); ocorre o mesmo com a imparcialidade, pois há o impedimento e a suspeição. Só no primeiro caso é que a nulidade será absoluta, produzindo a invalidade do processo; a suspeição não alegada no prazo legal não poderá mais ser arguida pela parte, tornando-se, em relação a ela, matéria preclusa, incapaz de invalidar o processo.

c) Capacidade de ser parte: é a aptidão atribuída a todas as pessoas, naturais ou jurídicas, e a alguns entes não personalizados de poder integrar a relação jurídica processual, ou seja, de figurar no processo na condição de autores ou réus.

Como regra, coincide com a personalidade jurídica. Esta consiste na aptidão para adquirir direitos e obrigações na ordem civil. E a quem a tem deve ser assegurada a possibilidade de ir a juízo.

Todo ser humano, sem exceção, tem capacidade de ser parte como titular de direitos e obrigações na ordem civil. Não há mais, como em tempos antigos, nos períodos de escravidão, pessoas a quem se negava personalidade civil.

Também são dotados de personalidade os entes a quem a lei atribui personalidade jurídica: associações, sociedades e fundações, que, por serem titulares de direitos e obrigações, têm também capacidade de ser parte.

Por fim, a lei processual a atribui a alguns entes desprovidos de personalidade. Trata-se de uma espécie de personalidade processual, em que o ente será admitido como parte no processo, embora a lei civil não lhe reconheça personalidade jurídica. Entre outros, podem ser citados o espólio, a massa falida, a herança jacente, a vacante, as sociedades de fato e os nascituros. Em capítulo próprio, cada um dos entes a que a lei atribui capacidade de ser parte será estudado de forma mais pormenorizada.

d) Capacidade processual: é também chamada de capacidade para estar em juízo. Consiste na possibilidade de figurar como parte em um processo, sem precisar estar representado ou assistido. Trata-se de conceito que se aplica, em caráter exclusivo, às pessoas físicas. Em relação às pessoas jurídicas e aos entes despersonalizados, não faz sentido falar em capacidade processual, porque eles sempre deverão ser representados.

Têm capacidade processual aqueles que estão no pleno gozo de suas faculdades e que não necessitam ter sua capacidade integrada pelos institutos da representação e assistência. Não a têm aqueles que a lei civil considera absoluta ou relativamente incapazes, que deverão ser representados ou assistidos pelos respectivos pais, tutores ou curadores.

A capacidade processual não se confude com a de ser parte. Esta todas as pessoas, e até alguns entes despersonalizados, têm. Decorre da simples aptidão de figurar como parte em um processo. Aquela, só as pessoas maiores e capazes detêm.

Também não se confunde a capacidade processual com a postulatória, sendo esta pressuposto processual de eficácia (CPC, art. 104, § 2º), e aquela, de validade. Mesmo os que têm plena capacidade processual, isto é, que podem ir a juízo sem precisar ser representados ou assistidos, devem dirigir suas postulações ao juiz por meio de advogado. Os atos postulatórios devem ser firmados por advogado ou por quem tenha capacidade postulatória, como o membro do Ministério Público.

Em circunstâncias excepcionais, a lei processual pode atribuir capacidade postulatória diretamente à parte, sem que ela precise de um advogado que a represente. É o que acontece no Juizado Especial Cível, nas causas de valor até vinte salários mínimos, ou, em determinadas situações, na Justiça do Trabalho.

A capacidade processual também não se confunde com a legitimidade *ad causam*. A primeira é uma aptidão genérica para ir a juízo, sem precisar estar representado ou assistido. Para saber se alguém tem essa aptidão, deve-se verificar se é maior e capaz. Já a legitimidade é uma relação de pertinência lógica entre aquilo que se está pedindo e quem está formulando o pedido. Uma pessoa maior e capaz tem capacidade processual, mas não terá legitimidade para postular a restituição de um bem alheio, por exemplo. Em contrapartida, um incapaz terá legitimidade para pedir alimentos a seu pai, mas não terá capacidade processual se for a juízo sem estar representado ou assistido.

e) Legitimidade processual (*legitimatio ad processum*): grande controvérsia doutrinária reina a respeito da legitimidade processual como pressuposto processual de validade autônomo. Autores importantes consideram-na como uma outra denominação da capacidade processual. Cândido Rangel Dinamarco, por exemplo, menciona que "capacidade de estar em juízo é capacidade de atuação processual. Ela vem denominada pela doutrina, também, como capacidade processual ou *legitimatio ad processum*. Tal é a capacitação a atuar nos processos em geral e não se confunde com a qualidade para gerir uma determinada causa, que é a legitimidade *ad causam*"[2].

Outros processualistas distinguem a capacidade processual da *legitimatio ad processum*. Para Teresa Arruda Alvim Wambier, "capacidade processual é a aptidão conferida pela lei processual, que absorveu os critérios da lei civil (art. 7º) e ainda criou outras situações (v.g., art. 12, V, e par. 2º), para agir em juízo. Esta aptidão tem caráter genérico. Legitimidade processual é a situação jurídica específica que liga o sujeito, que tem a condição genérica de capacidade processual, a um dado objeto e/ou a outro sujeito determinado. No caso do processo, verifica-se quando a lei processual outorga a possibilidade de exercer concretamente sua capacidade processual, em relação a determinada situação"[3].

A legitimidade *ad processum* é a conjunção entre capacidade processual e a legitimidade para a causa. Tem capacidade processual aquele que tem aptidão genérica de ir a juízo sem precisar ser representado ou assistido; possui legitimidade *ad causam* quem mantém com a lide uma relação de correspondência lógica; e tem legitimidade *ad processum* aquele que tem as duas coisas simultaneamente, podendo exercer a sua capacidade processual em um caso concreto específico para o qual esteja legitimado.

3.3. Pressupostos processuais negativos

Para que um processo seja válido, é preciso que determinadas situações estejam ausentes. Por isso, a doutrina as denomina pressupostos processuais negativos. São elas a litispendência, a coisa julgada e a perempção. O processo não prosseguirá, mas será extinto sem resolução de mérito se já houver outro idêntico em andamento ou já julgado. Ou ainda se por três vezes anteriores o autor tiver dado causa à extinção de processo idêntico por inércia.

---

2. Cândido Rangel Dinamarco, *Instituições*, cit., v. 2, p. 282.

3. Teresa Alvim Wambier, *Nulidades*, cit., p. 35.

livro III
OS SUJEITOS DO PROCESSO

capítulo I
DAS PARTES E SEUS PROCURADORES

1. DAS PARTES

Todas as pessoas, físicas e jurídicas, e até alguns entes despersonalizados, têm capacidade de ser parte. No entanto, nem toda pessoa possui capacidade processual. De acordo com o art. 70 do CPC, somente aquelas que se acham no exercício dos seus direitos têm capacidade para estar em juízo.

Portanto, somente as pessoas maiores e capazes têm capacidade processual. Os incapazes, para irem a juízo, terão que integrar suas capacidades pelos mecanismos da representação e da assistência, que, no processo, far-se-ão pelos mesmos meios que no direito civil: os incapazes serão representados ou assistidos por seus pais, tutores ou curadores.

Os tutores serão nomeados na forma da lei civil, em favor dos menores que não estejam sob poder familiar, seja porque os pais morreram, seja porque foram dele destituídos. Os curadores são nomeados pelo juiz, em processo de interdição, em favor dos demais incapazes, observada a legislação civil, em especial o Código Civil e a Lei n. 13.146/2015. Àqueles que não tiverem quem os represente ou assista, como o menor cujos pais faleceram e que não foi colocado ainda sob tutela, será dado curador especial. É ele quem representará ou assistirá o incapaz, mas suas funções se exaurem no processo em que foi nomeado. Sua atuação não vai além, e ele não se torna o representante definitivo e geral do incapaz. Há necessidade de que ele seja colocado sob tutela, se menor, ou sob curatela.

Também haverá necessidade de nomeação de curador especial em favor do incapaz sempre que, em um determinado processo, os seus interesses colidam com o da pessoa que o representa ou assiste. Por exemplo, nas ações de suprimento judicial de consentimento do filho menor, quando o pai quer vender bem de seu patrimônio para outro descendente. Nelas, o filho menor não poderá ser representado pelo próprio pai, dada a manifesta colidência de interesses. Será preciso, então, que o juiz nomeie um curador especial.

Além das pessoas naturais, têm capacidade de ser parte as pessoas jurídicas, porque a lei lhes atribui personalidade civil e aptidão para ser titular de direitos e obrigações. Elas podem ser de direito público ou privado. As primeiras são a União, os Estados, o Distrito Federal, os Municípios, as autarquias e as fundações públicas. A CF, arts. 131 e s., estabelece que compete à Advocacia-Geral da União representá-la em juízo, ativa ou passivamente. Os Estados Federados, o Distrito Federal e os Municípios são representados pelos respectivos procuradores. Quando, no Município, não houver procuradores, a representação será feita pelo próprio Prefeito Municipal.

Em juízo, as pessoas jurídicas de direito privado serão sempre representadas por quem os seus atos constitutivos designarem, ou, não os designando, por seus diretores (art. 75, VIII, do CPC).

Por último, há alguns entes despersonalizados a quem se atribui capacidade de ser parte. A razão é a conveniência de que a lei lhes atribua a postulação ou a defesa de determinados interesses em juízo. Entre eles estão:

a) Massa falida: universalidade jurídica de bens e interesses, incluindo débitos deixados pela empresa que teve sua falência decretada. Em juízo, será representada pelo administrador judicial.

b) Espólio: universalidade de bens e interesses, incluindo débitos deixados por aquele que morreu. Existe desde o momento do óbito até o trânsito em julgado da sentença que julga a partilha. Só se pode falar em espólio enquanto há uma massa patrimonial indivisa de bens, o que já ocorre desde o falecimento. Estabelece o CPC, art. 75, VII, que o espólio será representado pelo inventariante. Mas, se ele for dativo, a representação será feita por todos os herdeiros e sucessores do falecido, que deverão ser intimados (art. 75, § 1º). Porém, o espólio surge antes mesmo que seja aberto o inventário e nomeado o inventariante. Enquanto isso, ele será representado pelo administrador provisório, que é a pessoa que se encontra na posse dos bens da herança.

O espólio só pode figurar como parte naquelas ações que versem sobre interesses patrimoniais, porque nada mais é que a massa indivisa de bens deixada pelo falecido. Nas ações de cunho pessoal (v.g., uma investigação de paternidade), devem figurar os herdeiros e sucessores do falecido.

c) Herança jacente e vacante: jacente é a herança de alguém que falece sem deixar testamento e sem ter herdeiro conhecido. Os bens deverão ser arrecadados, publicando-se editais para chamar eventuais herdeiros ou interessados. Um ano após a publicação do primeiro edital, a herança é declarada vacante.

Caso não apareça nenhum herdeiro, ao final de cinco anos, contados da abertura da sucessão, os bens passarão ao domínio do Município.

A lei processual reconhece às heranças jacente e vacante personalidade processual, permitindo-lhes figurar como parte nos processos relacionados aos interesses da massa patrimonial. Nessas ações, elas serão representadas por seu curador, nomeado pelo juiz.

d) Condomínio: a lei processual refere-se aqui ao condomínio em edifícios, e não ao tradicional. Diferem um do outro, porque somente naquele há partes do bem que são comuns, e partes que são privativas de cada um dos condôminos. Em juízo, o condomínio será representado pelo administrador ou síndico, nos termos do art. 22, § 1º, *a*, da Lei n. 4.591/64. A legitimidade do condomínio está restrita às ações que digam respeito aos interesses comuns e às partes comuns do prédio. Aquelas que sejam privativas devem ser defendidas em juízo pelos respectivos proprietários.

e) Sociedade e associação irregulares e outros entes organizados sem personalidade jurídica: são as de fato, que não foram constituídas de acordo com as exigências legais. Embora o direito material lhes negue personalidade jurídica, o processual reconhece em seu favor a possibilidade de figurarem como sujeito ativo e passivo de processos. Tanto em uma como em outra hipótese, a sociedade ou a associação de fato será representada por aquele a quem caiba a administração de seus bens. Como ensina Arruda Alvim, "na sociedade irregular, em que, segundo consenso da doutrina, existe um começo de prova de existência da sociedade, embora não com publicidade, em face de terceiros, por não ter sido inscrita, será administrador aquele que conste de um contrato e que a administre efetivamente, embora não registrado; ou, então, aquele que de fato a administre"[1]. Nos termos do CPC, art. 75, § 2º, quando tais sociedades ou associações forem demandadas não poderão opor a irregularidade de sua constituição, o que assegura aplicação específica da

1. Arruda Alvim, *Manual*, cit., v. 2, p. 69.

regra de que ninguém pode beneficiar-se, em detrimento de terceiros, de suas próprias irregularidades.

f) Pessoa jurídica estrangeira: será representada, nos termos do inciso X do art. 75, pelo gerente, representante ou administrador de sua filial, agência ou sucursal aberta ou instalada no Brasil. Presume-se que o gerente da filial ou agência da pessoa jurídica estrangeira esteja autorizado a receber citação inicial em todos os tipos de processo (CPC, art. 75, § 3º).

g) Nascituro: o CPC não o indica expressamente como um dos entes despersonalizados a que se atribui capacidade de ser parte. A personalidade civil do homem começa do nascimento com vida, mas a lei põe a salvo os direitos do nascituro. Enquanto ele não nascer com vida, não terá adquirido personalidade civil. No entanto, é forçoso reconhecer que ele já tem capacidade de ser parte. Para ele a aquisição de direitos e obrigações na ordem civil está sujeita a um evento futuro e incerto (condição suspensiva), qual seja, o nascimento com vida. É titular, pois, de direitos eventuais.

Nos termos do CC, art. 130, "ao titular do direito eventual, nos casos de condição suspensiva ou resolutiva, é permitido praticar os atos destinados a conservá-lo". Se o direito material reconhece essa possibilidade ao titular de direito eventual, como o nascituro, é forçoso que o direito processual se adapte, permitindo que ele vá a juízo em sua defesa. O nascituro figurará como parte, sendo representado por seus pais.

Ele pode, por exemplo, ajuizar ação em defesa de seus direitos hereditários, em face de outros herdeiros, ainda no ventre materno, já que tem a expectativa de que, nascendo com vida, torne-se também herdeiro.

2. CURADOR ESPECIAL

A função do curador especial é reequilibrar o processo no qual uma das partes encontra-se em posição desvantajosa. Sua participação decorre da necessidade de assegurar-se o respeito ao princípio constitucional da isonomia. O CPC, art. 72, enumera duas situações distintas em que será necessária a sua nomeação.

A primeira está relacionada à presença, no processo, de um incapaz que não tenha representante legal, ou cujos interesses colidam com o dele, caso em que o curador especial fará o papel do representante, em substituição aos pais, tutor ou curador. Ele pode atuar no polo ativo ou passivo, conforme o incapaz esteja em um ou outro.

A segunda hipótese de nomeação de curador especial está associada a uma possível dificuldade ou prejuízo de defesa que possa advir ao réu, ou porque ele está preso, ou porque foi citado fictamente, por edital ou com hora certa. Nessa circunstância, ele funcionará sempre no polo passivo, com a finalidade de assegurar ao réu a plenitude do exercício de seu direito de defesa.

Cada uma das hipóteses merece ser analisada em separado:

a) Art. 72, I: embora a lei não o mencione expressamente, haverá nomeação de curador especial tanto ao absoluta quanto ao relativamente incapaz que não tiverem quem os represente ou assista. A expressão "representante legal" foi utilizada no dispositivo em sentido amplo, abrangendo o representante propriamente dito e o assistente.

A sua função é atuar como verdadeiro representante legal do incapaz, cabendo a ele a defesa dos seus interesses. Haverá necessidade de nomeação de curador especial quando, por exemplo, dois incapazes que possuam o mesmo representante tiverem interesses colidentes. Para um deles será preciso nomeá-lo, porque não é possível que os dois, cujos interesses são contraditórios, sejam representados pela mesma pessoa.

Cabe à legislação civil indicar as pessoas físicas incapazes, o que é feito pelo Código Civil, com as alterações da Lei n. 13.146/2015.

b) Art. 72, II: o juiz dará curador especial ao réu preso revel. A preocupação do legislador é evitar que este fique prejudicado, por não ter a possibilidade de contratar advogado de sua confiança. Se a prisão for em regime aberto, de maneira que não haja dificuldades para o réu outorgar procuração a quem o defenda, será desnecessária a nomeação de curador especial. Também não será preciso fazer a nomeação quando o réu, apesar de preso, tiver contratado um advogado que apresente defesa técnica em seu favor. A nomeação será desnecessária se o réu preso comparecer a juízo. O CPC atual afastou a dúvida doutrinária que havia durante a vigência do CPC de 1973, em que não se exigia que o réu fosse revel. Arruda Alvim assim se manifestava na vigência da lei anterior: "já tratando-se de réu preso, a circunstância processual da revelia é irrelevante, pois, ainda que tenha sido pessoal a citação com comparecimento ao processo, suficiente será o fato da prisão para a nomeação de curador especial"[2]. No CPC atual não pode haver mais dúvida: só se dará curador especial ao réu preso se ele for revel.

---

2. Arruda Alvim, *Tratado de direito processual civil*, v. 2, p. 236.

A finalidade de nomeação do curador especial é reequilibrar o processo, dando ao preso a possibilidade de defender-se. Se ele compareceu ao processo e apresentou defesa técnica qualificada, será desnecessário nomear-lhe curador especial.

A outra hipótese de nomeação, prevista no CPC, art. 72, II, engloba as duas formas de citação ficta: por edital ou com hora certa.

Em ambas, não se tem certeza de que o réu tenha efetivamente tomado conhecimento da existência do processo e do prazo para apresentar contestação. Se ele comparecer ao processo, demonstrando que a citação ficta atingiu sua finalidade, será desnecessária a nomeação. Mas, se permanecer revel, o juiz dar-lhe-á curador especial, que deve, obrigatoriamente, apresentar defesa em seu favor. O prazo do curador especial é impróprio, e, se ele não cumprir sua tarefa, poderá ser substituído e sofrer sanções administrativas. Entretanto não haverá preclusão.

Se ele puder, apresentará elementos específicos para a defesa do réu; do contrário, contestará por negativa geral, nos termos do CPC, art. 341, parágrafo único.

Muito se discutiu sobre a necessidade de nomeação de curador especial ao citado por edital ou com hora certa em processo de execução, que, quando extrajudicial, obriga o executado a defender-se por embargos, que têm natureza de ação autônoma. A questão pacificou-se com a edição da Súmula 196 do STJ: "Ao executado que, citado por edital ou por hora certa, permanecer revel, será nomeado curador especial, com legitimidade para apresentação de embargos". Ao contrário do que ocorre no processo de conhecimento, no de execução por título extrajudicial o curador só deverá apresentar esses embargos se efetivamente tiver elementos de defesa. Não se admitirão embargos de devedor por negativa geral. Quando a execução for de título judicial, o executado não será citado, mas apenas intimado, na pessoa do advogado. Caso ele tenha sido citado por edital ou com hora certa na fase de conhecimento, o curador especial continuará atuando em seu benefício na fase de cumprimento de sentença, onde estará habilitado a apresentar impugnação, desde que para alegar alguma das matérias enumeradas no art. 525, § 1º, do Código de Processo Civil.

Nas ações monitórias, quando o réu for citado por edital ou com hora certa e permanecer revel, também haverá necessidade de nomeação de curador especial. Há grande controvérsia sobre a natureza jurídica dos embargos à monitória: uns lhe atribuem natureza de mera contestação, outros, de verdadeira ação autônoma. Parece-nos mais acertada a primeira opinião, porque a ação monitória é processo de conhecimento, na qual se praticam atos de cognição. Portanto, não há razão para que a defesa seja veiculada em ação autônoma. Sendo assim, o curador especial terá sempre de apresentar os embargos, ainda que por negação geral, já que eles têm a natureza jurídica de mera resposta.

Na hipótese do inciso II do art. 72, a atuação do curador especial é restrita à defesa do réu. A ele falecem, portanto, poderes para reconvir, que extrapolam os limites da defesa. A reconvenção tem natureza jurídica de ação, e, à exceção dos embargos – ação de defesa do executado –, o curador especial não tem poderes para ajuizar demanda. Por isso, também não pode valer-se da denunciação da lide e do chamamento ao processo. Admite-se, porém, que ajuíze ação rescisória quando a invalidade da sentença advier de sua não participação.

Admitia-se a denunciação da lide apenas na hipótese do art. 125, I, do CPC (evicção), porque, de acordo com entendimento doutrinário e jurisprudencial que foi predominante, nesse caso ela era obrigatória, sob pena de perda do direito de regresso. Nesse sentido, a lição de Nelson Nery Junior e Rosa Nery sobre os poderes do curador especial: "Sua atividade é restrita à defesa do réu, naquele processo específico, vedado o exercício do direito de ação... Pode opor embargos do devedor, único meio de defesa na execução, assim como denunciar a lide a terceiro, na hipótese do CPC 70, I [atual art. 125, I], porque caso não o faça o réu, eventual titular de direito de regresso, perde o direito que da evicção lhe resulta na ação em que é demandado"[3]. Hoje em dia, não sendo a denunciação da lide obrigatória nem mesmo nas hipóteses de evicção, o curador especial não poderá valer-se dela.

Também não pode o curador especial, pelas razões já expostas, opor embargos de terceiro ou oposição.

Poderá, no entanto, requerer provas e recorrer, devendo ser intimado de todos os atos do processo.

Com a contestação, ainda que por negativa geral, ficam controvertidos os fatos articulados na petição inicial, o que, em princípio, impede o julga-

3. Nelson Nery Junior e Rosa Nery, *Código*, cit., p. 344.

mento antecipado do mérito, salvo se não houver outras provas a serem produzidas.

No processo de falência, por suas peculiaridades, não há nomeação de curador especial ao réu revel citado por edital ou com hora certa. Também é desnecessária a nomeação em favor dos terceiros incertos, que porventura tenham interesse nas ações de usucapião, e que são sempre citados por edital.

Além das hipóteses do CPC, art. 72, há necessidade de sua nomeação em favor do idoso, nos termos da Lei n. 8.842/94. Para isso, é preciso que a parte ou interveniente tenha mais de 60 anos e que, em virtude de sua idade, não possua mais condições de conduzir adequadamente seus negócios, nem de gerir seus interesses. Desnecessário que tenha havido interdição, pois a constatação da incapacidade poderá ser feita na forma do art. 245, §§ 1º a 4º, do CPC.

3. O EXERCÍCIO DA FUNÇÃO DE CURADOR ESPECIAL

A curadoria especial é função institucional da defensoria pública, nos termos da Lei Complementar n. 80/94, art. 4º, VI.

No Estado de São Paulo, o Ministério Público exerceu o encargo de curador especial até 1991, quando a Lei Complementar Estadual n. 667/91 revogou o art. 41, II, da Lei Complementar n. 304/82. Não era mesmo função típica do Ministério Público.

Agora, incumbe em caráter exclusivo à defensoria pública a atividade. No entanto, onde ela ainda não houver sido instituída, a função poderá ser exercida pela Procuradoria Geral do Estado e entidades a ela conveniadas.

A falta de nomeação de curador especial implicará a nulidade do processo se dela advier algum prejuízo àquele em favor de quem o curador atuaria.

Caso se perceba a falta de curador especial enquanto o processo ainda está em andamento, a declaração de nulidade será inevitável, porque ainda não se sabe se aquele em favor de quem o curador será nomeado sairá vencedor. Se o processo já estiver encerrado, com sentença transitada em julgado em seu desfavor, haverá nulidade, a ensejar a propositura de ação rescisória. Se a sentença for favorável àquele em favor de quem a nomeação deveria ter sido feita, nenhuma nulidade existirá, porque não terá havido prejuízo.

4. A INTEGRAÇÃO DA CAPACIDADE DAS PESSOAS CASADAS

A capacidade processual do homem e da mulher, seja qual for o seu estado civil, é plena. No entanto, há uma limitação contida no CPC, art. 73. É preciso que os cônjuges deem, um ao outro, consentimento para ajuizar ações que versem sobre direitos reais imobiliários. Trata-se da outorga uxória da esposa, ou autorização marital. A exigência já vinha prevista no Código Civil de 1916, cujo art. 231, II, impunha a concessão da outorga, para que se pudesse postular em juízo sobre bens e direitos reais sobre imóveis. Na vigência daquele Código a exigência independia do regime de bens a ser acolhido.

O Código Civil de 2002 manteve a exigência de outorga uxória, mas criou uma exceção: não há mais necessidade de o cônjuge obter a autorização do outro para o ajuizamento de ações que versem sobre direitos reais imobiliários quando o regime for da separação absoluta dos bens (art. 1.647, II).

Continua, porém, havendo a necessidade de autorização quando o regime for da comunhão parcial, da comunhão universal, da participação final nos aquestos (também não será necessária a outorga quando o regime for o da participação nos aquestos e houver pacto antenupcial, no qual tenha sido convencionada a livre disposição de bens imóveis particulares, nos termos do art. 1.656 do Código Civil) e da separação legal (que não se confunde com o da separação absoluta). O regime de bens a ser observado é o que vigorava na data do ajuizamento da ação, uma vez que hoje há a possibilidade de alteração daquele depois da celebração do casamento.

Cumpre primeiro examinar como fica o polo ativo das ações que versem sobre direitos reais imobiliários.

Seja qual for o regime, é possível que o bem imóvel pertença só a um dos cônjuges, ou a ambos, em comunhão. Por exemplo, no regime da comunhão parcial, se o imóvel tiver sido adquirido na constância do casamento, será dos dois; se adquirido antes, não se comunicará, constituindo bem próprio de um dos cônjuges. No regime da comunhão universal, a princípio todos os bens comunicam-se. Porém, há alguns que não, como os que foram recebidos em doação ou com cláusula de incomunicabilidade (CC, art. 1.668, I).

Portanto, ou o bem imóvel sobre que versa a ação pertencerá a um dos cônjuges, ou a ambos.

Se for dos dois, haverá um condomínio, o que obriga ambos os cônjuges a irem juntos a juízo, em litisconsórcio ativo necessário. Ressalva-se a hipótese de ajuizamento de ação cujo objetivo seja reaver o bem, caso em que, por força do disposto no CC, art. 1.314, *caput*, cada condômino pode, sozinho, ir a juízo para defender a coisa toda (a sua parte, na qualidade de legitimado ordinário, e a parte dos outros, como legitimado extraordinário). Nesse último caso, se os condôminos optarem por ir juntos a juízo, haverá um litisconsórcio facultativo unitário no polo ativo. Mas, se o condômino for sozinho a juízo, terá que trazer o consentimento do outro cônjuge.

Do fato de um dos cônjuges dar consentimento ao outro para ir a juízo não resulta que ele se transforme em litisconsorte.

Quando o bem pertence aos dois, ou eles vão juntos a juízo, ou, nas hipóteses em que a lei o permitir (CC, art. 1.314, *caput*), poderão ir sozinhos, trazendo o consentimento do outro cônjuge.

Se o bem, no entanto, pertencer a apenas um dos cônjuges, só ele estará legitimado a ajuizar ação que verse sobre direito real. O outro não tem legitimidade para aforar a demanda: ninguém pode ir a juízo postular, em nome próprio, direito alheio. No entanto, é preciso que esse cônjuge a quem o bem não pertence autorize seu titular a ir a juízo, integrando a sua capacidade processual.

Em suma, ou o bem pertence a ambos ou a só um dos cônjuges. Se pertencer aos dois, eles deverão ir juntos a juízo, em litisconsórcio, salvo se a lei permitir que cada qual vá sozinho. Se isso ocorrer, o que for sozinho trará a autorização do outro cônjuge.

Se o imóvel pertencer a só um, apenas a ele caberá ajuizar a ação, acompanhada da autorização do outro cônjuge.

No polo passivo, a solução é mais simples: o CPC, art. 73, § 1º, estabelece que ambos os cônjuges serão citados para as ações mencionadas nos incisos I a IV. Trata-se de hipótese evidente de litisconsórcio passivo necessário, porquanto faz-se necessária a citação dos dois. São as seguintes as ações em que haverá litisconsórcio passivo obrigatório entre os cônjuges: "I – que verse sobre direito real imobiliário, salvo quando casados sob o regime de separação absoluta de bens; II – resultante de fato que diga respeito a ambos os cônjuges ou de ato praticado por eles; III – fundada em dívida contraída por um dos cônjuges a bem da família; IV – que tenham por objeto o reconhecimento, a constituição ou a extinção de ônus sobre imóvel de um ou de ambos os cônjuges".

Os incisos I e IV relacionam-se às ações que versam sobre direitos reais imobiliários, nas quais haverá sempre um litisconsórcio passivo necessário entre marido e mulher, ainda que o bem pertença a um só deles. Só não haverá mais essa necessidade quando os cônjuges forem casados em regime de separação absoluta de bens, caso em que a demanda deverá ser aforada apenas em face do cônjuge a quem o bem pertencer. Se o regime for qualquer outro, haverá forçosamente o litisconsórcio no polo passivo, ainda que o bem pertença a só um.

O legislador tratou de forma diferente o polo ativo e o passivo nas ações que versam direitos reais sobre imóveis. No polo ativo, não haverá litisconsórcio necessário, salvo se o bem pertencer aos dois, e mesmo assim se não houver lei permitindo que cada qual vá a juízo sozinho, como ocorre na ação reivindicatória. O que a lei exige é que o cônjuge demandante traga a autorização do outro. Já no polo passivo, ainda que o bem pertença a só um, haverá litisconsórcio necessário.

As hipóteses dos incisos II e III do § 1º do art. 73 do Código de Processo Civil são mais óbvias: haverá necessidade de citar os dois cônjuges em ações que digam respeito a ambos.

Cumpre ao direito material estabelecer quais são os direitos reais. Por serem oponíveis *erga omnes*, eles não podem ser livremente criados, vigorando o princípio da taxatividade (*numerus clausus*) e da tipicidade. Por isso, o CC, art. 1.225, enumera quais os direitos reais que existem em nosso ordenamento. As ações que versarem sobre tais direitos deverão respeitar o disposto no CPC, art. 73. Tem sido exigida outorga uxória nas ações de nunciação de obra nova, usucapião, imissão de posse (que não é ação possessória, mas petitória), demolitória e de extinção de condomínio sobre imóveis, sem contar a ação reivindicatória; em contrapartida, predomina o entendimento de que a adjudicação compulsória é ação pessoal e que, portanto, não está sujeita às regras do CPC, art. 73. O mesmo vale para as ações envolvendo contrato de locação, comodato e depósito.

Grande controvérsia havia sobre a natureza das ações possessórias. No direito material até hoje se discute se posse é direito real, pessoal ou se é apenas um fato. O CPC dirimiu a controvérsia, deixando expresso que não há necessidade de participação dos cônjuges, no polo ativo ou passivo, salvo no caso de composse ou de ato por ambos praticado. As possessórias não foram consideradas ações que versam sobre direito real, porquanto não há necessidade de autorização do cônjuge no polo ativo, nem litisconsórcio no passivo, com as ressalvas mencionadas.

As exigências do CPC, art. 73, referem-se às pessoas casadas e também às que vivam em união estável, comprovada nos autos (art. 73, § 3º). O CPC afastou as dúvidas que havia a respeito e estendeu ao companheiro a proteção patrimonial que, no CPC anterior, só era expressamente deferida aos cônjuges. É preciso, porém, que a união estável possa ser comprovada nos autos.

A lei não estabelece a forma pela qual a união estável deva ser comprovada, o que, num primeiro momento, poderia levar à conclusão de que a prova poderia ser produzida nos próprios autos. Parece-nos, no entanto, que, como a outorga uxória é de ser exigida desde o início, e como o litisconsórcio dos companheiros no polo passivo é necessário, a união estável deve estar comprovada na fase postulatória. Deve, portanto, haver prova pré-constituída da união, a ser apresentada pelo autor na inicial, ou pelo réu na contestação. A entender-se de forma diversa, só restariam duas soluções: ou criar-se uma espécie de incidente inicial, permitindo-se a colheita de provas da união estável na fase postulatória, o que geraria graves inconvenientes processuais; ou admitir-se que a união estável pudesse ser demonstrada na fase instrutória, com o que, provada a união, ter-se-ia que declarar a nulidade do processo *ab initio* ou por falta da outorga uxória, ou por falta da citação do litisconsorte necessário, o que também não parece ser a melhor solução. Por essa razão é que o legislador exige união estável comprovada, isto é, que possa ser demonstrada de plano.

A autorização de um cônjuge ou companheiro ao outro para o ajuizamento da ação não tem forma definida. Deve ser dada por escrito e explicitar a concordância do cônjuge ou companheiro com o ajuizamento. Tem sido admitida como tal a outorga de procuração por um deles ao advogado que representa o outro, quando do aforamento da demanda.

5. SUPRIMENTO JUDICIAL DE CONSENTIMENTO

O CPC, art. 74, *caput*, trata da possibilidade de suprir-se o consentimento do cônjuge (ou companheiro) que, de maneira injustificada, recusa-se a dá-lo. Essa autorização é imprescindível no polo ativo, mesmo que o bem pertença a só um dos cônjuges, salvo se o regime for de separação absoluta de bens.

O suprimento judicial só será deferido se a recusa for injustificada. A lei processual utiliza aqui um termo vago: quando a recusa for "sem justo motivo". Às vezes a lei faz uso de termos vagos porque deseja atribuir ao juiz a possibilidade de analisar o caso concreto. Como ensina Arruda Alvim, "o juiz deverá aferir diante de um tal pedido de suprimento de consentimento, a legitimidade ou ilegitimidade da recusa, tendo em vista aquilo que o homem (ou a mulher) normal deveria fazer, ou deixar de fazer, e sempre tendo em vista a situação concreta, e, mesmo histórica, se necessário, do casal. O que é justo motivo para um casal, não o será para o outro; o que foi para um dado casal, pode deixar de o ser, para esse mesmo casal, em outras circunstâncias"[4].

Também haverá suprimento judicial quando for impossível a um cônjuge dá-lo ao outro em virtude de desaparecimento ou incapacidade.

O suprimento judicial será obtido em processo de jurisdição voluntária. Por isso, não precisa observar a legalidade estrita (CPC, art. 723, parágrafo único), podendo basear-se em razões de conveniência e oportunidade. Deverá o juiz considerar se a recusa pauta-se pelo critério do razoável e do conveniente e se trará benefícios ou prejuízos à família.

Nos termos do CPC, art. 74, parágrafo único, a falta não suprida da outorga uxória ou autorização marital, quando necessária, invalida o processo. Se, porém, o cônjuge conceder a autorização, a nulidade estará suprida, considerando-se ratificados os atos até então praticados.

A ausência de autorização implica falta de pressuposto processual de validade do processo, que pode ser arguida a qualquer tempo e deve ser conhecida pelo juiz de ofício.

6. REGULARIZAÇÃO DA CAPACIDADE PROCESSUAL E DA REPRESENTAÇÃO PROCESSUAL

Incumbe ao juiz, de ofício ou a requerimento da parte, examinar se estão regulares a capacidade processual e a representação dos que figuram no processo.

Se houver irregularidade, deve suspender o processo e marcar um prazo razoável, suficiente para que o defeito seja sanado. Enquanto isso, o processo fica suspenso, o que quer dizer que só serão praticados os atos de urgência, para evitar perecimento de direito ou prejuízo irreparável.

4. Arruda Alvim, *Tratado*, cit., v. 2, p. 292.

São diferentes as consequências para a falta de regularização, no prazo fixado pelo juiz, conforme a omissão seja do autor, do réu ou de terceiro.

Se for do autor, a consequência é a extinção do processo, sem resolução de mérito. Tanto a capacidade como a representação são pressupostos processuais, e a irregularidade não sanada implicará a extinção com fundamento no CPC, art. 485, IV. Quando for do réu, o juiz reputá-lo-á revel. E, quando for de terceiro, o juiz determinará a sua exclusão.

O art. 76 trata do defeito na capacidade processual e na representação. Se o mandato for irregular, é esse o dispositivo a ser aplicado. Quando não houver mandato, porém, a situação é regida pelo art. 104. Se o ato praticado sem procuração não for ratificado no prazo de quinze dias, será tido por ineficaz.

7. DOS DEVERES DAS PARTES E SEUS PROCURADORES

O CPC, art. 77, enumera, em seus incisos, obrigações a serem observadas, que transcendem hoje as partes e procuradores, para abarcar um universo maior de pessoas, que incluem todos aqueles que, de qualquer forma, participem do processo: também estão sujeitos a elas os intervenientes, o Ministério Público, os funcionários do Judiciário, os peritos e assistentes técnicos, as testemunhas e até outras pessoas que, embora não participem de forma direta do processo, e que são responsáveis pelo cumprimento das decisões judiciais.

Todos eles estão sujeitos ao cumprimento dos deveres impostos pelo art. 77 e às sanções decorrentes do descumprimento.

Os deveres são:

a) Expor os fatos em juízo conforme a verdade: para que haja ofensa a esse dever, é preciso que deliberadamente se falseie a verdade sobre fato fundamental da causa. Só haverá má-fé se ficar comprovado que o participante conhecia a verdade, e sabia que sua afirmação não correspondia a ela, pois ele não pode deixar de dizer a verdade quando a conhece. O que não se admite é a mentira consciente e intencional. Evidente que o juiz deverá examinar essa obrigação com cuidado, para também não prejudicar a dialeticidade do processo, e a plenitude do exercício do direito de defesa. É natural e aceitável que as partes exponham com mais força e minúcia aqueles fatos que lhes sejam favoráveis, e que apenas mencionem os desfavoráveis. Também é natural que o fato possa ser examinado pelas partes sob uma luz mais favorável aos seus interesses. O que não se admite é a mentira deliberada e intencional. Age, por exemplo, de má-fé aquele que nega ser sua uma assinatura aposta em um contrato, o que leva à realização de prova pericial, pela qual se constata a sua autenticidade.

A obrigação de expor os fatos conforme a verdade não é mais exclusividade das partes e seus procuradores. Todos os demais participantes do processo estão sujeitos a ela, o que inclui, por exemplo, testemunhas e peritos. A testemunha que mentir ou o perito que falsear o laudo incorrerão nas sanções do CPC, arts. 79 e s., sem prejuízo de outras sanções criminais ou administrativas.

b) Não formular pretensão ou apresentar defesa, quando ciente de que são destituídas de fundamento: como ensina Arruda Alvim, "O art. 14, inc. III [atual art. 77, II], ao tratar da formulação de pretensão, e, bem assim, defesa (termos que comportam interpretação extensiva), assegura, claramente, que a verdade é a verdade subjetiva, como é admitida em geral, na doutrina. Por outras palavras, aquele que relata os fatos e, consequentemente, formula pretensão, deve crer no relato e na pretensão oriunda dos mesmos fatos, valendo o mesmo para o réu, e, bem assim, para o interveniente. Subjetivamente deve estar convencido do seu direito, muito embora, objetivamente, possa estar errado e o juiz dessa forma o venha a entender"[5]. Por isso, não basta, para a violação do inciso II do art. 77, que a pretensão ou defesa esteja destituída de fundamento, pois em todo processo quase sempre uma ou outra o estão. O que é necessário é que quem formulou a pretensão ou apresentou a defesa esteja ciente de que elas são destituídas de fundamento. Porém, como é impossível perquirir da subjetividade daquele que formulou a pretensão ou a defesa, o que o juiz deverá averiguar é se o erro cometido na apresentação de uma ou outra é inescusável. Se tiver havido erro grosseiro na formulação da pretensão ou na apresentação da defesa, que não pode ser escusado, o juiz sancionará aquele que o cometeu com a litigância de má-fé.

c) Não produzir provas e não praticar atos inúteis ou desnecessários à declaração ou defesa do direito: as provas produzidas pelas partes devem ser pertinentes, isto é, apropriadas para demonstrar aquilo que é o objeto de discussão no curso do processo. Do contrário, ou quando o juiz perceber que as partes suscitam incidentes meramente protelatórios, que não interessam

5. Arruda Alvim, *Tratado*, cit., v. 2, p. 407 e 408.

senão para o retardamento do desfecho do processo, deve, sem prejuízo de indeferir as provas, considerar aquele que as requereu como litigante de má-fé. Esse dispositivo mantém estreita correlação com os incisos VI e VII do art. 80, que consideram litigante de má-fé aquele que provoca incidentes manifestamente infundados e interpõe recursos com intuito protelatório.

d) Cumprir com exatidão as decisões jurisdicionais, de natureza provisória ou final, e não criar embaraços à sua efetivação: esse dever, imposto a todos aqueles que participam direta ou indiretamente do processo, tem por finalidade principal assegurar-lhe a efetividade. São duas as obrigações: cumprir com exatidão as decisões judiciais, de natureza provisória ou final, e não criar embaraços à sua efetivação.

A determinação de cumprimento geral das decisões judiciais não está restrita a determinado tipo de provimento, contido na decisão. Ela vale para os de natureza condenatória, constitutiva, declaratória, mandamental e executiva *lato sensu*, e aplica-se também às decisões proferidas em execução, sejam as tutelas definitivas ou provisórias.

A segunda obrigação é de não criar embaraço aos provimentos judiciais, que não é dirigida apenas às partes, mas a todos quantos possam, de alguma maneira, dificultar ou retardar o cumprimento dos provimentos. Mesmo aqueles que não participam do processo podem violar essa obrigação. Por exemplo: se o juiz determina que o empregador desconte a pensão alimentícia devida pelo réu em folha de pagamento, e ele voluntariamente não cumpre essa determinação, viola o dever imposto pelo inciso IV do art. 77.

Esse inciso e o inciso VI se distinguem dos demais, porque as sanções impostas àqueles que os violarem são mais graves. A ofensa aos demais incisos obrigará o causador a responder pelos danos processuais que causar, conforme arts. 79 a 81 do CPC. Já a violação dos incisos IV e VI implicará ato atentatório à dignidade da justiça, cujas sanções são cominadas pelo § 2º do art. 77.

e) Declinar, no primeiro momento que lhes couber falar nos autos, o endereço residencial ou profissional onde receberão intimações, atualizando essa informação sempre que ocorrer qualquer modificação temporária ou definitiva: o autor, na petição inicial, e o réu na contestação, bem como seus advogados, nas procurações que lhe forem outorgadas, devem indicar os endereços pessoais e profissionais, onde receberão as intimações, mantendo a informação sempre atualizada, para que possam ser localizados e isso não cause nenhum retardo ou embaraço ao andamento do processo. Trata-se de derivação da exigência de boa-fé processual.

f) Não praticar inovação ilegal no estado de fato de bem ou direito litigioso: a violação a esse dever constitui, juntamente com a afronta à obrigação contida no inciso IV, ato atentatório à dignidade da justiça, impondo sanções maiores do que aquelas previstas para o descumprimento dos demais deveres (art. 77, § 2º).

Além disso, a inovação ilegal no estado de fato do bem ou direito litigioso configurará atentado. Enquanto o processo estiver em curso, nenhuma das partes pode inovar, provocando alterações fáticas que prejudiquem o julgamento do processo. Aquele que pratica o atentado pode ter por objetivo prejudicar a colheita de provas, impedir o cumprimento das determinações judiciais ou fazer justiça com as próprias mãos.

Para que se configure o atentado é preciso: a) que haja processo em andamento, isto é, que a inovação se realize entre a citação do réu e o trânsito em julgado da sentença. Se ela ocorrer fora desse período, poderá ensejar outras providências, mas não as decorrentes do atentado. O processo em curso pode ser de conhecimento ou execução; b) que a inovação seja realizada por quem participa do processo. Não cabe atentado quando decorre de fato natural ou de ato de terceiro. Não constituem atentado a fruição normal da coisa, os atos comuns de administração e a alienação de coisa litigiosa.

Se ficar caracterizado o atentado, o juiz ordenará o restabelecimento do estado anterior e a proibição de a parte falar nos autos até a sua purgação, sem prejuízo da multa e das demais sanções, previstas no § 2º do art. 77.

Aquele que violar o art. 77, incisos I, II, III e V, será responsável por eventual dano processual. Responderá, destarte, pelas perdas e danos que causar (CPC, art. 79) e por multa superior a 1% e inferior a 10% do valor da causa. Além disso, terá de ressarcir os honorários advocatícios e todas as despesas da parte contrária. Se o valor da causa for irrisório ou inestimável, a multa será de até 10 salários mínimos (CPC, art. 81).

A condenação do litigante de má-fé poderá ser feita de ofício pelo juiz ou a requerimento do interessado. Se dela não resultar prejuízos, só haverá condenação em multa. Caso contrário, além da multa, abrangerá a devida reparação, que será fixada pelo juiz, nos próprios autos em que a violação foi cometida. Caso não seja possível mensurar os danos, serão liquidados por arbitramento ou em liquidação de procedimento comum (aquela em que há necessidade de prova de fato novo), mas sempre nos mesmos autos.

Todas as verbas impostas àqueles que violaram esses quatro incisos do art. 77 revertem em favor da parte contrária. Quem litiga de má-fé pratica ato ilícito e deve responder pelos danos que causou à parte contrária. Além das regras acima, no processo de execução há disposições próprias (CPC, art. 774) que tratam dos atos atentatórios à dignidade da justiça.

Se a litigância de má-fé for da parte, ela responderá pelos danos. Se do seu procurador, a parte os ressarcirá, mas terá direito de regresso, em ação própria, contra o procurador, por ter ele desbordado os limites do mandato. A pena de litigância de má-fé pode ser aplicada tanto ao vencedor como ao vencido, embora o mais comum é que o seja em relação a este. Nada obsta, porém, que uma parte, apesar de vencedora, tenha suscitado incidentes protelatórios ou utilizado recursos descabidos, que ensejarão a aplicação das penas.

As hipóteses do CPC, art. 77, IV e VI, são distintas das demais, porque as sanções impostas a quem as desrespeitar são diferentes. Não haverá responsabilidade por dano processual, prevista no art. 79, mas ato atentatório à dignidade da justiça.

A sanção é imposta no § 2º do art. 77, cabendo ao juiz advertir qualquer das pessoas mencionadas no *caput* de que sua conduta poderá configurar o ato atentatório. Sem prejuízo das sanções penais (por exemplo, crime de desobediência), civis ou processuais cabíveis, o juiz, de ofício ou a requerimento da parte, aplicará multa de até 20% do valor da causa. Se o valor da causa for irrisório ou inestimável, a multa poderá ser de até 10 salários mínimos. Pode haver violação cumulativa dos demais incisos com os incisos IV e VI, caso em que serão aplicadas cumulativamente as penas da litigância de má-fé e do ato atentatório à dignidade da justiça.

Diferentemente do que ocorre com a litigância de má-fé, a condenação imposta pelo juiz não reverte em proveito da parte contrária, mas em favor da Fazenda Pública. É que, no caso de violação dos incisos IV e VI, o ofendido não é o adversário, mas a administração da justiça. Por isso, se não houver o pagamento, a multa será, após o trânsito em julgado da decisão que a fixou, inscrita como dívida ativa da União ou do Estado, para que possa ser objeto de execução fiscal, revertendo aos fundos previstos no art. 97 do CPC.

Problema de difícil solução decorre do ato atentatório perpetrado pela Fazenda Pública da União ou do Estado. Sendo ela a destinatária da multa, haveria confusão entre as figuras do credor e do devedor, o que se evitará se a multa for aplicada não propriamente à Fazenda, mas ao funcionário ou agente público que descumpriu a ordem judicial.

Não se aplicam ao advogado, público ou privado, ao Defensor Público e ao Ministério Público as disposições relativas ao ato atentatório à dignidade da justiça, previstos nos §§ 2º e 5º do art. 77. A afronta aos incisos IV e VI poderá dar ensejo à responsabilização disciplinar, que deverá ser apurada pelo respectivo órgão de classe ou corregedoria, para a qual o juiz oficiará.

Vale aqui lembrar as palavras de Cândido Dinamarco: "Essa é, porém, uma arbitrariedade que só pela lógica do absurdo poderia prevalecer. Seria indecente imunizar os advogados não só às sanções referentes aos atos desleais e ilícitos, como também aos próprios deveres éticos inerentes ao processo; se todos têm o dever de proceder no processo com lealdade e boa-fé, de expor os fatos em juízo conforme a verdade, de dar cumprimento e não resistir à efetivação de sentenças mandamentais etc., chegaria a ser inconstitucional dispensá-los de toda essa carga ética, ou de parte dela, somente em nome de uma independência funcional, que deve ter limites"[6].

O CPC, art. 78, impõe uma última obrigação às partes e a seus procuradores, bem como aos juízes, membros do Ministério Público, da Defensoria Pública e a qualquer pessoa que participe do processo: a de não empregar expressões ofensivas, nem por escrito, nem verbalmente.

A sanção imposta ao descumprimento vem indicada no próprio dispositivo e em seus parágrafos: se a expressão foi apresentada por escrito no processo, o juiz, de ofício ou a requerimento do ofendido, mandará riscá-la, e, a requerimento do ofendido, determinará a expedição de certidão com inteiro teor das expressões ofensivas, colocando-a à disposição da parte interessada. Se proferida oralmente, o juiz advertirá o ofensor para que não a use, sob pena de lhe ser cassada a palavra.

A sanção só será aplicada quando as expressões utilizadas ultrapassarem o nível da civilidade e erigirem-se em ofensas injuriosas. Admite-se, porém,

6. Cândido Rangel Dinamarco, *A reforma da reforma*, p. 68.

a utilização de expressões veementes, que muitas vezes são indispensáveis para a boa formulação da pretensão ou da defesa.

8. DOS DEVERES DAS PARTES QUANTO ÀS DESPESAS E MULTAS

Entre os ônus que têm as partes no processo está o de prover as despesas dos atos que realizam ou requerem, antecipando-lhes o pagamento (CPC, art. 82), o que vale para os processos de conhecimento e de execução.

Aquele que requerer a prática de um determinado ato processual que demande despesas deve antecipar-lhe o pagamento. A parte que tiver requerido perícia, por exemplo, deve adiantar o pagamento das despesas com a prova.

A única ressalva é a dos beneficiários da justiça gratuita, que ficam isentos do pagamento das custas e despesas processuais. O descumprimento do ônus pela parte implica a não realização do ato processual cujas despesas deveriam ter sido antecipadas.

Caso o ato processual tenha sido determinado pelo juiz de ofício, a requerimento do Ministério Público ou de ambas as partes, a antecipação ficará a cargo do autor (art. 82, § 1º), exceto quando se tratar de despesas com perícia, já que o art. 95, *caput*, estabelece que, sendo determinada de ofício ou a pedido de ambas as partes, os valores a serem antecipados deverão ser rateados.

Incumbirá ao vencido, ao final, responder pelas custas e despesas do processo e honorários advocatícios. Caso elas tenham sido antecipadas pela parte contrária, caberá ao vencido reembolsá-las. Se houver vários vencidos, eles responderão proporcionalmente pela verba de sucumbência. No processo de jurisdição voluntária, em que não há propriamente vencedores e vencidos, as despesas, embora adiantadas pelo requerente, serão rateadas entre os interessados, como acontece nas ações de alienação judicial de coisa comum. Como o bem pertence a todos, as despesas com perícia para avaliação e alienação judicial serão partilhadas entre eles, na proporção de suas frações ideais.

O autor que desiste da ação deve arcar com as despesas feitas pela parte contrária, pagando os honorários do advogado dela; o réu que reconhece o pedido arca com a verba de sucumbência.

Em caso de sucumbência recíproca, as despesas e honorários advocatícios serão distribuídos e compensados proporcionalmente.

9. HONORÁRIOS ADVOCATÍCIOS

Incumbe ao vencido pagar ao vencedor honorários advocatícios, que pertencem ao advogado e são devidos ainda que ele tenha postulado em causa própria.

Diante dos termos peremptórios da Lei n. 8.906/94, não pode haver mais discussão quanto à possibilidade de o advogado executar, em nome próprio, a verba de sucumbência imposta na sentença. Dispõe o art. 23 daquela lei que "os honorários incluídos na condenação, por arbitramento ou sucumbência, pertencem ao advogado, tendo este direito autônomo para executar a sentença nesta parte, podendo requerer que o precatório, quando necessário, seja expedido em seu favor".

Por isso, eles não podem ser compensados com a condenação imposta às partes, nem podem ser objeto de transação, senão com o seu consentimento.

Nada impede que o advogado prefira executar os honorários em nome da parte, somando-os ao valor do principal. É o que ficou decidido pelo Egrégio Superior Tribunal de Justiça: "Os honorários do advogado, embora pertençam ao advogado e constituam direito autônomo para a sua execução, podem ser incluídos na execução promovida pela parte que venceu a ação de indenização, especialmente quando o profissional da ação de conhecimento é o mesmo que patrocina a execução" (STJ, 4ª Turma, REsp 163.893-RS, rel. Min. Ruy Rosado, j. 21-5-1998, dando provimento parcial, v.u., *DJU*, 19-10-1998, p. 108).

Como os honorários pertencem ao advogado, que tem a faculdade de executá-los, surge a dúvida se ele pode recorrer, em nome próprio, para elevar o seu valor. A questão é controvertida, e há numerosos acórdãos não admitindo essa possibilidade, como os publicados na *JTJ*, 170/180 e 204/11.

Parece-nos, no entanto, que não há como negar ao advogado a possibilidade de interpor esse recurso, sob pena de contrariar direito que lhe é garantido pela Lei n. 8.906/94. Como ensina Flávio Cheim Jorge, "se o advogado não puder, pela ausência de legitimidade, recorrer da parte da sentença onde são fixados os honorários da condenação, em nenhum momento poderá mais fazê-lo. Nem mesmo por meio de ação própria poderá o advogado insurgir-se contra o percentual fixado pela sentença. Não atribuir legitimidade ao advogado numa situação como esta significa negar-lhe a prestação jurisdicional, pois se está decidindo em juízo um direito seu, próprio, sem que ele nada possa fazer. Nem naquele momento nem em qualquer outro"[7]. Essa também é a opinião de Sérgio Shimura, para quem "negar-lhe a legitimidade recursal é reconhecer que o sistema jurídico confere um direito sem a respectiva proteção. Seria o mesmo que lhe dar um direito com uma mão e retirar-lho com a outra. Impedir o mesmo de recorrer equivale a desarmá-lo para futura execução, impedindo-o de obter uma decisão justa quanto ao valor de seu crédito, que será objeto da futura execução"[8].

Nada impede, porém, que o recurso para elevação dos honorários advocatícios seja interposto pela parte, representada pelo advogado, caso em que ela estará postulando em nome próprio interesse que não é seu, mas do advogado, em legitimação extraordinária, que decorre do sistema.

O art. 85 e seus parágrafos estabelecem vários critérios para a fixação dos honorários do advogado. O juiz deve sempre observar o grau de zelo do profissional, o lugar de prestação do serviço e a natureza e importância da causa, bem como o tempo exigido para o seu serviço. Em regra, os honorários advocatícios serão fixados entre 10 e 20% do valor da condenação, do proveito econômico obtido, ou, não sendo possível mensurá-lo, sobre o valor atualizado da causa (art. 85, § 2º). No entanto, nas causas em que for inestimável ou irrisório o proveito econômico ou, ainda, quando o valor da causa for muito baixo, o juiz fixará os honorários por apreciação equitativa (art. 85, § 8º). Em ambos os casos, ele deverá levar em conta os critérios acima mencionados.

O art. 85, § 1º, do CPC estabelece que "são devidos honorários advocatícios na reconvenção, no cumprimento de sentença, provisório ou definitivo, na execução, resistida ou não, e nos recursos interpostos, cumulativamente". A maior novidade da lei atual são os honorários recursais regulamentados no § 11: "O tribunal, ao julgar recurso, majorará os honorários fixados ante-

---

7. Flávio Cheim Jorge, *Apelação cível*, p. 116.

8. Sérgio Shimura, *Título executivo*, p. 178.

riormente levando em conta o trabalho adicional realizado em grau recursal, observando, conforme o caso, o disposto nos §§ 2º e 6º, sendo vedado ao tribunal, no cômputo geral da fixação de honorários devidos ao vencedor, ultrapassar os respectivos limites estabelecidos nos §§ 2º e 3º para a fase de conhecimento".

Para afastar eventuais dúvidas de direito intertemporal a respeito da incidência de honorários advocatícios recursais, já que o CPC/73 não os previa, o Superior Tribunal de Justiça editou o Enunciado administrativo n. 7: "Somente nos recursos contra decisão publicada a partir de 18 de março de 2016, será possível o arbitramento de honorários sucumbenciais recursais, na forma do art. 85, § 11, do novo CPC". O que determinará, pois, a possibilidade ou não de incidência dos honorários recursais não é propriamente a data da interposição do recurso, mas a da publicação da decisão recorrida.

A E. 3ª Turma do Colendo Superior Tribunal de Justiça, no julgamento dos embargos de declaração no Recurso Especial n. 1.573.573, estabeleceu quatro requisitos fundamentais para que, no julgamento do recurso, sejam fixados os honorários recursais:

a) que o recurso tenha sido interposto contra decisão publicada após a entrada em vigor do NCPC, nos termos do Enunciado 7, acima transcrito;

b) que tenha havido o não conhecimento integral ou o não provimento integral do recurso interposto, seja pelo relator monocraticamente, seja pelo órgão colegiado. Assim, se o recurso for parcialmente acolhido, não serão majorados os honorários fixados originalmente, o que só ocorrerá em caso de total não conhecimento ou desprovimento;

c) que a verba honorária fosse devida desde a origem, no feito em que interposto o recurso, o que afasta a incidência de honorários recursais nos recursos contra decisões nas quais não eram devidos honorários;

d) que não tenham sido ainda alcançados os limites estabelecidos no art. 85, §§ 2º e 3º, do CPC/2015.

A falta de resposta ao recurso da parte contrária não constitui, por si só, causa de afastamento da incidência dos honorários recursais (Enunciado 7 da I Jornada de Direito Processual Civil da Justiça Federal).

O art. 85, § 3º, estabelece regras específicas para fixação de honorários advocatícios nas demandas em que a Fazenda Pública for parte.

10. DA GRATUIDADE DA JUSTIÇA

Antes da edição do CPC atual, a gratuidade da justiça era regulada pela Lei n. 1.060/50, que foi quase inteiramente revogada pelo art. 1.072, III, do CPC. Foram revogados os arts. 2º, 3º, 4º, 6º, 7º, 11, 12 e 17 da lei. Os demais permanecem em vigor. A revogação se deu porque a gratuidade da justiça passou a ser tratada nos arts. 98 a 102 do CPC.

O art. 98 atribui o direito à gratuidade da justiça a toda pessoa natural ou jurídica, brasileira ou estrangeira, com insuficiência de recursos para pagar as custas, as despesas processuais e os honorários advocatícios. Em relação às pessoas naturais, há uma presunção de veracidade da alegação de insuficiência de recursos, que só será afastada se houver nos autos elementos que evidenciem o contrário. Com relação às pessoas jurídicas não há essa presunção, cumprindo-lhes provar a insuficiência econômica, necessária para o deferimento da gratuidade. Deve-se aplicar a Súmula 481 do Superior Tribunal de Justiça, que assim estabelece: "Faz jus ao benefício da justiça gratuita a pessoa jurídica com ou sem fins lucrativos que demonstrar sua impossibilidade de arcar com os encargos processuais". Cabe à pessoa jurídica demonstrar a impossibilidade financeira, não bastando simplesmente que a alegue, como ocorre com as pessoas naturais. E, mesmo em relação a estas, embora haja a mencionada presunção de veracidade, se o juiz entender que as circunstâncias são tais que indiquem que ela tem condições de suportar as despesas do processo, deverá dar a ela condições de fazer prova da alegada necessidade, indeferindo o benefício se a prova não for feita (art. 99, §§ 2º e 3º).

A gratuidade da justiça compreende tudo aquilo que está enumerado nos incisos do art. 98, § 1º, incluindo os emolumentos devidos a notários e registradores em decorrência da prática de atos de registro ou averbação, bem como atos notariais necessários para a efetivação de decisão judicial ou à continuidade do processo judicial no qual o benefício tenha sido concedido. Mas ao notário ou ao registrador é dado solicitar a revogação do benefício, se houver dúvida sobre o preechimento do requisito, na forma do art. 98, § 8º. A gratuidade da justiça não afasta a responsabilidade do beneficiário pelo pagamento das multas impostas no curso do processo, como aquelas relativas à litigância de má-fé, ato atentatório à dignidade da justiça e as multas cominatórias (*astreintes*).

Se o beneficiário da gratuidade for sucumbente, o juiz o condenará no pagamento das custas, despesas e honorários advocatícios. Mas a condenação poderá ser executada, e ficará sob condição suspensiva durante o prazo de cinco anos, a contar do trânsito em julgado. Se nesse ínterim, o credor demonstrar a alteração da situação econômica do devedor, que agora tem condições de arcar com as verbas de sucumbência a que foi condenado, o juiz determinará a execução delas. Mas, passados os cinco anos sem que isso ocorra, extinguem-se as obrigações.

A gratuidade da justiça pode ser requerida a qualquer momento no processo. Poderá ser requerida pelo autor na inicial, pelo réu na contestação, e pelo terceiro quando solicitar seu ingresso, portanto, na primeira manifestação de cada um deles no processo. Também pode ser requerida em recurso, ou em qualquer outro momento do processo, caso em que o pedido será formulado por simples petição. Se ela for deferida, a parte contrária poderá apresentar *impugnação*, pedindo ao juiz que a revogue. Se ela foi requerida na inicial e deferida pelo juiz, a impugnação deve ser formulada como preliminar em contestação; se requerida na contestação, e deferida pelo juiz, deve ser impugnada na réplica; se requerida em recurso, deve ser impugnada nas contrarrazões. E se requerida por simples petição e deferida, poderá ser impugnada no prazo de 15 dias. A impugnação será sempre nos mesmos autos e *não suspenderá* o curso do processo. Caso haja a revogação, e o juiz entenda que houve má-fé, a parte não só terá que recolher as despesas que tiver deixado de adiantar, mas pagará até o décuplo de seu valor a título de multa, em benefício da Fazenda Pública estadual ou federal, conforme a ação corra pela justiça estadual ou federal.

Da decisão judicial que indeferir ou revogar o pedido de gratuidade, cabe agravo de instrumento (salvo se a questão for apreciada na sentença, caso em que caberá apelação). Se o recurso não for interposto, a matéria preclui, a menos que se evidencie a existência de novas circunstâncias fáticas que demonstrem a alteração da condição financeira da parte. Enquanto não houver decisão do relator sobre a questão, preliminarmente ao julgamento do recurso de agravo de instrumento, o recorrente fica dispensado do recolhimento das custas necessárias à continuidade do processo. E se a decisão de indeferimento ou revogação for mantida, ela será intimada a fazer o recolhimento em cinco dias. Da decisão que concede a gratuidade não cabe recurso, mas apenas a impugnação prevista no art. 100.

11. DOS PROCURADORES

Para postular em juízo é preciso possuir capacidade postulatória. Quem a tem, em regra, são os advogados e o Ministério Público. Se a parte tiver habilitação legal para advogar, poderá fazê-lo em nome próprio. Do contrário, deverá outorgar procuração a um advogado.

Há casos, porém, em que se atribui capacidade postulatória à própria parte sem que haja necessidade de advogado, o que exige expressa autorização legal, como, por exemplo, no juizado especial cível, para ações com valor de até 20 salários mínimos, na Justiça do Trabalho ou na impetração de *habeas corpus*.

A falta de capacidade postulatória não sanada implicará a ineficácia do ato processual.

A procuração pode ser geral ou específica. No primeiro caso, atribui ao mandatário poderes genéricos para postular em juízo, em nome da parte; no segundo, impede que o advogado postule algo diverso daquilo para o qual foi constituído.

Sem o instrumento do mandato, o advogado não poderá postular em juízo, salvo para evitar a preclusão, a decadência ou a prescrição, bem como para praticar atos considerados urgentes, caso em que exibirá, dentro em quinze dias, prorrogáveis por igual tempo, o instrumento de mandato. Os atos não ratificados com a juntada da procuração serão reputados ineficazes (CPC, art. 104, *caput*, e § 2º).

Por isso, a petição inicial deve vir acompanhada do instrumento de mandato, salvo nas hipóteses do art. 104, *caput*, ou se a parte estiver representada pela Defensoria Pública ou ainda nos casos de a representação decorrer diretamente de norma prevista na Constituição Federal ou em lei (CPC, art. 287). Quando o advogado postular em causa própria, não exibirá instrumento de mandado, mas deverá cumprir as determinações do art. 106 do CPC.

Ao advogado do réu será possível, sem procuração, apresentar contestação em seu nome, em situações de urgência, caso não seja materialmente possível conseguir a tempo o respectivo instrumento.

A procuração geral para o foro, chamada *ad judicia*, pode ser outorgada por instrumento público ou particular (CPC, art. 105). Não prevalece, portanto, a regra do CC, art. 654, que só atribui às pessoas capazes aptidão para dar procuração por instrumento particular, e que, interpretada *a contrario sensu*, determina que os incapazes outorguem procuração por instrumento público. O Código Civil deixa claro que o mandato judicial fica subordinado às normas constantes da legislação processual, sendo as do Código Civil aplicáveis apenas supletivamente (CC, art. 692).

Ora, o CPC estabelece que a procuração *ad judicia* pode ser outorgada por instrumento público ou particular, sem fazer qualquer ressalva. Por isso, entende-se que os incapazes podem outorgar procuração particular. Nesse sentido, quanto ao menor impúbere, o acórdão proferido pelo STF, 1ª Turma, RE 86.168-8-SP, e, quanto ao púbere, o aresto inserto na *RT*, 698/225.

A procuração não precisa trazer o reconhecimento de firma do outorgante.

Nem mesmo o Código Civil exige reconhecimento de firma nos mandatos em geral. Ele somente se fará necessário quando o terceiro com quem o mandatário tratar o exigir (CC, art. 654, § 2º).

A procuração *ad judicia* habilita o advogado a praticar todos os atos do processo. Todavia, há alguns que dependem de poderes especiais. O CPC, art. 105, enumera quais são: receber citação, confessar, reconhecer a procedência do pedido, transigir, desistir, renunciar ao direito sobre o qual se funda a ação, receber, dar quitação, firmar compromisso e assinar declaração de hipossuficiência econômica. Arruda Alvim ensina que não se pode exigir poderes especiais do advogado para praticar um ato em relação ao qual a lei não o exija: "Mas, se inexistir ressalva, não se pode pretender, 'v.g.', houvessem de ser outorgados para a prática de determinado ato não definido como exigente de poder especial. É o caso do requerimento de prisão de depositário. Da mesma forma, são inexigíveis poderes especiais para requerer falência. Assim também não há que se exigir poderes especiais para que o advogado do arrematante possa, em nome deste, arrematar. Igualmente, no caso de o advogado vir a deduzir suspeição. Nessa mesma linha, se o advogado tem poderes, exclusivamente, *ad judicia*, não se poderá entender que o comparecimento, para a defesa do seu cliente-réu, valha como comparecimento espontâneo, justamente porque o advogado não tem poderes para receber citação"[9].

A profissão de advogado é regida pela Lei n. 8.906/94, que enumera suas prerrogativas e deveres. As primeiras estão enumeradas no art. 7º, enquanto as proibições, no art. 34.

A advocacia é considerada uma das funções essenciais à justiça pela Constituição Federal.

9. Arruda Alvim, *Tratado*, cit., v. 2, p. 688.

12. DA SUCESSÃO DAS PARTES E SEUS PROCURADORES

A sucessão das partes, regulada nos arts. 108 a 112 do CPC, não se confunde com o fenômeno da substituição processual. Esta ocorre nas hipóteses de legitimação extraordinária, em que a lei autoriza que alguém vá a juízo, em nome próprio, postular ou defender direito alheio.

A sucessão de partes opera-se quando um dos litigantes sai do processo, e um outro entra em seu lugar. Na substituição processual, não há troca de partes, mas aquele que está em juízo postula ou defende direito alheio. Na sucessão voluntária, modifica-se um dos polos da demanda, com a saída de uma das partes e o ingresso de outra pessoa em seu lugar.

O CPC, art. 108, trata do assunto aduzindo que a sucessão voluntária só é permitida nos casos expressos em lei, por força da estabilidade processual. Com o processo já em curso, não é mais possível alterar os polos da relação processual, senão em circunstâncias excepcionais, com expressa autorização legal. Um processo está em curso desde o momento em que há litispendência. Nos termos do CPC, art. 240, é a citação válida que induz litispendência. Desde então até a final satisfação do direito, o que engloba todo o processo de conhecimento e eventual execução subsequente, não poderá haver sucessão voluntária da parte, senão em circunstâncias excepcionais.

Antes da citação, a sucessão pode ser deferida sem qualquer problema.

Um caso em que, mesmo depois da citação, a lei permite a sucessão voluntária das partes é o previsto no CPC, art. 109, § 1º. Se houver, no curso do processo, a alienação da coisa ou do direito litigioso, a título particular, por ato entre vivos, o adquirente ou cessionário poderá ingressar no processo, sucedendo o alienante ou cedente, desde que haja o consentimento da parte contrária. Para tanto, é preciso que haja três consentimentos: do alienante, do adquirente e da parte contrária.

A alienação da coisa litigiosa merece um estudo mais detido. Ela pressupõe que já tenha havido citação, conforme o art. 240 do CPC. O bem não se torna indisponível, apenas por ser coisa litigiosa, tal como ocorria no direito romano e medieval. O legislador teve que conciliar a possibilidade de alienação com a necessidade de estabilização da demanda.

Com isso, passou a existir um descompasso entre o aspecto material e o processual: as alienações da coisa litigiosa são válidas, mas não alteram a legitimidade entre as partes originárias.

Imagine-se, por exemplo, uma ação reivindicatória em que o autor busca reaver um bem que entende ser de sua propriedade, mas que está em mãos do réu. Assim que ele for citado, a coisa torna-se litigiosa, mas o réu poderá vendê-la a terceiros, caso em que a ação continuará correndo entre as partes originárias, salvo se o alienante, o adquirente e a parte contrária concordarem em que haja alteração do polo passivo. Do contrário, o processo continuará a correr contra o réu originário, que já se desfez do bem.

Vê-se aqui o descompasso: o alienante continua réu, embora já não lhe pertença o bem ou direito. Estará em juízo em nome próprio, mas defendendo direito alheio, em legitimação extraordinária.

Quando proposta a ação, ele era legitimado ordinário, porque tinha o bem consigo. Mas, desde que o vendeu, passou a ser substituto processual, porque o estará defendendo em juízo em nome próprio. O adquirente será o substituído. Nesse contexto, não espanta que a sentença proferida entre as partes originárias estenda os seus efeitos ao adquirente ou cessionário (art. 109, § 3º, do CPC), que, como substituído processual e titular do interesse que está sendo discutido em juízo, será atingido pela coisa julgada.

Desde a alienação, o adquirente, como principal interessado na defesa do bem, pode ingressar em juízo para auxiliar o alienante, na qualidade de assistente litisconsorcial.

Em síntese, a alienação de coisa litigiosa é permitida. Se houver concordância de todos os envolvidos, far-se-á a sucessão voluntária do alienante pelo adquirente. Para tanto, é preciso a anuência de ambos e da parte contrária. Se não houver consenso, permanecerão as partes originárias. O alienante, que já transferiu o bem, será legitimado extraordinário para defendê-lo em juízo, podendo o adquirente auxiliá-lo na condição de assistente litisconsorcial. Entretanto, intervindo ou não, ele será atingido pela coisa julgada e pelos efeitos da sentença, por ter adquirido coisa litigiosa. Além disso, o CPC, art. 792, I, considera em fraude de execução a alienação ou oneração de bens quando sobre eles pender ação fundada em direito real ou com pretensão reipersecutória (desde que tenha sido averbada a pendência do processo no registro público), o que mostra que a alienação será ineficaz perante a parte contrária, caso contrarie os seus direitos.

Não será nula, nem anulável, mas ineficaz perante o adversário, se a ele for reconhecido o direito sobre a coisa. Se tal direito for reconhecido ao próprio alienante, ela valerá e será eficaz.

A alienação da coisa litigiosa, tratada pelo CPC, art. 109, é aquela feita a título particular, por ato entre vivos. Diferente é a situação regulada pelo art.

110, que cuida do falecimento das partes no curso do processo, caso em que o *de cujus* deve ser sucedido por seu espólio ou pelos seus sucessores. O dispositivo refere-se, expressamente, a falecimento, mas, por analogia, pode ser aplicado também à extinção da pessoa jurídica.

O morto é sucedido pelos herdeiros. No entanto, enquanto não realizado o inventário e ultimada a partilha, não será possível saber, com exatidão, qual a parte cabente a cada um e quanto sobrará da herança, descontadas as dívidas que ela deve quitar, e que não podem ultrapassar as suas forças. Por isso, seria temerário que o *de cujus* fosse sucedido, desde logo, pelos herdeiros. Desde o momento da morte, surge a figura jurídica do espólio, que é a massa patrimonial indivisa de bens deixada pelo falecido. É ele que deve figurar como parte, sucedendo o *de cujus* em todas as ações de cunho patrimonial. O espólio preexiste à abertura do inventário, pois surge desde o falecimento. A princípio, é representado pelo administrador provisório, pessoa que se encontra na posse dos bens. Depois, com a abertura do inventário, pelo inventariante. Sua existência perdura até o trânsito em julgado da sentença de partilha. A partir de então, não há mais espólio.

Por isso, a princípio o falecido deve ser sucedido no processo pelo espólio. Mas, se ele se extinguir antes do seu final, os herdeiros é que serão chamados.

Nas ações que não têm cunho patrimonial, mas estritamente pessoal, como é o caso da investigação de paternidade, o *de cujus* será sucedido diretamente pelos herdeiros, ainda que não se tenha ultimado a partilha de bens.

Por fim, há aquelas ações de cunho personalíssimo, em que o falecimento de uma das partes implicará a extinção do processo, sem resolução de mérito. Por exemplo, as ações de separação e divórcio. Com o falecimento de um dos cônjuges, a demanda não poderá prosseguir.

Quando existir dúvida sobre quem sejam os sucessores, haverá necessidade de recorrer-se ao processo de habilitação, disciplinado no CPC, arts. 687 e s.

Os arts. 111 e 112 tratam não mais da sucessão das partes, mas de seus procuradores. O primeiro cuida da hipótese de a parte revogar o mandato do advogado, caso em que deverá, no mesmo ato, constituir outro para o patrocínio da causa. Se a parte se limitar a desconstituir o advogado originário, sem constituir outro, nem por isso o primeiro continuará tendo poderes para representá-la, pois eles terão sido revogados. O que ocorrerá, nesse caso, é que a parte não terá capacidade postulatória. Daí advirão as consequências apontadas por Arruda Alvim:

"1º) se se tratar de revogação do mandatário do autor, tendo em vista que não constituído outro mandatário, o processo não pode seguir, lícito será solicitar a aplicação do art. 267, III [atual art. 485, III], devendo-se, então, intimar a parte pessoalmente para, em 48 horas, suprir a falta (art. 267, par. 1º) [o prazo atualmente é de cinco dias, conforme art. 485, § 1º]; inocorrendo isto, deverá o juiz extinguir o processo, salientando-se que, mesmo não havendo pedido, o juiz deverá agir oficiosamente; 2º) se se tratar de revogação feita pelo réu, a causa prosseguirá, sem a presença de profissional, com as eventuais consequências e danos para o réu; tratando-se de litisconsórcio unitário, em sendo revogado o mandato por um litisconsorte, inexistirão praticamente consequências danosas para tal litisconsorte, que revogou o mandato, oriundas de tal revogação, dado que os atos dos demais litisconsortes aproveitar-lhe-ão"[10]. A revogação só valerá desde o momento em que comunicada a juízo.

O art. 112, por sua vez, trata do advogado que renuncia ao mandato. O direito de renúncia pode ser exercido a qualquer tempo, devendo ser cientificado o mandante para que possa nomear substituto. Todavia, como tal nomeação costuma demorar alguns dias, a lei determina que, durante os dez seguintes à renúncia, o advogado renunciante continue representando o cliente, desde que necessário para que ele não sofra prejuízos. Se a parte constituir novo advogado ainda dentro dos dez dias, o renunciante ficará desincumbido de suas funções. A cientificação a que se refere o dispositivo é extrajudicial e deve ser comprovada ao juízo para que o advogado se exima. Ela será dispensada quando a procuração tiver sido outorgada a vários advogados e a parte continuar representada por outro, apesar da renúncia.

capítulo II
LITISCONSÓRCIO

1. INTRODUÇÃO

É um fenômeno que ocorre quando duas ou mais pessoas figuram como autoras ou rés no processo. Se forem autoras, o litisconsórcio será ativo; se rés, passivo; se ambas, bilateral ou misto.

10. Arruda Alvim, *Tratado*, cit., v. 2, p. 775.

No litisconsórcio não há multiplicidade de processos, mas um processo com mais de um autor ou réu. Todos os litisconsortes são partes e têm iguais direitos.

As razões pelas quais a lei o admite são a economia processual e a harmonia dos julgados. Para que ele se forme é preciso que haja uma certa similitude de situações entre os diversos litisconsortes. Por isso, de todo conveniente que, em vez de dois ou mais processos, a questão seja decidida em apenas um. Além da economia que daí advém, haverá um só julgamento, evitando-se o risco de que sejam proferidas decisões conflitantes.

O que justifica a formação do litisconsórcio é a existência de uma inter-relação entre as situações jurídicas de direito material dos litisconsortes. Por isso, é melhor que elas sejam decididas em um único julgamento, garantindo-se destarte a harmonia dos julgados.

Essa relação entre as pretensões pode variar de intensidade, e o tipo de litisconsórcio dependerá do grau de inter-relação e conexidade que exista entre as diversas pretensões.

Antes de tratar dos diversos tipos de litisconsórcio que se podem formar, cumpre examinar se há alguma restrição à sua formação, no que concerne à quantidade de pessoas reunidas, ou para propor a demanda, ou para a ela responder.

O CPC de 1973, em sua redação originária, não a previa. Em razão disso, eram frequentes as demandas que continham um número excessivo de participantes, que praticamente inviabilizava o andamento do processo. O litisconsórcio, criado por razões de economia processual, acabava tendo o efeito contrário, pois dava ensejo ao ajuizamento de ações intermináveis, tamanha a quantidade de pessoas envolvidas. São conhecidas demandas ajuizadas perante a justiça federal, em que havia milhares de autores. Também na justiça estadual têm-se notícias de ações com centenas de autores ou réus.

Atento a essas circunstâncias, o legislador cuidou de regulamentar o litisconsórcio multitudinário. A matéria é tratada nos §§ 1º e 2º do art. 113 do Código de Processo Civil.

Esse dispositivo atribuiu ao juiz o poder de limitar o número de litisconsortes, desde que verificadas determinadas circunstâncias. A primeira é que se trate de litisconsórcio facultativo, o que até dispensa maiores considerações, porquanto, se ele for necessário, a presença de todos é obrigatória. A segunda é que esteja presente uma dessas três situações: que o número de litigantes seja tal que comprometa a rápida solução do litígio, cause prejuízo ao direito de defesa ou dificulte o cumprimento de sentença.

O comprometimento à rápida solução do litígio ocorrerá, em regra, quando houver um número exagerado de réus. São conhecidas as dificuldades para a sua citação, pois eles frequentemente se ocultam, ou estão em local ignorado, ou não podem ser encontrados nas primeiras visitas feitas pelo oficial de justiça. Se houver um número muito grande deles, as citações serão extremamente difíceis, e o prazo de contestação só começará a correr a partir do momento em que todas elas tiverem sido realizadas. Já a dificuldade de direito de defesa ocorre, em regra, quando há multiplicidade de autores. O réu, citado, terá prazo comum para oferecer contestação. Se a quantidade de demandantes for muito grande, dificilmente ele terá tempo hábil para examinar a situação de cada um, oferecendo resposta especificada em relação a todos os pedidos. A dificuldade no cumprimento de sentença pode ocorrer tanto pelo excesso de exequentes como de executados.

Em todos esses casos, o juiz reduzirá o número de litisconsortes. A lei não estabelece um máximo de litigantes, o que deverá ser decidido no caso concreto, levando em consideração o tipo de questão posta em juízo, e o número de participantes razoável, que permita que o processo tenha uma rápida solução, sem trazer prejuízo ao direito de defesa do réu.

A limitação pode ser determinada pelo juiz de ofício ou a requerimento do réu. Jamais a pedido do autor, pois foi ele quem propôs a demanda.

Parece-nos que a limitação poderá ser determinada pelo juiz de ofício, tanto em caso de comprometimento da rápida solução do litígio, quanto no de prejuízo ao direito de defesa ou ao cumprimento de sentença. Nelson Nery Junior e Rosa Nery sustentam que, "quanto ao primeiro motivo da limitação ('comprometimento da rápida solução do litígio'), o juiz pode reconhecê-lo de ofício, dado que decorrente de sua função de diretor do processo (CPC 125 [atual art. 139]). Relativamente ao segundo motivo ('dificuldade de defesa'), a limitação depende de pedido expresso do réu, que deve fazê-lo no prazo da resposta"[1].

No entanto, o direito de defesa deve ser assegurado ao réu, como corolário do princípio constitucional do contraditório, devendo o juiz zelar pela

1. Nelson Nery Junior e Rosa Nery, *Código*, cit., p. 414.

sua observância. Por isso, mesmo na hipótese de dificuldade de direito de defesa, deve ser dada ao juiz a possibilidade de determinar, de ofício, a limitação. Além disso, o art. 4º estabelece como norma fundamental o direito à obtenção, em prazo razoável, da solução integral do mérito e da atividade satisfativa. Se o excesso de litigantes prejudicar o cumprimento de sentença, o juiz reduzirá de ofício o número.

A redução faz-se por meio do desmembramento do processo em tantos quantos forem necessários para que permaneça apenas um número razoável de participantes em cada qual. Assim, se o processo tiver cem autores ou réus, e o juiz entender que o número razoável é dez, deve mandar desmembrar o processo originário em dez outros, cada qual seguindo o seu próprio curso. Não se admite que o juiz escolha dez autores ou réus e extinga o processo em relação aos outros noventa.

Todos os processos que, em decorrência do desmembramento, se formarem correrão perante o mesmo juízo ao qual foi distribuído o processo originário. Não se afigura correto o procedimento de mandar desmembrar o processo originário, escolher um dos resultantes e determinar que os demais sejam distribuídos livremente. Se havia litisconsórcio é porque a relação jurídica dos diversos participantes mantinha entre si certa conexidade. Daí por que devem continuar correndo perante o mesmo juízo, o que permitirá, dentro do possível, preservar a harmonia dos julgados.

Caso o juiz não determine o desmembramento de ofício, o pedido de limitação pode ser requerido por qualquer dos réus. O prazo para formulá-lo é o de resposta, e o réu que o apresentar não precisa desde logo responder à demanda. O pedido de desmembramento interrompe o prazo para defesa, que só começará a correr quando as partes forem intimadas da decisão do juiz a seu respeito. A interrupção ocorrerá, seja qual for a decisão. Se o juiz perceber que a parte formulou o pedido de má-fé, apenas para obter mais prazo de resposta, deve aplicar as penas da litigância de má-fé. Não poderá, porém, retirar do pedido a sua eficácia interruptiva, que decorre de lei.

2. CLASSIFICAÇÃO DO LITISCONSÓRCIO

São duas as classificações fundamentais. Cada uma leva em consideração um aspecto. A primeira toma em conta a obrigatoriedade ou não da formação do litisconsórcio, para que o processo possa prosseguir, isto é, se o autor, quando da propositura da demanda, tinha ou não a opção entre formá-lo ou não.

Quando a formação é obrigatória, sob pena de o processo não prosseguir, diz-se que há um litisconsórcio necessário. Quando é opcional, ele é facultativo.

A segunda classificação considera o resultado final do processo em relação aos litisconsortes. Se o resultado, obrigatoriamente, tiver que ser o mesmo para todos eles, diz-se que o litisconsórcio é unitário; se, porém, for possível, em tese, que o juiz dê soluções diferentes a cada um, ele será simples.

2.1. Litisconsórcio necessário

Em duas hipóteses será obrigatório o litisconsórcio: quando houver lei determinando a sua formação ou quando a natureza da relação jurídica for tal que a eficácia da sentença depender da citação de todos que devam ser litisconsortes.

A primeira hipótese é mais simples, pois não há o que discutir quando a lei impõe a sua formação, como, por exemplo, nas ações de usucapião, em que o art. 246, § 3º, determina a citação daquele em cujo nome o imóvel estiver registrado, bem como de todos os confinantes e dos terceiros interessados. Outro exemplo é o do CPC, art. 73, § 1º, que determina a citação de ambos os cônjuges nas ações que versem sobre direito real imobiliário.

É possível, porém, que o litisconsórcio seja necessário mesmo que não haja lei determinando a sua formação. Para que seja possível identificar em que situações isso ocorre, é preciso examinar a natureza da relação jurídica que está *sub judice*. Existem relações de direito material que são únicas, unas, incindíveis e que têm mais de um titular. O casamento, por exemplo, é dessa natureza, porque não é possível dissolvê-lo para o marido e não para a mulher. Ou ele é válido para ambos, ou para ninguém.

Ademais, o casamento é sempre uma relação jurídica que tem dois titulares: o marido e a mulher. Naquelas ações que tenham por objeto desconstituí-lo ou, de qualquer forma, atingi-lo, é necessária a participação de ambos os cônjuges. Se a demanda não for aforada por um deles em face do outro, mas, por exemplo, pelo Ministério Público, necessariamente terão que ser citados ambos os cônjuges. Nem é preciso que exista lei o determinando, porque não é possível desconstituir a relação jurídica sem que todos os seus titulares dela participem. Da mesma forma, se de um contrato fizeram parte quatro pessoas, e uma delas quiser anulá-lo, será preciso citar as outras três, porque o contrato não pode ser anulado para um e não para os outros.

Por isso, o litisconsórcio será necessário quando houver unitariedade de lide que tenha dois ou mais titulares, caso em que nem será preciso haver lei determinando a sua formação. Nessa hipótese, além de necessário, ele será unitário, porque, se a relação jurídica é dessa natureza, a sentença não poderá ser diferente para os litisconsortes. Por isso que, no exemplo anterior, de ação anulatória de casamento ajuizada pelo Ministério Público, não só haverá necessidade de citação do marido e da mulher (porque a relação jurídica é de ambos), como a sentença terá que ser idêntica para eles.

O litisconsórcio necessário por força de lei poderá ser unitário ou simples. Há hipóteses em que a lei manda formá-lo, e a relação jurídica é una e incindível. É o caso da ação de dissolução e liquidação de sociedade comercial, em que o art. 601 do CPC determina a citação da pessoa jurídica e de todos os sócios. O litisconsórcio é necessário por força de lei, mas é também unitário, não podendo o juiz dissolver a sociedade para alguns e não para os demais. Em situações assim, nem era preciso que a lei determinasse a formação do litisconsórcio. A própria natureza da relação jurídica *sub judice* impõe a sua formação.

Todavia, há casos em que o litisconsórcio é necessário por força de lei, e simples, porque norma jurídica impõe a sua formação, mas a sentença não precisa ser igual para todos os litisconsortes. É o que ocorre, por exemplo, nas ações de usucapião, em que o pedido, tal como formulado pelo autor, poderá ser acolhido em relação a alguns confrontantes, mas não a outros.

Há, pois, duas razões que fazem um litisconsórcio necessário: ou existe lei determinando a sua formação, caso em que ele poderá ser simples ou unitário, conforme a relação jurídica *sub judice* seja ou não una e incindível; ou não há lei impondo a sua formação, mas há unitariedade de lide, pois a relação é una e indivisível, com mais de um titular. Nessa segunda hipótese, o litisconsórcio, além de necessário, será inexoravelmente unitário.

Essa última situação merece aprofundamento. O litisconsórcio é necessário porque não há como atingir a relação jurídica sem trazer a juízo todos os seus titulares; e unitário, porque, sendo incindível a relação, o resultado há de ser igual para todos. No entanto, há casos excepcionais, que dependem de expressa previsão legal, em que as relações jurídicas unas e incindíveis, embora tenham mais de um titular, podem ser postuladas ou defendidas em juízo por apenas um deles. É o que ocorre, por exemplo, com o condomínio. Há um único bem, que pertence a vários titulares. Se não houvesse lei em contrário, o bem só poderia ser defendido em juízo por todos. No entanto, há regra legal expressa permitindo que a coisa possa ser defendida em juízo por apenas um deles (CC, art. 1.314). Mas, para que uma coisa que tem vários titulares possa ser defendida por apenas um, é preciso ingressar no campo da legitimidade extraordinária, pois aquele que for sozinho a juízo estará defendendo a parte que lhe cabe e a dos demais titulares.

Só no campo da legitimidade extraordinária uma coisa una, incindível e com vários titulares pode ser defendida por apenas um deles, porque aí é possível que alguém vá a juízo em nome próprio defender interesses alheios.

Aquele que vai a juízo sozinho demandando a coisa comum será substituto processual dos demais, pois estará defendendo a sua parte na coisa e a dos outros. A sentença atingirá a esfera jurídica de todos eles, porque a relação jurídica é incindível, e não se pode atingir um sem afetar os demais. Estes podem requerer o seu ingresso em juízo na qualidade de assistentes liticonsorciais.

Nada impede, porém, que, apesar da opção de irem sozinhos a juízo, os titulares da coisa optem por fazê-lo em grupo, caso em que haverá litisconsórcio facultativo unitário. Facultativo, porque havia a opção de apenas um ou alguns dos titulares irem a juízo em defesa da coisa comum, não sendo preciso o comparecimento de todos. E unitário, por força da natureza da relação jurídica.

Portanto, para que exista o litisconsórcio facultativo unitário, é preciso uma relação jurídica una, incindível, com mais de um titular, mas que possa ser defendida por apenas um deles, por autorização legal. Isso só é possível no campo da legitimação extraordinária, porque, no da ordinária, se uma coisa tem vários titulares, todos devem ir juntos a juízo defendê-la.

Por isso, no campo da legitimidade ordinária, um litisconsórcio unitário (relação jurídica una e incindível, com mais de um titular) será sempre necessário (pois todos os titulares terão que ser chamados). Só poderá ser unitário e facultativo se houver lei permitindo que a relação, embora de mais de um titular, pode ser defendida em juízo por apenas um. E isso ocorre apenas na legitimação extraordinária.

O exemplo do condomínio ajuda na compreensão do assunto. Imagine-se um imóvel que tenha três proprietários. A relação é una e incindível, sendo de observar que, na verdade, cada qual dos titulares é proprietário de uma fração ideal, e não do todo.

Como cada qual só tem uma parte, para reivindicar a coisa total em juízo seria preciso que todos os condôminos fossem a juízo. Estaríamos diante de um litisconsórcio unitário e necessário.

No entanto, existe lei permitindo que a coisa comum seja inteiramente reivindicada por apenas um deles (CC, art. 1.314). Esse dispositivo criou uma hipótese de legitimidade extraordinária, possibilitando que aquele que é dono de apenas uma fração vá a juízo reivindicar a coisa toda, não só a parte que lhe pertence, mas a dos demais. Se apenas um dos condôminos for a juízo reivindicar a coisa, ele será o substituto processual dos demais, porque estará defendendo também a parte deles. A sentença atingirá a todos, e aqueles que não figurarem no polo ativo poderão requerer o seu ingresso, na qualidade de assistentes litisconsorciais, uma vez que são substituídos processuais.

No entanto, se os condôminos optarem por ir juntos, formarão no polo ativo um litisconsórcio facultativo unitário, o que só foi possível porque, apesar de a lide ser incindível e ter mais de um titular, a lei autorizou que ela fosse postulada ou defendida em juízo por apenas um. Se os condôminos entrarem juntos em juízo, serão litisconsortes facultativos unitários; se apenas um deles o fizer, não haverá litisconsórcio, mas os demais poderão requerer o seu ingresso posterior, na qualidade de assistentes liticonsorciais. Por isso, nesse exemplo, o assistente litisconsorcial nada mais será que um litisconsorte facultativo unitário ulterior, isto é, alguém que tinha a opção de ingressar como litisconsorte facultativo unitário, não o fez, e requereu a sua entrada posterior, na qualidade de assistente litisconsorcial.

2.2. Litisconsórcio facultativo

Ocorre quando há a opção entre formá-lo ou não. Em regra, a decisão incumbe ao autor, pois é ele quem apresenta a demanda e indica quem são as partes. Há casos, porém, em que a formação do litisconsórcio depende da vontade do réu, como, por exemplo, no chamamento ao processo do devedor principal, em caso de fiança, ou dos codevedores solidários.

O litisconsórcio facultativo pode ser unitário, como já mencionado no item anterior. Para tanto, é preciso que se esteja diante de uma situação de legitimidade extraordinária concorrente, em que há uma relação jurídica incindível, que tem mais de um titular e pode ser postulada ou defendida em juízo por apenas um deles. Quando a lei permite que isso ocorra, os vários titulares da relação jurídica têm a opção de ir juntos a juízo ou não. Se o forem, haverá litisconsórcio facultativo unitário.

Mas o mais comum é que ele seja facultativo e simples, isto é, opcional e sem a exigência de resultado idêntico para todos.

O CPC, art. 113, enumera as hipóteses em que isso ocorre. Para que exista o litisconsórcio, é preciso que haja um liame, uma relação de conexidade entre as pretensões. Os incisos daquele dispositivo enumeram as situações em que haverá essa relação, suficiente para ensejar a formação do litisconsórcio, que será facultativo e simples. São elas: a) comunhão de direitos ou de obrigações relativamente à lide; b) conexão pelo objeto ou causa de pedir; c) afinidade de questões por um ponto comum de fato ou de direito. Essas hipóteses compõem um rol taxativo, não havendo outras razões para a formação do litisconsórcio facultativo.

a) Comunhão de direitos e obrigações relativamente à lide: é uma forma mais intensa de conexão. Na verdade, sempre que houver a comunhão, haverá conexão, de forma que, se esse inciso for eliminado, nenhuma diferença fará. Como ensina Dinamarco, "Comunhão, nesse emprego, é cotitularidade. Ocorre quando duas ou mais pessoas se apresentam como titulares de um só direito ou quando elas sejam apontadas como obrigadas por um vínculo só"[2].

O exemplo mais claro é dado pela solidariedade ativa e passiva, na qual há uma única dívida, que tem mais de um titular. Na solidariedade ativa, cada um dos credores pode cobrar a dívida na integralidade, se o preferir; na passiva, o débito inteiro pode ser exigido de qualquer dos devedores. Por isso, se os credores forem juntos a juízo, ou se for demandado mais de um devedor, haverá entre eles litisconsórcio facultativo. Afinal, havia a opção de a dívida ser cobrada só por um, ou só de um.

Embora na comunhão de direitos ou obrigações exista uma relação jurídica única, com mais de um titular, o litisconsórcio facultativo dela decorrente não será unitário, mas simples. É que o unitário pressupõe uma relação jurídica que seja una, mas incindível, que não pode ser dividida, como ocorre nos casamentos e nos contratos em geral. Na solidariedade, por exemplo, em que há comunhão de direitos ou obrigações, a relação jurídica, embora única, não é incindível, tanto que o credor, em vez de cobrar a integralidade da dívida de apenas um dos devedores, pode cobrar apenas a respectiva quota-parte. Ademais, se a lide fosse incindível e tivesse mais de um titular, todos haveriam de participar do processo, e o litisconsórcio não seria facultativo, mas necessário, exceto se se tratasse de uma situação de legitimidade extraordinária, que não ocorre nessa hipótese.

---

2. Cândido Rangel Dinamarco, *Instituições*, cit., v. 2, p. 335.

Como ensina Thereza Alvim, "exemplificativamente, se é cobrada dívida de dois devedores solidários, a decisão do judiciário, pela natureza dessa relação jurídica, não terá que ser una, não deverá haver uma solução só ao pedido. Pode dar-se pela procedência da ação, em relação a um, e improcedência, quanto ao outro, que pode ter pago. Aliás, aqui está o autor fazendo dois pedidos, pois as causas de pedir remotas são iguais, o contrato; mas as próximas são constituídas pelo inadimplemento de cada um. Sendo dois os pedidos, apesar da aparência de um só – o crédito – as soluções podem ser diversas"[3].

b) Conexidade: é por excelência a causa formadora do litisconsórcio facultativo, e vem prevista no inciso II do art. 113.

De acordo com o CPC, art. 55, duas demandas são conexas quando tiverem o mesmo pedido ou se apoiarem na mesma causa de pedir. Por pedido comum entende-se o mesmo bem da vida. A causa de pedir será comum quando o pedido estiver embasado nos mesmos fatos.

Como acentua Dinamarco, é preciso que haja identidade de algum elemento objetivo concreto: o bem da vida pretendido ou os fatos em que se embasa o pedido: "Não há litisconsórcio por conexidade se nenhum dos elementos objetivos concretos for comum, sendo irrelevante a coincidência entre os fundamentos jurídico-materiais do pedido, a natureza jurídica do provimento ou a do bem pretendido"[4].

Por exemplo, duas pessoas que tenham sofrido danos em virtude de um mesmo acidente de trânsito podem ir juntas a juízo, em litisconsórcio facultativo, porque ambos os pedidos estão fundados no mesmo fato.

Da mesma forma, poderão ingressar em juízo juntas duas pessoas que busquem obter o mesmo bem da vida.

c) Afinidade de questões por um ponto comum de fato ou de direito (art. 113, III): é o mínimo de liame que deve haver entre a situação dos postulantes para que eles possam ir juntos a juízo. As questões são pontos controvertidos, que devem ser dirimidos pelo juiz. O legislador não explicita o que sejam as afinidades por um ponto comum. O termo "afinidade" pode ser tomado como vago, daqueles que necessitam de integração pelo juiz. Cumpre

---

3. Thereza Alvim, *O direito processual de estar em juízo*, p. 128.

4. Cândido Rangel Dinamarco, *Instituições*, cit., v. 2, p. 333.

a ele verificar se há, entre as situações dos autores ou réus, similitude, semelhança, ou parecença que justifique o litisconsórcio. Quase sempre essas situações podem ser caracterizadas como de conexidade. No entanto, há algumas em que não estão presentes os requisitos para que ela fique configurada, mas as demandas são suficientemente próximas para que se autorize o aforamento conjunto.

Imaginem-se duas pessoas que pretendam obter um determinado benefício da previdência social, invocando em seu favor o mesmo dispositivo legal. Embora a situação de cada uma delas seja diferente, há um ponto comum, qual seja, a aplicação daquele dispositivo invocado e a consequência daí decorrente.

É preciso que haja, porém, esse ponto comum, seja ele de fato ou de direito. Não se admitirá o litisconsórcio se as situações forem completamente distintas. Por exemplo, duas vítimas não podem juntas demandar o mesmo réu, postulando reparação de danos, com base em acidentes de trânsito diferentes. Não há aí nenhum ponto comum de fato ou de direito, mas apenas identidade de réus, e isso não é suficiente para ensejar o litisconsórcio.

2.3. Litisconsórcio unitário

É aquele em que a solução do litígio deverá ser igual para todos. Para verificar se um litisconsórcio é unitário, deve-se fazer uma abstração e imaginar se, em tese, existe alguma possibilidade de soluções diferentes. Se isso for incogitável, haverá a unitariedade. Se o Ministério Público, por exemplo, ajuíza uma ação anulatória de casamento em face do marido e da mulher, não será possível, em hipótese alguma, que o juiz anule o matrimônio para um e não o faça para o outro. Ou o casamento vale para ambos, ou não vale para nenhum. A demanda tem por objeto uma relação jurídica única e incindível, que tem mais de um titular, e não pode ser alterada em relação a um, sem o ser quanto ao outro.

O litisconsórcio unitário, em regra, é também necessário. Afinal, se a relação única e incindível tem vários titulares, todos serão afetados caso ela seja atingida. Por isso, é preciso que todos participem do processo.

Excepcionalmente, porém, o litisconsórcio unitário poderá ser facultativo, se a relação jurídica una e incindível, apesar de ter vários titulares, puder ser postulada ou defendida em juízo por apenas um. Como há a possibilidade de que só um afore a demanda, se mais de um o fizer o litisconsórcio será facultativo e unitário. Mas, se a relação é de todos, ela só poderá ser defendida por apenas um no campo da legitimidade extraordinária concorrente, pois somente aí se permite que alguém vá a juízo defender algo que não é só dele, mas de outros. É o que ocorre, por exemplo, no condomínio, conforme já tratado no item referente ao litisconsórcio necessário.

2.4. Litisconsórcio simples

É aquele em que, ao proferir o julgamento, não está o juiz obrigado a decidir de maneira uniforme para todos. Nas demandas em que ele se forma, o objeto não é constituído por uma única relação jurídica incindível, mas por várias relações jurídicas ou por uma relação cindível. A vítima de um acidente de trânsito que ajuíza ação em face da pessoa que dirigia o veículo e da que aparenta ser a proprietária, está formando um litisconsórcio simples, pois é possível que o pedido seja procedente quanto ao motorista e improcedente quanto ao proprietário (caso, por exemplo, ele prove que já tinha vendido o carro, ou que este tenha sido subtraído de suas mãos sem que ele tenha concorrido, de qualquer forma, para que isso acontecesse).

O litisconsórcio simples pode ser necessário, quando, por exemplo, a lei determina que ele se forme. É o que ocorre, por exemplo, nas ações de usucapião. Ou facultativo, como em todas as situações elencadas no CPC, art. 113.

3. MOMENTO DE FORMAÇÃO DO LITISCONSÓRCIO

Em regra, o litisconsórcio forma-se por vontade do autor, quando ajuíza a ação. É ele quem decide quem serão as partes no processo, ao elaborar a petição inicial. Haverá, é certo, um controle judicial no recebimento da demanda, e, se o juiz verificar que há um litisconsórcio necessário, determinará ao autor que emende a inicial, incluindo o litisconsorte faltante sob pena de indeferimento. Ou então, se verificar que há um litisconsórcio descabido, que não preenche nem os requisitos do art. 113, nem o do art. 114, determinará, se possível, a exclusão de um dos litigantes ou indeferirá a petição inicial. Também há a possibilidade de o autor, depois de proposta a demanda, requerer o aditamento da inicial para incluir alguém no polo ativo, ou passivo, o que sempre se admitirá, desde que os réus não tenham sido ainda citados. Após a citação, a inclusão dependerá de anuência daqueles, e depois do saneamento não mais será permitida.

Há casos, ainda, em que o litisconsórcio forma-se posteriormente, como na hipótese de falecimento de uma das partes, sucedida por seus herdeiros, no curso do processo.

Em outros, a formação do litisconsórcio depende da vontade do réu, caso em que será sempre ulterior, porque formado depois da citação. É o que ocorre, por exemplo, quando ele se vale do chamamento ao processo, para trazer ao polo passivo o devedor principal ou os devedores solidários. Ou ainda quando faz a denunciação da lide, uma vez que a lei considera denunciante e denunciado como litisconsortes perante a parte contrária.

Existem, por fim, situações em que o litisconsórcio forma-se por determinação judicial, como na já mencionada hipótese da obrigatoriedade da sua formação (litisconsórcio necessário).

4. A FORMAÇÃO DO LITISCONSÓRCIO NECESSÁRIO

Quando o litisconsórcio é necessário, o processo não pode prosseguir se algum dos litisconsortes não tiver sido incluído. Incumbe ao juiz fiscalizar se todos eles o foram. Caso proferida sem que algum deles tenha participado, a sentença de mérito será nula, se a decisão deveria ser uniforme em relação a todos que deveriam ter integrado o processo, e ineficaz, nos outros casos, apenas para os que não forem citados (art. 115).

Se o autor, por um lapso ou erro, tiver esquecido de incluir, no polo passivo, algum dos litisconsortes necessários, o juiz determinará que ele promova a citação daquele que estiver faltando. Não haverá, portanto, maiores dificuldades se houver litisconsórcio necessário no polo passivo.

Mais complicada é a situação no polo ativo. Nenhum problema haverá se todos os litisconsortes estiverem de acordo em ajuizar a demanda. No entanto, basta que um deles se recuse a fazê-lo para que surjam graves dificuldades, pois ninguém é obrigado a ir a juízo e a demandar contra a sua vontade. Por causa disso, forte corrente doutrinária tem-se manifestado no sentido de que basta um dos litisconsortes necessários ativos recusar-se a participar, para que se inviabilize o ingresso dos demais em juízo.

É a opinião de Cândido Rangel Dinamarco, que, ao tratar do litisconsócio necessário, assevera: "As dificuldades para implementá-lo são mais graves e podem revelar-se até mesmo insuperáveis, o que se dará sempre que um colegitimado se negue a participar da demanda. Como ninguém pode ser obrigado a demandar contra sua própria vontade (*nemo ad agendum cogi potest*, princípio constitucional da liberdade), em casos assim o autor ficará em um impasse sem solução e não poderá obter a tutela jurisdicional pretendida"[5].

Não nos parece ser essa a melhor solução. Se há um princípio constitucional da liberdade de demandar, há outro de igual ou superior estatura, que é o da garantia do acesso à justiça. Permitir que a recusa ou obstinação de um litisconsorte impeça que os demais postulem, em juízo, os seus direitos seria negar-lhes acesso à justiça. Mas como trazer para o processo alguém que não deseja litigar? A solução que tem sido alvitrada é que aqueles que queiram propor a demanda o façam, expondo ao juiz que há um litisconsorte necessário que se recusa a integrar o polo ativo, ou que não se consegue localizar.

O juiz, então, determinará que, antes de serem citados os réus, proceda-se à citação do litisconsorte faltante, para integrar o polo ativo da ação.

Nas edições anteriores deste curso, entendeu-se que o litisconsorte necessário citado teria que assumir a condição de coautor, isto é, de litisconsorte ativo.

Mas, uma melhor ponderação nos fez aderir ao entendimento que tem prevalecido na doutrina: citado, o litisconsorte necessário poderá optar entre figurar no polo ativo, partilhando dos interesses dos demais litisconsortes; ou no polo passivo, quando não estiver de acordo com o postulado por eles. Afinal, havendo litisconsórcio necessário, a exigência de participação estaria satisfeita, tanto se o litisconsorte estiver num polo quanto noutro.

Um exemplo prático pode ajudar. Imagine-se que duas pessoas adquiram, conjuntamente, um bem indivisível, com um defeito oculto. O direito material autoriza o adquirente da coisa defeituosa a postular a resolução do contrato (ação redibitória) ou o abatimento no preço (*quanti minoris*).

Imagine-se que um dos adquirentes não queira mais a coisa, por causa do defeito, e queira resolver o contrato, ajuizando ação redibitória.

Como são dois os compradores, seria necessário que a ação fosse proposta por ambos, em face do vendedor. Não é possível que a demanda seja proposta por um só, sem a participação do outro.

---

5. Cândido Rangel Dinamarco, *Instituições*, cit., v. 2, p. 354.

Se ambos estiverem de acordo com a resolução, bastará que ajuízem a demanda. Mas se só um quiser a resolução, e o outro não, a coisa se complicará. O comprador que não quiser mais a coisa, ajuizará a ação e pedirá ao juízo que, antes de mandar citar o réu, mande citar o litisconsorte necessário, o outro comprador, cabendo a este assumir uma de duas posições possíveis. Poderá, quando citado, querer compor o polo ativo, uma vez que pode desejar também a resolução do contrato. Ao comparecer, poderá aditar a inicial, de cuja elaboração não participou, para sanar algum vício ou afastar alguma deficiência. Mas poderá participar do polo passivo, se não quiser a resolução, seja porque entende que a coisa não tem vício nenhum, seja porque não quer resolver o contrato, mas postular, por exemplo, o abatimento no preço.

Nesse caso, ocupará o polo passivo, e apresentará contestação. Mas a exigência do litisconsórcio necessário terá sido respeitada, porque todos os litisconsortes estarão participando do processo, ainda que não no mesmo polo.

Haverá ainda a possibilidade de o litisconsorte necessário citado não comparecer, nem para figurar no polo ativo, nem no polo passivo. Mas a sua citação será bastante, não sendo indispensável que efetivamente compareça. O ausente sofrerá os efeitos da sentença, mas não responderá pelas verbas de sucumbência, já que não participou nem num polo, nem noutro.

Observados esses critérios, ter-se-á garantido o direito de acesso à justiça dos demais autores, sem trazer prejuízos àquele que não queria participar da ação.

Curiosa será a situação do litisconsorte necessário que, tendo que integrar o polo ativo da demanda, não é localizado por seus companheiros, por encontrar-se em local deles desconhecido.

Para que a demanda se viabilize, é preciso que ele integre o polo ativo, o que obrigará os demais autores a ingressar em juízo, pedindo que ele seja citado por edital. Se, depois de citado, não comparecer para manifestar-se, será necessário nomear em seu favor um curador especial (art. 72, II, do CPC), pois, embora ele não seja réu, mas coautor, a sentença não o atingirá, devendo-se preservar-lhe os interesses no curso do processo.

5. REGIME DO LITISCONSÓRCIO

Questão de alta relevância é a da extensão dos atos praticados por um dos litisconsortes em relação aos demais. Isto é, se um deles pode ser beneficiado ou prejudicado por um ato processual praticado por outro.

A leitura do CPC, art. 117, revela que, regra geral, os litisconsortes são tratados de forma independente, como se fossem, perante a parte contrária, litigantes distintos; os atos e omissões praticados por um não prejudicam nem beneficiam os demais.

Mas isso não é suficiente para elucidar todo o regime, porque este variará conforme a espécie de litisconsórcio. Já foram mencionadas as duas classificações fundamentais do litisconsórcio: necessário e facultativo; unitário e simples. A que tem importância para a apuração do regime a ser observado é a segunda, pois é fundamental perquirir se o resultado final há de ser idêntico para todos, ou se é possível soluções diferentes.

A explicação para tamanha importância dessa classificação é que o regime da autonomia dos litisconsortes só pode ser aplicado ao litisconsórcio simples, porque só nele é permitido que, ao final, se chegue a resultados diferentes. No unitário, como o final há de ser igual para todos, não se pode tratar com autonomia os litisconsortes.

Por isso, o estudo do regime do litisconsórcio há de ser feito de acordo com essa classificação. Serão tratadas, em primeiro lugar, as regras próprias do litisconsórcio simples, e depois, as do unitário.

a) Regime do litisconsórcio simples: é regido pelo CPC, art. 117. Cada litisconsorte será tratado perante a parte contrária como um litigante distinto, e os atos e omissões de um não prejudicarão nem beneficiarão o outro. É o regime da autonomia dos litisconsortes. Portanto, se um contestar e outro não, somente este será considerado revel, aplicando-se a ele a presunção daí decorrente. Se apenas um dos litisconsortes recorrer da sentença, o provimento do recurso beneficiará apenas a ele.

No entanto, essa autonomia pode sofrer restrições. É possível, por exemplo, que um dos réus conteste e o outro não, mas que a matéria alegada pelo primeiro seja de natureza comum, que acabe por favorecer inexoravelmente o outro. Por exemplo, uma vítima de acidente de trânsito ajuíza demanda indenizatória em face do motorista que dirigia o veículo que causou o acidente e o respectivo proprietário. Os dois são citados, mas somente o segundo contesta. Se a defesa apresentada for de que o veículo já havia sido vendido por ele antes do acidente, o corréu não será beneficiado, pois o tipo de defesa apresentado é pessoal, que diz respeito apenas ao contestante, e não se estende ao corréu. Todavia, se a matéria alegada for a inexistência de danos no veículo da vítima, não há como o juiz acolher a tese sustentada pelo réu que a alegou sem beneficiar o corréu, que não havia apresentado contestação. A sentença deve ser coerente, e não é possível o juiz julgar o pedido improcedente por inexistência de danos em relação a um dos réus e condenar o outro a ressarci-los. Uma sentença dessa espécie padeceria de grave incoerência.

Por isso, mesmo no regime da autonomia, no litisconsórcio simples, os atos processuais praticados por um dos litigantes podem acabar favorecendo o outro, desde que as alegações apresentadas por um sejam comuns ao outro.

Quando se quer saber, por exemplo, se uma apelação interposta por um dos litisconsortes favorece também o outro, que não recorreu, será necessário verificar duas coisas: se o litisconsórcio é simples ou não, e, sendo simples, se as matérias alegadas no recurso são daquelas que, por serem comuns, acabarão por favorecer também o litisconsorte que não apelou.

b) Regime do litisconsórcio unitário: aqui a sentença há de ser igual para todos. Por isso, o regime não é mais o da autonomia, mas o da interdependência dos atos processuais praticados. Nesse tipo de regime, cumpre ao juiz verificar se o ato praticado pelo litisconsorte é benéfico ou prejudicial aos demais. Há atos processuais que são favoráveis para quem os pratica: a apresentação de contestação, o arrolamento de uma testemunha e a interposição de um recurso estão entre eles. Há, porém, aqueles que são prejudiciais, como o reconhecimento jurídico do pedido e a confissão.

Quando o ato processual é benéfico, ainda que praticado só por um, favorece a todos os liticonsortes, que são beneficiados porque a sentença há de ser igual para todos. Se um deles contestou, é como se todos tivessem contestado; o mesmo ocorrerá se apenas um houver interposto o recurso, pois não pode a segunda instância prover o recurso interposto por um sem favorecer igualmente os demais, já que a solução há de ser idêntica para todos.

Porém, se o ato é prejudicial, não poderá prejudicar os demais litisconsortes, porque não se pode afastar a regra básica de que um litigante jamais poderá ser prejudicado por ato do outro. Se um litisconsorte confessou ou reconheceu o pedido, este ato não prejudicará os demais. E o curioso é que, não podendo fazê-lo, e tendo a sentença que ser igual para todos, o ato nocivo não será eficaz nem mesmo em relação a quem o praticou.

Se tal ato não pode atingir os demais, e se o resultado há de ser igual para todos, nem aquele que o praticou sofrerá as suas consequências. O ato será ineficaz em relação a todos os litisconsortes.

Por isso, no regime do litisconsorte unitário, basta que o ato benéfico seja praticado por um para ser eficaz e favorecer a todos, mas o ato prejudicial só será eficaz se por todos praticado. Se um só deles não participar, o ato será ineficaz em relação a ele, e também aos demais litisconsortes, já que a decisão final há de ser igual para todos.

capítulo III
INTERVENÇÃO DE TERCEIROS

1. INTRODUÇÃO

Ocorre quando há o ingresso de alguém em processo alheio que esteja pendente. Poderá decorrer de razões diversificadas, e os poderes que serão atribuídos a esses terceiros variarão conforme o tipo de intervenção que for deferida.

Só se justifica a intervenção de terceiro em processo alheio quando a sua esfera jurídica puder, de alguma maneira, ser atingida pela decisão judicial (ressalvada a situação peculiar do *amicus curiae*, cuja finalidade é funcionar como uma espécie de auxiliar do juízo). Não se pode admitir que terceiro que não possa ser afetado, ou que seja afetado apenas de fato, possa intervir. É imprescindível que ele seja juridicamente afetado. Vale a lição de Thereza Alvim: "Na razão de poderem os terceiros ser atingidos pela decisão judicial (não pela coisa julgada material), confere o direito positivo, a eles, a possibilidade de intervir em processo alheio, ou seja, toda vez que, de qualquer forma, seja, ou possa esse terceiro vir a ser afetado em sua esfera jurídica pela decisão judicial ou, até mesmo, em certos casos, pela fundamentação desta, há possibilidade de que ele intervenha no processo onde essa decisão virá a ser prolatada"[1].

Como esses terceiros terão suas esferas jurídicas atingidas, embora de forma reflexa, como consequência de sua proximidade com a relação jurídica *sub judice*, o legislador autoriza que eles intervenham no processo alheio.

São terceiros todos aqueles que não figuram como partes no processo. Haverá intervenção quando eles ingressarem em processo pendente. Quando,

1. Thereza Alvim, *O direito processual*, cit., p. 187.

no entanto, o terceiro ajuizar uma ação autônoma, que forme um processo independente, ainda que tenha relação com outro, como ocorre, por exemplo, com os embargos de terceiro ou a oposição, não se poderá falar em intervenção.

As diversas espécies de intervenção podem ser agrupadas em duas grandes modalidades: a) aquelas em que a iniciativa parte do terceiro, sendo ele a requerer o seu ingresso em processo alheio; b) as que são provocadas pelas partes, que, por variadas razões, postulam que o terceiro seja compelido a participar. No primeiro grupo, de intervenções voluntárias ou espontâneas, estão a assistência e o recurso de terceiro prejudicado; no segundo, em que a intervenção é provocada, encontram-se a denunciação da lide, o chamamento ao processo e o incidente de desconsideração da personalidade jurídica. A intervenção do *amicus curiae*, dadas as suas peculiaridades, pode ser determinada de ofício pelo juiz, a requerimento das partes ou por iniciativa do próprio terceiro.

Também se distinguem aquelas situações em que a intervenção implica a formulação de um novo pedido, de uma nova pretensão (ação). É o que ocorre com a denunciação da lide (em que se formula, em face do terceiro, uma postulação de exercício de direito de regresso).

Já no chamamento ao processo haverá apenas ampliação subjetiva, porquanto a pretensão inicial não muda. Apenas o fiador ou o devedor originalmente demandado traz para o processo o afiançado ou os demais devedores solidários, para que também respondam pelo mesmo débito. O chamamento ao processo não constitui ação de regresso. Os chamados ingressarão no polo passivo, na condição de litisconsortes ulteriores, respondendo à mesma pretensão que o autor havia dirigido contra o réu originário.

Na assistência e no *amicus curiae*, não há ampliação objetiva. Na primeira, o terceiro intervém apenas como auxiliar da parte (na assistência litisconsorcial, pode haver ampliação dos limites subjetivos da lide, já que o assistente é verdadeiro litisconsorte ulterior, mas não dos limites objetivos, já que ele não formula nenhuma pretensão que já não esteja posta em juízo). E no *amicus curiae* o terceiro intervém apenas como auxiliar do juízo, manifestando-se, em razão de seus conhecimentos, sobre a questão controvertida.

Mais complicada é a situação no incidente de desconsideração da personalidade jurídica, que traz uma questão nova, que terá de ser decidida pelo juízo, qual seja, a extensão da responsabilidade patrimonial ao sócio ou à pessoa jurídica (no caso da desconsideração inversa), exigindo-se do juiz que, após regular contraditório, decida se estão ou não preenchidos os requisitos do direito material para a desconsideração. Mas, a rigor, não se trata de ampliação da pretensão posta em juízo, que continua sendo a da condenação do devedor. A desconsideração, se decretada, apenas permitirá que, na fase de cumprimento de sentença, sejam atingidos bens do responsável, caso o devedor seja insolvente.

2. ASSISTÊNCIA

Com o nome de assistência o CPC trata, na verdade, de dois institutos que são distintos, tanto nos requisitos, quanto nos poderes atribuídos ao terceiro interveniente, e nos efeitos que ele sofre, em virtude dessa intervenção. Para que se possa compreendê-la, pois, na plenitude, é necessário tratar as duas espécies separadamente. São elas a assistência simples e a litisconsorcial, a primeira tratada no CPC, art. 119, e a segunda, no art. 124.

2.1. Assistência simples

Historicamente, sempre foi tida como um meio de legitimar a participação de terceiro no processo, com a finalidade de impedir que as partes, em conluio, pudessem prejudicar os seus interesses, obtendo uma sentença que lhe fosse desfavorável.

Essa razão de ser perdeu-se no curso da história, e hoje são outros os motivos que a ensejam.

O fundamento principal para que terceiro intervenha na qualidade de assistente simples é que tenha interesse jurídico em que a sentença seja favorável a uma das partes, a assistida. Não é mais necessário que exista risco de colusão entre os litigantes. Basta que o terceiro demonstre que a sua esfera jurídica será atingida, e que por isso há um interesse no resultado.

Para tanto, é preciso que ele seja atingido pelos efeitos da sentença. Naturalmente, só as partes o serão diretamente pela coisa julgada. Mas as relações jurídicas não são isoladas. Ao contrário, elas se ligam umas às outras e, em muitos casos, entretecem verdadeiras teias, sendo difícil mexer em uma sem que outra sofra as consequências reflexas. Há relações jurídicas que são dependentes e subordinadas a outras, e não há como atingir uma sem afetar a outra.

O assistente simples não é, nem se alega, titular da relação jurídica que está sendo discutida em juízo. Se o fosse, não seria terceiro, mas parte. No entanto, ele é titular de relação jurídica que mantém estreita ligação com a que está *sub judice*, de forma a não ser possível atingir esta sem afetar aquela.

Para a admissão do assistente simples, é preciso que ele tenha interesse jurídico, não bastando o meramente econômico ou fático.

Como acentua Arruda Alvim, os terceiros podem ser agrupados em três classes diferentes:

a) os desinteressados, que não possuem nenhuma espécie de vínculo com a relação processual deduzida. Para eles o resultado é indiferente, e eles mantêm-se estranhos ao processo. Nenhuma consequência lhes advirá da sentença, seja qual for o sentido em que ela for prolatada;

b) os que têm interesse apenas de fato, em que a sentença não afetará a sua esfera jurídica, mas apenas lhes trará um prejuízo econômico. O resultado do processo não lhes é indiferente, e eles podem ter expectativas e desejar que uma das partes seja vitoriosa, para que lhes seja poupado o prejuízo econômico. No entanto, a relação jurídica que eles possam ter com uma das partes não será afetada, mas remanescerá íntegra, seja qual for o desfecho do processo. O que ocorre com a sentença é que o patrimônio desses terceiros sofre, ou pode sofrer, uma redução. Isso ocorre, por exemplo, quando forem credores de uma das partes. Se o patrimônio desta for reduzido, eles acabarão sendo prejudicados, porque menores serão as chances de o seu devedor solver o débito. No entanto, o crédito remanesce íntegro, reduzindo-se apenas as condições econômicas do devedor para solvê-lo;

c) os juridicamente interessados, que mantêm com a parte uma relação jurídica que será afetada com o resultado do processo. É preciso distinguir duas categorias: a dos que mantêm com uma das partes uma relação jurídica que sofrerá os efeitos reflexos da sentença, e aqueles terceiros que são os próprios titulares da relação jurídica que está sendo discutida em juízo, e que só são terceiros, e não partes, porque se está diante de uma situação de legitimação extraordinária ou substituição processual.

No primeiro caso, o terceiro que tem com a parte relação jurídica distinta da que está sendo discutida em juízo, mas que será afetada reflexamente pela sentença, pode requerer o seu ingresso como assistente simples; no segundo, quando o terceiro é o próprio titular da relação jurídica *sub judice*, será um substituído processual, podendo requerer o ingresso na qualidade de assistente litisconsorcial. O assistente simples tem com uma das partes relação jurídica diversa da que está sendo discutida, mas que será afetada pela sentença; o litisconsorcial é titular da própria relação jurídica em discussão, só não figurando como parte porque se está diante do fenômeno da legitimação extraordinária, requisito indispensável para a assistência litisconsorcial.

Como o interesse jurídico é imprescindível para o ingresso de terceiro como assistente simples, é preciso distingui-lo, com precisão, do interesse de fato ou meramente econômico.

Haverá interesse jurídico quando três requisitos estiverem preenchidos. É preciso que o terceiro tenha uma relação jurídica com uma das partes, que essa relação seja distinta da que está sendo discutida em juízo (do contrário, esse terceiro deveria ser parte) e que o resultado do processo repercuta, atinja ou afete a relação jurídica que o terceiro tem com a parte, de modo que ele tenha expectativa que seja favorável ao assistido.

Alguns exemplos permitirão analisar melhor o preenchimento desses requisitos.

a) Suponha-se que A e B tenham celebrado um contrato de locação, sendo A o locador e B o inquilino. Mais tarde, B celebra com C um contrato de sublocação consentida. Haverá, então, duas relações jurídicas distintas, a locação entre A e B, e a sublocação entre B e C.

Se o locador, por alguma razão, quiser rescindir o contrato de locação e reaver o imóvel, deve ajuizar ação de despejo, dirigindo-a apenas contra o inquilino B. O despejo correrá, portanto, entre A e B. No entanto, o sublocatário não é indiferente ao resultado desse processo, pois almeja que a sentença seja favorável ao réu, e que ele não seja despejado, para que a sublocação não fique prejudicada. C tem interesse de que a sentença seja favorável a B. Resta saber se esse interesse é jurídico ou apenas fático. Para tanto, necessário verificar se estão preenchidos os requisitos acima mencionados. O primeiro deles é a existência de relação jurídica entre o terceiro e uma das partes, que está preenchido porque C mantém com B um contrato de sublocação consentida. Há, pois, relação jurídica (por isso a sublocação há de ser autorizada; do contrário, não haverá relação jurídica, mas apenas fática); também é preciso que essa relação jurídica seja diferente da que está sendo discutida em juízo, o que também está preenchido, porque em juízo o que se discute é a locação, contrato que não se confunde com o de sublocação. Por último, é necessário verificar se o resultado do processo afetará ou repercutirá na relação jurídica que existe entre o assistente e o assistido. Novamente a resposta é afirmativa, porque a procedência ou improcedência da ação de despejo afetará reflexamente a sublocação: se a locação for preservada, a sublocação, reflexamente, também o será; se for rescindida, o contrato derivado ficará prejudicado.

Preenchidos, portanto, os requisitos, o terceiro poderá, com êxito, requerer o seu ingresso como assistente simples para auxiliar o assistido a obter uma sentença favorável.

b) Suponha-se que A seja credor de B por uma dívida "x" que, não paga no vencimento, ensejou a propositura de uma demanda de cobrança. Imagine-se, ainda, que B, réu da ação de cobrança, também deve a C (dívida "y"). Em síntese, que B tenha duas dívidas, uma com A, que é objeto da ação de cobrança, e outra com C.

A este, segundo credor, interessa que a sentença na ação de cobrança do primeiro credor seja de improcedência, para que o patrimônio do devedor não se desfalque, o que ocorrerá se ele for condenado naquela ação e tiver que pagar a dívida, com risco de uma eventual insolvência. Portanto, C torce para que a ação de cobrança seja julgada improcedente. Poderá, no entanto, ingressar como assistente simples? Somente se preencher os já mencionados requisitos. O primeiro deles, a existência de relação jurídica entre o terceiro e uma das partes, está preenchido, pois C é credor de B pela dívida "y". O segundo requisito também foi atendido, porque essa relação jurídica (a dívida "y") é distinta da que está sendo discutida em juízo (dívida "x"). Resta, agora, o terceiro e último requisito: se o resultado da ação de cobrança repercute, afeta a relação jurídica entre o assistente e o assistido. E a resposta aqui só pode ser negativa.

Isso porque, tanto no caso de procedência como no de improcedência da ação de cobrança da dívida "x", a dívida "y" continuará existindo, e no mesmo valor. A segunda dívida não será afetada pelo resultado da ação de cobrança da primeira. É certo que, em caso de procedência, o patrimônio do devedor sofrerá uma redução, de maneira que terá menos condições e meios de quitar a segunda dívida. Todavia, esta remanescerá íntegra, e a preocupação com a redução do patrimônio do devedor não configura interesse jurídico, mas apenas econômico. A relação jurídica entre o assistente e o assistido (a dívida "y") não será afetada, mas apenas a condição econômica do devedor.

Como não foi preenchido o último requisito, o terceiro não poderá ingressar como assistente simples.

c) Suponha-se agora que A ajuíze uma ação de reparação de danos em face de B. Este, o causador dos prejuízos, mantém contrato de seguros com C, e, se for condenado, terá perante ele direito de regresso. Nessa situação, tal direito poderia ser exercido no mesmo processo, se B requeresse a denunciação da lide a C. Mas imaginemos que B não o faça, deixando para exercer o direito de regresso em ação autônoma.

No processo, estarão figurando como partes apenas A e B. C, a seguradora, será terceiro, mas que tem interesse no resultado do processo, pois, se o segurado for condenado, ele se voltará contra ela. Se não o for, a seguradora nada terá a indenizar. C almeja que a sentença seja de improcedência. Entretanto, para que ele possa ingressar na condição de assistente simples, é necessário verificar se o seu interesse é jurídico, ou meramente econômico, e analisar se foram ou não preenchidos os requisitos antes mencionados.

Que a seguradora tem relação jurídica com o segurado parece indiscutível, pois o contrato de seguro garante a este direito de regresso em face daquela. Também não se discute se a relação jurídica que há entre assistente e assistido – o direito de regresso decorrente do contrato de seguro – é diferente da que está sendo discutida em juízo. Cumpre verificar, então, se foi preenchido o último requisito, isto é, se o resultado do processo repercute e afeta a relação jurídica entre o terceiro e a parte. E a resposta é afirmativa. Se a sentença for de procedência, o segurado será condenado e terá a possibilidade de, em ação própria, exercer o direito de regresso em face da seguradora; se for de improcedência, não haverá esse direito.

Só o interesse jurídico, que se configura com o preenchimento dos três requisitos acima explicitados, é que justifica o ingresso de terceiro na qualidade de assistente simples.

2.2. Assistência litisconsorcial

Vem tratada no CPC, art. 124. Ao contrário do que ocorre na assistência simples, em que há uma relação jurídica entre assistente e assistido, na litisconsorcial a relação existe entre o assistente e o adversário do assistido.

Para que se possa melhor compreender esse fenômeno, é preciso lembrar que só existe assistência litisconsorcial no campo da legitimidade extraordinária, em que alguém vai a juízo em nome próprio para postular ou defender direito alheio. Aquele que é parte não é o próprio titular da relação jurídica *sub judice*, sendo denominado substituto processual. O verdadeiro titular não figura como parte, por isso é chamado substituído. A situação deste é muito peculiar, pois ele não é parte no processo, embora sejam seus os interesses discutidos. É o titular do direito material alegado, que no processo está sendo defendido por outrem. Por isso, ele será o principal atingido com o resultado do processo, porque é dele a relação jurídica material discutida. Manifesto o seu interesse jurídico, muito maior que o do assistente simples. Este tem apenas uma relação jurídica reflexa, que será atingida indiretamente. Aquele, na condição de titular da própria relação material subjacente ao processo, será atingido de forma direta, como se parte fosse.

Diante desse interesse jurídico qualificado, a lei faculta-lhe o ingresso na qualidade de assistente litisconsorcial. Como titular do direito discutido, ele terá, desde o seu ingresso, os mesmos poderes que um litisconsorte, embora tenha intervindo ulteriormente.

Fica clara a redação do art. 124, no qual se diz que o assistente litisconsorcial tem relação com a parte contrária. Na verdade, ele é o titular do direito material alegado, que é o objeto da controvérsia com a parte contrária.

As distinções entre o assistente litisconsorcial e o simples são manifestas. O primeiro só pode existir no campo da legitimidade extraordinária, porque ele é o próprio substituído processual. Na qualidade de titular do direito que está sendo discutido, sua intervenção não é subordinada e dependente do assistido. Já o segundo mantém com o assistido uma relação jurídica diferente da que está sendo discutida, mas que será afetada pelo resultado do processo. Por isso, a sua intervenção é subordinada. O assistente litisconsorcial é atingido diretamente pelo resultado do processo, e o simples, de maneira reflexa. Daí a diferença de poderes que a lei atribui a cada qual.

A assistência litisconsorcial guarda relação com o litisconsórcio facultativo unitário, estudado anteriormente, embora os fenômenos sejam distintos. Os dois institutos só existem no campo da legitimidade extraordinária. Para que haja um litisconsórcio facultativo unitário, é preciso que exista uma relação jurídica única, una e incindível com vários titulares. E também que haja um dispositivo legal autorizando que ela, apesar dos vários titulares, possa ser defendida por apenas um deles em juízo. Isso só será possível no campo da legitimidade extraordinária concorrente, em que se permite que uma coisa que pertença a vários seja discutida em juízo por apenas um, que defenderá o que, embora seja parte seu, é também de outros. Quando houver essa faculdade, de que a coisa de muitos seja defendida em juízo só por um, se os titulares preferirem ir juntos a juízo, haverá litisconsórcio facultativo unitário. Se, porém, um deles for sozinho a juízo na defesa da coisa comum, estará defendendo a parte que lhe toca e a que pertence aos demais titulares. Estes, portanto, não serão partes, mas cotitulares da coisa ou do direito que está sendo discutido em juízo, portanto, substituídos processuais, os quais, sendo titulares do direito, poderão requerer o seu ingresso posterior no feito, na qualidade de assistentes litisconsorciais. Isso implica dizer que aqueles que poderiam ter sido litisconsortes facultativos unitários e não o foram, porque optaram por não propor a ação conjuntamente, poderão requerer o seu ingresso ulterior, na condição de assistentes litisconsorciais, que, nesse caso, nada mais serão que litisconsortes facultativos unitários ulteriores. Terão os mesmos poderes que as partes, embora, por terem ingressado posteriormente, devam respeitar os atos processuais praticados antes.

Alguns exemplos de assistência litisconsorcial ajudarão a delinear melhor os seus contornos. Todos eles têm que ser buscados no campo da legitimidade extraordinária. Quando um bem tem mais de um proprietário ou possuidor, a lei autoriza que apenas um deles ajuíze ação reivindicatória ou possessória da coisa comum. Nada impede que todos os titulares o façam em conjunto, formando um litisconsórcio facultativo unitário.

Se, porém, apenas um for a juízo, ele será substituto processual dos demais, que poderão requerer o seu ingresso posterior na qualidade de assistentes litisconsorciais.

Quando há alienação de coisa litigiosa, a lei determina que as partes originárias permaneçam no processo (art. 109, *caput*, do CPC). O adquirente ou cessionário da coisa, como substituído processual, pode ingressar na qualidade de assistente litisconsorcial, porque é o titular do interesse sobre a coisa, embora ela continue sendo defendida em juízo pela parte originária.

2.3. Tipos de processo ou procedimento em que cabe a assistência

O CPC, art. 119, parágrafo único, estabelece que a assistência será admitida em qualquer dos tipos de procedimento e em todos os graus de jurisdição; o assistente recebe o processo no estado em que se encontra.

O CPC tratou de dois tipos diferentes de processo: de conhecimento e de execução. O primeiro pode seguir o procedimento comum ou especial.

A assistência é admissível no processo de conhecimento, seja o procedimento comum ou especial. Não há óbice para o ingresso de assistente em processo de procedimento especial, inclusive nas ações monitórias.

Sempre houve controvérsia sobre a possibilidade de caber assistência em processo de execução. Como o terceiro pode ingressar como assistente quando tiver interesse jurídico em que a sentença seja favorável a uma das partes, para parte da doutrina não caberia a assistência na execução, porque nela não se profere esse tipo de sentença. Como ensina Thereza Alvim, "A finalidade do processo de execução é *jus satisfativa*. Neste, tornam-se efetivos os direitos já definidos no processo de conhecimento ou nos títulos extrajudiciais, aos quais a lei confere o caráter de executivos. Aqui não se pode falar em sentença favorável a uma das partes, que possa afetar a esfera jurídica de um terceiro, que, por essa razão, ingressa no processo alheio, para ajudá-la. O terceiro, que poderia ter ingressado como assistente simples no processo de conhecimento e não o fez, não poderá ingressar, como tal, no processo de execução, onde não haverá uma sentença de mérito, definidora de direitos. Aliás, mesmo que tenha sido assistente no processo de conhecimento, sua intervenção cessa no momento da prestação da tutela jurisdicional de conhecimento, não estando ele amparado por lei para pedir ingresso no processo de execução, porque lhe faltará interesse, desde que não será ele satisfeito pela condenação ou a satisfazê-la"[2].

De fato, em princípio, diante da redação do art. 119, *caput*, seria de negar-se a admissibilidade da assistência em processo de execução, já que o assistente precisa ter interesse em que a sentença seja favorável a uma das partes e, no processo de execução, não se profere sentença de mérito que seja favorável a qualquer delas. Mas predomina o entendimento que dá ao dispositivo interpretação extensiva, autorizando-se a assistência na execução quando a satisfação do débito puder afetar a esfera jurídica do terceiro. Por exemplo, seria de admitir-se a intervenção, como assistente, do devedor principal em execução promovida exclusivamente contra o fiador, já que, havendo satisfação do débito, este terá direito de regresso contra aquele.

Incontroversa, porém, a admissão do terceiro como assistente em embargos de devedor, na execução por título extrajudicial. Embora eles sejam mecanismos de defesa em processo de execução, sua natureza é de processo de conhecimento, que se encerra com uma sentença de mérito.

---

2. Thereza Alvim, *O direito processual*, cit., p. 210.

Um exemplo de admissão de terceiro como assistente, nos embargos de devedor: "A" foi instituída como beneficiária de seguro de vida deixado por alguém. Com o falecimento do estipulante, ela ajuizou execução por título extrajudicial em face da seguradora. Esta embargou, aduzindo que não poderia pagar a "A", porque ela, na qualidade de companheira do falecido, não poderia ser beneficiária de contrato de seguro, já que no momento da contratação não estava separada judicialmente ou de fato do segurado (art. 793 do CC). O cônjuge e os herdeiros do falecido requereram o ingresso na qualidade de assistentes da seguradora, pois tinham interesse em que a sentença fosse favorável a esta. Afinal, se fosse negada a indenização à concubina, o direito reverteria em favor deles (art. 792 do CC).

2.4. Poderes do assistente simples

O interesse do assistente simples é distinto do das partes. A relação jurídica *sub judice* não o tem por titular. Por causa disso, a sua intervenção no processo é subordinada aos interesses da parte assistida. Dispõe o CPC, art. 121, que "O assistente simples atuará como auxiliar da parte principal, exercerá os mesmos poderes e sujeitar-se-á aos mesmos ônus processuais que o assistido", mas o art. 122 estabelece que "a assistência simples não obsta a que a parte principal reconheça a procedência do pedido, renuncie ao direito em que se funda a ação ou transija sobre direitos controvertidos.

A característica principal da atuação do assistente simples é a sua subordinação ao assistido. Ele pode praticar todos os atos processuais que não sejam contrários à vontade do assistido. Não é preciso que este dê autorização expressa ao assistente para a prática de determinado ato processual, mas ele pode vedá-la quando for contrária a seus interesses. Enfim, o assistente simples pode atuar livremente no processo, praticando todos os atos que normalmente a parte pratica, salvo aqueles dos quais o assistido tenha desistido expressamente.

Por exemplo, o assistente pode arrolar testemunhas, desde que o assistido não tenha desistido da produção de provas e requerido o julgamento antecipado da lide; pode recorrer, se o assistido não tiver renunciado ao direito de fazê-lo. Há, porém, alguns atos do processo que são exclusivos das partes. Não pode, por exemplo, o assistente reconvir nem valer-se da denunciação da lide ou do chamamento ao processo.

Todavia, tem direito de ser intimado de todos os atos e termos do processo, inclusive da juntada de documentos, podendo manifestar-se no prazo de cinco dias, se outro não for fixado pela lei ou pelo juiz (art. 218, § 3º). Em caso de juntada de documentos novos, por exemplo, o prazo será de 15 dias, conforme art. 437, § 1º. Tem a possibilidade de requerer provas, desde que, com isso, não contrarie a vontade expressamente manifestada do assistido.

Se o terceiro que tem interesse jurídico não tiver ingressado como assistente simples no processo, mas quiser fazê-lo para recorrer, deverá apresentar o chamado recurso de terceiro prejudicado. Não nos parece que essa seja uma forma de intervenção autônoma. O terceiro prejudicado, que pode recorrer, é aquele que poderia ter requerido o seu ingresso no processo anteriormente, na qualidade de assistente simples, e não o fez. Ao requerê-lo apenas na fase do recurso, receberá esse nome.

O assistente simples pode apresentar contestação em favor do réu, e, se ele for revel, ou de qualquer modo omisso, será considerado o seu substituto processual (art. 121, parágrafo único). No CPC de 1973, em caso de revelia, a lei o considerava gestor de negócios, o que lhe impunha numerosas obrigações, estabelecidas nos arts. 861 a 875 do Código Civil. Agora, o assistente será considerado substituto não só em caso de revelia, mas sempre que o assistido for omisso. Parece-nos, porém, que o termo "substituto" foi empregado para deixar claro que o assistente pratica o ato no lugar do assistido, fazendo as vezes dele, mas sem que haja verdadeira legitimidade extraordinária ou substituição processual. Não existe legitimidade extraordinária no caso, pois se houvesse o terceiro deveria ser assistente litisconsorcial, e não simples. O assistente é substituto porque, na ausência ou na omissão do réu revel, ele o substitui na prática dos atos processuais. Mesmo que o assistente simples tenha atuado como "substituto", ele sofrerá as consequências processuais próprias do assistente simples, isto é, a justiça da decisão. Se houvesse verdadeira legitimidade extraordinária ou substituição processual, a assistência deveria ser litisconsorcial, e o assistente sofreria os efeitos da coisa julgada. Portanto, a substituição deve ser entendida apenas no sentido de que o assistente faz as vezes do assistido, sem haver, no entanto, legitimidade extraordinária.

Para que o assistente possa contestar, é preciso que o terceiro haja intervindo no processo no prazo para contestação. Ao fazê-lo, o assistente ainda não poderá saber se a parte irá ou não apresentar contestação. Se o fizer, haverá a contestação da parte e a do assistente, devendo esta ser tomada como coadjuvante daquela. Mas, se o réu não contestar e permanecer revel, a partir daí o assistente será considerado seu substituto, e a contestação deste impedirá que a revelia daquele produza seus efeitos[3]. Caso, no entanto, o réu

3. Ubiratan do Couto Maurício, *Assistência simples no direito processual civil*, p. 110.

revel tenha sido citado por edital ou com hora certa, o assistente simples não será substituto, porque necessária a nomeação de curador especial, que apresentará contestação em favor do réu.

Na defesa, o assistente poderá apresentar as objeções e exceções, processuais e de mérito, que possam favorecer o réu.

Além da contestação, pode valer-se da arguição de impedimento do juiz em relação às partes e a ele, assistente: "Isto porque como o sistema processual criou o instituto da assistência, impõe-se a necessidade de assegurar a todos os sujeitos processuais um juiz imparcial"[4].

Controversa é a possibilidade de o assistente simples ajuizar incidente de falsidade documental. Diante de sua natureza de ação incidental, a princípio seria vedado a ele ajuizá-la. Thereza Alvim e Ubiratan do Couto Maurício admitem essa possibilidade, sob o argumento de que nesse incidente não há disposição de direitos da parte assistida[5].

Em caso de omissão ou silêncio da parte, o assistente simples pode praticar os atos processuais de seu interesse. Se ela não recorre, o assistente pode fazê-lo. Não o poderá, no entanto, se a parte tiver expressamente renunciado ao direito de recorrer, ou tiver explicitado o desejo de que a sentença transite de imediato em julgado. Em suma, não é dado ao assistente praticar aqueles atos que a parte autoriza, mas somente aqueles que ela não proíba. Por isso, admite-se também que o assistente simples interponha recurso adesivo.

O que não se permite, em nenhuma hipótese, é que o assistente pratique atos de disposição de direitos, sejam eles materiais ou processuais. Não pode, por exemplo, renunciar ao direito *sub judice*, nem reconhecer a procedência do pedido ou desistir da ação. Porém, pode desistir de algum recurso que ele tenha interposto ou de testemunha que tenha arrolado. Também não pode opor-se a que a parte assistida tome medidas de disposição, nem desista da ação, renuncie ao direito ou reconheça o pedido.

O assistente simples não pode arguir a incompetência relativa nem a suspeição, porque isso só cabe à parte, que pode preferir que o processo

---

4. Ubiratan do Couto Maurício, *Assistência*, cit., p. 117.

5. Thereza Alvim, *O direito processual*, cit., p. 219, e Ubiratan do Couto Maurício, *Assistência*, cit., p. 117.

continue correndo onde está, e com o juiz que a conduz. Pode, no entanto, arguir a incompetência absoluta do juízo, matéria de ordem pública, que deveria ter sido conhecida de ofício pelo juiz. No caso de o assistente ser a União, pode ainda requerer remessa dos autos à justiça federal.

O assistente simples ingressará no processo no estado em que ele se encontra, não podendo fazê-lo retroagir a estágios anteriores.

Quanto às custas do processo, o CPC foi expresso, no art. 94: "Se o assistido for vencido, o assistente será condenado ao pagamento das custas custas em proporção à atividade que houver exercido no processo".

No entanto, o assistente não será condenado em honorários advocatícios, nem os receberá, caso o assistido seja o vencedor: "É descabida a condenação em honorários advocatícios de assistente simples, com interesse remoto na vitória do assistido"[6].

2.5. Poderes do assistente litisconsorcial

A principal diferença entre a assistência simples e a litisconsorcial é que, na primeira, o terceiro não é o titular da relação jurídica *sub judice*, mas de outra, que será reflexamente atingida pela sentença, enquanto na segunda o terceiro é o próprio titular dessa relação, só não sendo parte por causa da legitimação extraordinária.

Na qualidade de titular da lide, o assistente litisconsorcial, desde o momento em que ingressa, é tratado como litisconsorte do assistido, devendo a ambos ser aplicado o regime do litisconsórcio unitário.

A assistência litisconsorcial é, muitas vezes, um litisconsórcio facultativo unitário ulterior.

Como ensina Thereza Alvim, "lembre-se, ademais, que, em sendo admitido no processo, será considerado litisconsorte. Ainda, estarão ele e o assistido submetidos ao regime do litisconsórcio unitário, desde que o juiz decidirá uma só lide, que lhe foi apresentada (pedido de reivindicação, que respeita a ambos os condôminos). Ora, se não há previsão e regulamentação legais quanto ao litisconsórcio ulterior e se a hipótese concreta se encarta, com perfeição, no modelo legal, posicionamo-nos no sentido de o instituto da assistência litisconsorcial ser o meio, para admissão no processo, à dispo-

6. *RT*, 623/50. No mesmo sentido, Ubiratan do Couto Maurício, *Assistência*, cit., p. 128.

sição daquele que poderia, desde o início, ter sido litisconsorte facultativo unitário, e não o foi"[7].

Como o assistente litisconsorcial é tratado como litisconsorte facultativo unitário ulterior, sua atuação não é subordinada, como a do assistente simples. O regime é o mesmo do litisconsórcio unitário, estudado anteriormente: os atos benéficos praticados por um aproveitam a todos, mas os prejudiciais, como os de renúncia de direitos, só valem se praticados por todos os litisconsortes. Do contrário, são ineficazes até mesmo para aquele que os praticou.

2.6. Dos efeitos da sentença sobre o assistente simples e litisconsorcial

São muito distintos os efeitos da sentença sobre cada um dos tipos de assistente, o que se afigura evidente dadas as diferentes formas de inter-relação entre eles e a relação jurídica *sub judice*. Eles serão analisados separadamente, primeiro quanto ao assistente litisconsorcial, depois quanto ao simples.

a) Assistência litisconsorcial: quem pode requerer o seu ingresso nessa qualidade, no processo, é o substituído processual, isto é, o titular da relação jurídica subjacente, o que implica dizer que ele será atingido diretamente pela sentença, pelos seus efeitos e pela qualidade desses efeitos. O substituído processual é atingido pela coisa julgada, como se parte fosse, por ser o titular da relação jurídica *sub judice*. Ora, se o terceiro que pode ingressar como assistente litisconsorcial é o substituído processual, e se este é atingido pela coisa julgada, conclui-se que o assistente litisconsorcial é atingido pela coisa julgada, como se parte fosse. Mas, aquele que pode ingressar como assistente litisconsorcial (substituído processual) será atingido pela coisa julgada, intervenha ou não.

Imaginemos um imóvel pertencente a A, B e C indevidamente ocupado por D. Nada impede que os três proprietários vão juntos a juízo, em litisconsórcio facultativo unitário. Há também a possibilidade legal de que um deles vá a juízo para defender sozinho a coisa toda. Se o fizer, estará reivindicando não só a sua parte ideal, mas as de seus companheiros. Estes, portanto, serão substituídos processuais, titulares das outras duas terças partes que estão

7. Thereza Alvim, *O direito processual*, cit., p. 233.

sendo defendidas em juízo por A, e serão atingidos pela coisa julgada, de qualquer maneira, caso seja proferida sentença de mérito. No entanto, na qualidade de substituídos, poderão requerer seu ingresso como assistentes litisconsorciais. Mas, intervindo nessa qualidade ou não, serão atingidos diretamente pela sentença e pela imutabilidade de seus efeitos.

b) Assistência simples: provoca consequências muito diferentes. O assistente não é atingido diretamente pela sentença, nem poderia, porque não é titular da relação jurídica que está sendo discutida em juízo, mas de relação distinta, que será atingida reflexamente. O CPC, art. 123, determina que ele seja atingido pela justiça da decisão: "Transitada em julgado a sentença no processo em que interveio o assistente, este não poderá, em processo posterior, discutir a justiça da decisão, salvo se alegar e provar que: I – pelo estado em que recebeu o processo, ou pelas declarações e pelos atos do assistido, foi impedido de produzir provas suscetíveis de influir na sentença; II – desconhecia a existência de alegações ou de provas das quais o assistido, por dolo ou culpa, não se valeu".

Cumpre, pois, analisar o que constitui a justiça da decisão. Ela significa que o assistente simples não poderá rediscutir, em outro processo posterior, entre ele e o assistido, os fundamentos em que se baseou a sentença proferida no primeiro processo.

Os fundamentos da sentença proferida na lide anterior tornam-se indiscutíveis e imutáveis entre assistente e assistido. A coisa julgada engloba apenas o dispositivo da sentença, em que se aprecia o pedido, tornando-o imutável em relação às partes e a um eventual assistente litisconsorcial. A justiça da decisão torna imutável não o dispositivo, mas a fundamentação da sentença, impedindo que, em processo futuro entre o assistente e o assistido, ela seja rediscutida. Ela implica que os fatos tomados pelo juiz como verdadeiros para fundamentar a sua sentença não poderão mais ser discutidos no processo posterior. Só aquele que efetivamente interveio como assistente simples, admitido no processo, sofrerá os efeitos da justiça da decisão.

Um exemplo pode ajudar a aclarar o fenômeno. Imagine-se que A ajuíza em face de B uma ação de reparação de danos. O réu tem seguro e poderia exercer o direito de regresso contra a seguradora no mesmo processo, desde que fizesse a denunciação da lide. Mas suponhamos que não o faça. A seguradora poderá ingressar como assistente simples, pois tem interesse jurídico em que a sentença seja favorável ao réu.

Ao julgar, no dispositivo o juiz decidirá se o réu deve ou não pagar ao autor, proferindo um comando condenatório ou de improcedência. Para tanto, ele deve analisar, na fundamentação, os fatos que embasam o pedido: se o fato (o acidente, por exemplo) está comprovado, se foram demonstrados os danos, se há nexo de causalidade entre um e outros e se houve culpa do réu. Caso todas essas questões sejam respondidas afirmativamente, a sentença será de procedência. Se a seguradora interveio como assistente simples, e a sentença foi de procedência, ela sofrerá os efeitos da justiça da decisão.

Isso significa que, em um futuro processo, agora entre segurado e seguradora, para cobrança de direito de regresso, esta não poderá defender-se alegando que não houve o fato, nem dano, nexo, ou culpa. Tais questões já foram decididas como fundamentos de fato, no processo anterior, em que a seguradora participou como assistente simples. Por isso, para ela, tornaram-se fatos indiscutíveis. A seguradora poderá defender-se alegando, talvez, que o seguro estivesse vencido, ou que não há cobertura para aquele tipo de sinistro, mas não rediscutir o que foi decidido como fundamento de fato na sentença anterior. Isso é a justiça da decisão.

Seria descabido, porém, que o assistente simples sofresse tão graves consequências se não teve a oportunidade real de atuar no processo. Por isso é que os incisos do art. 123 afastam a justiça da decisão se ele, no estado em que recebeu o processo, ou pelas declarações do assistido, fora impedido de produzir provas suscetíveis de influir na sentença, e se desconhecia a existência de alegações ou de provas de que o assistido, por dolo ou culpa, não se valeu. A sua intervenção é subordinada, e não seria correto que fosse atingido pela justiça da decisão se sua atuação foi de alguma forma impedida, dificultada ou obstada pelo assistido.

No processo futuro, entre o assistido e o assistente, não pode aquele valer-se da justiça da decisão, impedindo que este rediscuta os fundamentos da sentença anterior, se o impediu de atuar livremente no processo e de produzir as provas que lhe pareciam importantes. Caberá ao assistente, quando demandado pelo assistido, demonstrar ao juiz que não pôde atuar livremente, para que lhe seja permitido rediscutir os fundamentos da sentença proferida no processo anterior.

2.7. O procedimento de ingresso do assistente

Ele peticionará ao juiz, requerendo o seu ingresso e indicando o interesse jurídico que autoriza a sua admissão. Se o juiz verificar desde logo que a intervenção não cabe, ou que não existe interesse jurídico, indeferirá de plano o ingresso do assistente. Do contrário, ouvirá as partes, no prazo de 15 dias. Ambas, tanto a assistida quanto a adversária, deverão ser ouvidas. Se nenhuma delas apresentar impugnação, e o juiz verificar existente a condição para o ingresso, deferirá o pedido. Se qualquer delas alegar que falece ao assistente interesse jurídico para intervir, o juiz decidirá o incidente, sem suspensão do processo.

3. DENUNCIAÇÃO DA LIDE

É forma de intervenção de terceiros provocada que tem natureza jurídica de ação. É também chamada litisdenunciação, e seu nome advém do fato de a existência do processo ser denunciada ao terceiro. Por isso, equivocado denominá-la "denunciação à lide". Quando ela for deferida, haverá duas ações – a principal e ela – e um único processo. Por isso, se houver o indeferimento de plano da denunciação, o recurso cabível será o de agravo de instrumento, e não o de apelação, pois, embora ela tenha a natureza de nova ação, não forma um novo processo, e a sentença é apenas o pronunciamento que põe fim a este ou à fase de conhecimento.

As hipóteses de denunciação, enumeradas no CPC, art. 125, estão associadas ao exercício do direito de regresso. Ela pode ser requerida pelo autor ou pelo réu, que alegam ter esse direito em face de um terceiro, e querem exercê-lo, no mesmo processo. Por isso, se o denunciante sair vitorioso, e nada tiver que pagar ou restituir à parte contrária, a denunciação ficará prejudicada. Quando o autor a requerer, só caberá eventual direito de regresso caso a sentença lhe seja desfavorável, isto é, se o pedido for julgado improcedente. Já se foi o réu quem fez denunciação, tal direito só existirá em caso de procedência.

Quando a denunciação for deferida o terceiro terá, assim, um duplo interesse. O primeiro é de que o resultado seja favorável ao denunciante, para que ele nada tenha a cobrar a título de regresso. E o segundo, de que, em caso de resultado desfavorável ao denunciante, não seja reconhecida a existência do direito de regresso dele em face do denunciado.

No momento em que ela é requerida, o denunciante ainda não sabe se o resultado do processo será favorável a ele ou não. Se o for, não restará outra opção ao juiz senão, ao final, extinguir a denunciação da lide sem resolução de mérito, por falta de interesse superveniente. Daí por que a ação principal mantém com a denunciação da lide sempre uma relação de prejudicialidade: o resultado da primeira influi no julgamento da segunda.

Quando deferida, a denunciação da lide amplia o objeto do processo, porque o juiz terá de decidir não apenas a pretensão do autor em relação ao réu, mas a existência ou não do direito de regresso do denunciante em face do denunciado.

Ela tem natureza de ação incidente, permitindo que o juiz julgue simultaneamente a questão principal e a do direito de regresso. Assim, ela atende à economia processual, fazendo com que as questões sejam decididas de uma só vez, sem risco de julgamentos conflitantes.

A denunciação não se confunde com o chamamento ao processo, que é forma de intervenção de terceiros que só pode ser provocada pelo réu, para trazer ao polo passivo o devedor principal ou codevedores em caso de fiança ou solidariedade.

Por ter natureza de ação, a denunciação não pode ser instaurada de ofício, devendo ser requerida pelo autor ou réu, que deverá indicar os fundamentos de fato ou de direito que embasam o seu pedido.

3.1. Processos e procedimentos em que cabe a denunciação

A denunciação da lide serve para que uma das partes possa exercer contra terceiro o seu direito de regresso. Pressupõe, portanto, a possibilidade de haver condenação, o que a afasta do âmbito dos processos de execução. Só há denunciação da lide em processo de conhecimento. Não se poderá admiti-la, porém, em embargos de devedor, já que estes não terão cunho condenatório, mas apenas declaratório ou desconstitutivo.

Nos processos de conhecimento, ela será admitida nos de procedimento comum e nos de procedimento especial que se convertam, na fase de resposta, ao comum, como ocorre nas ações possessórias de força nova e nas monitórias.

Vale aqui lembrar a lição de Cândido Dinamarco: "Em processo cautelar instaurado em contemplação de um futuro processo de conhecimento (cautelar preparatório), para que os atos realizados possam produzir eficácia perante terceiro a parte tem o ônus de simplesmente provocar sua intimação a intervir como assistente, sem lhe denunciar a lide. A lei não inclui essa modalidade de assistência provocada, mas sem ela a parte ficaria privada de fazer a denunciação da lide ao terceiro, depois, quando o processo de conhecimento vier a ser instaurado. Isso acontece especialmente em relação ao processo cautelar de produção antecipada de provas. Sem ser integrado a ele, o terceiro teria toda liberdade para impugnar-lhe os resultados porque terá permanecido alheio ao contraditório ali estabelecido (art. 55); e na prática a parte ficaria privada de denunciar-lhe a lide, chamá-lo ao processo, etc."[8]. Embora não haja mais processo cautelar, continua existindo a produção antecipada de provas, o que torna atual a lição do eminente processualista.

3.2. Hipóteses de cabimento – o art. 125

Estão elencadas nos dois incisos do CPC, art. 125. O rol é taxativo, e as hipóteses nele elencadas *numerus clausus*.

São elas:

a) Evicção: estabelece o art. 125, I, que caberá a denunciação "ao alienante imediato, no processo relativo à coisa cujo domínio foi transferido ao denunciante, a fim de que possa exercer os direitos que da evicção lhe resultam". Como ensina Sydney Sanches, cabe a denunciação da lide ao alienante da coisa, na ação em que ela é reivindicada ou disputada[9].

Evicção é a perda da propriedade, posse ou uso de um bem, adquirido de forma onerosa, e atribuído a outrem, em regra por força de sentença judicial, em virtude de direito anterior ao contrato aquisitivo. O exemplo clássico é o daquele que adquire onerosamente um bem de quem não é o verdadeiro proprietário. Imagine-se, por exemplo, que A aliene um bem, onerosamente, a B. Este priva-se de parte de seu patrimônio para pagar o bem adquirido. No entanto, descobre-se que o bem não pertencia ao alienante, e sim ao terceiro C.

C, ao descobrir o paradeiro da coisa, ajuíza ação reivindicando-a de B, o adquirente, que é a pessoa que com ela se encontra atualmente. B sabe que, se o pedido for julgado procedente, ele terá de restituir a coisa, sofrendo a evicção. No entanto, o CC, art. 450 e incisos, assegura ao evicto o direito de reaver integralmente o preço e as quantias que pagou, além de indenização pelos frutos que teve que restituir, pelas despesas e prejuízos que sofreu e pelas custas judiciais e honorários advocatícios. Esse direito, que vai além do puro exercício do direito de regresso, porque engloba os prejuízos do evicto, pode ser exercido com a denunciação da lide.

---

8. Cândido Rangel Dinamarco, *Instituições*, cit., v. 2, p. 397 e 398.

9. Sydney Sanches, *Denunciação da lide no direito processual civil brasileiro*, p. 68 e 69.

Admite-se a denunciação em qualquer tipo de processo relativo à coisa, em que haja risco de perda do domínio, posse ou uso dela, como nas reivindicatórias, nas possessórias, no despejo, nas reipersecutórias etc.

Outro exemplo ajudará a ilustrar melhor essa hipótese de denunciação da lide. Suponha-se que A aliene a B um imóvel, registrado em seu nome no Cartório de Registro de Imóveis. O adquirente recebe a escritura e a leva a registro. No entanto, ao tentar ingressar no imóvel, descobre que ele está ocupado pelo terceiro C. No intuito de obter a desocupação, B ajuíza em face de C ação reivindicatória, mas, ao fazê-lo, teme que o pedido seja julgado improcedente, o que fará com que ele fique sem a posse da coisa adquirida (evicção). É o que ocorrerá, por exemplo, se o terceiro provar que tem a coisa consigo por tempo suficiente para consumar a usucapião. Para exercer os direitos de regresso que advieram dessa possível situação, o autor poderá requerer a denunciação da lide ao alienante.

b) Àquele que estiver obrigado por lei ou pelo contrato, a indenizar, em ação regressiva, o prejuízo de quem for vencido no processo: a rigor, esse inciso, por sua amplitude, abrange o anterior porque também nele há direito de regresso decorrente de lei ou contrato. Em todas as hipóteses em que se possa postular indenização, pela via regressiva, caberá a denunciação fundada no inciso II, não havendo qualquer limitação.

É bastante conhecida a controvérsia doutrinária gerada por esse dispositivo quanto à possibilidade de, por meio da denunciação da lide, serem inseridas questões novas que ampliem os limites objetivos da cognição do juiz. Para alguns, isso provocaria um retardamento no desfecho do processo, porque tais questões poderiam exigir a produção de provas demoradas, que não seriam necessárias se a denunciação fosse indeferida. Essa tese teve grande repercussão, sendo acolhida em incontáveis acórdãos.

Apesar de profunda controvérsia doutrinária a respeito, *o Superior Tribunal de Justiça tem decidido que a denunciação da lide não pode prejudicar o adversário do denunciante, introduzindo fatos novos, que não constituíam o fundamento da demanda principal, e que exigiriam instrução que, sem ela, não seria necessária no processo principal*. É o que foi decidido no REsp 89.1998, publicado no *DJE* de 1º-12-2008, em que foi relator o Min. Luiz Fux, e o REsp 76.6705, publicado no *DJE* de 18-12-2006, Rel. Min. Humberto Gomes de Barros.

Mais recentemente, este entendimento foi confirmado no AgRg no REsp n. 821.458-RJ (2006/00373426), Rel. Min. Vasco Della Giustina, de 16 de novembro de 2010:

"Com efeito, como consignado na decisão agravada, com relação à denunciação da lide, fundada no art. 70, III, do CPC [de 1973], a jurisprudência desta Corte Superior a tem afastado nos casos em que se introduzir fundamento novo, apto a provocar uma lide paralela, a exigir ampla dilação probatória, o que tumultuaria a lide originária, indo de encontro aos princípios da celeridade e economia processuais, os quais esta modalidade de intervenção de terceiros busca atender. Vale asseverar, ainda, que, em tais situações, eventual direito de regresso não estará comprometido, pois poderá ser exercido em ação autônoma".

Ou:

"DIREITO PROCESSUAL CIVIL. CABIMENTO DE DENUNCIAÇÃO DA LIDE.

Não cabe a denunciação da lide prevista no art. 70, III, do CPC [de 1973] quando demandar a análise de fato diverso dos envolvidos na ação principal. Conforme entendimento doutrinário e da jurisprudência do STJ, não é admissível a denunciação da lide embasada no art. 70, III, do CPC [de 1973] quando introduzir fundamento novo à causa, estranho ao processo principal, apto a provocar uma lide paralela, a exigir ampla dilação probatória, o que tumultuaria a lide originária, indo de encontro aos princípios da celeridade e economia processuais, que essa modalidade de intervenção de terceiros busca atender. Precedentes citados: EREsp 681.881/SP, Corte Especial, *DJe* 7-11-2011; AgRg no REsp 1.330.926/MA, Quarta Turma, *DJe* 21-11-2013; AgRg no Ag 1.213.458/MG, Segunda Turma, *DJe* 30-9-2010; REsp, 1.164.229/RJ, Terceira Turma, *DJe* 1º-9-2010 (REsp 701.868-PR, Rel. Min. Raul Araújo, julgado em 11-2-2014).

Também grande controvérsia existe sobre a possibilidade de a Fazenda Pública, nas ações contra ela ajuizadas, requerer a denunciação da lide do seu funcionário. A Constituição Federal, art. 37, § 6º, atribui *responsabilidade objetiva* às pessoas jurídicas de direito público ou de direito privado, prestadoras de serviço público, pelos danos que seus agentes, nessa qualidade, causem a terceiros. Mas assegura direito de regresso contra o responsável, nos casos de dolo ou culpa.

Há, pois, direito de regresso decorrente de lei. Mas a denunciação da Fazenda ao funcionário pode introduzir no processo uma questão que não era objeto de discussão, *a culpa ou dolo do funcionário*, pois a responsabilidade na lide principal é objetiva, e na secundária, subjetiva.

Como visto acima, predomina no Superior Tribunal de Justiça o entendimento de que não cabe a denunciação quando introduz fundamento fático novo, que exige instrução. Quando se trata, porém, de denunciação da lide da Fazenda ao funcionário, a questão não está pacificada, havendo ainda divergências quanto à admissibilidade. Mas o que se pacificou no Superior Tribunal de Justiça é que, se as instâncias comuns tiverem indeferido a denunciação da lide, *não se anulará a sentença ou o acórdão, porque isso acabaria trazendo ainda mais prejuízos à economia processual*. É o que foi decidido no EREsp 313.886RN, cuja relatora, Min. Eliana Calmon, faz uma detida análise da questão, fazendo numerosas alusões aos entendimentos daquela Corte. Nesse acórdão, a relatora posiciona-se pelo descabimento da denunciação da lide ao funcionário quando introduz discussão fática nova a respeito da culpa deste, admite a existência de entendimento contrário e conclui que não se há de anular a sentença ou o acórdão, por ter sido a denunciação indeferida nas instâncias inferiores.

A denunciação deverá ser deferida ao funcionário, *se não introduzir tais questões novas*, que destoem daquilo que já vinha sendo discutido na lide principal. Pode ocorrer, por exemplo, que a ação proposta pelo particular contra a Fazenda já esteja fundada em culpa. Isto é, que o particular, podendo valer-se da responsabilidade objetiva do Estado, prefira fundar o seu pedido na culpa do funcionário. Se esse for o caso, a denunciação da lide nada trará de novo e deverá ser deferida.

3.3. Legitimidade para denunciar e ser denunciado

A denunciação da lide pode ser requerida pelo autor ou pelo réu, embora sejam muito mais comuns as feitas pelo réu.

Uma pessoa vítima de um acidente de trânsito e que seja beneficiária de contrato de seguro pode optar por ajuizar ação de reparação de danos contra o causador do acidente, em vez de solicitá-la da seguradora. No entanto, temendo eventual improcedência, pode requerer desde logo a denunciação da lide à sua seguradora.

Quando feita pelo autor, a denunciação da lide deve ser requerida desde logo na petição inicial. Pelo réu, na contestação.

Nada impede ainda que litisdenunciação seja feita a quem já é parte no processo. Dinamarco menciona o exemplo do titular do domínio que "vendeu parte do imóvel e manteve consigo outra parte. Quando outro sujeito move a ambos uma ação reivindicatória pela totalidade do bem, poderá o outro réu (adquirente da parte do bem) denunciar a lide ao réu alienante para preservar seu direito de ressarcimento por evicção"[10].

3.4. Obrigatoriedade da denunciação

Na vigência do CPC de 1973, havia dúvidas sobre a obrigatoriedade da denunciação da lide, sobretudo na hipótese da evicção, diante da redação do art. 456 do Código Civil, que parecia considerá-la obrigatória, sob pena de perda do direito de regresso de quem não a fizesse. Mas já vinha predominando o entendimento de que nem mesmo no caso de evicção ela deveria ser obrigatória, e que a parte que deixasse de fazer a denunciação da lide não perderia, por sua omissão, o direito de regresso, podendo sempre exercê-lo em ação autônoma.

O CPC atual revogou o art. 456 do Código Civil (art. 1.072, II) e, para afastar qualquer dúvida, deixou expresso que a parte que não fizer a denunciação, ou não puder fazê-la, ou a tiver indeferida, poderá exercer o direito de regresso em ação autônoma. É o que dispõe o art. 125, § 1º: "O direito regressivo será exercido por ação autônoma quando a denunciação da lide for indeferida, deixar de ser promovida ou não for permitida".

3.5. Procedimento da denunciação e a posição do denunciado

A litisdenunciação pode ser requerida pelo autor ou pelo réu. Pelo primeiro, o requerimento deve ser formulado já na petição inicial (CPC, art. 126), na qual ele pedirá a condenação do réu, indicando os fatos e fundamentos jurídicos em que embasa o seu pedido, e requererá desde logo a denunciação, ante o risco de a lide principal ser julgada improcedente.

A denunciação deve ser requerida pelo réu na contestação.

O requerimento deve indicar os fatos e fundamentos jurídicos em que se baseia o pedido de ressarcimento.

Como ela tem a natureza jurídica de ação, o denunciado será citado. Quando requerida pelo autor, é preciso que o denunciado seja citado antes do réu, porque ele assumirá a qualidade de litisconsorte ativo, com poderes para aditar a inicial. Quando requerida pelo réu, o denunciado será citado para oferecer contestação.

---

10. Cândido Rangel Dinamarco, *Instituições*, cit., v. 2, p. 403.

Questão das mais intrincadas é a que se refere à posição assumida pelo denunciado em relação à lide principal. Deferida a denunciação, haverá duas lides: a principal e a secundária. O denunciado ocupa sempre o polo passivo da litisdenunciação, mas tem interesse também no desfecho da lide principal, porque o seu resultado repercutirá no julgamento da denunciação. Quando ela é feita pelo autor, o denunciado tem interesse em que a lide principal seja julgada procedente; quando feita pelo réu, em que ela seja julgada improcedente. Em síntese, o denunciado tem interesse em que o denunciante seja o vencedor da lide principal.

Os arts. 127 e 128 do CPC, de redação um tanto confusa, esclarecem que denunciante e denunciado serão considerados perante a parte contrária como litisconsortes. Ou seja, o denunciado assume uma posição dupla: réu da denunciação e litisconsorte do denunciante na lide principal.

Esses dispositivos têm sido criticados, pois, para que o denunciado pudesse ser realmente litisconsorte do denunciante, seria preciso que tivesse uma relação jurídica direta com a parte contrária, o que não ocorre. Imagine-se que uma vítima de acidente de trânsito ajuíze ação em face do causador, e que este requeira a denunciação da lide à sua seguradora. De acordo com a lei, esta e o segurado serão litisconsortes em relação à parte contrária. Mas, embora exista relação jurídica direta entre a vítima e o causador do acidente, não há entre ela e a seguradora do causador. Por isso, é estranho que ela seja considerada litisconsorte.

O denunciado tem um interesse jurídico em que a sentença julgue a lide principal em favor do denunciante. O interesse da seguradora, na lide principal, é que a sentença favoreça o segurado. Por isso, sua posição assemelha-se muito mais à de um assistente simples que à de litisconsorte. Tanto que, quando cabe denunciação da lide e ela não é feita, aquele que poderia ter sido denunciado pode requerer o seu ingresso no processo, na qualidade de assistente simples.

No entanto, o legislador deixou expressa a posição de litisconsorte, e o Superior Tribunal de Justiça tem proferido reiteradas decisões em que é essa a qualidade atribuída ao denunciado. São várias as consequências práticas desse entendimento. A primeira é que, sendo denunciante e denunciado litisconsortes, passarão a ter prazo em dobro para manifestar-se no processo, já que, sendo ambos partes adversas na denunciação, terão que outorgar procuração a advogados distintos (CPC, art. 229).

A segunda é que o denunciado passará a ter, em relação à lide principal, os mesmos poderes que a parte. Se fosse considerado assistente simples, seus poderes seriam menores, já que a intervenção deste é subordinada.

Também haverá consequências na fase de execução: se ambos foram considerados litisconsortes em face da parte contrária, a sentença poderá ser executada contra qualquer deles. Assim, no exemplo acima, a vítima de acidente, em caso de procedência do pedido, poderá executar tanto o causador do acidente quanto a sua seguradora, diretamente (é bastante conhecido o entendimento de que a sentença só poderia ser executada contra o denunciante, e este, tendo cumprido a condenação, poderia voltar-se contra o denunciado. No entanto, ele não se coaduna com as decisões que consideram ambos como litisconsortes). A possibilidade de execução direta da seguradora é reconhecida na Súmula 537 do Superior Tribunal de Justiça: "Em ação de reparação de danos, a seguradora denunciada, se aceitar a denunciação ou contestar o pedido do autor, poderá ser condenada, direta e solidariamente, junto com o segurado, ao pagamento da indenização devida à vítima, nos limites contratados na apólice".

Como já ressaltado, a denunciação deve ser feita pelo autor na inicial. O denunciado, citado, assumirá uma dupla função: réu da denunciação e coautor (litisconsorte) da ação principal. Postulará, portanto, a procedência da lide principal e a improcedência da denunciação. Por isso, poderá apresentar dois tipos de manifestação distintas: na condição de coautor da lide primária, poderá requerer o aditamento da petição inicial, e, na de réu da denunciação, poderá contestá-la. A citação do denunciado deverá sempre preceder a do réu, diante da faculdade que ele tem de aditar a inicial.

Quando a denunciação é feita pelo réu, o denunciado, citado, assumirá a qualidade de réu da denunciação e de corréu (litisconsorte) da ação principal. Portanto, ao apresentar sua contestação, poderá impugnar a lide principal, complementando a contestação que porventura já tenha sido apresentada pelo denunciado e a lide secundária. O deferimento da denunciação, em qualquer caso, independe do consentimento do denunciado ou da parte contrária, mas apenas do preenchimento dos requisitos do art. 125.

Como a lide principal e a secundária são discutidas em um mesmo processo, será única a sentença que as julgará. O juiz proferirá, portanto, uma sentença formalmente única, na qual serão apreciadas a lide principal e, em seguida, a secundária, sendo de observar-se que o resultado desta depende do daquela.

A denunciação feita pelo autor só poderá ser julgada pelo mérito se a lide principal foi improcedente; se procedente, a denunciação perde o objeto, devendo ser extinta sem resolução de mérito. Já, quando a denunciação da lide for feita pelo réu, haverá perda de objeto se a lide principal for julgada improcedente.

Julgada extinta a denunciação por perda de objeto, porque o denunciante saiu vitorioso, se houver recurso da parte contrária, e a ele for dado provimento, revertendo-se o resultado, o tribunal julgará, desde logo, o mérito da denunciação, se tiver elementos para tanto. Não constitui empecilho o fato de que em primeira instância ele não tenha sido julgado.

Na fixação da verba de sucumbência, o juiz deve considerar sempre a existência das duas ações. Por isso, as custas e os honorários advocatícios devem ser impostos autonomamente aos vencidos, em cada uma das lides. Caso sejam procedentes a principal e a denunciação do réu, este responderá ao autor pela verba de sucumbência na lide principal, e o denunciado responderá ao denunciante.

Questão mais complexa surgirá quando a denunciação da lide ficar prejudicada, porque o denunciante foi vencedor na lide principal. Se A demandou B, e este requereu a denunciação da lide a C, surge o problema de saber a quem deve ser carreado o pagamento dos honorários e custas devidos a C, caso a lide principal tenha sido julgada improcedente, e a denunciação, por isso, tenha perdido o seu objeto. Como ela ficou prejudicada, poder-se-ia sustentar que cabe ao denunciante tal pagamento. No entanto, a denunciação só foi feita porque B foi demandado por A, tendo sido este o causador da situação de risco, o que carrearia a ele o pagamento.

O art. 129, parágrafo único, põe fim às dúvidas, pois formula expressamente a solução: "Se o denunciante for vencedor, a ação de denunciação não terá o seu pedido examinado, sem prejuízo da condenação do denunciante ao pagamento das verbas de sucumbência em favor do denunciado".

3.6. Denunciação da lide sucessiva

A redação do CPC de 1973, art. 73, embora um pouco confusa, estabelecia a possibilidade de denunciações da lide sucessivas, sem limitações.

E o art. 456 do novo Código Civil não deixava dúvidas, permitindo que elas fossem feitas ao alienante imediato ou a qualquer dos anteriores, na forma das leis processuais. Isto é, que fossem feitas por saltos.

No CPC atual, as denunciações sucessivas são restritas a uma única, e sem saltos. O art. 125, I, que trata da evicção, autoriza a denunciação ao alienante imediato, mas não aos outros integrantes da cadeia de alienações. E o art. 125, § 2º, permite que, feita a denunciação, o denunciado faça, por sua vez, uma única denunciação sucessiva, não podendo o denunciado sucessivo promover nova denunciação. Por fim, o art. 456 do Código Civil foi revogado pelo art. 1.072, II, do CPC.

4. CHAMAMENTO AO PROCESSO

É forma de intervenção de terceiros provocada, pela qual se atribui ao réu a possibilidade de chamar ao processo os outros devedores, para que ocupem também a posição de réus, sendo todos condenados na mesma sentença, em caso de procedência.

O devedor que, condenado, pagar a dívida fica sub-rogado nos direitos do credor, podendo exigir dos demais a respectiva cota. Caso tenham sido condenados o fiador e o devedor principal, aquele pode exigir que primeiro sejam excutidos os bens deste.

Ou seja, por meio do chamamento, o réu traz para o processo, para que ocupem a mesma posição que ele, os demais coobrigados.

Em vários aspectos, ele distingue-se da denunciação da lide. Primeiro porque é faculdade atribuída exclusivamente ao réu, enquanto a denunciação pode ser requerida por ambas as partes.

Segundo, porque ao réu só cabe a faculdade de chamar ao processo os coobrigados em virtude de fiança ou solidariedade. Essas são as causas específicas que o ensejam, enquanto a denunciação cabe para o exercício do direito de regresso.

Ademais, na denunciação não existe relação jurídica direta entre o denunciado e a parte contrária, mas apenas entre denunciado e denunciante. Já no chamamento, o chamado é coobrigado e responde diretamente ao autor da ação, com quem mantém relação jurídica direta.

O chamamento ao processo é sempre facultativo. Caso não seja requerido, o réu não perderá o direito de cobrar dos coobrigados em ação autônoma.

A introdução desse instituto em nosso ordenamento jurídico gerou muitas críticas. A mais incisiva é a de que ele obriga o autor a demandar em face de quem não queria. Se o autor optou por aforar a ação apenas em face do fiador, ou de um dos devedores solidários, é porque não pretendia demandar o devedor principal ou os demais devedores. Como regra geral, quem escolhe contra quem vai ajuizar é o autor.

No entanto, o chamamento ao processo permite que o réu traga ao processo outros réus, em face dos quais o autor não havia demandado originariamente. E o autor não pode impedir que isso ocorra.

Inconformados com essa possibilidade, Nelson e Rosa Nery entendem que os chamados não ocupam o polo passivo, na qualidade de corréus do devedor originariamente demandado. Para eles, "o autor ajuizou ação apenas contra o réu, de sorte que os demais codevedores solidários não fazem parte da relação jurídica processual originária. Seu chamamento ao processo feito pelo réu constitui ingresso de terceiro em processo alheio. Poderiam ter sido litisconsortes facultativos simples, caso tivessem sido acionados pelo autor. Este, ao seu alvitre, escolheu o devedor solidário de quem pretende haver a totalidade da dívida. O autor, credor de obrigação solidária, não pode ser obrigado a demandar contra quem não queira. Admitir-se que o réu pode, pelo chamamento, obrigar o autor a litigar contra sua vontade, é reconhecer que o réu pode impor ao autor necessariedade litisconsorcial, quando a lei e o direito lhe garantem a facultatividade litisconsorcial no caso de solidariedade. Do contrário, a solidariedade, criada em benefício do credor, restaria inoperante e ineficaz"[11].

Para esses autores há duas relações distintas: a do autor com o réu originário, e a deste com os chamados ao processo. Em caso de procedência dos pedidos, o autor só poderá executar o réu originário, e este, tendo pago a dívida, poderá recobrar as suas cotas dos chamados.

Esse entendimento, embora respeitável, não foi o acolhido pelo nosso legislador, para quem os chamados passam a ocupar o polo passivo, na qualidade de corréus e litisconsortes. Eles são condenados para responder diretamente ao autor, e não em face do chamante[12].

O chamamento provoca uma ampliação do polo passivo, e chamante e chamados passam a responder perante o autor pelo débito. Inegável que a introdução dessa figura em nosso ordenamento reduziu, de certa forma, a

---

11. Nelson Nery Junior e Rosa Nery, *Código*, cit., p. 459.

12. Cândido Rangel Dinamarco, *Instituições*, cit., v. 2, p. 409, e Flávio Cheim Jorge, *Chamamento ao processo*, p. 27.

liberdade de o credor escolher um entre os vários devedores solidários, para demandar, como também diminui um pouco a sua liberdade de escolha a respeito de contra quem litigar.

No entanto, o instituto acaba sendo vantajoso ao autor, que, em caso de procedência do pedido, poderá executar a condenação em face de qualquer dos coobrigados, tendo assim maior possibilidade de êxito na satisfação de seu crédito, já que mais numerosos serão os patrimônios que a asseguram. Em caso de improcedência, o autor não terá prejuízos, porque caberá ao chamante arcar com as verbas de sucumbência devidas aos chamados, pois foi ele quem deu causa à intervenção.

4.1. Processos e procedimentos em que cabe o chamamento

O chamamento tem seu âmbito de admissibilidade restrito ao processo de conhecimento, pois tem por finalidade provocar a condenação dos coobrigados no mesmo processo. Objetivando uma condenação, ela foge do âmbito dos processos de execução e cautelar.

Nos processos de conhecimento, será cabível quando o procedimento for o comum. Em tese, é admissível também naqueles procedimentos especiais que se convertem em comuns depois da fase de citação, como o monitório.

No Código de Defesa do Consumidor, há expressa vedação à utilização da denunciação da lide (art. 88), que retardaria o desfecho do processo, em detrimento do consumidor, ao assegurar ao fornecedor o direito de regresso nos mesmos autos. Não há a mesma vedação ao chamamento ao processo. No entanto, afigura-se acertada a conclusão de Thereza Alvim: "Tem-se, porém, como mais correto o entendimento da não admissibilidade do uso dos institutos de intervenção de terceiros nas ações subordinadas ao Código de Proteção e Defesa do Consumidor, porque, em sua maioria, são institutos destinados a favorecer o réu, enquanto o Código de Proteção e Defesa do Consumidor tem como objetivo precípuo o favorecimento do autor-consumidor. Assim, as normas processuais são aplicadas se não contrariarem quer os dispositivos do Código de Proteção e Defesa do Consumidor, quer as finalidades por ele objetivadas"[13].

Há, no entanto, uma hipótese em que o juiz autorizará o chamamento ao processo nas ações de responsabilidade civil do fornecedor de produtos e

13. Arruda Alvim e outros, *Código do Consumidor comentado*, p. 147.

serviços. É aquela prevista expressamente no art. 101, II, da Lei n. 8.078/90, em que o fornecedor poderá trazer aos autos a sua seguradora. Esse chamamento é muito peculiar, porque não se identifica propriamente com o instituto de mesmo nome do CPC, já que entre segurado e seguradora não há propriamente solidariedade, mas direito de regresso. Portanto, esse chamamento do CDC tem mais afinidade com a denunciação da lide do CPC.

4.2. Hipóteses de admissibilidade

O CPC, art. 130, enumera, em três incisos, as hipóteses em que caberá o chamamento. Apesar disso, são apenas duas as situações que o ensejam: a fiança e a solidariedade.

a) Fiança: é um contrato acessório de garantia, por meio do qual um terceiro, que não o devedor, responsabiliza-se pelo pagamento do débito, passando a responder com o seu patrimônio pelo adimplemento. O fiador não é propriamente devedor, mas garante o pagamento do débito com o seu patrimônio.

Quando houver fiança, o credor pode optar entre ajuizar a demanda apenas em face do devedor principal (que não poderá chamar ao processo o fiador, já que essa hipótese não se enquadra na disposição dos incisos do art. 130), em face do devedor principal e do fiador (caso em que também não haverá chamamento) ou em face apenas do fiador (nessa hipótese ele poderá chamar ao processo o devedor principal para responder conjuntamente pelo débito, perante o credor). A sentença que acolher o pedido condenará simultaneamente o fiador e o devedor ao pagamento da dívida.

No entanto, iniciada a fase de execução, quando o oficial de justiça for em busca de bens para garantir a execução, o fiador poderá, nos termos do CPC, art. 794, exigir que primeiro sejam penhorados os bens do devedor situados na mesma marca, livres e desembargados, indicando-os pormenorizadamente à penhora. Trata-se do benefício de ordem assegurado pelo CC, art. 827 e parágrafo único.

Para que se possa exercer o benefício de ordem, é necessário que o fiador, na fase de conhecimento, tenha chamado ao processo o devedor. Do contrário, não haverá título executivo contra este, e a penhora não poderá atingir os seus bens.

O momento apropriado para o exercício do benefício de ordem é a fase de cumprimento de sentença. Somente na fase de penhora é que o fiador poderá dele valer-se, nomeando bens do devedor. No entanto, é condição para o seu exercício que o fiador não tenha renunciado a ele, que os bens do devedor sejam suficientes para a garantia do débito, e que o devedor tenha sido chamado ao processo na fase cognitiva. O CC, art. 827, é expresso: "o fiador demandado pelo pagamento da dívida tem direito a exigir, até a contestação da lide, que sejam primeiro executados os bens do devedor". O que indica que, até a contestação, o devedor tem que ser chamado ao processo, para que, na fase de execução, o fiador possa valer-se do benefício de ordem. Não nos parece acertada, *data venia*, a opinião de Cândido Dinamarco, para quem "a situação descrita no inc. I do art. 77 [atual art. 130] só pode configurar-se quando a fiança não importar benefício de ordem. Do contrário, o fiador não seria sequer legitimado a figurar como réu na demanda condenatória enquanto não exauridas as possibilidades de satisfação do crédito à custa do afiançado"[14]. A fase de conhecimento não é o lugar oportuno para o exercício do benefício de ordem, mas a de execução. Tanto que o CC, art. 827, permite que o fiador seja demandado em ação condenatória mesmo que tenha o benefício de ordem, caso em que, para exercê-lo na fase executiva, deve chamar ao processo o devedor.

Quando, no entanto, a execução do fiador não é precedida de processo de conhecimento – porque a fiança já é, por si só, título executivo extrajudicial –, não caberá o chamamento ao processo do devedor, porque não cabe essa forma de intervenção de terceiros em execução (nesse sentido, decisão do Pleno do STF, publicada em *RTJ*, 90/1028). Por isso, prosseguirá unicamente em face do fiador. Surge então a questão de saber se ele, único demandado, poderá indicar bens à penhora do devedor, que não é parte no processo (CPC, art. 794). Parece-nos que, não tendo o devedor sido incluído no polo passivo, e tendo o fiador o benefício de ordem, aí sim, na execução, poderá o fiador alegar que é parte ilegítima para figurar no polo passivo, já que não exauridas as possibilidades de satisfação do crédito à custa do afiançado.

Se houve processo de conhecimento em face do fiador, e ele não chamou ao processo o devedor principal, terá perdido o benefício de ordem, mas não o direito de regresso, podendo reaver o que pagou em ação própria.

A hipótese do inciso II do art. 130 não guarda autonomia em relação às demais. Trata-se de situação em que há vários fiadores de uma mesma dívida.

---

14. Cândido Rangel Dinamarco, *Instituições*, cit., v. 2, p. 412.

Se um só for demandado, poderá chamar os demais. E, quando há pluralidade de fiadores, o regime entre eles é o da solidariedade (CC, art. 829), que é expressamente regulamentada pelo inciso III.

b) Solidariedade passiva: dispõe o art. 130, III, que cabe o chamamento ao processo "dos demais devedores solidários, quando o credor exigir de um ou de alguns o pagamento da dívida comum".

O que caracteriza a solidariedade passiva é a possibilidade de o credor exigir a obrigação integral de apenas um dos devedores. Mas, se o fizer, o devedor demandado poderá chamar ao processo os demais. A sentença que acolher o pedido condenará todos eles ao pagamento da dívida. Todavia, na fase de cumprimento de sentença, o credor poderá exigir integralmente o débito de qualquer dos devedores. Aquele que pagar integralmente a dívida poderá, nos mesmos autos, executar dos demais devedores solidários as cotas-partes que lhes correspondem (CPC, art. 132).

Não é preciso que o devedor demandado chame ao processo todos os demais. Mas, se chamar apenas alguns, será possível que estes chamem os outros, de forma sucessiva.

Além dos casos do art. 130 do Código de Processo Civil, que tratam da solidariedade e da fiança, há uma outra hipótese de chamamento, prevista no Código Civil. Trata-se do chamamento que faz o parente que deve alimentos e que tenha sido demandado, aos outros parentes de grau imediato, quando não esteja em condições de suportar totalmente o encargo (CC, art. 1.698). O dever de prestar alimentos obriga o parente de grau mais próximo, que tenha condições de suportá-los. Assim, por exemplo, a ação do filho deve ser dirigida primeiramente contra o pai. Se ele não tiver condições, pode ser direcionada contra os avós. Nada impede que seja proposta contra o pai e o avô, se fica evidenciado que o primeiro não tem condições de suportar sozinho a obrigação alimentar, caso em que o avô é demandado para complementar a pensão que o pai, só, não pode prestar. Se o credor dos alimentos ajuizar a demanda somente contra o parente mais próximo, e este verificar a impossibilidade de arcar sozinho com a pensão, poderá chamar ao processo os parentes de grau imediato, para que possam concorrer, na proporção de seus recursos, complementando a pensão devida pelo primeiro. Trata-se, pois, de uma situação diferente daquelas previstas no art. 130: não há solidariedade entre os devedores de alimentos, porque não é possível cobrá-los integralmente de qualquer um deles. O que há é uma relação de subsidiariedade e complementariedade: quem deve é o mais próximo; se não tiver condições de pagá-los integralmente, pagará aquilo que estiver ao seu alcance, com a complementação dos parentes de grau subsequente. E o devedor mais próximo, verificada a falta de condições, chamará ao processo o parente de grau sucessivo.

4.3. Procedimento

O art. 131 determina que o chamamento ao processo seja requerido pelo réu na contestação, devendo a citação ser promovida no prazo de 30 dias, sob pena de ficar sem efeito. Com a citação do chamado, forma-se o litisconsórcio no polo passivo. Havendo advogados diferentes, de escritórios distintos, e não sendo o prazo eletrônico, os prazos serão em dobro (CPC, art. 229).

O litisconsórcio será facultativo simples. Caberia perguntar se o autor pode desistir da ação em relação a um dos chamados. Parece-nos que não, pois não foi ele quem os incluiu no polo passivo, mas sim o chamante. Com relação a este, poderá haver desistência, cuja homologação dependerá de seu consentimento se já tiver havido resposta, mas não com relação aos chamados.

5. DO INCIDENTE DE DESCONSIDERAÇÃO DA PERSONALIDADE JURÍDICA

Há muito a regra da autonomia patrimonial das pessoas jurídicas vem admitindo restrições, sobretudo nos casos em que elas são utilizadas como instrumento para a prática de fraudes e abusos de direito, em detrimento dos credores. A teoria da desconsideração da personalidade jurídica (*disregard doctrine*), que autoriza o juiz a, em determinadas situações, estender a responsabilidade patrimonial pelos débitos da empresa aos sócios, sem que haja a dissolução ou a desconstituição da personalidade jurídica, vem sendo acolhida em nossa doutrina desde o final dos anos 1960, principalmente a partir dos estudos de Rubens Requião. Como não havia previsão legal para aplicá-la no âmbito do direito privado, de início os tribunais se valeram do art. 135 do Código Tributário Nacional.

Posteriormente, o Código de Defesa do Consumidor passou a autorizá-la expressamente no art. 28 e seus parágrafos quando "em detrimento do consumidor, houver abuso de direito, excesso de poder, infração da lei, fato ou ato ilícito ou violação dos estatutos ou contrato social", bem como nos casos de "falência, estado de insolvência, encerramento ou inatividade da pessoa jurídica provocados por má administração" ou, ainda, "sempre que a sua personalidade for, de alguma forma, obstáculo ao ressarcimento de prejuízos causados aos consumidores". O Código Civil no art. 50 dispôs que "Em caso de abuso da personalidade jurídica, caracterizado pelo desvio de finalidade, ou pela confusão patrimonial, pode o juiz decidir, a requerimento da parte, ou do Ministério Público quando lhe couber intervir no processo, que os efeitos de certas e determinadas relações de obrigações sejam estendidos aos bens particulares dos administradores ou sócios da pessoa jurídica".

Compete ao direito material estabelecer quais são as exigências para que se possa aplicar a desconsideração da personalidade jurídica. No âmbito civil, essas exigências estão no art. 50 do CC; e no âmbito consumerista, no art. 28 do Código do Consumidor.

Além da desconsideração *comum*, há ainda a *inversa*. Na comum, a responsabilidade patrimonial pelas dívidas da empresa é estendida aos sócios; na inversa, a responsabilidade pelas dívidas dos sócios é estendida à empresa. No primeiro caso, embora a dívida seja da pessoa jurídica, o sócio passa a responder judicialmente pelo débito com seu patrimônio pessoal; no segundo, conquanto o débito seja do sócio, será possível alcançar bens da empresa, a quem a responsabilidade é estendida. Também haverá necessidade de instauração do incidente para a decretação da desconsideração indireta ou expansiva (Enunciado 11 da I Jornada de Direito Processual Civil da Justiça Federal). Portanto, para que haja extensão da responsabilidade à empresa controladora, por atos das empresas coligadas utilizadas por ela como *longa manus*, ou para a extensão da responsabilidade ao sócio oculto que se vale de terceiros (os chamados "laranjas") para tentar eximir-se de responsabilidade.

5.1. Débito e responsabilidade

Para que se possa compreender bem o fenômeno da desconsideração da personalidade jurídica, é importante lembrar a distinção que o direito das obrigações estabelece entre débito e responsabilidade (*Schuld* e *Haftung*). Tem o débito aquele que efetivamente contraiu a obrigação, por exemplo, o subscritor do contrato ou do título de crédito. Tem a responsabilidade aquele que responde judicialmente com seus bens pelo cumprimento da obrigação. Na grande maioria dos casos, quem tem o débito também tem a responsabilidade. Mas as duas coisas nem sempre coincidem: aquele que contraiu obrigação decorrente de dívida de jogo tem o débito, mas não a responsabilidade, pois não é possível acioná-lo judicialmente para que responda por ela com seu patrimônio; já o fiador não tem o débito, mas assume, por força do contrato de fiança, a responsabilidade pelo pagamento, caso o devedor não o honre na data convencionada. Quando há a desconsideração da personalidade jurídica, o devedor é a empresa. É ela que deve ser acionada para cumprimento da obrigação; mas, se verificados os requisitos legais, estabelecidos pelo direito material, o juiz poderá estender a responsabilidade patrimonial aos seus sócios, autorizando que bens pessoais deles sejam alcançados, para fazer frente ao débito (no caso da desconsideração inversa, o devedor é o sócio, mas a empresa passa a ser responsável, com seus bens, pelo pagamento).

Quando desconsidera a personalidade jurídica, o juiz não transforma o sócio em codevedor, mas estende a responsabilidade patrimonial a ele, permitindo que seus bens sejam atingidos para fazer frente ao débito, que continua sendo da empresa. É preciso que se distingam, então, duas relações: a do credor com a empresa, que é uma relação credor-devedor; e a do credor com o sócio, após a desconsideração, que é uma relação credor-responsável, cujos bens podem ser alcançados para pagamento da dívida.

5.2. A desconsideração como incidente

Não havia, até a edição do CPC atual, um regramento a respeito de como proceder-se, no âmbito processual, à desconsideração da personalidade jurídica. Uma vez que a lei material a autorizava, entendia-se que o juiz tinha poderes para determiná-la, mas a lei processual não previa um procedimento específico para isso.

Na ação promovida pelo credor contra a pessoa jurídica, na qual se promovia a cobrança do débito, o sócio não era parte. Afinal, não era ele o devedor. Em regra, quando se chegava à fase de execução, e não se lograva encontrar bens, o credor postulava a desconsideração, trazendo ao conhecimento do juiz as circunstâncias que permitiam concluir pela existência das situações do art. 50 do Código Civil ou do art. 28 do Código de Defesa do Consumidor. De início, nos processos mais antigos, não havia propriamente um contraditório e não se ouvia o sócio, já que ele não integrava o processo. Se o juiz entendesse que havia indícios suficientes dos requisitos, ele desconsiderava a personalidade jurídica da empresa e estendia a responsabilidade patrimonial ao sócio, sem que este integrasse a relação processual. Restava a ele defender-se opondo embargos de terceiro, nos quais tentaria demonstrar que os requisitos da desconsideração não estavam preenchidos e que por isso a responsabilidade não poderia ter sido estendida a ele. O contraditório era observado nos embargos de terceiro, em que se dava ao sócio a oportunidade de provar o necessário para afastar a constrição sobre os seus bens.

Mais tarde, a jurisprudência e a doutrina passaram a sustentar que não seria possível alcançar bens do sócio sem que houvesse um contraditório no processo em que a desconsideração era decretada. Com isso, passou-se a entender que o sócio, a quem a responsabilidade patrimonial foi estendida, deveria passar a integrar a lide, para a qual deveria ser citado, tendo oportunidade de apresentar embargos à execução. Haveria já a possibilidade de contraditório na própria ação ajuizada em face da empresa. Mas em regra era um contraditório exercido após o deferimento da desconsideração.

Com o incidente previsto nos arts. 133 e s. do CPC, passa-se a exigir um contraditório prévio, anterior à desconsideração, que constitui forma de intervenção de terceiro, porque o sócio, que até então não figurava na relação processual, passa a integrá-la, não na condição de codevedor, mas de responsável patrimonial, como já mencionado.

Além do incidente, o art. 134, § 2º, prevê a possibilidade de que a desconsideração seja requerida na petição inicial, caso em que o sócio será incluído no polo passivo da ação e será citado para oferecer contestação, a respeito da pretensão à desconsideração.

Conclui-se, assim, que a desconsideração pode ser postulada em caráter incidental, isto é, no curso do processo ajuizado em face do devedor; ou em caráter principal, em que a desconsideração é requerida como pretensão inicial, paralela à de cobrança, e na qual o sócio figura desde logo como réu. Cada uma dessas hipóteses será examinada separadamente, nos itens subsequentes.

5.3. Procedimento

O incidente pressupõe que já esteja em curso ação ajuizada pelo credor em face do devedor, isto é, da pessoa jurídica. É nessa hipótese que haverá intervenção de terceiros, pois há um processo em curso do qual o sócio não participava, e do qual passará a participar, caso a desconsideração seja deferida. A hipótese é de intervenção de terceiros provocada, e não voluntária, já que não será o sócio a requerer o seu ingresso, mas o credor ou o Ministério Público, nos casos em que intervenha. O CPC se refere a incidente de desconsideração, mas determina que o sócio seja citado. Parece-nos, assim, que mesmo quando a desconsideração seja requerida em caráter incidental, haverá verdadeira ação incidente. Não há como trazer o terceiro sem que ele seja acionado, e citado para o processo, ainda que em caráter incidental, no bojo da ação anteriormente ajuizada, tal como ocorre, por exemplo, com a denunciação da lide.

O juiz não pode decretar a desconsideração de ofício. O incidente é instaurado a requerimento da parte ou do Ministério Público. Como o art. 133, *caput*, não restringe, o Ministério Público poderá requerer a desconsideração tanto nos casos em que figure como parte autora como nos casos em que intervenha na condição de fiscal da ordem jurídica. É indispensável, porém, que se trate de processo em que haja a sua intervenção.

Algumas figuras de intervenção de terceiros (denunciação e chamamento) são próprias do processo de conhecimento. O incidente de desconsideração, conforme o art. 134, *caput*, é cabível em todas as fases do processo de conhecimento, no cumprimento de sentença e na execução fundada em título extrajudicial. A sua instauração, seja em que fase for, deverá ser comunicada ao distribuidor para as anotações devidas.

Ao suscitar o incidente, a parte ou o Ministério Público deve indicar quais os fundamentos, de fato e de direito, em que se funda o pedido de desconsideração. São os fundamentos estabelecidos pela lei material, isto é, pelos arts. 50 do Código Civil e 28 do CDC. Se o requerimento não os indicar, o juiz deverá dar oportunidade para que o vício seja sanado, sob pena de indeferir de plano o incidente. Se o receber, determinará a suspensão do processo, que ficará paralisado até a decisão do incidente.

O processo deverá ficar suspenso desde o momento em que a parte ou o Ministério Público protocolar o pedido de desconsideração. Se o juiz o indeferir de plano, há de se considerar que, pelo menos entre o protocolo e a intimação da decisão do juiz que o indeferiu, o processo terá ficado suspenso, tal como acontecia com as exceções rituais na vigência do Código de 1973.

A suspensão perdurará até que o incidente seja decidido. Mas, proferida a decisão, o processo retoma o curso, ainda que venha a ser interposto recurso pelo prejudicado. A suspensão não se estende, portanto, para depois que o incidente for decidido, ressalvada a hipótese de ao recurso interposto (agravo de instrumento) ser deferido efeito suspensivo pelo relator.

Instaurado o incidente, o juiz determinará a citação do sócio (na desconsideração direta) ou da pessoa jurídica (na inversa), para que se manifestem no prazo de 15 dias. O incidente assegura contraditório prévio, permitindo que o sócio ou a pessoa jurídica apresentem as suas alegações, e procurem demonstrar que não estão presentes os requisitos da lei material para a desconsideração. Além da manifestação do sócio, o pedido de desconsideração poderá ser impugnado, na desconsideração direta, também pela pessoa jurídica, como tem reconhecido o Superior Tribunal de Justiça. Embora as partes do incidente sejam o suscitante e o sócio (no caso da desconsideração direta), a pessoa jurídica poderá manifestar-se, postulando o não acolhimento do incidente. Pelas mesmas razões, na desconsideração inversa, embora as partes sejam o suscitante e a pessoa jurídica, o sócio poderá manifestar-se, postulando o indeferimento do pedido. Nesse sentido, o REsp 1.208.852.

O juiz poderá determinar as provas necessárias para que suscitante e suscitado comprovem as suas alegações. Concluída a instrução, ele decidirá o incidente, que será resolvido por decisão interlocutória, contra a qual poderá ser interposto recurso de agravo de instrumento (art. 1.015, IV, do CPC).

Como o incidente pode ser instaurado em qualquer fase do processo de conhecimento, é de se admitir que o seja mesmo que o processo se encontre em grau de recurso, caso em que caberá ao relator processar o incidente, cujo procedimento será igual ao daquele suscitado em primeiro grau. Apenas, da decisão interlocutória unilateral do relator, que o decidir, o recurso cabível não será o agravo de instrumento, mas o agravo interno (art. 136, parágrafo único).

5.4. A decisão que resolve o incidente

O incidente é resolvido por decisão interlocutória. Dada a vedação do *bis in idem*, caso o juiz desacolha o pedido, não será possível formulá-lo em outra fase do processo, com os mesmos fundamentos e argumentos do pedido anterior, rejeitados pelo juiz. Mas não haverá óbice que novo pedido seja formulado, desde que fundado em fatos novos, não apresentados e decididos no incidente anterior. Por exemplo, pode ocorrer que, na fase de conhecimento, o autor postule a desconsideração da personalidade jurídica, mas o juiz a rejeite, considerando que a empresa continua funcionando, e que não há indícios de abuso ou má-fé. Mais tarde, o pedido poderá ser novamente formulado, desde que com novos fundamentos. Pode ser que, v.g., depois do julgamento do pedido anterior, a empresa tenha irregularmente fechado as portas, ou tenha se iniciado um processo de confusão patrimonial com os sócios que, apurado, dará ensejo à desconsideração. Se o juiz desacolher a pretensão, o suscitante será condenado a ressarcir eventuais despesas a que tenha dado causa e os honorários advocatícios do suscitado.

Se o juiz acolher o pedido de desconsideração, o sócio não será transformado em codevedor, não se transformará em litisconsorte passivo da pessoa jurídica. Mas, quando se chegar à fase executiva (se o requerimento tiver sido formulado em fase anterior), caso se constate que a empresa não tem recursos para cumprir a obrigação, será dado ao credor solicitar a *penhora de bens do sócio*, a quem foi anteriormente estendida a responsabilidade patrimonial. Realizada a penhora, o sócio poderá valer-se dos meios de defesa próprios da execução, seja a impugnação, quando se tratar de cumprimento de sentença, sejam os embargos de devedor. Se não tiver havido prévio incidente, o juiz não deverá estender a responsabilidade patrimonial ao sócio, devendo indeferir eventual pedido de que bens dos sócios ou da pessoa jurídica (no caso da desconstituição inversa) venham a ser constritos (art. 795, § 4º).

Mesmo que a desconsideração, direta ou inversa, seja deferida, pode o sócio exigir que antes sejam excutidos os bens da sociedade, para só então serem atingidos os dele (art. 795, § 1º). A mesma regra aplica-se no caso de desconsideração inversa. Mas, para que ele exerça esse direito, é preciso que indique bens da sociedade, situados na mesma Comarca, livres e desembargados, suficientes para pagamento do débito (art. 795, § 2º). Como o sócio não é codevedor, mas responsável, se ele pagar a dívida, poderá executar a sociedade nos mesmos autos (art. 795, § 3º). Em virtude dessas regras, se o juiz desconsiderar a personalidade jurídica da empresa na fase de conhecimento e se até a fase de cumprimento de sentença a sociedade amealhar patrimônio suficiente para fazer frente ao débito, bastará ao sócio que nomeie à penhora bens desse patrimônio, exigindo que eles sejam penhorados antes dos seus.

Estabelece ainda o art. 137 do CPC que, "Acolhido o pedido de desconsideração, a alienação ou a oneração de bens, havidos em fraude de execução, será ineficaz em relação ao requerente". A redação não é das melhores, já que o artigo não deixa claro de quem seriam os bens havidos em fraude. Parece-nos que o dispositivo deve ser interpretado no sentido de que somente após a desconsideração da personalidade jurídica é que a alienação de bens do responsável patrimonial (sócio, no caso da desconsideração direta, ou pessoa jurídica, no caso da inversa) poderá ser havido em fraude à execução.

Mas não bastará a desconsideração para que tal ocorra, sendo ainda necessária a prova de má-fé do adquirente, observada a Súmula 375 do Superior Tribunal de Justiça.

5.5. A desconsideração da personalidade jurídica requerida na inicial (art. 134, § 2º)

O autor poderá requerer a desconsideração da personalidade jurídica não como incidente, mas na própria petição inicial, caso em que não haverá intervenção de terceiros, pois o sócio (ou pessoa jurídica, no caso da desconsideração inversa) será incluído como réu na petição inicial e figurará como parte, e não como terceiro interveniente.

Sendo essa a opção do autor, ele não deve incluir o sócio na condição de codevedor. A inicial deve deixar claro que o débito é da empresa, e que a pretensão de cobrança está direcionada contra ela. O que se pretende em relação ao sócio não é a sua condenação ao pagamento do débito, mas o reconhecimento de que ele é responsável patrimonial, uma vez que estão preenchidos os requisitos do direito material para a desconsideração da personalidade jurídica. Serão dois os pedidos formulados na inicial: o condenatório, de cobrança, dirigido contra o devedor; e o de extensão da responsabilidade patrimonial, direcionado contra o sócio e fundado no preenchimento dos requisitos do art. 50 do Código Civil ou do art. 28 do CDC. Se o autor direcionar o pedido de cobrança contra a empresa e o sócio, embora o débito só tenha sido contraído pela primeira, o juiz deverá determinar a emenda da inicial, e se esta não for feita, deverá extinguir o processo em relação ao sócio, por ilegitimidade de parte.

O sócio será citado, na condição de corréu, para oferecer resposta no prazo de 15 dias (observado o art. 229 do CPC). Em sua contestação, deverá defender-se do pedido contra ele direcionado, isto é, o de extensão da responsabilidade patrimonial pelo débito da empresa.

Caso a desconsideração seja requerida na inicial, o processo não ficará suspenso, e o juiz decidirá se cabe ou não a desconsideração na própria sentença. Se ele acolher o pedido de cobrança, condenará a sociedade ao pagamento do débito; e se acolher o pedido de desconsideração, estenderá a responsabilidade patrimonial ao sócio, cujos bens poderão ser penhorados na fase executiva, observadas as restrições do art. 795 do CPC mencionadas, inclusive o benefício de ordem. Nesse caso, o recurso a ser utilizado pelo sócio, caso a desconsideração seja deferida, não será o agravo de instrumento, mas a apelação.

6. DO *AMICUS CURIAE*

Entre as hipóteses de intervenção de terceiros, foi incluída a do *amicus curiae*. Antes da edição do CPC já havia hipóteses, em nosso ordenamento jurídico, nas quais ele poderia intervir. O art. 543-A, § 3º, do CPC de 1973, previa, por exemplo, a possibilidade de manifestação de terceiros na análise da repercussão geral pelo Supremo Tribunal Federal. A lei que regulamenta as ações declaratórias de constitucionalidade e a lei que trata das ações diretas de inconstitucionalidade preveem tal possibilidade. Mas eram hipóteses específicas, em que havia expressa previsão legal autorizando a manifestação desse terceiro.

A novidade introduzida pelo CPC atual foi a possibilidade genérica de admissão dessa forma de intervenção de terceiros, desde que preenchidos os requisitos estabelecidos no *caput* do art. 138. Sem prejuízo dessa autorização geral, o CPC prevê especificamente a intervenção do *amicus curiae* em hipóteses específicas, como no incidente de arguição de inconstitucionalidade (art. 950, § 3º); no incidente de resolução de demandas repetitivas (art. 983, § 1º); na análise de repercussão geral (art. 1035, § 4º) e na análise de recursos repetitivos (art. 1.038, II).

A intervenção do *amicus curiae* é peculiar porque ele não intervém nem como parte, nem como auxiliar da parte, mas como verdadeiro auxiliar do juízo.

O *amicus curiae* é terceiro que, conquanto não tenha interesse jurídico próprio, que possa ser atingido pelo desfecho da demanda em andamento, como tem o assistente simples, representa um interesse institucional, que convém seja manifestado no processo, para que, eventualmente, possa ser considerado quando do julgamento. Ele funciona como um auxiliar do juízo porque, nas causas de maior relevância ou de maior impacto, ou que possam ter repercussão social, permite que o Judiciário tenha melhores condições de decidir, levando em consideração a manifestação dele, que figura como porta-voz de interesses institucionais, e não apenas de interesses individuais das partes.

O *amicus curiae* poderá ser uma pessoa, um órgão ou uma entidade, que não tem interesse próprio na causa, mas cujos interesses institucionais poderão ser afetados. Convém, pois, que seja ouvido, para que a decisão, proferida num litígio específico, não acabe afetando interesses gerais, que não puderam ser captados ou percebidos pelo julgador. É preciso que o terceiro tenha interesse na controvérsia, mas não o interesse jurídico que autoriza a assistência simples, e que exige relação jurídica com uma das partes, que possa ser afetada pela decisão. Seu papel é ser porta-voz de um interesse institucional, de cunho mais geral, que convém seja ouvido, para que o julgamento possa ser aprimorado. Desse rápido contorno, resultam os requisitos para que seja admitida a sua intervenção.

6.1. Requisitos para a intervenção

Os requisitos genéricos são fixados pelo art. 138 do CPC, e estão intimamente relacionados com o papel que o *amicus curiae* desempenha.

Os requisitos relativos ao tipo de demanda na qual ele poderá intervir são:

a) a relevância da matéria: a lei faz uso de termo vago, que se assemelha àquele exigido para que haja repercussão geral. O art. 1.035, § 5º, reconhece a repercussão geral das causas que tenham relevância do ponto de vista econômico, político, social ou jurídico. A primeira hipótese que justifica a intervenção do *amicus curiae* é justamente a relevância, que pode ser também econômica, política, social ou jurídica. O que sobreleva é que a questão discutida transcenda o mero interesse individual das partes para que se justifique a manifestação de um terceiro, portador de um interesse institucional;

b) a especificidade do tema objeto da demanda: é possível que o objeto da demanda exija conhecimentos particulares, específicos, que justifiquem a intervenção do *amicus curiae*. Aqui também ele intervirá como portador de um interesse institucional, quando a questão discutida, ainda que específica, transcenda o interesse das partes, sem o que não se justifica a intervenção;

c) a repercussão social da controvérsia: essa hipótese mantém vinculação com as anteriores, sobretudo com a primeira, já que não pode ser considerada irrelevante uma controvérsia que tenha repercussão social. É preciso que essa repercussão mobilize um interesse institucional, do qual o *amicus curiae* seja portador.

Os requisitos relativos ao terceiro que intervenha como *amicus curiae* são:

a) que seja terceiro, não se podendo admitir quem a qualquer título já integra a lide;

b) pessoa natural ou jurídica, órgão ou entidade especializada: o art. 138, *caput*, afasta qualquer dúvida que possa ainda haver a respeito da possibilidade de pessoa natural ser admitida como *amicus curiae*.

c) a representatividade adequada: é preciso que fique evidenciado o interesse institucional, do qual o *amicus curiae* seja portador, e a relação desse interesse com o objeto do processo.

6.2. Procedimento da intervenção

As particularidades do *amicus curiae* e de sua posição no processo explicam porque se trata da única forma de intervenção de terceiros que pode ser determinada pelo juiz ou pelo tribunal de ofício. As outras, examinadas anteriormente, ou eram provocadas por alguma das partes, ou decorriam de requerimento voluntário do próprio terceiro. A intervenção do *amicus curiae* pode ser determinada de ofício. Mas também pode ser requerida pelas partes ou pelo próprio terceiro que queira intervir nessa qualidade, demonstrando que preenche os requisitos do art. 138, *caput*. Deferida a intervenção, o que se fará por decisão irrecorrível do juiz ou do relator, o terceiro será intimado a manifestar-se no prazo de 15 dias.

A participação do *amicus curiae* consistirá basicamente em emitir uma manifestação, opinar sobre a matéria que é objeto do processo em que ele foi admitido. A manifestação não é, propriamente, no sentido de que o juízo acolha ou desacolha a ação. Ele opinará sobre a questão jurídica, suas repercussões e sua relação com o interesse institucional do qual ele é portador.

A intervenção do *amicus curiae* não poderá provocar nenhuma alteração de competência. Ainda que se trate de órgão ou entidade federal que intervenha em processo de competência da justiça estadual, a competência não se deslocará. Também não cabe a ele praticar atos processuais, além daquele relativo à sua manifestação. Por isso, ao contrário de um assistente simples que pode praticar, em regra, quase todos os atos processuais próprios das partes, desde que elas não se oponham, a intervenção do *amicus curiae* é restrita. É certo que o art. 138, § 2º, estabelece que cabe ao juiz definir os poderes do "amicus curiae". Mas essa disposição há de observar a posição dele no processo. O que o juiz definirá é a atuação dele no que concerne à sua manifestação, podendo delimitá-la ou estabelecer regras sobre a forma pela qual essa manifestação se dará. A lei lhe atribui a faculdade de recorrer apenas em duas situações: a) para opor embargos de declaração, isto é, não para manifestar inconformismo, mas apenas para solicitar integração, correção ou aclaramento da decisão; b) ou para insurgir-se contra a decisão que julgar o recurso de resolução de demandas repetitivas. Fora dessas duas hipóteses, ele não tem legitimidade recursal.

capítulo IV
A INTERVENÇÃO DO MINISTÉRIO PÚBLICO NO PROCESSO CIVIL

1. INTRODUÇÃO

A CF incluiu o Ministério Público entre as funções essenciais à justiça. O art. 127 atribui a ele a defesa da ordem jurídica, do regime democrático e dos interesses sociais e individuais indisponíveis. São seus princípios institucionais a unidade, a indivisibilidade e a independência funcional.

Para o pleno exercício de suas funções, ele recebe legitimidade da CF, para atuar em processos na qualidade de parte ou de fiscal da ordem jurídica (*custos legis*). O CPC, arts. 177 e 178, rege, basicamente, a atuação do Ministério Público nos processos cíveis. O primeiro atribui legitimidade à instituição, para ajuizar ações, nos casos previstos em lei, e o segundo, para intervir como fiscal da ordem jurídica.

2. O MINISTÉRIO PÚBLICO PARTE

O *parquet* tem capacidade de ser parte e postulatória, para propor ações, nos casos previstos em lei.

A CF, art. 129, III, atribui a ele legitimidade para promover a ação civil pública, para a proteção do patrimônio público e social, do meio ambiente e de outros interesses difusos e coletivos. Essa a missão constitucional, por excelência, da instituição: a defesa dos interesses públicos e coletivos. Para tanto, ela não precisa de autorização legal, já que a sua legitimidade decorre da própria Carta Magna.

Além disso, a CF, art. 129, IX, permite que ao Ministério Público sejam conferidas, por lei, outras funções, desde que compatíveis com a sua finalidade. Por isso, em alguns casos, pode o Ministério Público ajuizar ações individuais, como acontece, por exemplo, nas investigações de paternidade (Lei n. 8.560/92) e nas ações para defesa de interesses individuais homogêneos (art. 82, I, do Código do Consumidor).

Para o ajuizamento das ações civis públicas, a legitimidade do Ministério Público é concorrente e disjuntiva, o que significa que ele compartilha dessa legitimidade, em igualdade de condições, com outros entes, como se verifica da leitura do art. 5º da Lei n. 7.347/85. A ação civil pública presta-se à tutela de interesses difusos, coletivos e individuais homogêneos, definidos no art. 81 e incisos do Código de Defesa do Consumidor.

A lei permite ao Ministério Público, sem prejuízo de outros legitimados, ajuizar ações, no campo do processo de conhecimento e no de execução. Neste último, porém, haverá restrição quanto aos direitos individuais homogêneos, que só poderão ser liquidados pelos respectivos interessados, cabendo ao *parquet* apenas a liquidação e execução coletivas, em favor do fundo de que trata a lei da ação civil pública.

Além das ações coletivas, ele recebe da lei legitimidade para o ajuizamento de algumas ações individuais. Por exemplo, para o ajuizamento das ações de investigação de paternidade, conforme atribuição que lhe foi dada pela Lei n. 8.560/92. Também pode ajuizar em favor da vítima pobre a ação civil *ex delicto*, conforme reconhecido pelo Supremo Tribunal Federal, que entendeu ter havido a recepção, pela CF de 1988, do art. 68 do Código de Processo Penal (o Supremo Tribunal Federal decidiu que a atribuição para propor ação civil *ex delicto* foi transferida, pela CF, para a Defensoria Pública. Porém, onde ela ainda não existir, ou quando a sua atuação ainda não for suficiente para dar conta dos casos, o Ministério Público continuará legitimado). Nesses exemplos, a legitimidade do Ministério Público é extraordinária. Tem também legitimidade para ajuizar ação de nulidade de casamento (CC, art. 1.549), de extinção de fundação (CC, art. 69), de nulidade de ato simulado em prejuízo de norma de ordem pública (CC, art. 168) ou de suspensão e destituição do poder familiar (CC, art. 1.637). E ação de alimentos em favor de crianças e adolescentes, independentemente de estarem em situação de risco e sem outros questionamentos a respeito da existência ou eficiência da Defensoria Pública na Comarca (REsp 1.265.821-BA e REsp 1.327.471-MT, Rel. Min. Luis Felipe Salomão, julgados em 14-52014).

Embora o CPC, art. 177, atribua ao Ministério Público apenas legitimidade ativa, haverá situações, embora raras, em que ele será réu. Por exemplo, em ação rescisória ou em embargos à execução relacionados com ações propostas por ele.

Quando figura como autor ou réu, ao *parquet* cabem os mesmos poderes e ônus que às partes, observadas, no entanto, algumas peculiaridades que advêm de sua condição e missão institucional. Por exemplo, em qualquer qualidade em que atue, seja como parte ou fiscal da ordem jurídica, o Promotor de Justiça terá benefícios de prazo, na forma do CPC, art. 180.

A sua intimação será, em regra, feita pela via eletrônica, na forma do art. 270, c/c § 1º, do CPC.

É possível, ainda, que o Ministério Público desista de eventual ação que tenha proposto, ou renuncie ao direito de interpor recursos, para que as decisões transitem em julgado com mais presteza. Nesse sentido, a lição de Nelson e Rosa Nery: "Havendo justificado motivo, poderá o MP desistir da ação civil pública por ele ajuizada. O que é indisponível, para o MP, é o direito material objeto da ação civil pública, mas não o direito processual de ação no caso concreto. Com a desistência não há coisa julgada, de sorte que a mesma ação, até pelo mesmo órgão do MP que dela desistira, pode ser reproposta. O MP pode desistir do recurso por ele interposto, ou renunciar ao poder de recorrer, faculdades processuais que não atingem o direito material indisponível tutelado no processo pelo *parquet*. No processo penal há dispositivo expresso proibindo a desistência do recurso pelo MP (CPP 576). Não havendo proibição expressa no CPC, é permitido ao MP assim agir"[1].

Questão controversa é a da possibilidade de serem carreados à Fazenda os honorários de sucumbência quando o Ministério Público for vencido. Para Cândido Dinamarco, eles são devidos em sua plenitude, mesmo que o *parquet* não tenha agido de má-fé, porque o Código de Defesa do Consumidor e a Lei da Ação Civil Pública contêm dispositivos determinando que as associações autoras, quando vencidas, só paguem a verba de sucumbência quando litiguem de má-fé. Como tais normas não abrangem o Ministério Público, para eles o princípio da sucumbência seria pleno, devendo aplicar-se o disposto no art. 20 do CPC[2].

No entanto, parece-nos que nem o Ministério Público nem a Fazenda respondem por honorários advocatícios quando o *parquet* for vencido. Se ele tiver agido de má-fé, com fraude ou abuso de direito, haverá responsabilização pessoal do promotor, nos termos do CPC, art. 181. No entanto, como nem o Ministério Público nem a Fazenda beneficiam-se dos honorários, não seria legítimo que fossem compelidos a pagá-los quando vencidos.

---

1. Nelson Nery Junior e Rosa Nery, *Código*, cit., p. 466.

2. Cândido Rangel Dinamarco, *Instituições*, cit., v. 2, p. 438.

3. O MINISTÉRIO PÚBLICO COMO FISCAL DA ORDEM JURÍDICA

O CPC, art. 178, enumera, em rol apenas exemplificativo, situações em que haverá necessidade de intervenção do Ministério Público como fiscal da ordem jurídica (*custos legis*).

Há entendimentos doutrinários que distinguem, dentre as hipóteses desse dispositivo, algumas em que o *parquet* é mero fiscal, não atuando em favor de nenhuma das partes, e outras em que a atuação ministerial justifica-se em proveito de uma delas, a mais frágil da relação processual. De acordo com esse entendimento, o Ministério Público é fiscal da ordem jurídica quando atua livremente, buscando apenas a preservação da lei e do interesse público. Mas é auxiliar da parte quando sua atuação decorre da qualidade de uma das partes, que é a mais frágil da relação jurídica (como quando há incapazes). Nesses casos, teria a instituição o "dever de atuar sempre no interesse desses assistidos, sendo ilegítima e constituindo desvio funcional a emissão de pareceres contra eles, interposição de recurso contra decisões ou sentenças que os favoreçam, etc."[3].

Parece-nos, porém, que quando o Ministério Público não é autor ou réu, sua participação é sempre como fiscal da ordem jurídica, e não se pode atribuir-lhe atuação vinculada aos interesses de uma das partes. Incumbe-lhe velar para que elas lutem com igualdade de armas em juízo, resguardando os interesses do mais fraco. Mas isso não implica que ele seja obrigado a manifestar-se em favor dela sempre, ainda que suas postulações ou interesses contrariem normas de ordem pública e o interesse coletivo. A sua obrigação é zelar para que o incapaz ou a parte frágil tenham assegurada a isonomia substancial com a parte contrária. Quando, porém, constatar que suas postulações são ilegítimas, caberá ao Ministério Público manifestar-se de acordo com a sua convicção, ainda que em detrimento do incapaz.

As hipóteses de intervenção mencionadas pelo CPC, art. 178, são as seguintes:

a) Quando houver interesse público ou social. O interesse público a que alude o dispositivo não se confunde com o interesse de pessoa jurídica de direito público. A qualificação de um interesse como público deve levar em conta a sua natureza, e não apenas o seu titular. Por interesse público deve-se

3. Cândido Rangel Dinamarco, *Instituições*, cit., v. 2, p. 428.

entender todo aquele que esteja no âmbito das atribuições constitucionais do Ministério Público, elencadas no art. 129, da CF, bem como eventuais outros que, no caso concreto, possam demonstrar que a relevância da questão discutida justifique a sua participação. Por isso, o parágrafo único do art. 178 estabelece que a participação da Fazenda Pública, por si só, não configura hipótese de intervenção do Ministério Público.

b) Interesses de incapazes: a incapacidade é regida pela lei civil e pode ser de dois graus: absoluta e relativa (Código Civil, arts. 3º e 4º, com redação pela Lei n. 13.146/2015). Em ambas, a intervenção faz-se necessária. Deve haver a participação do *parquet* ainda que a incapacidade seja apenas de fato. Se o juiz percebe que uma das partes, apesar de não interditada, encontra-se em uma das situações de incapacidade descritas pela lei civil, deverá abrir vista ao promotor de justiça. Também não há necessidade de que o incapaz seja parte, bastando que tenha interesse, como nos processos em que há um espólio, no qual figuram bens que lhe serão destinados.

Nesta, como em todas as outras situações em que houver necessidade de intervenção do Ministério Público, a sua ausência implicará a nulidade absoluta do processo. No entanto, ela deixará de ser declarada se o incapaz sair-se vencedor, não tendo sofrido, destarte, nenhum prejuízo. O juiz deverá anular o processo se tiver havido prejuízo ao incapaz pela ausência de intervenção do Ministério Público, ainda que, no interregno, haja cessado a incapacidade. Embora o promotor não mais intervenha, a sua ausência quando era para ter intervindo justifica a nulidade.

c) Causas que envolvem litígios coletivos pela posse da terra rural e urbana. O dispositivo encontra correspondência com o art. 565, § 2º, que trata das ações possessórias em que há litígio coletivo pela posse de imóvel rural. Nessas ações, o Ministério Público deve intervir. No CPC de 1973, tal exigência existia apenas quando o litígio versava imóvel rural. O CPC atual estendeu a exigência também para o litígio sobre imóvel urbano.

Além dessas três hipóteses, há inúmeras outras previstas em lei especial. O Ministério Público intervirá como fiscal da ordem jurídica nos mandados de segurança, ações populares, ações civis públicas ajuizadas por outros legitimados, nas ações que tiverem a participação de fundações, nas que se relacionarem a registros públicos, incluindo as de usucapião de imóveis, nas falências, nas de declaração de inconstitucionalidade e em todas as outras em que ficar evidenciado o interesse público, como indicado no CPC, art. 178, I. Não é obrigatória a intervenção do *parquet* em todos os procedimentos de jurisdição voluntária, mas apenas naqueles em que estiver presente uma das hipóteses do art. 178.

Quando fiscal da ordem jurídica, o promotor de justiça intervirá depois das partes, sendo pessoalmente intimado, com abertura de vista para manifestar-se sobre todos os atos do processo. Deverá zelar pela observância da lei e dos interesses públicos subjacentes ao litígio. Terá todos prazo em dobro. Tem o direito de recorrer das decisões judiciais, e de arguir incompetência, mesmo que relativa, nos processos em que intervir (art. 65, parágrafo único).

Poderá, ainda, produzir provas e requerer as medidas processuais pertinentes (CPC, art. 179, II).

4. PROCEDIMENTO DA INTERVENÇÃO MINISTERIAL

Em um processo, só se manifestará um promotor de justiça, ainda que haja várias causas para a intervenção ministerial. Pode ocorrer que, em determinado processo, exista um incapaz, que postula algo relacionado a registros públicos, sendo a parte contrária uma massa falida. Embora sejam três as causas de intervenção, só um promotor de justiça atuará, seja como parte ou fiscal da ordem jurídica. Por isso, se a ação foi proposta por ele, não haverá necessidade de intervenção do Ministério Público como fiscal da ordem jurídica.

A participação do *parquet* no processo é ato complexo. Cumpre ao juiz verificar se estão ou não presentes os requisitos para a intervenção ministerial. Se entender que sim, determinará a abertura de vista ao Promotor. Pode ser que este, no entanto, entenda estarem ausentes os requisitos para a sua participação, caso em que deixará de manifestar-se, justificando a sua recusa. O juiz a analisará e, se dela discordar, encaminhará os autos à Procuradoria-Geral de Justiça, para que a examine (art. 28 do CPP). O procurador-geral, caso entenda necessária a participação do *parquet*, designará promotor para atuar no feito. Do contrário, o processo prosseguirá sem a sua participação, mas o Ministério Público e as partes não poderão requerer a sua nulidade, já que à instituição foi dada a possibilidade de manifestar-se. Pode ainda ocorrer o inverso: o juiz entender que não há razão para a intervenção ministerial e não abrir vista ao promotor. Este, descobrindo o processo, pode peticionar requerendo a abertura de vista para manifestar-se. Se o juiz recusar, ele poderá agravar dessa decisão, cabendo aos tribunais decidir.

Para a intervenção ministerial é preciso, portanto, que haja a concordância do Poder Judiciário e do Ministério Público quanto à sua necessidade.

capítulo V
DO JUIZ

1. INTRODUÇÃO

Depois de tratar das partes e dos seus procuradores, o CPC passa a cuidar do juiz e dos auxiliares da justiça.

Não se confunde o órgão jurisdicional, ao qual se atribui a competência para decidir determinadas ações, e que pode ser denominado juízo, com a pessoa do juiz. Os órgãos jurisdicionais, que podem ser colegiados ou unipessoais, são compostos por um ou vários juízes e os seus respectivos auxiliares, que são as pessoas encarregadas de providenciar o apoio necessário para o exercício da jurisdição.

O juiz é um dos sujeitos do processo, mas a sua posição é a de impessoalidade e imparcialidade. Desde que o Estado assumiu para si, em caráter de exclusividade, a responsabilidade por sua solução, os conflitos de interesse passaram a ser decididos de forma imparcial. Cabe ao juiz, que ocupa o vértice da relação jurídica processual, analisar e apreciar as informações que lhe são trazidas pelas partes, a quem é garantido um tratamento substancialmente igualitário, e afinal proferir uma solução imparcial, que abrange não apenas o desfecho do conflito, mas a efetivação do direito assegurado a uma delas.

O processo é o instrumento pelo qual se assegura o exercício da jurisdição. O juiz é seu diretor, com a colaboração dos auxiliares. A direção não se aperfeiçoa de acordo com a sua livre vontade, mas segundo as regras previamente estabelecidas nas leis processuais, das quais ele é mero executor. Para que possa bem desincumbir-se de suas funções, a lei exige que o juiz do processo seja imparcial. Enquanto a competência é atributo do órgão jurisdicional, a imparcialidade é garantia do jurisdicionado em relação ao julgador. É a segurança que ele tem de que os atos judiciais serão equidistantes das partes.

A CF não menciona expressamente o dever de imparcialidade, mas garante ao jurisdicionado o direito ao juiz natural, e essa qualidade só pode ser atribuída àquele órgão que seja o competente e ao juiz que possa apreciar o conflito submetido à sua decisão com imparcialidade.

A lei enumera as situações em que o juiz não terá isenção de ânimos suficiente para julgar o litígio. Como ser humano, ele vive em sociedade e mantém relações com pessoas e interesses por coisas.

Por isso, preventivamente, a lei estabelece situações em que o juiz deve afastar-se de um processo. Para assegurar a sua imparcialidade, o CPC enumera situações em que o considera impedido e suspeito (arts. 144 e 145). E regula a forma pela qual as partes podem suscitar o impedimento e a suspeição do julgador. Em caso de impedimento, ela ainda prevê a possibilidade de ajuizamento de ação rescisória da sentença.

Com essas regras, procura-se assegurar que o magistrado seja isento de ânimo no julgamento. Trata-se, em verdade, de medidas preventivas, que visam afastar o juiz envolvido com as partes, seus advogados ou com o objeto do litígio, para que ele não se deixe levar pelos próprios interesses ou pelos referentes a pessoas e coisas a ele relacionadas.

Todavia, como acentua Dinamarco, além de medidas preventivas, há as repressivas, aplicáveis quando se constatar não mais uma potencial, mas sim efetiva parcialidade, "prejudicando uma das partes para favorecer outra – quer ele o haja feito por corrupção, vingança, simpatia, ou motivado por qualquer outro interesse ou sentimento impróprio à sua condição funcional. À parte as sanções criminais a que o juiz se expõe quando assim se conduz, pelo aspecto processual a reação é idêntica à que sanciona a participação do juiz impedido"[1].

2. IMPEDIMENTO E SUSPEIÇÃO DO JUIZ

Em dois graus a lei desdobra as potenciais hipóteses de parcialidade do juiz: o impedimento e a suspeição. No primeiro, a ele é vedada a participação no processo, porque mais intensa a possibilidade de que não venha a permanecer isento e equidistante ao conduzi-lo; na suspeição, o risco é menor, mas mesmo assim é conveniente que ele se afaste, pois ainda há o potencial risco de falta de isenção.

O impedimento ou a suspeição só podem ser verificados em relação a determinado processo, e o juiz não fica impossibilitado de julgar todas as

1. Cândido Rangel Dinamarco, *Instituições*, cit., v. 2, p. 223.

causas, mas somente aquelas em relação às quais esteja nas situações previstas no CPC, arts. 144 e 145.

As hipóteses de impedimento são todas objetivas, de mais fácil demonstração; as de suspeição têm um cunho pessoal, e nem sempre são de fácil constatação.

São hipóteses de impedimento, que tornam defeso ao juiz atuar no processo, seja ele de jurisdição contenciosa ou voluntária:

a) ter intervindo como mandatário da parte, oficiado como perito, funcionado como órgão do Ministério Público ou prestado depoimento como testemunha;

b) ter participado dele em outro grau de jurisdição, nele proferindo decisão;

c) funcionar como defensor público, advogado ou membro do Ministério Público o seu cônjuge ou companheiro ou qualquer parente, consanguíneo ou afim, em linha reta, ou na linha colateral até terceiro grau, inclusive. Nesse caso, o impedimento do juiz só se dará quando o defensor público, o advogado ou o membro do Ministério Público já estiver atuando na causa. Caso contrário, se o juiz estiver na condução do processo anteriormente, quem ficará impedido de dele participar será o advogado, o defensor público ou o membro do Ministério Público;

d) figurar como parte no processo o próprio juiz, seu cônjuge ou companheiro, parente, consanguíneo ou afim, em linha reta ou colateral até o terceiro grau, inclusive;

e) figurar o juiz como sócio ou membro de direção ou de administração de pessoa jurídica parte no processo;

f) ser herdeiro presuntivo, donatário ou empregador de qualquer das partes;

g) figurar como parte instituição de ensino com a qual tenha relação de emprego ou decorrente de contrato de prestação de serviço;

h) figurar como parte cliente do escritório de advogado de seu cônjuge, companheiro ou parente, consanguíneo ou afim, em linha reta ou colateral, até terceiro grau, inclusive, mesmo que patrocinado por advogado de outro escritório;

i) promover ação contra a parte ou seu advogado.

Essas circunstâncias são indicativas de que o juiz não permanecerá indiferente ao resultado, de maneira que lhe é vedado assumir a condução do processo. Todas elas são de fácil demonstração, feita, em regra, por simples documentos. É dever do juiz impedido tomar a iniciativa de afastar-se do processo. As partes poderão requerer que o faça, e, se ele não reconhecer espontaneamente a sua condição, um órgão jurisdicional superior o fará, determinando o afastamento. Os atos praticados por juiz impedido, incluindo a sentença, são nulos e ensejam ação rescisória, ainda que ele tenha conduzido o processo de forma equânime. Não há necessidade de prova de prejuízo, que é suposto como decorrência da sua participação no processo, para que a nulidade seja declarada.

O art. 145, por sua vez, estabelece que haverá a suspeição do juiz quando:

a) ele for amigo íntimo ou inimigo de qualquer das partes ou seus advogados;

b) alguma das partes for credora ou devedora do juiz, de seu cônjuge ou companheiro ou de parentes destes, em linha reta ou colateral até o terceiro grau, inclusive;

c) receber presentes de pessoas com interesse na causa antes ou depois de iniciado o processo, aconselhar alguma das partes acerca do objeto da causa ou subministrar meios para atender às despesas do litígio;

d) ele for interessado no julgamento da causa em favor de uma das partes;

e) houver razões de foro íntimo.

Em todas há um aspecto comum: a possibilidade de que o juiz venha a ter interesse no desfecho do litígio. Por isso que, de uma certa maneira, a hipótese aberta da letra "d" abrange todas as demais.

O interesse do juiz é menos intenso do que nos casos de impedimento, porque menor a relação dele com as partes ou com o objeto do processo. Por isso, as consequências da suspeição são menores e menos graves que as do impedimento. Este constitui matéria de ordem pública e tem natureza de verdadeira objeção. Por isso, pode ser alegado por qualquer das partes, em qualquer tempo e grau de jurisdição, ensejando ação rescisória.

A suspeição, por sua menor gravidade, indica ao juiz hipóteses em que é conveniente que ele se afaste. Se não o fizer, a lei atribui às partes a possibilidade de argui-la.

Mas, se elas não o fizerem, a matéria tornar-se-á preclusa, não podendo ser invocada posteriormente, nem ensejando qualquer tipo de nulidade do processo. Com maior razão, não poderá haver ação rescisória fundada em suspeição. O juiz pode, de ofício, dar-se por suspeito, mesmo que a parte não tenha suscitado a matéria ou tenha perdido o prazo para fazê-lo. Entretanto, a suspeição, ao contrário do impedimento, é matéria que, para as partes, preclui.

Em caso de arguição de impedimento e suspeição, pode o próprio juiz espontaneamente afastar-se. Se não o fizer, porém, deve remeter a questão à apreciação de órgão jurisdicional superior.

3. INCIDENTE DE IMPEDIMENTO E SUSPEIÇÃO

Como visto no item anterior, as causas de impedimento são muito mais graves que as de suspeição. Ambas podem ser reconhecidas de ofício pelo juiz, mas somente o impedimento gerará nulidade absoluta capaz de ensejar posterior ajuizamento de ação rescisória.

O impedimento não preclui nem para as partes, nem para o juiz, podendo ser alegado a qualquer tempo; já a suspeição, se não alegada no prazo, preclui para as partes, mas não para o juiz, que, de ofício e a qualquer tempo, poderá reconhecê-la.

É preciso distinguir: o impedimento pode ser alegado a qualquer tempo, mas o incidente de impedimento deve ser suscitado por petição apresentada no prazo de 15 dias a contar da ciência de sua causa. Ultrapassado esse prazo, o impedimento ainda pode ser alegado, mas não mais como incidente em separado, que pode suspender o processo caso o relator lhe atribua esse efeito.

A arguição de suspeição e de impedimento pode ser feita tanto pelo autor quanto pelo réu. A petição será dirigida ao juiz da causa e deverá ser fundamentada com a indicação das razões pelas quais a parte entende que o juiz não é imparcial. Ela poderá ser instruída com documentos e conter rol de testemunhas. Deve indicar com clareza qual o juiz impedido ou suspeito, uma vez que a parcialidade não é do juízo, mas de determinado juiz. Tem prevalecido o entendimento de que não há necessidade de procuração com poderes especiais para que o advogado possa suscitá-la

A peculiaridade desse incidente é que o suscitado não será a parte contrária, mas o próprio juiz da causa. O adversário do suscitante no processo nem sequer se manifesta.

Apresentada a petição, o juiz da causa poderá adotar uma entre duas posturas possíveis: reconhecer a causa de impedimento ou suspeição, passando a condução do processo ao seu substituto automático, caso em que a petição não será remetida à apreciação da instância superior, não cabendo recurso da decisão do juiz que se reconheceu impedido ou suspeito; ou, então, negar a causa de impedimento ou suspeição que lhe é imputada. Nesse caso, mandará autuar a petição, apresentará as razões de sua negativa, no prazo de 15 dias, instruindo a sua manifestação com eventuais documentos e rol de testemunhas. Em seguida, enviará o incidente para órgão de superior instância, competente para o seu julgamento. Não cabe ao próprio juiz da causa decidir da sua imparcialidade, mas a órgão do Tribunal ao qual está subordinado. No Estado de São Paulo, à Câmara Especial do Tribunal de Justiça.

Uma das condutas descritas anteriormente terá de ser tomada; o juiz não pode, por exemplo, indeferir a inicial da arguição – ainda que por intempestividade ou desobediência à forma legal – porque não é ele quem a julga.

No Tribunal, o relator declarará se recebe o incidente com ou sem efeito suspensivo. Diante dos termos do art. 146, § 2º, inciso I, que diz que o processo voltará a correr se for negado efeito suspensivo, depreende-se que, desde o protocolo da petição em que se arguiu o impedimento ou a suspeição, o processo terá ficado suspenso e assim permanecerá se o efeito suspensivo for deferido. Mas, se o relator negar efeito suspensivo, o processo, que desde a apresentação da petição estava suspenso, voltará a correr.

O órgão julgador, verificando que a alegação é improcedente, rejeitá-la-á. Se procedente, acolhê-la-á e determinará a substituição do juiz, condenando-o ao pagamento das custas do incidente, desde que se trate de impedimento ou de manifesta suspeição. Caberá a esse mesmo órgão deliberar sobre o momento a partir do qual o juiz não podia mais ter atuado, decretando a nulidade dos atos praticados pelo juiz impedido ou suspeito. Havendo necessidade, antes de decidir, o Tribunal poderá colher as provas necessárias, designando audiência para ouvir as testemunhas arroladas.

Da decisão do Tribunal que acolher o incidente, caberá recurso do juiz. E, da que não o acolher, caberá eventual recurso da parte. Se o fato causador do impedimento ou da suspeição só vier à luz depois de prolatada a sentença, a medida adequada será recorrer dela, suscitando a sua nulidade, por ter sido proferida por juiz parcial. Mas se tiver já transitado em julgado, restará apenas, na hipótese de impedimento, propor ação rescisória.

4. PODERES E DEVERES DO JUIZ

O CPC, art. 139, enumera os poderes e deveres do juiz no processo. Compete-lhe a condução do processo, respeitadas as determinações constitucionais e legais, para que se assegure um resultado rápido e eficiente. Para tanto, deve impulsioná-lo, até que se chegue ao resultado final.

O primeiro dos deveres do juiz é assegurar às partes igualdade de tratamento. O princípio da isonomia tem estatura constitucional e deve ser observado. A isonomia deve ser substancial, não apenas formal. Isso exige do juiz um tratamento igualitário entre as partes, o que inclui a obrigação de compensar eventuais desigualdades porventura existentes.

A isonomia exige sempre a atuação imparcial do juiz, garantida de forma preventiva pela vedação de que o processo seja conduzido por juízes impedidos e suspeitos, e de forma repressiva pela nulidade dos atos processuais perpetrados por juízes que tenham atuado de forma parcial.

No CPC há diversos dispositivos cuja finalidade é assegurar o tratamento igualitário às partes: a exigência de dar a elas prazos iguais (art. 218, § 3º), com benefícios àqueles que atuam em grande número de processos, como o Ministério Público e a Fazenda Pública (arts. 180 e 183); o dever de dar vista às partes de todos os documentos juntados aos autos, assegurando-lhes a possibilidade de manifestação; o dever de ouvir e examinar os requerimentos das partes. Também tem a obrigação de buscar afastar eventuais desigualdades, assegurando uma isonomia substancial. Para tanto, pode garantir a uma das partes a assistência judiciária gratuita ou valer-se de seu poder para determinar a produção de provas de ofício (CPC, art. 370).

Também é dever do juiz velar pela duração razoável do processo. Embora a iniciativa da propositura da ação seja do autor, o processo caminha por impulso oficial. Compete ao juiz, na direção do processo, exigir pontualidade de seus auxiliares, pronto cumprimento de suas determinações e decidir, ele próprio, com celeridade, evitando a realização de atos e incidentes desnecessários e protelatórios que possam ser requeridos pelas partes.

É ainda seu dever prevenir ou reprimir qualquer ato contrário à dignidade da justiça.

O CPC contém diversas normas que atribuem ao juiz poderes de repressão de atos desleais das partes. Por mais intenso que seja o conflito de interesses, elas e o juiz devem comportar-se com urbanidade e de forma leal.

A boa-fé processual é requisito indispensável para que o processo possa chegar a bom termo. Por isso, deve o juiz valer-se dos poderes de que a lei o muniu para reprimir os atos que ofendam a dignidade da justiça, punindo aqueles que o praticaram e tomando as providências necessárias para que eles não se repitam. Além dos poderes atribuídos pelo CPC, nos arts. 77, 80, 772 e 774, ele tem o poder de polícia nas audiências, podendo dele se utilizar para assegurar a tranquilidade e o bom andamento dos trabalhos. Deve o juiz impedir ainda que as partes façam uso indevido do processo para obter com isso finalidades ilícitas ou impróprias, obstando a colusão, que é a aliança entre as partes com finalidade ilícita. Se a constatar, deve proferir decisão que frustre os objetivos pretendidos pelas partes, punindo-as adequadamente.

Deve, ainda, determinar todas as medidas indutivas, coercitivas, mandamentais ou sub-rogatórias necessárias para assegurar o cumprimento da ordem judicial, inclusive nas ações que tenham por objeto prestação pecuniária. Trata-se de poder atribuído ao juiz, destinado a que ele torne efetivo o cumprimento de suas decisões. A lei mune o juiz de poderes para impor a realização dos atos por ele determinados e das ordens dele emanadas. Embora o juiz possa se valer desse dispositivo em qualquer tipo de processo, já que em todos eles podem ser emitidas ordens ou determinações para cumprimento das partes, o dispositivo é de fundamental relevância nos processos de pretensão condenatória, seja na fase cognitiva, seja na fase de cumprimento de sentença e nas execuções. Os arts. 536, § 1º, e 538, § 3º, ambos do CPC, formulam um rol, meramente exemplificativo, das medidas coercitivas e sub-rogatórias que o juiz pode impor para tornar efetivo o cumprimento de obrigação de fazer, não fazer ou entregar coisa: entre outras, multa, busca e apreensão, remoção de pessoas e coisas, desfazimento de obras e impedimento de atividade nociva, podendo, caso necessário, requisitar o auxílio de força policial. Além disso, o art. 77, IV, impõe a todos aqueles que participam do processo a obrigação de cumprir com exatidão as decisões jurisdicionais, de natureza provisória ou final, e não criar embaraços à sua efetivação, sob pena de praticar ato atentatório à dignidade da justiça, que permitirá ao juiz impor as sanções previstas no § 2º do art. 77. O art. 139, IV, determina que as medidas estabelecidas para a efetivação das ordens judiciais aplicam-se também às obrigações que tenham por objeto prestação pecuniária, isto é, as obrigações por quantia. Como a lei não faz nenhuma ressalva, parece-nos que todas as medidas coercitivas ou sub-rogatórias previstas para as obrigações de fazer ou não fazer estendem-se às obrigações por quantia, inclusive a relativa ao pagamento de multa diária ("astreintes"), o que, de maneira geral, não era admitido na legislação anterior. Porém, a imposição de meios coercitivos, como a multa, nas obrigações por quantia, deverá ser de aplicação excepcional ou subsidiária, quando os meios de sub-rogação não forem eficazes. Se o devedor tiver bens, o cumprimento da obrigação continuará sendo feito, primacialmente, com o arresto e a penhora deles para oportuna expropriação e pagamento do credor. Apenas nos casos em que os meios de sub-rogação não se mostrarem eficazes, porque o devedor oculta maliciosamente os bens, ou causa embaraços ou dificuldades à sua constrição, o juiz poderá valer-se dos meios de coerção. Não faz sentido o juiz deles valer-se quando ficar evidenciado que o executado não oculta ou sonega bens, mas apenas não os possui.

Também está entre os poderes do juiz o de promover, a qualquer tempo, a autocomposição das partes, preferencialmente com o auxílio de conciliadores e mediadores. A composição é sempre uma forma mais satisfatória de solução do litígio, e o legislador tem buscado criar oportunidades para que ela venha a ocorrer com mais frequência. Além da audiência inicial de tentativa de conciliação, a lei dá ao juiz autorização para, a qualquer tempo, buscá-la. Esse poder assegura ao juiz a possibilidade de convocar as partes sempre que lhe pareça oportuno.

Está entre os poderes do juiz, ainda, o de dilatar os prazos processuais e alterar a ordem de produção dos meios de prova, adequando-os às necessidades do conflito de modo a conferir maior efetividade à tutela do direito. A dilação só pode ser determinada antes do encerramento do prazo regular. O art. 190 do CPC autoriza as partes, nos processos em que se admite autocomposição, a estabelecer mudanças no procedimento, para ajustá-lo às especificidades da causa, e a convencionar sobre seus ônus, poderes, faculdades e deveres processuais, antes ou durante o processo. Trata-se da possibilidade de flexibilização do procedimento, por negociação processual realizada pelas partes, importante novidade instituída pelo CPC atual, já que o anterior, de maneira geral, não o permitia, sob o argumento de que, sendo o procedimento matéria de ordem pública, sobre ele não poderia haver negociação. A flexibilização dessa regra evidencia-se também no poder que a lei atribui ao juiz de dilatar prazos processuais, desde que ainda não vencidos, e proceder à alteração da ordem de produção dos meios de prova. O poder atribuído ao juiz de promover alterações no procedimento é mais restrito do que o das partes, por negociação processual. Não há discricionariedade do juiz. A dilatação de prazos e a inversão da ordem das provas só se justificam quando adequadas às necessidades do conflito de modo a conferir maior efetividade à tutela do direito. Assim, quando o juiz as determina, ele deve fundamentá-las, expondo as razões que o levaram a fazê-lo, e em que medida elas conferem a maior efetividade do direito. Se houver acordo entre as partes a respeito da modificação, nem será necessária a justificação, já que a alteração aí decorrerá da negociação processual (art. 190). O juiz pode apenas dilatar, jamais reduzir prazos. A redução só é possível com a anuência das partes, nos termos do art. 222, § 1º. Ao promover a dilatação, o juiz deve sempre respeitar os princípios fundamentais do processo, sobretudo o da isonomia. Por isso, não pode promover a dilatação em benefício de uma das partes e em detrimento de outra. A razão da dilatação do prazo é apenas dar maior efetividade ao direito. O mesmo vale em relação à alteração da ordem das provas. O juiz pode, ainda, autorizar o deslocamento do termo inicial do prazo para o futuro (Enunciado 13 da I Jornada de Direito Processual Civil da Justiça Federal).

O juiz exerce o poder de polícia, requisitando, quando necessário, força policial, além da segurança interna dos fóruns e tribunais: cumpre ao juiz velar para que os trabalhos judiciários se realizem de maneira segura, tomando as providências necessárias para tanto.

Ele ainda pode determinar o comparecimento pessoal das partes para inquiri-las sobre os fatos da causa, hipótese em que não incidirá a pena de confesso. Trata-se do interrogatório da parte. É um meio de prova, de caráter complementar, no qual o juiz ouve as partes, para delas obter esclarecimentos a respeito de fatos que permaneçam confusos ou obscuros. Não se confunde com o depoimento pessoal, porque não visa a obter a confissão da parte na audiência de instrução e julgamento, mas a fornecer esclarecimentos ao juiz que deles necessitar.

O juiz designará a data para o interrogatório da parte, e a intimará para a audiência. Não poderá haver condução coercitiva, em caso de recusa, pois ela não tem obrigação de comparecer. Tampouco haverá pena de confesso, prevista exclusivamente para a recusa em prestar depoimento pessoal.

No entanto, como o interrogatório serve para que o juiz possa obter esclarecimentos de fatos ainda obscuros, a ausência da parte poderá prejudicá-la, já que o juiz possivelmente não considerará provado o fato, tudo de acordo com o princípio do livre convencimento motivado.

Os advogados de ambas as partes e o Ministério Público, nos casos em que intervenha, serão intimados para participar, e poderão formular perguntas.

Cabe ainda ao juiz determinar o suprimento de pressupostos processuais e o saneamento de outros vícios processuais. A ele cabe fiscalizar para que o processo tenha regular andamento. Trata-se da função ordinatória que lhe é atribuída, e que deve ser exercida ao longo de todo o processo. Ainda que haja uma fase processual específica para tanto, a qualquer tempo que o juiz verifique que há vício sanável, ou que falta algum pressuposto de validade ou eficácia, deverá determinar as providências necessárias para corrigi-lo ou supri-lo, independentemente de provocação das partes.

Por fim, quando se deparar com diversas demandas individuais repetitivas, deve o juiz oficiar o Ministério Público, a Defensoria Pública e, na medida do possível, outros legitimados a que se referem o art. 5º da Lei n. 7.347, de 24 de julho de 1985, e o art. 82 da Lei n. 8.078, de 11 de setembro de 1990, para, se for o caso, promover a propositura da ação coletiva respectiva. É notória a preocupação do legislador, derivada da necessidade de observar os princípios da isonomia, da segurança jurídica e da duração razoável do processo, em evitar a multiplicidade de ações individuais, que versem sobre a mesma questão jurídica, e das quais possa resultar conflitância de julgamentos. Uma das soluções é o julgamento de casos repetitivos, previsto no art. 928, do CPC, quando houver o incidente de resolução de demandas repetitivas e o julgamento de recurso especial e extraordinário repetitivos. A lei atribui ao juiz e ao relator o poder de suscitar o incidente de resolução de demandas repetitivas (art. 977, I). Nesses casos, não haverá propriamente ação coletiva, mas o julgamento de questão repetitiva, a que a lei atribui eficácia vinculante sobre todos os processos que versarem sobre a mesma questão jurídica. O juiz ainda terá o poder de oficiar ao Ministério Público ou à Defensoria Pública, bem como a outros legitimados, na medida do possível, para que verifiquem a possibilidade do ajuizamento da ação coletiva sobre a questão discutida em processos que são objeto de diversas demandas individuais. Foi vetada a possibilidade de conversão de ação individual em ação coletiva, que era prevista no art. 333. Mas ao juiz continua sendo atribuída a possibilidade de assumir uma postura ativa e dar conhecimento aos legitimados da existência de uma situação que possa dar ensejo ao ajuizamento da ação coletiva, com o que ele estará velando pela observância dos princípios processuais da igualdade, da segurança jurídica e da duração razoável do processo.

5. A VEDAÇÃO AO *NON LIQUET* E O JULGAMENTO

O art. 140 estabelece o princípio da indeclinabilidade da jurisdição: "o juiz não se exime de decidir sob a alegação de lacuna ou obscuridade do ordenamento jurídico". Desde que o Estado assumiu para si, em caráter de exclusividade, o poder-dever de solucionar os conflitos de interesse, o juiz foi investido do poder de julgar. É sua obrigação conduzir o processo, proferindo os despachos e decisões necessárias para o seu bom andamento, e, ao final, sentenciar. Não lhe é dado proferir o *non liquet*, isto é, deixar de julgar o processo, alegando que a lei é omissa, ou que os fatos não foram apurados adequadamente.

O próprio sistema fornece as soluções que devem ser dadas, seja quando as leis forem omissas, seja quando não for possível apurar os fatos alegados. Em caso de omissão legislativa, o juiz vale-se da analogia, dos costumes e dos princípios gerais do direito (art. 4º da Lei de Introdução às Normas do Direito Brasileiro).

Quanto aos fatos não elucidados, depois de exauridas todas as possibilidades de apuração, deve o juiz valer-se das regras do ônus da prova, estabelecidas no CPC, art. 373. Este dispositivo contém regras de julgamento que devem ser aplicadas quando se exauriram, sem sucesso, as possibilidades de apurar a verdade.

No exercício do seu poder-dever de julgar, deve o juiz observar estritamente as regras jurídicas, de cunho substancial e processual. A jurisdição é a aplicação da lei ao caso concreto, e é essa a função do juiz: decidir de acordo com a lei. No entanto, em algumas raras ocasiões, a lei autoriza a jurisdição por equidade (CPC, art. 140, parágrafo único). São exemplos dessa possibilidade a fixação do valor dos alimentos pelo juiz, a condenação em honorários advocatícios nas hipóteses do art. 85, § 8º, e a fixação de multas diárias. O Código Civil atribuiu ao juiz um rol mais numeroso de hipóteses em que a decisão será proferida com equidade: entre outras, aquela em que se dá a ele a possibilidade de reduzir equitativamente a indenização, em caso de reparação de danos, quando manifesta a desproporção entre a culpa do agente e os danos resultantes do ato ilícito (CC, art. 944), ou em caso de condenação de incapaz a ressarcir os danos causados, quando seus pais ou responsável não tenham condições econômicas para tanto (CC, art. 928).

Mas a jurisdição por equidade depende, sempre, de autorização legal.

No cumprimento de sua obrigação de julgar, o juiz, além do dever de ater-se às normas legais, tem ainda de respeitar os limites da lide, tal como proposta. Nos termos do CPC, art. 141, "O juiz decidirá o mérito nos limites propostos pelas partes, sendo-lhe vedado conhecer de questões, não suscitadas, a cujo respeito a lei exige a iniciativa da parte".

Esse dispositivo constitui decorrência do princípio da inércia da jurisdição. O juiz não pode, de ofício, dar início ao processo, cabendo-lhe aguardar a iniciativa do autor. Como consequência, deve restringir o julgamento àquilo que foi pedido, nos limites dos fundamentos trazidos pelas partes. O julgamento não pode ser nem *extra petita* (aquele em que o juiz concede algo diferente ou com fundamentos diversos do que foi pedido), nem *ultra petita* (em que concede o que foi pedido, mas em quantidades maiores). Se ele pudesse apreciar algo distinto ou além do que foi pedido, estaria julgando sem a iniciativa da parte, o que seria ofensivo ao princípio da inércia da jurisdição.

Ao proferir o seu julgamento, o juiz deve embasar-se nos elementos constantes dos autos. É o que dispõe o CPC, art. 371: "O juiz apreciará a prova constante dos autos, independentemente do sujeito que a tiver promovido, e indicará na decisão as razões da formação do seu convencimento".

Esse dispositivo acolhe o princípio do livre convencimento motivado, ou da persuasão racional, pelo qual deve haver uma coerência entre os elementos dos autos e a decisão judicial. O juiz não pode julgar com base em conhecimento pessoal que possa ter dos fatos, nem decidir pelo que ouviu falar, ou com fulcro na ciência privada que tenha de fatos relevantes à decisão, ficando ressalvados, à evidência, os fatos notórios e as máximas de experiência.

O CPC, art. 370, assegura ao juiz a possibilidade de determinar as provas necessárias à instrução do processo, seja de ofício ou a requerimento das partes. A lei ainda atribui a ele poderes de indeferir as provas protelatórias, o que constitui corolário do seu dever de dar ao processo solução rápida e eficiente.

6. DA RESPONSABILIDADE DO JUIZ

O CPC, art. 143, estabelece que "O juiz responderá, civil e regressivamente, por perdas e danos quando: I – no exercício de suas funções, proceder com dolo ou fraude; II – recusar, omitir ou retardar, sem justo motivo, providência que deva ordenar de ofício, ou a requerimento da parte". E o parágrafo único dispõe que "As hipóteses previstas no n. II somente serão verificadas depois que a parte requerer ao juiz que determine a providência e o requerimento não for apreciado no prazo de 10 (dez) dias".

A responsabilidade pessoal do juiz está condicionada a que ele tenha agido com dolo ou fraude. A culpa no exercício da atividade jurisdicional não o obriga a indenizar pessoalmente, podendo a vítima buscar eventual ressarcimento do Estado. Em caso de dolo ou fraude, se a parte sofrer prejuízo, pode ajuizar demanda reparatória ou contra o Estado, ou contra o próprio juiz, ou ainda contra ambos.

Para que haja dolo, é preciso que o juiz tenha violado, conscientemente, um dever de ofício, e para que exista fraude, é necessário que tenha agido com a intenção de enganar ou ludibriar. Caso ele esteja conluiado com uma das partes, esta também responderá, solidariamente, pelos danos ocasionados.

A responsabilidade do Estado por atos judiciais não se confunde, portanto, com a responsabilidade pessoal do juiz. A deste só existe em situações muito restritas, quando houver fraude ou dolo. Arruda Alvim esclarece a distinção: "se, de uma parte, é bastante restrita a responsabilidade pessoal dos juízes, o que não exclui a responsabilidade civil do Estado, naquelas hipóteses em que se configure a responsabilidade dos juízes, devemos observar, por outro lado, que a responsabilidade do Estado, prescindindo-se da responsabilidade civil do juiz, de índole pessoal, é algo mais ampla. Na realidade, entende-se como doutrina corrente que o Estado há de ser responsável por atos dos juízes pelo que estes, pessoalmente, todavia também o sejam, nos casos expressos em lei"[2].

Embora a matéria seja controvertida, parece-nos pois que a responsabilidade pessoal do juiz não afasta a objetiva e solidária do Estado. Como ensina Carlos Roberto Gonçalves, "Verifica-se, em conclusão, que as mais modernas tendências apontam no sentido da admissão da responsabilidade civil do Estado pelos danos experimentados por particulares, decorrentes do exercício da atividade jurisdicional"[3].

O magistrado responderá pessoalmente também por atos omissivos quando recusar, omitir ou retardar, sem justo motivo, providência que devia ordenar de ofício ou a requerimento da parte. Mas a lei exige que seja pre-

---

2. Arruda Alvim, *Código de Processo Civil comentado*, v. 5, p. 300.

3. Carlos Roberto Gonçalves, *Responsabilidade*, cit., p. 211.

viamente intimado, por meio de requerimento a ele dirigido, para que, no prazo de dez dias, determine a providência que está sendo omitida. Somente se não o fizer é que poderá haver a responsabilização pessoal, com a condição de que do ato omissivo resultem danos para a parte.

capítulo VI
AUXILIARES DA JUSTIÇA

1. INTRODUÇÃO

Os auxiliares da justiça colaboram com o juiz, dando-lhe apoio complementar para o desenvolvimento de suas atividades. A posição central do juízo é ocupada pelo juiz, mas ele sozinho não conseguiria dar conta de todo o trabalho a ser realizado. É preciso que seja auxiliado por agentes do Estado, que atuam sob sua ordem e comando.

De forma genérica, podem ser denominadas auxiliares da justiça todas as pessoas que colaboram com a função judiciária (que não se confunde com a jurisdicional, exercida em caráter de exclusividade pelo magistrado), seja em caráter permanente, como os funcionários do Judiciário, seja em caráter eventual, como os peritos, o depositário e o intérprete.

O CPC, art. 149, faz uma enumeração daqueles que devem ser considerados auxiliares do juízo: o escrivão, o chefe de secretaria, o oficial de justiça, o perito, o depositário, o administrador, o intérprete, o tradutor, o mediador, o conciliador judicial, o partidor, o distribuidor, o contabilista e o regular de avarias.

No exercício de suas funções, os auxiliares da justiça têm poderes e obrigações, mas não exercem autoridade alguma sobre as partes, nem a elas se sujeitam. Para cada juízo, haverá um ou mais ofícios de justiça, que serão chefiados por um escrivão. A função deste é dirigir os trabalhos dos ofícios judiciais, sendo ainda de sua responsabilidade cumprir estritamente as determinações judiciais. Cumpre a ele zelar pelo bom funcionamento do ofício, levando ao conhecimento do juiz tudo que possa estar entravando ou dificultando a sua administração.

O CPC, art. 152, enumera as incumbências do escrivão. Compete-lhe, além dos serviços gerais de administração do cartório, a elaboração de documentos, a certificação (para isso, ele goza de fé pública), o controle da movimentação dos processos, a preparação dos atos de comunicação (citações e intimações) e de constrição. No exercício de suas funções, ele tem sob sua supervisão os escreventes, que lhe são hierarquicamente subordinados e praticam os atos dos quais são por ele encarregados. Nos termos do art. 153, o escrivão ou o chefe de secretaria devem observar a ordem cronológica preferencial de recebimento para publicação e efetivação dos pronunciamentos judiciais.

Aos oficiais de justiça incumbe fazer cumprir os mandados, expedidos pelo escrivão, por determinação judicial. São feitos por mandado os atos de citação, prisão, penhora, arresto e outras diligências de que os incumba o juiz. Feita a diligência, cumpre ao oficial de justiça certificar o ocorrido, esclarecendo qual o resultado das suas atividades. Cumprido o mandado, deve devolvê-lo ao cartório, para que seja juntado aos autos.

No exercício de suas funções, o escrivão e o oficial de justiça respondem pelos danos que causarem a terceiros, seja por ação ou omissão. No caso de omissão, responderão quando, sem justo motivo, se recusarem a cumprir, dentro do prazo, os atos que lhes impõe a lei ou os que o juiz, a que estão subordinados, lhes comete; em caso de ação, quando praticarem ato nulo com dolo ou culpa.

A responsabilidade pessoal dos auxiliares da justiça não afasta a solidária do Estado, que pode ser demandado isoladamente ou em conjunto, e distingue-se da que é atribuída ao juiz, porque este só responde em caso de dolo e, na hipótese de omissão, se cientificado pela parte, retardar injustificamente por mais de dez dias a prática do ato que estava a seu cargo. O funcionário responde por culpa, sendo desnecessária sua cientificação.

O perito é o auxiliar nomeado pelo juiz quando há necessidade de prova de fato que dependa de conhecimento técnico. No cumprimento de seus deveres, tem poderes de investigação, devendo tomar todas as providências e realizar as diligências necessárias que permitam a elaboração do seu laudo. Ele fica sujeito a sanções criminais, na hipótese de falsidade, e civis, caso provoque danos às partes ou a terceiros, em virtude do mau cumprimento de suas obrigações.

É escolhido entre profissionais legalmente habilitados e órgãos técnicos ou científicos, inscritos em cadastro mantido pelo tribunal ao qual o juiz está vinculado. Se não houver, na localidade, quem preencha tais requisitos, o juiz o nomeará livremente, observado o determinado no art. 156, § 5º.

O CPC, nos arts. 159 e s., trata do depósitário e do administrador, e, nos arts. 162 e s., do intérprete e do tradutor.

2. DOS CONCILIADORES E DOS MEDIADORES

O CPC dá excepcional importância à solução consensual dos conflitos. O art. 3º, que integra o capítulo das normas fundamentais do processo civil, depois de reproduzir o disposto no art. 5º, XXXV, da Constituição Federal, determinando que a "lei não excluirá da apreciação do Poder Judiciário lesão ou ameaça a direito", estabelece que "O Estado promoverá, sempre que possível, a solução consensual dos conflitos" (§ 2º) e que "A conciliação, a mediação e outros métodos de solução consensual de conflitos deverão ser estimulados por juízes, advogados, defensores públicos e membros do Ministério Público, inclusive no curso do processo judicial" (§ 3º).

Esses dispositivos vão muito além daquilo que previa o art. 125, IV, do Código de Processo Civil de 1973, de que competia ao juiz tentar, a qualquer tempo, conciliar as partes. A lei atual coloca a solução consensual como um objetivo a ser alcançado, dentro do possível, com o estímulo do Estado, e daqueles que atuam no processo.

O Conselho Nacional de Justiça já havia editado a Resolução n. 125/2010, cujo art. 1º, parágrafo único, assim estabelece: "Aos órgãos judiciários incumbe oferecer mecanismos de soluções de controvérsias, em especial os chamados meios consensuais, como a mediação e a conciliação, bem assim prestar atendimento e orientação ao cidadão. Nas hipóteses em que este atendimento de cidadania não for imediatamente implantado, esses serviços devem ser gradativamente ofertados no prazo de 12 (doze) meses".

Dentre outras, há duas providências determinadas pelo legislador, que visam diretamente a facilitar e a favorecer a autocomposição. A primeira delas é a instituição de uma audiência de tentativa de conciliação já no início do procedimento comum, antes que o réu tenha oportunidade de oferecer resposta, pois, depois dela, pode haver um recrudescimento do conflito, que dificultará a conciliação. A audiência antes da resposta do réu, logo no início do procedimento, pode encontrar um campo mais favorável à conciliação do que a audiência na fase de saneamento do processo, prevista no art. 331 do CPC de 1973.

A segunda é a inclusão de mediadores e conciliadores como auxiliares da justiça. A ideia é de que eles possam ter mais sucesso que o juiz e demais participantes do processo na busca de autocomposição, por duas razões. Primeiro, porque o vínculo que eles têm com o processo permite-lhes atuar com mais liberdade e flexibilidade do que o juiz nessa busca. O julgador sabe que, caso a solução consensual não se realize, terá de promover o julgamento dos pedidos. Por isso, muitas vezes teme que a formulação de sugestões ou a insistência em possível conciliação possa comprometer a sua imparcialidade. O mediador e o conciliador terão mais liberdade, pois não serão os julgadores do processo. A segunda razão é que será exigida deles uma capacitação específica para figurarem como auxiliares da justiça. Eles devem receber um preparo adequado para que saibam como estimular e favorecer a autocomposição e que os capacite a perceber as expectativas e as frustrações das partes, bem como a conhecer as técnicas que permitam encontrar uma solução que possa satisfazer aos envolvidos, ou fornecer-lhes subsídios para que eles próprios possam encontrá-la. Essa capacitação, para os mediadores judiciais, é estabelecida no art. 11 da Lei n. 13.140, de 26 de junho de 2015.

2.1. Centros judiciários de solução consensual de conflitos

Determina o art. 165, *caput*, do CPC que os tribunais criarão centros judiciários de solução consensual de conflitos, aos quais competirão duas tarefas essenciais: a de realizar sessões e audiências de conciliação e mediação; e a de desenvolver programas destinados a auxiliar, orientar e estimular a autocomposição.

O art. 334 determina ao juiz que, ao receber a inicial, verificando que não é caso de improcedência de plano, designe audiência de tentativa de conciliação ou mediação, com antecedência mínima de 30 dias, devendo o réu ser citado.

Essa audiência não será realizada pelo juiz, na sala de audiências, mas pelos conciliadores ou mediadores, nos centros judiciários de solução consensual de conflitos, que serão criados pelos tribunais. A redação peremptória do art. 165, *caput*, não deixa dúvida quanto à obrigatoriedade imposta aos tribunais de que criem tais centros. Sem eles, não haverá como realizar adequadamente a audiência inicial do procedimento comum. Onde houver mais de uma vara, caberá ao centro, que deverá ocupar espaço próprio, realizar todas as audiências do art. 334, para todos os juízos.

A composição e a organização desses centros deverão ser definidas pelo respectivo tribunal, observadas as normas do CNJ. A Resolução n.

125/2010 do CNJ, no art. 8º, com a redação dada pela Emenda n. 1, de 2013, já regulamenta a implantação dos centros judiciários de solução de conflitos, formulando as diretrizes gerais que deverão ser observadas pelos tribunais estaduais e federais.

2.2. Conciliação e mediação

O art. 165, §§ 2º e 3º, esclarece a atuação do conciliador e do mediador. O primeiro atua preferencialmente em casos em que não houver vínculo anterior entre as partes; e o segundo, quando houver esse vínculo. É ele que determinará a atuação de mediador ou de conciliador.

Algum tipo de vínculo sempre haverá entre os litigantes, ainda que se trate de vínculo decorrente do litígio. Mas o mediador intervirá quando já havia vínculo anterior ao conflito. A ligação, o liame entre os envolvidos, não é exclusivamente relacionada ao litígio, e já existia anteriormente.

Em um conflito decorrente de acidente de trânsito, justifica-se a atuação do conciliador, porque inexiste vínculo anterior entre os envolvidos no acidente. E possivelmente deixará de existir, quando o conflito for solucionado. O mesmo ocorre em relação aos litígios decorrentes de descumprimento de um contrato.

Diferente é a situação quando o litígio versar sobre questões familiares, sejam referentes a cônjuges e companheiros, sejam relativas a parentes. Nesse caso, já havia um vínculo anterior dos envolvidos, e é de se esperar que ele persista, depois que o conflito for solucionado. O mesmo ocorre nas questões envolvendo direito de vizinhança, em que há uma relação prévia entre os envolvidos, a decorrente da vizinhança, que poderá persistir após a resolução do conflito.

A mediação é adequada para vínculos de caráter mais permanente ou ao menos mais prolongados. E a conciliação, para vínculos que decorrem do litígio propriamente, e não têm caráter de permanência.

Poderá haver casos de dúvida, que pertençam a uma zona cinzenta. Mas a própria lei facilita a solução do problema, ao aduzir que tanto a atuação do conciliador quanto a do mediador ocorrerão preferencialmente – e não exclusivamente – nas hipóteses por ela enumeradas. Assim, nos casos de dúvida, atuará o conciliador ou o mediador, sem que disso advenha qualquer vício ou nulidade.

2.3. Atuação do conciliador e do mediador

Como cada um deles atua em situação diversa, examinada no capítulo anterior, cumpre a cada qual uma forma específica de atuação. Uma vez que o conciliador atua em situações em que inexiste vínculo prévio, poderá sugerir soluções para o litígio, vedada qualquer forma de constrangimento ou intimidação para que as partes conciliem. Se as próprias partes não conseguirem encontrar uma solução, o conciliador fará sugestões e verificará, pela reação e pela manifestação dos envolvidos, se vai ou não se aproximando uma possível autocomposição. Se perceber que uma determinada via encontra frontal resistência de um dos litigantes, pode formular sugestão que caminhe por outra via. Se as pretensões estão muito distantes, pode apresentar uma formulação intermediária, em que cada lado cede um pouco, até se chegar à conciliação. Mas jamais poderá valer-se de intimidação ou de constrangimento. Ainda que as partes não encontrem, por si, a solução do litígio, a iniciativa poderá vir do conciliador, que poderá apresentar proposta que se mostre conveniente, e à qual os litigantes venham a aderir.

O papel do mediador é mais complexo. Ele lida com situações de relações permanentes, em que frequentemente há vínculos afetivos ou emocionais. São relações que possivelmente irão persistir mesmo após a solução do litígio. Por isso, sua atuação será a de auxiliar os interessados a compreender as questões e os interesses em conflito, de modo que eles possam, pelo restabelecimento da comunicação, identificar, por si próprios, soluções consensuais que gerem benefícios mútuos (art. 165, § 3º, e art. 4º, § 2º, da Lei n. 13.140/2015). O papel do mediador não é formular sugestões ou propostas, que possam ser acatadas pelos envolvidos, porque se parte do princípio de que isso talvez possa solucionar um embaraço pontual, mas não o conflito. Mais do que uma solução consensual, o mediador deverá buscar, dentro do possível, uma reconciliação, ou uma pacificação ou apaziguamento, para que a relação, que tem caráter permanente ou prolongado, possa ser retomada sem obstáculos ou embaraços. É por meio da compreensão dos interesses em conflito e do restabelecimento da comunicação entre os envolvidos que o mediador poderá tentar fazer prevalecer e permanecer o vínculo. A Lei n. 13.140, de 26 de junho de 2015, regulamentou a mediação extrajudicial e judicial.

Tanto o conciliador quanto o mediador poderão aplicar técnicas negociais, com o objetivo de proporcionar ambiente favorável à autocomposição (art. 165, § 2º).

Sempre que recomendável, deverá haver a designação de mais de um conciliador ou mediador (art. 168, § 3º). Eventualmente, por exemplo, pode ocorrer que o litígio envolva questões multidisciplinares, relativas a temas variados, que justificam a participação de mais de um conciliador ou mediador.

2.4. Princípios que regulam a conciliação e a mediação

O art. 166 do CPC enumera os princípios que informam a conciliação e a mediação. São eles os da independência, da imparcialidade, da autonomia da vontade, da confidencialidade, da oralidade, da informalidade e da decisão informada. Esses princípios são repetidos no art. 2º da Lei n. 13.140/2015, que regulamentou a mediação.

Repetem, em boa parte, aqueles já estipulados no Código de Ética de mediadores e conciliadores, que consta do Anexo III da Resolução n. 125/2010 do Conselho Nacional de Justiça. O art. 1º do Código de Ética estipula:

"Art. 1º São princípios fundamentais que regem a atuação de conciliadores e mediadores judiciais: confidencialidade, decisão informada, competência, imparcialidade, independência e autonomia, respeito à ordem pública e às leis vigentes, empoderamento e validação.

I – Confidencialidade – dever de manter sigilo sobre todas as informações obtidas na sessão, salvo autorização expressa das partes, violação à ordem pública ou às leis vigentes, não podendo ser testemunha do caso, nem atuar como advogado dos envolvidos, em qualquer hipótese;

II – Decisão informada – dever de manter o jurisdicionado plenamente informado quanto aos seus direitos e ao contexto fático no qual está inserido;

III – Competência – dever de possuir qualificação que o habilite à atuação judicial, com capacitação na forma desta Resolução, observada a reciclagem periódica obrigatória para formação continuada;

IV – Imparcialidade – dever de agir com ausência de favoritismo, preferência ou preconceito, assegurando que valores e conceitos pessoais não interfiram no resultado do trabalho, compreendendo a realidade dos envolvidos no conflito e jamais aceitando qualquer espécie de favor ou presente;

V – Independência e autonomia – dever de atuar com liberdade, sem sofrer qualquer pressão interna ou externa, sendo permitido recusar, suspender ou interromper a sessão se ausentes as condições necessárias para seu bom desenvolvimento, tampouco havendo dever de redigir acordo ilegal ou inexequível;

VI – Respeito à ordem pública e às leis vigentes – dever de velar para que eventual acordo entre os envolvidos não viole a ordem pública, nem contrarie as leis vigentes;

VII – Empoderamento – dever de estimular os interessados a aprenderem a melhor resolverem seus conflitos futuros em função da experiência de justiça vivenciada na autocomposição;

VIII – Validação – dever de estimular os interessados perceberem-se reciprocamente como serem humanos merecedores de atenção e respeito."

O Código de Ética não menciona os princípios da autonomia de vontade, da informalidade e da oralidade, mencionados no art. 166.

Para que haja a solução consensual, é preciso que as partes tenham a vontade livre e desembaraçada, e que possam emiti-la de forma não viciosa. Sendo a autocomposição uma forma de transação, exige-se para a sua efetivação o mesmo que se exige para a celebração dos acordos de vontade em geral. E, entre tais exigências, está a de que a vontade possa ser emitida livremente, sem vícios. Daí a preocupação do legislador em que não haja constrangimento ou intimidação, por parte dos conciliadores ou mediadores. O princípio da autonomia da vontade aplica-se, inclusive, à definição das regras procedimentais a serem observadas pela conciliação e pela mediação (art. 166, § 4º) e permite às partes escolher, de comum acordo, o conciliador, o mediador ou a câmara privada de conciliação e de mediação (art. 168).

Além disso, deve-se observar o princípio da informalidade e da oralidade. As negociações, as sugestões e as discussões havidas no Centro são feitas oralmente, sem regras formais ou cerimoniais, que poderiam constranger os participantes. Não há prévia fórmula legal a ser observada.

2.5. Recrutamento dos conciliadores e dos mediadores

O art. 167 do CPC cuida do recrutamento de conciliadores e mediadores. Não se exige que sejam advogados, nem que tenham bacharelado em direito. Afinal, não se exigirá do conciliador ou do mediador conhecimentos jurídicos. O que se exige dele é que tenha capacitação mínima, obtida com um curso ministrado por entidade credenciada, cujo currículo terá os seus parâmetros definidos pelo Conselho Nacional de Justiça em conjunto com o

Ministério da Justiça (no caso do mediador, a capacitação vem explicitada no art. 11 da Lei n. 13.140/2015). É de se esperar que essa capacitação forneça àquelas que a obtenham os subsídios necessários para melhor desempenhar o mister a que se destinam. É possível que o currículo englobe técnicas negociais, alguns conhecimentos mínimos de direito e até mesmo de psicologia. Obtido o certificado de capacitação, o interessado deverá obter o seu *cadastramento* como conciliador ou mediador, por meio de inscrição no cadastro nacional e no cadastro de Tribunal de Justiça ou Tribunal Regional Federal. São dois, portanto, os cadastros nos quais ele deverá se inscrever.

O requisito mínimo indispensável para a obtenção do registro é a capacitação. Mas nada impede que, conforme o afluxo de interessados, o registro possa ser precedido de concurso, no qual serão selecionados os mais capacitados.

Com a efetivação do registro, o Tribunal de Justiça (ou o TRF) enviará à comarca, à seção ou à subseção judiciária o nome dos cadastrados para ali atuarem, com todos os dados necessários para a sua identificação. O nome de todos os conciliadores e os mediadores que atuarão em cada comarca, seção ou subseção constará de uma lista. A atuação dos incluídos na lista deverá observar o princípio da igualdade dentro da mesma área de atuação.

Caso o conciliador ou o mediador seja advogado, ele ficará impedido de exercer a advocacia nos juízos em que desempenhe as suas funções. A razão é impedir que atuem em causas que foram ou sejam patrocinadas por eles. Mas o impedimento há de se restringir apenas aos juízos em que eles desempenhem suas funções. Se o conciliador ou o mediador atua no Centro de Solução Consensual de Conflitos, ele ficará impedido de advogar em todas as Varas da Comarca que enviem processos para o Centro, para a realização das audiências de tentativa de conciliação. Mas nada impede que atue como advogado em outras comarcas ou seções judiciárias, ou até mesmo na própria comarca, desde que em juízos em que não desempenhem suas funções. Por exemplo, nada impede que eles atuem como advogados na área criminal.

O art. 167, § 6º, prevê, ainda, a possibilidade de criação de um quadro próprio de conciliadores e mediadores, a ser preenchido por concurso público, devendo-se observar, neste caso, as regras gerais que regulam os auxiliares da justiça.

2.6. Escolha dos conciliadores e dos mediadores

O art. 168 faculta às partes, de comum acordo, escolher o conciliador ou o mediador. Trata-se de mais uma manifestação do princípio da autonomia da vontade, que regula a conciliação e a mediação. Para isso, é preciso que haja consenso entre os litigantes. Do contrário, a escolha será feita de acordo com o estabelecido nos arts. 167, § 2º, e 168, § 2º. O conciliador ou o mediador escolhido pelas partes não precisa estar cadastrado no tribunal.

2.7. Remuneração

O art. 169 estabelece que o conciliador e o mediador fazem jus à remuneração, conforme tabela fixada pelos tribunais, observados os parâmetros estabelecidos pelo Conselho Nacional de Justiça. Mas não diz a quem competirá o seu pagamento. O art. 13 da Lei n. 13.140/2015 atribui a remuneração do mediador às partes, assegurada a gratuidade da justiça aos necessitados. Diante da similitude de situações, a mesma regra deve ser aplicada ao conciliador.

Fica ressalvada a possibilidade de que a mediação e a conciliação sejam realizadas como trabalho voluntário, observada a legislação pertinente e a regulamentação do tribunal (art. 169, § 1º).

2.8. Impedimentos

O art. 170 trata do impedimento do conciliador ou do mediador, mas não enumera quais são as razões que os tornam impedidos. Diante disso, devem ser a eles aplicadas as mesmas causas de impedimento do juiz, previstas no art. 144 do CPC, que sejam pertinentes à atividade deles. O dispositivo legal não fala em suspeição, mas apenas em impedimento. No entanto, o art. 173, II, não deixa dúvida de que, também nos casos de suspeição (art. 145), o conciliador ou o mediador deverá ser afastado, já que, se não o fizer, se atuar nessas circunstâncias, deverá ser excluído do cadastro. A atividade deles exige imparcialidade, e verificadas as causas de impedimento ou suspeição, deverão ser substituídos.

A atuação do conciliador ou do mediador em determinado processo o torna impedido, por um ano a contar da última audiência em que atuou, de assessorar, representar ou patrocinar qualquer das partes (art. 172). A razão é impedir que eles se valham das suas funções para captação de clientela.

2.9. Responsabilização

A lei os pune com a exclusão do cadastro, caso ajam com dolo ou culpa na condução da conciliação ou da mediação sob sua responsabilidade, ou caso violem o devedor de confidencialidade, estabelecido no art. 166, §§ 1º e 2º. A aplicação da sanção dependerá de prévio processo administrativo, em que os fatos serão apurados.

Essas são as faltas mais graves, que ensejam a exclusão do cadastrado. Mas, além delas, poderão ocorrer faltas menos graves, decorrentes de atuação inadequada, a serem também apuradas em procedimento administrativo, pelo juiz do processo ou pelo juiz coordenador do centro de conciliação ou mediação. Caso apurada a conduta inadequada, a pena será de até 180 dias de afastamento, a ser aplicada em decisão fundamentada.

2.10. Solução consensual de conflitos no âmbito administrativo

O art. 174 prevê que a União, os Estados, o Distrito Federal e os Municípios criem câmaras de mediação e conciliação, para a solução consensual de conflitos no âmbito administrativo. Entre outras atribuições, caberá a elas dirimir conflitos envolvendo órgãos e entidades da administração pública, avaliar a admissibilidade dos pedidos de resolução de conflitos, por meio de conciliação, no âmbito da administração pública, e promover, quando couber, a celebração de termo de ajustamento de conduta.

O dispositivo, embora inserido no CPC, tem apenas reflexos indiretos sobre o Processo Civil. Os conflitos a que ele se refere são administrativos. Mas a sua resolução na esfera administrativa poderá impedir que se transformem em processos judiciais.

Os arts. 32 e s. da Lei n. 13.140/2015 regulamentam as câmaras de mediação e conciliação no âmbito do poder público.

livro IV
DOS ATOS PROCESSUAIS

capítulo I
NATUREZA E ESPÉCIES

1. INTRODUÇÃO

Distingue a doutrina entre fatos, atos e negócios jurídicos. Os fatos jurídicos seriam todos os acontecimentos da vida, sejam naturais ou humanos, que têm relevância para o direito. Os atos são as condutas humanas, lícitas ou ilícitas, que repercutem no direito.

Serão, pois, atos jurídicos processuais todos os atos humanos praticados no processo. Essa qualificação só pode ser atribuída corretamente às condutas humanas. Pode ocorrer que fatos naturais, para os quais nenhuma vontade humana contribuiu, tenham repercussão processual, como a morte de uma das partes ou uma inundação que provoque o desaparecimento dos autos. Esse tipo de episódio só pode ser qualificado como fato processual, e não como ato processual.

Dentre os fatos jurídicos, destacam-se os negócios jurídicos, de especial relevância para o direito material. São aquelas manifestações de vontade destinadas à obtenção de um fim visado pelo agente. O ambiente adequado para a sua celebração é o da autonomia da vontade, em que o querer humano pode ser direcionado para a obtenção de fins específicos.

No processo civil, tradicionalmente, vinha sendo negada a possibilidade de existência de negócios jurídicos processuais dado o caráter eminentemente público do processo. No entanto, o CPC modificou esse panorama, em especial no art. 190, ao permitir que, nos processos em que se admite a autocomposição, as partes capazes possam estipular mudanças no procedimento e convencionar sobre os seus ônus, poderes, faculdades e deveres processuais, antes ou depois do processo, com o controle do juiz. A disponibilidade do direito material repercutirá numa possível flexibilização do procedimento, pelas partes capazes. Em capítulo próprio, será examinada a negociação processual e a possibilidade de flexibilização do procedimento.

O objeto do presente capítulo são os atos processuais, isto é, as condutas humanas voluntárias que têm relevância para o processo. As irrelevantes não podem ser qualificadas como tal. Também não o podem aquelas que sejam praticadas fora do processo, ao menos enquanto não trazidas para ele.

O que distingue, pois, o ato processual de outros é a sua ligação com um processo e a repercussão que nele produzirá.

Por definição, o processo é um conjunto de atos que se sucedem no tempo e têm por objetivo a obtenção da tutela jurisdicional. Há, pois, um encadeamento de atos, em que cada um deles está estreitamente vinculado ao que o precede e ao que o sucede. Como ensina Arruda Alvim, há entre os diversos atos praticados no processo "uma interligação e uma vinculação, que será de grande importância para a teoria da validade do processo"[1], pois a nulidade de um ato pode gerar, como consequência, a nulidade de todos os subsequentes, derivados ou interligados com o primeiro.

Só podem ser qualificadas como atos jurídicos processuais as condutas humanas que tenham alguma relevância para o processo. No entanto, há certos fatos que, independentes de qualquer conduta, podem trazer importantes consequências para o processo: são os fatos jurídicos processuais. Entre estes podem incluir-se os fatos da natureza que repercutam no processo, como a morte de uma das partes, um incêndio natural que danifique os autos, o falecimento do juiz. Há ainda aquelas condutas que são praticadas por alguém que não tem nenhuma relação com o processo, mas acabam repercutindo sobre ele, como, por exemplo, o roubo dos autos praticado por terceiros, uma guerra ou greve que impeçam o funcionamento do Judiciário, retardando a realização de uma audiência.

Cândido Dinamarco inclui, ainda, entre os fatos jurídicos, as omissões processualmente relevantes, aduzindo que "as omissões repercutem no processo como meros fatos jurídicos, não como atos jurídico-processuais. Elas não se realizam no processo, simplesmente porque são um nada histórico e consistem sempre em uma não realização. Os efeitos processuais das omissões

1. Arruda Alvim, *Manual*, cit., v. 1, p. 390.

resultam sempre de lei e não necessariamente da vontade daquele que se omitiu com alguma segunda intenção; esses efeitos impor-se-ão em casos concretos como resultado da omissão consumada, em confronto com o dever ou ônus de realizar o ato permitido"[2].

A omissão terá relevância processual quando disser respeito a determinada conduta que as partes tinham o ônus de praticar ou a algum dever imposto a elas. Ou seja, quando a ação constitui um dever ou ônus. Por exemplo, a omissão pelo réu do ônus de apresentar contestação poderá gerar, como consequência, a aplicação dos efeitos da revelia. Ou o descumprimento do dever de o réu indicar quem é o verdadeiro legitimado, quando arguir a sua própria ilegitimidade, quando for o caso, imporá a obrigação de ele indenizar os danos que possam advir de sua omissão.

Não só as partes, mas os próprios auxiliares da justiça poderão sofrer as consequências de uma eventual omissão: o perito, o inventariante ou o depositário poderão, por exemplo, ser destituídos, caso deixem de praticar os atos que estejam a seu cargo.

2. CLASSIFICAÇÃO DOS ATOS PROCESSUAIS

De diversas maneiras podem-se classificar os atos processuais. A classificação adotada pela lei processual leva em consideração o sujeito do ato processual, distinguindo entre atos da parte e os judiciais, que englobam os praticados pelo juiz e por seus auxiliares.

2.1. Atos da parte

De acordo com o CPC, art. 200, podem classificar-se, objetivamente, em declarações unilaterais ou bilaterais de vontade.

Serão unilaterais os de postulação e as manifestações de vontade. O tipo de ato unilateral variará, conforme praticado pelo autor ou pelo réu. O ato fundamental de postulação do autor é a petição inicial, na qual ele deduz o pedido e os fundamentos jurídicos em que está embasado. A petição inicial fixará os limites subjetivos e objetivos da demanda, não podendo mais haver, após a citação do réu, qualquer alteração do pedido ou dos fundamentos, sem que este consinta e, em nenhuma hipótese, após o saneamento.

---

2. Cândido Rangel Dinamarco, *Instituições*, cit., v. 2, p. 473.

O autor também poderá manifestar-se sobre a resposta do réu, apresentar requerimentos ao longo de todo o processo e apresentar recursos contra as decisões judiciais, caso com elas não se conforme.

O réu, citado, também poderá valer-se de atos postulatórios unilaterais. Pode contrapor-se ao pedido do autor, por meio da contestação, pode reconvir formular requerimentos no curso do processo e também recorrer das decisões judiciais.

O exemplo típico de ato bilateral é a transação, que implica a extinção do processo com resolução de mérito (CPC, art. 487, III, *b*).

Tal qual os atos jurídicos em geral, os processuais podem ter eficácia constitutiva, modificativa ou extintiva (CPC, art. 200), que repercutirá sobre a situação jurídica das partes no processo. Por exemplo, a petição inicial determina o início da relação processual, que ficará plenamente constituída com a citação do réu. O acolhimento de uma arguição de incompetência modificará a competência para o julgamento da demanda, e a sentença extinguirá a relação processual.

O CPC, art. 200, parágrafo único, deixa expresso que a desistência da ação só produz efeitos depois de homologada judicialmente. Isso significa que a homologação terá eficácia *ex nunc*, e não *ex tunc*, sendo admissível, em tese, que o autor desistente volte atrás em seu pedido de desistência, se ele ainda não tiver sido homologado. O mesmo não ocorre com a desistência de recurso, que produz efeitos desde o momento em que protocolada, independente de homologação, de forma que, a partir do instante em que a recorrente entrega o pedido ao Judiciário, a decisão para ele se terá tornado definitiva.

2.2. Pronunciamentos do juiz

O CPC, art. 203, enumera tipos de pronunciamentos do juiz no processo. São eles a sentença, a decisão interlocutória e os despachos.

Além dos pronunciamentos, o juiz realiza outros tipos de atos, como o interrogatório das partes, a colheita de depoimentos, a inspeção judicial e outros atos materiais.

Pode-se distinguir, assim, a atuação do juiz em duas grandes categorias: os materiais, entre os quais se inserem aqueles últimos, e os pronunciamentos judiciais, em que o juiz se manifesta, seja decidindo os incidentes processuais, seja proferindo despachos necessários ao andamento do processo, seja proferindo sentença de mérito ou meramente extintiva.

O CPC, art. 203, § 1º, conceitua sentença como o pronunciamento do juiz por meio do qual, com fundamento no art. 485 ou no art. 487, ele põe fim à fase cognitiva do procedimento comum, bem como extingue a execução, ficando ressalvadas as disposições expressas dos procedimentos especiais.

O art. 485 trata da extinção do processo sem resolução de mérito. Sempre que o juiz puser fim ao processo, sem examinar o pedido, ele proferirá uma sentença. O art. 487 cuida das hipóteses em que haverá sentença com resolução de mérito.

Ao conceituar sentença, o legislador valeu-se do conteúdo do pronunciamento, mas sobretudo de sua aptidão para pôr fim ao processo ou à fase de conhecimento. Isso porque, nos casos em que for proferida sentença condenatória, caso não haja cumprimento voluntário, o processo prosseguirá, com uma fase subsequente de cumprimento de sentença.

Considera-se todo o procedimento, desde o aforamento da demanda até a satisfação da execução, como um processo único. Os antigos processos de conhecimento, de liquidação e de execução passaram a ser fases de um processo só. Daí a denominação, que vem sendo sugerida pela doutrina, de processo sincrético, que contém fases cognitivas e executivas.

Essa a razão de considerar sentença não só o pronunciamento que põe fim ao processo, mas também aquele que põe fim à fase cognitiva, ainda que o processo possa continuar, para cumprimento de sentença.

A sentença só porá fim ao processo se o extinguir sem resolução de mérito; ou com resolução de mérito, se não houver necessidade de cumprimento de sentença, como nos processos de natureza constitutiva ou declaratória. A sentença que resolve o mérito condenando o réu não põe mais fim ao processo, mas apenas à fase cognitiva em primeiro grau. O processo deverá prosseguir, oportunamente, com a fase de liquidação e a fase de execução, para só então encerrar-se.

A aptidão de pôr fim ao processo ou à fase cognitiva é essencial na conceituação de sentença, não bastando, pois, examinar o conteúdo do pronunciamento judicial. Isso porque, de acordo com o art. 356 do CPC, mesmo as decisões interlocutórias poderão ser de mérito quando houver o julgamento antecipado parcial. Um ou alguns dos pedidos, ou parte deles, pode ser examinado no curso do processo. Se isso ocorrer, haverá decisão interlocutória de mérito, não sentença, pois o processo continua, para exame dos pedidos restantes. Somente quando se puser fim ao processo ou à fase processual cognitiva, o pronunciamento poderá ser qualificado de sentença.

Além de sentenças, o juiz profere decisões interlocutórias, que são os atos pelos quais resolve as questões incidentes. Tanto as sentenças quanto as decisões interlocutórias têm cunho decisório. A diferença é que as primeiras põem fim ao processo ou à fase cognitiva, enquanto as segundas não o fazem. Entretanto, para serem qualificados como decisões interlocutórias, é preciso que os pronunciamentos tenham conteúdo decisório, pois, do contrário, serão qualificados como meros despachos.

A forma mais eficiente para distinguir as decisões interlocutórias dos despachos é a verificação de seu potencial para trazer prejuízo às partes. Se o ato processual puder fazê-lo, será considerado decisão interlocutória, independentemente de seu teor. Os despachos de mero expediente são aqueles que não têm nenhum conteúdo decisório, sendo incapazes de provocar qualquer prejuízo às partes. A sua finalidade principal é impulsionar o processo e impedir eventuais vícios ou irregularidades.

Os despachos não têm nenhum conteúdo decisório e não causam prejuízos, sendo, por isso, irrecorríveis.

São exemplos de despachos os atos do juiz que determinam a vinda dos autos à conclusão, os que abrem vista às partes a respeito de documentos e ao Ministério Público, os que ordenam a remessa dos autos ao contador e os que determinam às partes a especificação das provas que pretendem produzir.

Mesmo eles, considerados despachos de mero expediente como regra, podem adquirir a natureza de decisão interlocutória se ficar demonstrado que trazem prejuízos às partes. Por exemplo, uma remessa dos autos ao contador, em princípio, constitui despacho. Mas, se com isso o juiz desvirtuar o procedimento previsto em lei e instituir uma verdadeira liquidação por cálculo do contador, impedindo que o exequente dê início à execução com a apresentação do demonstrativo do cálculo do débito, o ato ganhará cunho decisório, na medida em que constituirá fonte de prejuízo para o exequente. A partir de então, terá de ser considerado decisão interlocutória, permitindo ao prejudicado interpor o recurso apropriado.

O CPC, art. 204, ainda inclui, entre os pronunciamentos judiciais, os acórdãos, atribuindo essa denominação aos julgamentos prolatados pelos tribunais. São decisões proferidas por órgão colegiado.

capítulo II
FORMA E REQUISITOS

1. A FORMA DOS ATOS PROCESSUAIS

É o aspecto externo pelo qual eles se apresentam. No estudo da forma, alguns princípios gerais devem ser observados. A lei buscou conciliar os princípios da liberdade das formas com o da legalidade. Sobretudo, procurou atribuir aos atos processuais um caráter instrumental, visando preservá-los, quando atingirem a sua finalidade, já que o processo não é um fim em si mesmo, mas um meio pelo qual se faz valer o direito substancial.

De maneira geral, os atos e termos processuais não dependem de forma determinada senão quando a lei expressamente a exigir (CPC, art. 188). Acolheu-se, destarte, o princípio da liberdade das formas, com a ressalva da existência de lei em sentido contrário. Todavia, são tantas as exigências legais sobre a forma que ao final não se sabe se o legislador privilegiou mesmo o princípio da liberdade das formas ou o da legalidade.

Há casos em que a lei impõe determinada forma para o ato jurídico, cominando a pena de nulidade para o seu desrespeito. Entretanto, como o processo é instrumental em relação ao direito substancial, não constituindo um fim em si mesmo, a nulidade não será declarada, e o ato será reputado válido, desde que, realizado por outra forma, preencha a sua finalidade essencial.

É o que ocorre, por exemplo, com a citação. Para que ela seja válida, é preciso respeitar a forma prescrita em lei, mas, se apesar da não observância, atingir sua finalidade, e o réu tomar conhecimento do processo e comparecer para apresentar contestação, o vício estará sanado.

Além dos mecanismos tradicionais de comunicação dos atos processuais, hão de se acrescentar as novidades introduzidas pela tecnologia. Os arts. 193 e s. do CPC autorizam que todos os atos e termos do processo sejam produzidos, transmitidos, armazenados e assinados por meio eletrônico, na forma da Lei n. 11.419/2006.

1.1. A busca pela efetividade e duração razoável do processo deu ensejo à autorização para uso de meios eletrônicos e de informatização do processo

A Lei n. 11.280/2006 já havia acrescentado ao art. 154 do CPC de 1973 um parágrafo, autorizando os tribunais, no âmbito da respectiva jurisdição, a disciplinar a prática e a comunicação oficial dos atos processuais por meios eletrônicos, atendidos os requisitos de autenticidade, integralidade, validade jurídica e interoperabilidade da Infraestrutura de Chaves Públicas Brasileira – ICP – Brasil.

Mas a informatização do processo judicial foi regulamentada pela Lei n. 11.419/2006, que tratou dos meios eletrônicos, da transmissão eletrônica e da assinatura eletrônica.

O art. 2º dessa lei autoriza o envio de petições, de recursos e a prática de atos processuais em geral por meio eletrônico, com a utilização da assinatura digital, baseada em certificado digital emitida pela autoridade certificadora; ou mediante cadastro do usuário no Poder Judiciário, que permita a identificação do interessado. O uso dos meios eletrônicos nos processos continua disciplinado por essa lei, mas o CPC, nos arts. 193 a 199, formula os princípios e as regras gerais que devem ser observados.

O art. 193 autoriza que os atos processuais sejam praticados, total ou parcialmente por meio digital, na forma da lei. Os sistemas de automação processual deverão respeitar o princípio da publicidade dos atos, o acesso e a participação das partes e seus procuradores, a garantia da disponibilidade, a independência da plataforma computacional e a acessibilidade e a interoperabilidade dos sistemas, dos serviços, dos dados e das informações que o Poder Judiciário administre no exercício de suas funções.

Nesses sistemas, todos os atos de comunicação processual – como a citação, intimações, notificações – serão feitas por meio eletrônico, na forma da lei.

Os arts. 8º a 13 da Lei n. 11.419/2006 regulamentam o uso de meios eletrônicos e digitais.

Mesmo que o processo não seja eletrônico, é possível que os tribunais façam uso do Diário da Justiça eletrônico, disponibilizado nos sítios da rede mundial de computadores, para publicação dos atos judiciais e administrativos próprios e dos órgãos a eles subordinados.

Poderão ser feitas as intimações, dirigidas aos advogados das partes, pelo Diário da Justiça eletrônico, caso em que a publicação só se considera feita no primeiro dia útil subsequente ao da disponibilização da informação no Diário de Justiça, passando a correr o prazo no primeiro dia útil subsequente.

Caso, no entanto, a parte ou seu advogado se cadastre na forma do art. 2º da Lei n. 11.419/2006, será dispensada a publicação no órgão oficial, inclusive eletrônico, porque as intimações serão feitas em portal próprio, considerando-se feita na data em que se efetivar a consulta eletrônica ao teor da intimação, o que deverá ser certificada nos autos. Mas a consulta deverá ser feita no prazo de dez dias corridos, contados da data do envio, sob pena de considerar-se automaticamente realizada ao final desse prazo.

Se o processo for eletrônico, as citações, intimações e notificações, inclusive da Fazenda Pública, serão feitas por meio eletrônico. Haverá dificuldades, quando o ato for dirigido não ao advogado, mas à parte, como ocorre com a citação. Só será possível a utilização de meio eletrônico, se o destinatário tiver seu cadastro na forma do art. 2º da Lei. Não sendo viável a via eletrônica, a citação será feita pelo modo convencional.

O art. 7º determina que as cartas precatórias, rogatórias, de ordem e, de um modo geral, todas as comunicações oficiais que transitem entre órgão do Poder Judiciário, bem como entre os deste e os dos demais Poderes, sejam feitas preferencialmente por meio eletrônico.

O art. 246, § 1º, do CPC estabelece que a citação das pessoas jurídicas públicas e privadas será feita preferencialmente por meio eletrônico, com exceção das microempresas e das empresas de pequeno porte. Para que isso se viabilize, elas são obrigadas a manter cadastro nos sistemas de processo em autos eletrônicos, para efeito de recebimento de citações e intimações. O art. 1.051, por sua vez, determina que, para cumprimento do disposto no art. 246, § 1º, as empresas públicas ou privadas se cadastrem no prazo de 30 dias a contar da data de inscrição do ato constitutivo da pessoa jurídica, perante o juízo onde tenham sede ou filial. A lei não soluciona a questão relativa às empresas que já tenham feito a inscrição de seus atos constitutivos antes da entrada em vigor da lei. À míngua de maiores esclarecimentos, deve-se entender que, para elas, o prazo de 30 dias correrá da data da entrada em vigor do CPC. A exigência é imposta somente às pessoas jurídicas, não às físicas, nem às microempresas ou às empresas de pequeno porte.

1.2. Flexibilização do procedimento e negociação processual

O CPC de 1973 era bastante tímido ao atribuir poderes às partes de influir sobre os atos processuais, sobre o procedimento e sobre seus poderes, faculdades e deveres processuais. Admitia-se a convenção sobre o ônus da prova (art. 333, parágrafo único), sobre a suspensão temporária do processo e sobre o adiamento de audiência. Mas eram situações específicas, expressamente previstas. O poder de disposição das partes dizia mais respeito ao direito material discutido do que aos atos processuais e procedimentais. A publicização do processo apresentava-se como óbice para que se permitisse às partes negociar sobre o processo, de forma geral e aberta. O CPC atual modificou esse panorama e ampliou muito os poderes das partes a esse respeito. Foi mantida a possibilidade de convenção sobre a distribuição do ônus da prova (art. 373, § 3º), sobre a suspensão do processo (art. 313, II) e adiamento de audiência (art. 362, I). Mas, além dessas hipóteses específicas, que constituíam um rol legal *numerus clausus*, tornou-se lícito às partes plenamente capazes, quando a causa versar sobre direitos que admitam autocomposição, estipular mudanças no procedimento para ajustá-lo às especificidades da causa e convencionar sobre os seus ônus, poderes, faculdades e deveres processuais, antes ou durante o processo (art. 190). Trata-se de grande inovação, que autoriza as partes capazes, em cláusula aberta e geral, a influir diretamente sobre o procedimento e o prazo. Para que não haja abusos, o juiz, de ofício ou a requerimento controlará as convenções processuais, recusando-lhes aplicação em caso de nulidade, inserção abusiva em contrato de adesão ou quando alguma parte se encontre em situação de vulnerabilidade. O art. 191, de influência francesa, estabelece que "de comum acordo, o juiz e as partes podem fixar calendário para a prática dos atos processuais, quando for o caso", acrescentando o § 1º, que "O calendário vincula as partes e o juiz, e os prazos nele previstos somente serão modificados em casos excepcionais, devidamente justificados". O CPC dá, portanto, real validade ao princípio dispositivo permitindo que, nos processos em que seja lícita a autocomposição, as partes negociem não apenas sobre o direito material discutido, mas sobre o próprio procedimento, estabelecendo convenções sobre ônus, poderes, faculdades e deveres processuais. Isso pode ocorrer antes ou durante o processo. Pode, por exemplo, ser estabelecido por contrato, cabendo ao juiz controlar a validade da convenção, na forma do parágrafo único do art. 190. A instituição do calendário é altamente vantajosa, por tornar desnecessárias as intimações no processo, já que os litigantes saberão de antemão as datas em que se realizarão dos atos processuais.

Outro exemplo do poder de influência das partes no procedimento ocorre na fase de saneamento do processo. Estabelece o art. 357, § 2º, que "As partes podem apresentar ao juiz, para homologação, delimitação consensual das questões de fato e de direito a que se referem os incisos II e IV [isto é, os fatos sobre os quais recairá atividade probatória ou as questões de direito relevantes para a decisão de mérito], a qual, se homologada, vincula as partes e o juiz". Amplia-se o poder de disposição das partes, mas sempre com a fiscalização e o controle judicial. Trata-se de mais uma aplicação do *princípio da cooperação* entre os sujeitos do processo, para que ele tenha um desenvolvimento mais eficiente.

Além disso, os arts. 168 e 471 permitem às partes escolher, de comum acordo, o conciliador, o mediador ou a câmara privada de conciliação ou mediação que pode nem mesmo estar cadastrado no tribunal, bem como escolher o perito, indicando-o mediante requerimento conjunto ao juiz. A perícia consensual substitui, para todos os efeitos, a perícia que seria realizada por perito nomeado pelo juiz (art. 471, § 3º).

2. REQUISITOS DOS ATOS PROCESSUAIS

O CPC estabelece requisitos para a validade dos atos jurídicos. Alguns são de natureza geral e valem para todos os tipos de atos. Outros são específicos, aplicando-se apenas para determinados atos. Os requisitos gerais desdobram-se naqueles que se referem ao modo pelo qual os atos devem ser praticados, ao lugar e ao tempo.

2.1. Requisitos gerais quanto ao modo dos atos processuais

Entre eles está o de que todos sejam redigidos no vernáculo (CPC, art. 192). As petições, manifestações das partes, dos intervenientes e as decisões judiciais devem ser redigidas em língua portuguesa. Eventuais documentos escritos em língua estrangeira só poderão ser juntados aos autos se acompanhados de versão em vernáculo, firmada por tradutor juramentado. Isso não exclui a possibilidade de serem usadas, com moderação, expressões latinas ou citações de autores estrangeiros, desde que não prejudiquem a compreensão do texto.

Se, apesar da tradução juramentada, o juiz continuar em dúvida na análise de documento redigido em língua estrangeira, poderá nomear intérprete, na forma do CPC, art. 162, I.

Os atos orais também deverão ser praticados em língua portuguesa. Se for preciso ouvir uma das partes ou testemunha que não conheça o vernáculo, o juiz nomeará um intérprete, necessário também se elas não puderem expressar-se verbalmente, mas pela linguagem mímica dos surdos-‑mudos.

O documento em língua estrangeira que não venha acompanhado da tradução juramentada será desconsiderado pelo juiz, ainda que ele tenha o conhecimento da língua em que foi redigido.

Os atos postulatórios e requerimentos das partes devem vir assinados pelos respectivos procuradores. Os de documentação de audiência serão firmados por todas as pessoas que delas tiverem participado. Se alguém recusar-se a assinar, o escrivão ou o escrevente que esteja funcionando na audiência certificará o ocorrido, valendo-se da fé pública que lhe é atribuída.

A lei autoriza o uso da datilografia, que poderá ser mecânica ou por meio de computador. Permite também que os atos sejam manuscritos. A permissão vale para todos os atos processuais, o que inclui os termos de audiência e as sentenças, embora o mais comum seja, nesses casos, a utilização da datilografia.

Para que os atos fiquem definitivamente registrados, caso haja transmissão por fax, há necessidade de apresentação do original, ficando concedido o prazo de cinco dias para tanto, nos termos da Lei n. 9.800, de 26 de maio de 1999. O fax deve chegar dentro do prazo no qual o ato deve ser praticado, mas a juntada do original pode ser feita nos cinco dias seguintes. A razão dessa exigência é que, com o passar do tempo, os documentos transmitidos por fax vão perdendo a sua nitidez, havendo o risco de que não possam mais ser lidos. Por isso, a necessidade de documentação dos atos recomenda a juntada do original. Não nos parece, no entanto, que o prazo de cinco dias seja próprio, isto é, que o ato deva ser considerado não praticado se ele for desobedecido.

O CPC, art. 210, permite ainda o uso da taquigrafia, estenotipia ou qualquer outro método idôneo, em qualquer juízo ou tribunal. A permissão restringe-se aos atos judiciais, e não aos das partes. Nos Juizados Especiais, em homenagem aos princípios da celeridade e oralidade, utiliza-se ainda a gravação fonográfica como forma de documentar a audiência.

A lei proíbe que, nos atos e termos do processo, haja espaços em branco, bem como entrelinhas, emendas ou rasuras, salvo se aqueles forem inutilizados e estas expressamente ressalvadas (CPC, art. 211). A razão é evitar possíveis fraudes processuais ou a utilização indevida de espaços em branco.

Os atos processuais são públicos. A publicidade é garantida na Constituição Federal (art. 5º, LX). Por isso, é facultado a qualquer pessoa, ainda que não interessada, consultar os autos e acompanhar as audiências. O escrivão tem a incumbência de dar, independentemente de despacho, certidão de qualquer ato ou termo do processo a quem a requeira.

No entanto, a lei ressalva a possibilidade de determinados processos correrem em segredo de justiça, quando a publicidade poderia ser danosa às partes ou ao interesse público, incluindo o próprio interesse de administração da justiça. Quando isso ocorre, os autos só podem ser consultados pelas próprias partes, seus advogados, eventuais terceiros intervenientes admitidos no processo e Ministério Público. As audiências realizar-se-ão a portas fechadas e não poderão ser assistidas por outras pessoas. Os atos de comunicação do processo (intimações e publicações de editais) serão cifrados. O nome das partes não aparece na íntegra, mas por meio de abreviações, que não permitem a sua identificação.

Incumbe a todos os que participam desse processo – ao juiz, seus auxiliares, Ministério Público, partes, advogados e terceiros intervenientes – velar pela preservação do segredo de justiça. Os únicos advogados que poderão consultar os autos do processo são os que estejam nele atuando.

O desrespeito pelo juiz, pelo Ministério Público e pelos auxiliares da justiça do segredo poderá acarretar-lhes sanções administrativas, e eventualmente civis, respeitadas as regras de responsabilidade pessoal estabelecidas em lei. Para o advogado poderá acarretar sanções administrativas, por ofensa a dever funcional, e civis. Se a violação for feita por uma das partes e causar danos, permitirá ao prejudicado postular a reparação civil. No entanto, não haverá nulidade processual. O ato que, por um descuido, tenha sido presenciado por quem não poderia não será declarado nulo, nem terá que ser repetido.

Os terceiros que, embora não participando do processo, demonstrem interesse jurídico, poderão obter certidão do dispositivo da sentença, bem como do inventário e da partilha resultantes de divórcio ou separação.

O CPC, art. 189, enumera em quatro incisos os processos que devem correr em segredo de justiça. O inciso II contém um rol de demandas, todas relacionadas a direito de família, que serão sigilosas: as que se referem a casamento, separação de corpos, divórcio, separação, união estável, filiação, alimentos e guarda de crianças e adolescentes.

O inciso I contém norma aberta, permitindo ao juiz que decrete o segredo de justiça sempre que verificar que a publicidade colocará em risco o interesse público ou social. O inciso III determina o segredo dos processos em que constem dados protegidos pelo direito constitucional à intimidade; e o inciso IV, daqueles que versem sobre arbitragem, inclusive sobre cumprimento de carta arbitral, desde que a confidencialidade estipulada na arbitragem seja comprovada perante o juízo.

2.2. Requisitos gerais quanto ao lugar

De modo geral os atos processuais são praticados na sede do juízo (CPC, art. 217), isto é, nas dependências do fórum em que a demanda corre. Mas há ressalvas. Os atos podem ser praticados em outro lugar: a) em razão de deferência, como ocorre nas hipóteses do CPC, art. 454, em que determinadas pessoas, em homenagem ao cargo que exercem, podem ser ouvidas em sua residência ou no local em que exercem as suas funções; b) em virtude de interesse da justiça, como os que exigem a expedição de cartas precatórias, seja para a ouvida de pessoas, seja para a prática de outros atos (v.g., constrição ou perícias), em outras comarcas; ou c) por motivo de obstáculo arguido pelo interessado e acolhido pelo juiz, como ocorre quando a testemunha ou parte não consegue locomover-se, exigindo que o magistrado se desloque até onde ela se encontra para proceder à sua ouvida.

2.3. Requisitos gerais quanto ao tempo

A questão do tempo é fundamental para o processo civil. Se a lei não fixasse prazos para que as partes, o juiz e seus auxiliares praticassem os atos que lhes cabem, o processo se eternizaria.

Por isso, a lei fixa um minucioso sistema de prazos e estabelece as consequências para sua desobediência: os atos das partes tornam-se preclusos; os que devem ser praticados pelo juiz, pelo Ministério Público e pelos auxiliares da justiça, embora não precluam (daí por que os seus prazos são denominados impróprios), geram sanções administrativas.

De duas maneiras o tempo repercute no processo: pelo estabelecimento dos momentos do dia, mês e ano em que os atos processuais são praticados; pela fixação de prazo, para todos os participantes da relação jurídica processual, que deve ser observado. Em síntese, a lei estabelece as ocasiões e os prazos para a realização dos atos processuais.

2.3.1. Ocasiões para a realização dos atos processuais

O CPC, arts. 212 e 214, estabelece que os atos processuais serão praticados apenas nos dias úteis, excetuado o período de férias forenses. São dias úteis os não considerados feriados. Por força do disposto no CPC, art. 216, são feriados, para efeito forense, os sábados, os domingos e os dias em que não haja expediente forense.

São feriados nacionais os dias 1º de janeiro, 1º de maio, 7 de setembro, 12 de outubro, 15 de novembro e 25 de dezembro, além do dia em que se realizam as eleições. São feriados forenses o dia 8 de dezembro, a terça-feira de carnaval e a sexta-feira santa. Há ainda feriados específicos da justiça federal, feriados estaduais e municipais.

Mesmo nos dias não úteis e no período de férias forenses, onde houver, a lei autoriza a realização de citações, intimações e penhoras, independentemente de autorização judicial.

No curso do dia, os atos processuais serão praticados das 6 às 20 horas. Mas os parágrafos do art. 212 estabelecem exceções, permitindo que: a) os atos sejam concluídos depois das 20 horas, desde que iniciados antes, quando o adiamento prejudicar a diligência ou causar grave dano; b) a citação, a intimação e a penhora aperfeiçoem-se em dias não úteis, ou fora do horário normal.

O art. 212, § 3º, remete às leis de organização judiciária local o estabelecimento de horário para o fechamento do protocolo, e o ato que deve ser praticado por petição o respeitará. Por exemplo, no Estado de São Paulo, as normas de organização judiciária determinam que o protocolo funcionará até as 19 horas. Isso significa que as petições devem ser entregues até esse horário, impreterivelmente. Os atos processuais externos podem estender-se até as 20 horas, mas a entrega das petições não.

As leis de organização judiciária têm autonomia para a fixação do horário limite de funcionamento dos protocolos, respeitado o teto estabelecido no art. 212, que é 20 horas.

Já a prática eletrônica do ato processual pode ocorrer em qualquer horário, até as 24 horas do último dia do prazo (art. 213).

2.3.2. Férias forenses

A Emenda Constitucional n. 45 introduziu dispositivo na Constituição Federal (art. 93, XII) extinguindo a possibilidade de férias coletivas nos juízos e tribunais de segundo grau. Com isso, ficaram extintas as férias forenses naqueles órgãos. No entanto, é conveniente que se trate, ainda, do tema das férias, porque elas continuam existindo nos tribunais superiores.

No período de férias, não são praticados atos processuais (CPC, art. 214, *caput*). Essa regra, porém, não é absoluta, pois existem certos atos que podem ser praticados durante as férias e alguns processos que, nesse período, correm regularmente, não se suspendendo pela superveniência delas.

É preciso distinguir então entre aqueles processos que correm ou não durante as férias. Mesmo nestes, há alguns atos excepcionais, os de urgência, que a lei autoriza sejam praticados, apesar de suspenso o processo.

Os incisos do art. 214 do CPC indicam os atos que podem ser praticados durante as férias, mesmo naqueles processos que não correm. São eles os previstos no art. 212, § 2º, e a tutela de urgência.

O art. 215 enumera os processos que tramitam durante as férias. São eles os procedimentos de jurisdição voluntária e os necessários à conservação de direitos, quando puderem ser prejudicados pelo adiamento, os de alimentos, os de nomeação ou remoção de tutores ou curadores, e os processos que a lei determinar.

Salvo nessas hipóteses, a superveniência das férias suspende o curso do prazo, e o que lhe sobejar recomeça a correr do primeiro dia útil seguinte ao seu término.

O prazo que teve início antes do período fica suspenso assim que ele tiver início, retomando no primeiro dia útil seguinte ao seu término. Os prazos ainda ficam suspensos entre 20 de dezembro e 20 de janeiro, nos termos do art. 220 do CPC.

2.3.3. Prazos processuais

Prazo é a distância de tempo que medeia entre dois atos ou fatos. O processo é um conjunto de atos encadeados que se sucedem no tempo. Para que ele não se eternize, a lei estabelece limites temporais dentre dos quais o ato processual deva ser praticado. O prazo é sempre uma quantidade de tempo que se fixa para a realização do ato, e conta-se a partir de um outro ato que lhe seja anterior ou posterior. Por exemplo, a lei estabelece que, no procedimento comum, o prazo de contestação é de quinze dias, a contar da audiência de tentativa de conciliação ou da juntada aos autos do mandado de citação. Também estatui que as testemunhas devem ser arroladas em prazo comum não superior a 15 dias da decisão do juiz que determina a produção de prova testemunhal (art. 357, § 4º).

É diferente a natureza dos prazos impostos às partes e ao juiz e seus auxiliares.

De modo geral, o delas é preclusivo, o que quer dizer que o desrespeito ao prazo implicará a perda da faculdade processual de praticar o ato (preclusão). Os prazos preclusivos são denominados próprios, e, como regra, são os impostos às partes, ao Ministério Público quando participa nessa qualidade e aos terceiros intervenientes.

Nem todos os prazos das partes e seus advogados são próprios. Dinamarco enumera alguns que não têm essa natureza: "Não o são, em primeiro lugar, aqueles destinados ao cumprimento de um dever, ou seja, de um imperativo de conduta no interesse da Justiça ou da parte contrária. O advogado que não restituir no prazo os autos retirados em cartório continua obrigado a fazê-lo, independentemente das sanções que suportará como consequência do retardamento (arts. 195-196 [atual art. 234]); o devedor que não indicar no prazo o lugar em que se encontra o bem penhorável, ou já penhorado, não se exime de indicá-lo depois (arts. 600, inc. IV, e 601, parágrafo único [atual art. 774]). Também não são preclusivos certos prazos, já que fixados em relação a atos de interesse da própria parte, sempre que do atraso não resulte retardamento na marcha do procedimento nem prejuízo ao adversário: a parte que nos cinco dias fixados pelo art. 398 do Código de Processo Civil [atual art. 437, § 1º, que amplia o prazo para 15 dias] não se manifestar sobre os documentos trazidos pelo adversário ainda poderá fazê-lo depois, até quando das alegações finais"[1]. A esses exemplos poderia ser acrescentado o da possibilidade de formulação de quesitos e indicação de assistentes técnicos, em caso de determinação de prova pericial. O CPC, art. 465, § 1º, II e III, estabelece o prazo de 15 dias, a contar da intimação do despacho do juiz que nomeou o perito, mas tem prevalecido o entendimento de que ele não é preclusivo, podendo a apresentação ser feita até o início dos trabalhos. Nesse sentido: "Consolidado na jurisprudência do STJ o entendimento segundo o qual o prazo estabelecido no art. 421, § 1º, do CPC [atual art. 465, § 1º], não sendo preclusivo, não impede a indicação de assistente técnico ou a for-

1. Cândido Rangel Dinamarco, *Instituições*, cit., v. 2, p. 549.

mulação de quesitos, a qualquer tempo, pela parte adversa, desde que não iniciados os trabalhos periciais" (STJ, 3ª Turma, REsp 37.311-5-SP, rel. Min. Waldemar Sveiter).

Em contrapartida, há os prazos impostos ao juiz e seus auxiliares, que não são preclusivos, porque não há a perda da faculdade, nem o desaparecimento da obrigação de praticar o ato, ainda que superado o prazo estabelecido em lei. O juiz não se exime de sentenciar apenas porque ultrapassou o prazo de 30 dias previsto em lei. As consequências do desrespeito ao prazo impróprio são administrativas, como sanções àquele que deu causa ao retardo. Não há, porém, sanções processuais.

Também são impróprios alguns prazos impostos ao Ministério Público, quando atua como fiscal da ordem jurídica. A lei não o dispensa de manifestar-se e apresentar o seu parecer apenas porque o prazo legal foi superado. Sendo a intervenção do *parquet* indispensável, o processo não poderia seguir adiante sem ele, e, por isso, o descumprimento do prazo deverá impor outras sanções, que não as processuais.

O que distingue, portanto, os prazos próprios dos impróprios é a preclusão temporal. De acordo com CPC, art. 223, "Decorrido o prazo, extingue-se o direito de praticar ou emendar o ato processual, independentemente de declaração judicial, ficando assegurado, porém, à parte provar que o não realizou por justa causa".

Verificada a preclusão temporal pelo decurso *in albis* do prazo, o juiz aplicará à parte que tinha o ônus de realizar o ato as consequências decorrentes da sua omissão.

2.3.4. Contagem de prazo

As unidades de tempo utilizadas pela lei são o ano (v.g., o prazo de dois anos para a propositura da ação rescisória), o mês (v.g., possibilidade de suspensão convencional do processo por até seis meses – art. 313, § 4º), o dia (é a unidade mais comumente utilizada), a hora (v.g., o prazo para que a intimação das partes as obrigue ao comparecimento é de 48 horas de antecedência da audiência) e os minutos (v.g., o prazo de 20 minutos concedido às partes para, em audiência, apresentar suas alegações finais – art. 364, *caput*).

A fixação do prazo é feita, em regra, por lei. Caso ela seja omissa, caberá ao juiz estabelecê-lo. Se não houver lei, nem determinação do juiz, ele será de cinco dias, nos termos do CPC, art. 218, § 3º. Também pode ser fixado pelas próprias partes, por convenção, nos termos dos arts. 190 e 191 do CPC.

Tradicionalmente, costumava-se distinguir entre prazos peremptórios e dilatórios, sendo os primeiros aqueles cogentes, que não podiam ser modificados pela vontade das partes, e os segundos aqueles que podiam ser alterados por convenção das partes, desde que a alteração fosse requerida antes de eles vencerem e estivesse fundada em motivo legítimo, caso em que o juiz deveria fixar o dia de vencimento da prorrogação, respeitada a convenção.

Mas essa distinção tem pouca utilidade no sistema do CPC atual, diante do que dispõem os arts. 190 e 191, que não fazem nenhuma distinção entre prazos peremptórios ou dilatórios, permitindo que, por convenção, nos processos que admitem autocomposição, as partes capazes estipulem mudanças no procedimento e convencionem sobre os seus ônus, poderes, faculdades e deveres processuais, podendo as partes, de comum acordo com o juiz, fixar um calendário para a prática de atos processuais quando for o caso.

Não havendo nenhuma restrição ao poder de convenção das partes, exceto aquele estabelecido no parágrafo único do art. 190, mesmo os prazos anteriormente considerados peremptórios estarão sujeitos à alteração, por vontade das partes, sob a fiscalização do juiz. Com isso, desaparece a utilidade da distinção entre prazos peremptórios e dilatórios, que era fundada exclusivamente na possibilidade de haver convenção das partes para modificá-los. Como a lei não restringe esse poder em nenhum tipo de prazo, a distinção perdeu o sentido.

Na legislação anterior, essa classificação se justificava porque, dada a natureza pública do processo, era limitado o poder das partes de alterar prazos. Aqueles instituídos para comodidade dos litigantes poderiam ser alterados por eles, convencionalmente; os que eram estabelecidos para melhor andamento do processo eram cogentes e inderrogáveis. O CPC atual, ainda que continue atribuindo natureza pública ao processo, não impede a convenção das partes sobre o procedimento, e a negociação processual, desde que o processo admita autocomposição. Por isso, todos os prazos no processo atual podem ser objeto de alteração por convenção das partes, desde que haja controle judicial.

Sem a convenção das partes, o juiz tem poderes apenas para dilatar prazos processuais, adequando-os às necessidades do conflito de modo a conferir maior efetividade à tutela do direito (art. 139, VI). Afora essa hipótese, em que a dilação decorre da necessidade do processo, só é dado ao juiz aumentar o prazo, por até dois meses, nas comarcas, nas seções ou nas subseções judiciárias, onde for difícil o transporte (art. 222). O juiz ainda pode, sem a anuência das partes, reduzir os prazos meramente dilatórios. Os peremptórios, só se houver concordância da parte (art. 222, § 1º), sendo essa a única situação em que ainda permanece útil a distinção entre esses dois tipos de prazo.

Todo prazo consiste em uma distância ou quantidade de tempo entre dois atos. Um prazo tem início a partir de um determinado momento, em que ocorre o ato ou fato que o desencadeia. Como ele tem por objeto, via de regra, a prática de certo ato pelo juiz, seus auxiliares, partes e Ministério Público, começa a correr quando a prática desse ato se torna viável.

Para o juiz, o prazo começa a correr do momento em que os autos lhe são conclusos. Para o Ministério Público, da data em que se lhe abre vista; para o escrivão, do momento em que toma conhecimento da determinação judicial ou do ato precedente; e, para as partes, das datas indicadas nos incisos do art. 231.

Na contagem do prazo, exclui-se o dia do começo e inclui-se o do vencimento (CPC, art. 224). Mas a contagem só incluirá os dias úteis. Os não úteis devem ser excluídos, estejam eles no início, no meio ou no fim do prazo. Se o final do prazo cair em dia não útil, haverá prorrogação para o primeiro dia útil seguinte. O prazo também se prorrogará para o dia útil seguinte quando, no dia do começo e do vencimento do prazo, for determinado o fechamento do fórum ou o expediente forense for iniciado depois ou encerrado antes da hora normal ou, ainda, houver indisponibilidade da comunicação eletrônica.

Os prazos prescricionais prorrogam-se se o último dia de contagem cair em data na qual não haja expediente forense (feriados, férias ou ocasiões em que haja o fechamento do fórum ou o expediente encerre-se antes do normal). Tem-se decidido, ainda, que o mesmo vale para os prazos decadenciais, embora estes, em princípio, não se suspendam nem se interrompam (STF, *RT*, 584/244).

O prazo processual poderá ser suspenso caso se verifique algum obstáculo ao seu curso, ou seja, a impossibilidade de o advogado consultar ou retirar os autos, a remessa dos autos ao contador, o movimento grevista que paralisa as atividades forenses. Não tem sido admitida como tal a falha no serviço de entrega de recortes ao advogado por serviço prestado por entidade de classe. Nesse sentido: "Não constitui motivo relevante para impedir o início da fluência do prazo recursal o atraso no envio de recorte ao advogado, porquanto a justiça nada tem a ver com as organizações que se encarregam desse mister, até porque o conhecimento do ato judicial se dá pela simples publicação no órgão oficial" (STJ, *RT*, 713/235).

A perda do prazo pela parte implicará a extinção do direito de praticar o ato (preclusão). Isso não ocorrerá, porém, se ela demonstrar que não o realizou por justa causa. A lei define a justa causa como o evento imprevisto, alheio à vontade da parte, que a impediu de praticar o ato por si ou por mandatário (CPC, art. 223, § 1º).

Tem sido admitida como justa causa a doença do advogado, sobrevinda no curso do prazo, que o impeça de praticar o ato. Mas é necessário que a moléstia seja imprevisível e de tal ordem que não lhe permita desincumbir-se de suas atividades. Caberá ao juiz examinar, no caso concreto, a justa causa. Se verificada, deve permitir à parte que pratique o ato, no prazo que assinar.

Os prazos em horas são contados minuto a minuto. Um prazo de 24 horas, por exemplo, que se inicie às 14:15 horas de um dia terminará exatamente às 14:15 horas do dia seguinte. Nesse sentido, "prazo legal fixado em horas: contagem, minuto a minuto, do momento da intimação. Ao prazo fixado em horas não se aplica a regra de exclusão do dia da intimação; conta-se, de minuto a minuto, do momento da intimação (no caso, da circulação do Diário de Justiça, que publicou a pauta do julgamento), quer se considere incidente o regime interno do TSE, quer, por analogia, a norma do art. 125, § 4º, do CC [atual art. 132, § 4º, do CC de 2002], aplicável aos processos judiciários em geral" (STF, Pleno, *RTJ*, 144/471). Mas tem-se entendido que, se da publicação não constar a hora da intimação, como ocorre naquelas que são feitas pela imprensa, aplica-se a regra geral de exclusão do primeiro dia e inclusão do dia do vencimento. Assim, um prazo de 48 horas publicado em uma segunda-feira pela imprensa oficial terminará no final do expediente da quarta-feira.

Existem alguns prazos que são contados de trás para frente. São prazos de antecedência, isto é, o mínimo de distância que um ato deve ter em relação a um outro que lhe sobrevenha. Como exemplos podem ser citados o de dez dias para o réu manifestar desinteresse na audiência de tentativa de conciliação. A contagem regressiva utiliza as mesmas regras da normal, excluindo o dia do começo e incluindo o do vencimento, mas de trás para a frente, contando apenas os dias úteis. A contagem inicia-se no primeiro dia útil que antecede o ato subsequente. Assim, se a audiência está marcada para uma segunda-feira, o prazo regressivo de dez dias começa a correr da sexta-feira antecedente (exclui-se o dia do começo, isto é, a própria segunda-feira, e o prazo inicia-se regressivamente do primeiro dia útil antecedente). A partir daí, ele flui regressivamente, considerando-se apenas os dias úteis, até chegar-se ao último dia, o mais distante do ato subsequente. O último dia deve ser também útil, sob pena de prorrogar-se ao dia útil imediatamente antecedente.

Na falta de previsão legal expressa ou determinação judicial, os prazos para as partes serão de cinco dias, observado o disposto nos arts. 180, 183 e 229 do CPC.

O prazo do juiz para proferir despachos é de cinco dias, decisões interlocutórias, dez dias, e sentenças, trinta dias.

2.3.5. Suspensão e interrupção do prazo

Distinguem-se as noções de suspensão e interrupção. Verificado o fato suspensivo, o prazo para de correr, mas, quando retomar seu curso, fluirá pelo restante. Já a causa interruptiva, se verificada, faz com que o prazo seja restituído, na íntegra, ao interessado. Os arts. 221 e 313 do CPC enumeram as causas de suspensão de um prazo.

As causas interruptivas são raras, podendo ser mencionadas duas hipóteses: quando o réu requer o desmembramento do processo, em virtude de litisconsórcio multitudinário e quando as partes opõem embargos de declaração.

2.4. Preclusão

É instituto de suma importância para o andamento do processo, pois, sem ela, os processos se eternizariam. No entanto, pouca atenção lhe tem sido dada.

O processo é uma sequência coerente e regular de atos que, encadeados, buscam chegar a uma determinada finalidade. Para que isso ocorra, é preciso que as fases e situações processuais ultrapassadas tornem-se estáveis, sem perigo de retrocessos.

As partes têm o ônus de realizar as atividades processuais nos prazos, sob pena de não poderem mais fazê-lo posteriormente. Também não podem praticar atos que sejam incompatíveis com outros realizados anteriormente. Sem isso, o processo correria o risco de retroceder a todo momento.

Esse sistema de estabilização deve obrigar tanto as partes quanto o próprio juiz. Por isso, o fenômeno da preclusão não diz respeito apenas aos atos processuais daquelas, mas também aos atos judiciais (preclusão *pro judicato*).

A preclusão para as partes consiste na perda de uma faculdade processual, que pode ser atribuída: a) ao fato de ela não ter sido exercida no prazo apropriado; b) à incompatibilidade com um ato anteriormente praticado; c) ao fato de o direito à prática daquele ato já ter sido exercido anteriormente.

2.4.1. Espécies de preclusão dos atos das partes

Conforme a causa que tenha provocado a perda da faculdade processual, a preclusão pode classificar-se em temporal, lógica ou consumativa.

A primeira é a perda da faculdade processual que não foi exercida no prazo estabelecido em lei. É o que ocorre se a resposta do réu não é apresentada a tempo, ou se as partes não interpõem recurso no prazo. As partes não poderão mais valer-se daquelas faculdades processuais, por não terem cumprido o ônus de exercê-las no prazo.

A preclusão lógica é a que decorre da incompatibilidade entre um ato processual e outro que tenha sido praticado anteriormente. Por exemplo, se a parte concordar com a sentença, manifestando a sua aquiescência, não poderá mais recorrer (CPC, art. 1.000).

A consumativa resulta de a parte já ter praticado o ato, que, realizado, não poderá ser renovado. Assim, se o réu já contestou, ainda que lhe reste algum prazo, não poderá apresentar uma segunda contestação, com novos argumentos de defesa, nem poderá requerer que a primeira seja aditada, pois terá havido preclusão consumativa. Quando o réu ofereceu a resposta exauriu a sua faculdade de fazê-lo, nada podendo acrescentar.

2.4.2. Preclusão, prescrição, perempção e coisa julgada

A preclusão não se confunde com a prescrição, porque a primeira é a perda de uma faculdade processual. Ocorre dentro do processo e diz respeito à prática de um determinado ato processual. Já a prescrição é a perda da pretensão, que não foi exercida no prazo estabelecido em lei, e que repercutirá no direito de ação. A prescrição não se refere a atos processuais, mas à própria propositura da demanda.

Também não se confunde com a perempção, que é a perda do direito de ação (e não de uma faculdade processual), em virtude de o processo ter sido extinto, por três vezes anteriores, em decorrência de abandono.

A coisa julgada formal é uma qualidade da sentença que não é mais impugnável, uma vez que todos os recursos que contra ela poderiam ser interpostos já estão preclusos. Ela é a impossibilidade de rediscutir a sentença, que advém da preclusão dos recursos. Nesse sentido, não deixa de ser uma espécie de preclusão, denominada preclusão máxima, por inviabilizar qualquer possibilidade de, naquele mesmo processo, ser proferida outra decisão. A coisa julgada formal nada mais é, portanto, que a preclusão que torna imutável a sentença, como ato jurídico processual.

2.4.3. Limites à preclusão

A perda da faculdade processual, em razão de preclusão temporal, consumativa ou lógica, nem sempre se verifica. Há determinadas questões que podem ser suscitadas a qualquer tempo e grau de jurisdição (salvo em recurso especial e extraordinário, que pressupõem o prequestionamento da matéria) e não se sujeitam à preclusão. São as matérias de ordem pública, como as enumeradas no CPC, art. 337 (salvo a incompetência relativa e o compromisso arbitral), a decadência, a prescrição e o impedimento do juiz.

2.4.4. *Preclusão* pro judicato

Não só as partes devem ficar sujeitas ao sistema de preclusão. O prazo para a prática dos atos judiciais é impróprio, de forma que eles não são atingidos pela preclusão temporal, mas devem respeitar os atos processuais anteriores e as decisões previamente proferidas, sob pena de haver tumulto, em prejuízo do desenvolvimento regular do processo.

A preclusão *pro judicato* não constituirá uma perda de faculdade processual (já que essa expressão não pode ser utilizada em relação ao juiz), mas na impossibilidade de rever decisões anteriormente proferidas, ou de proferir outras incompatíveis com as anteriores.

Como regra, o juiz que profere uma decisão não pode voltar atrás e alterar o seu entendimento anterior. Todavia, isso não é absoluto, e a grande variedade de espécies de pronunciamento judicial torna difícil a sistematização do tema.

Somente um exame da matéria que foi objeto desse pronunciamento é que permitirá verificar se ele gera ou não preclusão *pro judicato*, e se o juiz pode ou não voltar atrás em sua decisão.

Teresa Arruda Alvim Wambier divide as decisões interlocutórias em cinco espécies: as referentes às provas, as que concedem tutelas de urgência (de natureza cautelar ou antecipada), as referentes ao juízo de admissibilidade dos recursos, as que repelem nulidades absolutas e as que afastam as nulidades relativas[2].

Parece-nos que as decisões que deferem a produção de provas, as que apreciam tutelas de urgência e as que repelem ou decretam nulidades relativas geram preclusão *pro judicato* e não podem ser reexaminadas pelo juiz, salvo se forem trazidos elementos novos aos autos que alterem as circunstâncias que justificaram a decisão originária. O juiz que concedeu uma liminar ou deferiu uma prova poderá reexaminar a sua decisão, desde que novos elementos justifiquem essa alteração. Por óbvio que, se tais matérias forem objeto de recurso em separado, nos casos em que ele couber, não terá havido preclusão, podendo o juiz, enquanto pendendo o agravo de instrumento, alterar a sua decisão anterior, por força do juízo de retratação, inerente a esse recurso.

Já as decisões que indeferem a produção de provas, as que apreciam nulidades absolutas não geram preclusão *pro judicato* e podem ser reexaminadas pelo juiz, mesmo que a decisão originária não tenha sido objeto de recurso.

A que indefere provas pode ser reexaminada, diante do que dispõe o CPC, art. 370. Pode o juiz determinar, de ofício, as provas que lhe pareçam indispensáveis para a formação de sua convicção. Assim, se ele as indeferiu e não houve recurso contra a sua decisão, mas antes de proferir sentença acha que elas eram importantes para o julgamento do processo, pode ele determiná-las de ofício.

A falta de uma das condições da ação ou de pressuposto processual de existência ou de desenvolvimento válido e regular do processo constitui matéria de ordem pública, que não se sujeita à preclusão, podendo ser conhecida em qualquer tempo e grau de jurisdição (com a ressalva das instâncias extraordinárias, que exigem prequestionamento).

2. Teresa Arruda Alvim Wambier, *O novo regime do agravo*, p. 390.

A decisão não sujeita à preclusão *pro judicato* pode ser reexaminada. Ainda que tenha havido decisão judicial expressa a respeito da matéria, e nenhuma das partes tenha interposto recurso, e mesmo que não haja fato novo, a questão pode ser reexaminada. Nas sujeitas, transcorrido *in albis* o prazo para a interposição de recurso, a decisão não poderá mais ser revista pelo juiz.

3. INVALIDADE DO ATO PROCESSUAL

Quando a lei estabelece forma, a sua inobservância pode acarretar a ineficácia do ato processual. O mesmo ocorre se houver desrespeito a requisitos quanto ao seu modo, tempo e lugar.

Todo ato processual é realizado com uma determinada intenção. Busca-se por meio dele obter determinados efeitos no processo, e a ineficácia é a inaptidão do ato para produzi-los. Não há unicidade quanto às consequências da imperfeição de um determinado ato jurídico. Elas variarão conforme a sua gravidade. Haverá desde meras irregularidades, sem maiores efeitos processuais, até a ineficácia completa do ato jurídico. Entre uma e outra existem as nulidades, que podem ser absolutas ou relativas. Não existe no processo civil a figura do ato jurídico anulável, tão característica do direito material. No direito civil, distingue-se o ato nulo do anulável: aquele não produz efeitos desde o momento em que praticado (ineficácia *ex tunc*), enquanto este só deixa de produzir efeitos depois de anulado por sentença. No processo civil, porém, os atos nulos e até os ineficazes podem produzir efeitos, sendo sempre indispensável uma decisão judicial que os declare ineficazes.

Ficam, portanto, as imperfeições reduzidas a três categorias: as meras irregularidades, as nulidades e a ineficácia.

3.1. Atos meramente irregulares

São aqueles que derivam da inobservância de formalidades consideradas não relevantes para a validade do ato processual. A lei exige, por exemplo, que não haja rasuras no processo, salvo se expressamente ressalvadas; todavia, a existência de uma rasura sem ressalvas, desde que não traga dúvidas sobre a autenticidade do escrito, não trará nenhuma consequência processual relevante, constituindo mera irregularidade.

3.2. Nulidades processuais

O ato é nulo quando praticado sem a observância dos seus requisitos de validade. A nulidade não se confunde com a mera irregularidade, porque a esta não se carreia nenhuma sanção, ao passo que aquela poderá resultar na retirada da eficácia do ato processual. No entanto, ela também não se confunde com a ineficácia, porque, mesmo as nulidades, no sistema processual civil, são, a partir de um certo momento, sanáveis. Tanto a nulidade quanto a ineficácia, para deixarem de produzir efeitos, dependem de decisão judicial, mas a nulidade sana-se após um determinado tempo (o prazo máximo é o transcurso *in albis* do prazo para a ação rescisória), ao passo que a ineficácia é insanável.

Não existem nulidades de pleno direito, no processo civil, o que quer dizer que mesmo o ato nulo produzirá efeitos e consequências processuais até que o juiz o declare nulo. A imperfeição do ato que desobedeceu os requisitos formais impostos em lei o torna nulo. Sendo nulo, não significa que, desde logo, deixe de produzir efeitos, porque, enquanto a nulidade não for declarada, o ato os continuará produzindo, como se válido fosse. Pode até acontecer que a nulidade não seja declarada nunca, e que o ato nulo continue sendo para sempre eficaz. Ela torna, pois, o ato processual suscetível de ser declarado nulo, mas não o torna sem efeitos de plano, desde o momento em que é praticado, como ocorre com os atos nulos do direito substancial. Essa é a razão para que não se distinga, no processo civil, entre atos nulos e anuláveis.

A nulidade é vício que atinge apenas os atos judiciais e os de seus auxiliares. Os das partes não podem ser qualificados de nulos, senão impropriamente. Caso não preencham as exigências legais quanto à forma, ao modo, ao tempo e ao lugar em que praticados, não serão declarados nulos pelo juiz, mas este lhes negará o efeito que visavam produzir, sofrendo a parte as mesmas consequências processuais que adviriam se o ato não tivesse sido realizado.

Por exemplo, se a contestação não obedece os requisitos formais que a lei exige, ou se não é apresentada no tempo ou modo devidos, o juiz a considerará como não apresentada, e ela não produzirá os efeitos que dela se esperam. O juiz não considerará nula a contestação, mas revel o réu, como se ele não a tivesse apresentado. Se um recurso é interposto sem a observância dos requisitos impostos por lei, o juiz ou o tribunal o considerarão como não apresentado. A consequência não será a nulidade, mas a sua ineficácia, o que implicará preclusão ou trânsito em julgado da decisão.

O CPC não enumerou quais as nulidades que podem atingir os atos processuais. E seria temerário que o fizesse, pois haveria sempre o risco de que alguma pudesse ficar de fora. Em alguns dispositivos, no entanto, a lei comina expressamente a pena de nulidade ao ato que não respeita determinado requisito legal. São exemplos de nulidades cominadas aquela imposta pela não intervenção do Ministério Público, quando a sua participação é obrigatória, a falta de citação do réu (que, na verdade, é causa de ineficácia e não propriamente de nulidade), a ausência de fundamentação das decisões judiciais e os atos decisórios praticados por juízo absolutamente incompetente.

Ao lado das nulidades expressamente cominadas, há aquelas não previstas em lei, mas decorrentes do sistema, como fruto da inobservância de algum requisito essencial.

3.3. Nulidades absolutas ou relativas

Nessas duas categorias podem ser classificadas as nulidades. Em ambas há inobservância da forma imposta por lei, mas nas absolutas a forma é destinada a resguardar interesses de ordem pública, ao passo que, na relativa, busca apenas a preservação dos interesses das próprias partes. Na nulidade absoluta, a exigência do respeito à forma é mais imperativa e cogente do que nas relativas.

A lei não fez distinção entre os dois tipos de nulidade, mas ela tornou-se indispensável para a melhor compreensão do sistema de invalidades processuais. A diferença principal entre eles não está nas consequências que produzem, pois ambos implicarão a possível retirada de efeitos do ato viciado. Também não está na possibilidade de o defeito, em um determinado momento, ser sanado, porque tanto as nulidades absolutas quanto as relativas, se não declaradas a tempo, acabam sanando-se.

As duas principais diferenças consistem: a) na possibilidade de as nulidades absolutas serem conhecidas e decididas pelo juiz de ofício, enquanto as relativas só o serão se expressamente apontadas pela parte interessada. Se as primeiras podem ser conhecidas de ofício, com mais razão se arguidas pelas partes, mesmo por aquela que as tenha dado causa. Já a relativa só será conhecida se arguida pela parte que não a sua causadora, e que tenha interesse, tendo sofrido prejuízos em decorrência da imperfeição do ato; b) no fato de a nulidade absoluta não precluir quando não alegada no momento oportuno. Isso não significa inexistam limites temporais para a declaração de nulidade, uma vez que ela, em regra, não pode mais ser reconhecida depois do trânsito em julgado da sentença (já não pode ser reconhecida nem mesmo em grau de recurso especial ou extraordinário, pois a matéria teria de ter sido prequestionada). Há casos, ainda, em que a nulidade absoluta poderá ensejar até a propositura da ação rescisória. Mas existe um limite temporal máximo para a declaração da nulidade absoluta. Todavia, ele é muito mais extenso do que para as relativas, cujo reconhecimento depende de requerimento, formulado sob pena de preclusão.

A primeira diferença, portanto, entre os dois tipos de nulidade é que só a absoluta pode ser declarada de ofício. O juiz a declarará, independente de requerimento das partes. Se ele não perceber a nulidade, a parte poderá apontá-la, solicitando que a reconheça. A segunda diferença é que a nulidade absoluta não precluirá se não alegada na primeira oportunidade que a parte tiver no processo.

Uma última diferença é que o requerimento de declaração de nulidade relativa só pode ser feito por quem tenha legítimo interesse. Disso resulta que ela só pode ser arguida por quem tenha sofrido prejuízo em decorrência dela, diferente do que ocorre com a nulidade absoluta, que pode ser arguida mesmo que dela não resulte prejuízo às partes, até porque ela pode ser conhecida de ofício.

Nem sempre, porém, é fácil distinguir quais as nulidades absolutas e relativas. São absolutas as que resultam de infração à ordem pública. Quase todas as nulidades cominadas por lei são absolutas, embora não haja perfeita coincidência entre os conceitos, pois, além das nulidades absolutas cominadas, há as que resultam do sistema. São exemplos as que decorrem de atos praticados por juízo absolutamente incompetente, por juiz impedido, da ausência de intervenção de curador especial em favor de réu revel citado por edital ou com hora certa, ou do Ministério Público quando a sua participação é necessária, entre outros. Nesta última, tem-se reconhecido que a nulidade não será declarada se a parte em razão da qual o Ministério Público não haja intervindo não tiver sofrido prejuízo. Nesse sentido: "Não se declara nulidade, por falta de audiência de MP, se o interesse dos menores se acha preservado, posto que vitoriosos na demanda" (STJ, 3ª Turma, REsp 26.898-2, rel. Min. Dias Trindade). Trata-se, pois, de hipótese de nulidade absoluta, mas que não se declara sem prejuízo. São exemplos de nulidade relativa as dos atos decisórios praticados por juízo incompetente, quando se tratar de caso de incompetência relativa, ou por juiz suspeito.

Não havendo critérios legais para distinguir a nulidade absoluta da relativa, e não sendo fácil, às vezes, identificar quando a forma é imposta em virtude de interesse público ou das partes, cumpre à doutrina e à jurisprudência manifestar-se sobre a classificação das nulidades em cada caso.

3.4. A instrumentalidade das formas

Seja qual for o tipo de nulidade – absoluta ou relativa –, o juiz considerará válido o ato, e não lhe retirará a eficácia, se ele, realizado de outro modo, alcançar a finalidade (CPC, art. 277).

Trata-se de aplicação do princípio da instrumentalidade das formas. O processo civil não é um fim em si mesmo, mas o instrumento pelo qual se faz valer o direito substancial das partes. A forma não é um escopo, mas uma garantia de que o processo terá regular processamento até chegar ao provimento final. Ora, se assim é, a sua não observância não trará maiores consequências, se o ato atingir a finalidade para a qual estava destinado.

O princípio da instrumentalidade das formas não deve ser aplicado apenas às hipóteses de nulidade relativa, mas também às absolutas. Por exemplo, a citação não será invalidada se atingir a sua finalidade, permitindo que o réu compareça aos autos e ofereça a sua resposta.

Oportuno fazer algumas considerações a respeito do prejuízo. Tanto para a nulidade absoluta quanto para a relativa, é preciso que haja prejuízo para a declaração de invalidade, sob pena de ofensa ao princípio da instrumentalidade das formas e do próprio processo.

Mas há uma diferença: a nulidade relativa só pode ser arguida se houver prejuízo para a parte, isto é, se, em decorrência do vício, uma consequência negativa puder advir para a parte que não foi a causadora do problema. Na nulidade absoluta, será declarada a invalidade se houver prejuízo para as partes (mesmo que para a própria causadora do problema), para o desenvolvimento do processo e para a aplicação da jurisdição.

3.5. As nulidades e a interdependência dos atos processuais – o efeito expansivo das nulidades

O CPC, art. 281, traz norma preciosa sobre a repercussão das declarações de nulidade de um ato processual sobre o resto do processo, cujos atos são inter-relacionados. Estabelece que, "anulado o ato, consideram-se de nenhum efeito todos os subsequentes, que dele dependam; todavia, a nulidade de uma parte do ato não prejudicará as outras, que dela sejam independentes".

Esse dispositivo contém várias regras fundamentais a respeito da repercussão da declaração de nulidade dos atos processuais e quanto as suas consequências sobre os outros atos (efeito expansivo). Em primeiro lugar, a nulidade de um ato processual não pode atingir os atos que lhe sejam antecedentes, mas só os subsequentes. A razão é evidente: uma nulidade posterior não pode atingir ato processual perfeito anterior. A segunda regra é que a nulidade de um ato só atingirá os atos posteriores que dele sejam dependentes.

O processo tem várias fases e pode ser dividido, por assim dizer, em setores, cada qual composto por atos que se inter-relacionam e são dependentes uns dos outros.

Quando o juiz declara a nulidade de um ato processual, é preciso que ele verifique sobre quais atos subsequentes essa nulidade tem repercussão. É possível que a nulidade de um ato repercuta sobre todos eles. A nulidade do primeiro implicará a dos demais. Se a citação do réu foi nula, e ele não compareceu, todos os atos processuais subsequentes são nulos, porque a citação é o ato que torna completa a relação processual. Se inválida, a própria relação processual torna-se viciada.

Mas há determinados atos processuais que podem ser isolados, ou cuja nulidade só repercutirá em um determinado setor do processo, sem consequências para os outros. Se a intimação do autor para manifestar-se sobre um incidente foi nula, só os atos subsequentes relacionados a ela é que perderão a eficácia; se houve a nomeação de um perito impedido, somente os atos relacionados à prova pericial serão invalidados.

A terceira regra sobre a expansividade das nulidades contida no art. 281 é a de que a nulidade de uma parte do ato não prejudicará as outras que dela sejam independentes. Essa hipótese refere-se aos chamados atos processuais complexos, como são, por exemplo, as audiências. Nelas, em uma mesma ocasião, são praticados diversos atos processuais distintos. Pode ocorrer que eles sejam independentes um do outro. Se o forem, a nulidade de um não prejudicará os demais. Por exemplo, na audiência de instrução e julgamento, o juiz pode proferir várias decisões. Eventual nulidade de uma delas não prejudicará as demais. Mas é preciso que as decisões sejam independentes entre si, isto é, que a invalidade de uma não repercuta sobre a outra.

Para que não restem dúvidas sobre qual a repercussão da declaração da nulidade de um ato sobre os demais, o CPC, art. 282, estabelece que "Ao pronunciar a nulidade, o juiz declarará que atos são atingidos e ordenará as providências necessárias, a fim de que sejam repetidos, ou retificados".

3.6. A regularização do processo – modos de superar os vícios

Se a nulidade é relativa, o vício estará sanado se a parte a quem incumbia alegá-lo não o fizer na primeira oportunidade. Trata-se do fenômeno denominado convalidação. A rigor, ela atingirá mesmo as nulidades absolutas, quando não for mais possível alegá-las. Para que tal ocorra, como já ressaltado anteriormente, é preciso o transcurso *in albis* do prazo para o ajuizamento da ação rescisória.

A outra forma de superar a nulidade é fazer com que o vício seja sanado, o que, em regra, ocorre com a repetição do ato realizado de forma inválida, ou com a realização do ato omitido. Se a audiência restar inválida porque as partes não foram intimadas, a solução será repeti-la, agora com a intimação prévia; se o processo for nulo por falta da intervenção do Ministério Público, a solução será determinar a abertura de vista ao *parquet*, e repetir os atos processuais dos quais ele deveria ter participado e não participou, daí advindo prejuízo.

3.7. Atos processuais ineficazes

No item dedicado aos pressupostos processuais fez-se alusão àqueles cuja observância é necessária para a própria eficácia do processo. Foi mencionado que a ineficácia decorrente da sua não observância só pode ser jurídica, e não propriamente fática. A ineficácia jurídica atinge o ato processual que contém um vício de tal gravidade que não só poderá ser declarado ineficaz, como não se sanará, em nenhuma hipótese, nem mesmo com o transcurso do tempo. Tanto o reconhecimento da nulidade quanto da ineficácia do ato processual dependerão de declaração judicial. A diferença entre eles é que a nulidade, ainda que absoluta, poderá sanar-se, sendo o prazo máximo o do ajuizamento da ação rescisória. Uma sentença proferida em processo no qual o réu não foi citado materialmente existe. Por isso, pode produzir efeitos. Mas o réu pode, a qualquer tempo, ajuizar ação declaratória de ineficácia, o que retirará da sentença todos os seus efeitos.

Os pressupostos processuais de eficácia foram enumerados no capítulo próprio.

capítulo III
DA COMUNICAÇÃO DOS ATOS PROCESSUAIS

1. INTRODUÇÃO

Dentro do título dos atos processuais (Título II do Livro IV, da Parte Geral), há um capítulo dedicado às formas de comunicação. Ele trata dos atos de comunicação e colaboração entre juízos e da comunicação entre o juízo e as partes. Trata também da citação e das intimações.

Para o bom exercício da função jurisdicional, há a necessidade de cooperação entre os juízos. A razão é evidente: a jurisdição de um país está limitada ao seu próprio território, e, dentro deste, dada a multiplicidade de órgãos judiciários, há uma distribuição de competência. Existem, portanto, limites ao exercício da jurisdição e da competência. Pode ocorrer que o cumprimento das determinações judiciais ou a prática de determinado ato exija a participação de outro órgão judiciário, que não aquele em que corre o processo. Se o ato processual há de ser praticado, ou a ordem judicial cumprida, fora dos limites da competência ou da jurisdição de determinado órgão judiciário, torna-se necessária a cooperação de outro juízo.

Para tanto, o CPC instituiu o sistema de cartas. Foram quatro os tipos previstos no art. 237: a carta de ordem, a carta rogatória, a carta precatória e a carta arbitral.

A utilização de cada uma delas variará de acordo com o órgão para o qual for dirigida a solicitação. Quando se destinar a um juiz subordinado ao tribunal que a emitiu, será chamada de carta de ordem; quando destinada à autoridade judiciária estrangeira, carta rogatória; quando destinada a outro órgão jurisdicional brasileiro, carta precatória; e quando expedida pelo juízo arbitral, solicitando a cooperação do Poder Judiciário, carta arbitral.

A carta é o comunicado de um órgão judicial a outro, do qual se espera colaboração para a prática de um determinado ato ou cumprimento de uma ordem.

A carta de ordem contém uma determinação do tribunal a um órgão judicial que lhe é hierarquicamente subordinado. A precatória contém uma solicitação de um órgão a outro, que não lhe é subordinado. A rogatória é a solicitação feita a um órgão judiciário de outro país. E a carta arbitral é aquela expedida para que o órgão do Poder Judiciário pratique ou determine o cumprimento, na área de sua competência territorial, de ato objeto de pedido de cooperação judiciária formulado por juízo arbitral, inclusive os que importem efetivação de tutela provisória.

2. CARTA ROGATÓRIA

É o pedido dirigido ao órgão jurisdicional de um outro país de colaboração na prática de um determinado ato processual.

A admissibilidade e o cumprimento das rogatórias devem respeitar o disposto nas convenções internacionais (Convenção Interamericana sobre Cartas Rogatórias, realizada no Panamá, em 1975, e aprovada pelo Decreto Legislativo n. 61, de 19-4-1995, e o Protocolo Adicional à Convenção Internacional sobre Cartas Rogatórias, celebrado em Montevidéu, em 8-5-1979, e aprovado pelo Decreto n. 2.022, de 7-10-1996).

As rogatórias são utilizadas para atos de comunicação processual ou relacionados à instrução do processo, solicitados em cooperação internacional ou para cumprimento de decisão interlocutória estrangeira devidamente homologada pelo STJ.

As rogatórias vindas do exterior para cumprimento no Brasil devem processar-se na forma do art. 36, do CPC, e receber o *exequatur* do STJ, na forma do art. 961 do mesmo diploma legal.

3. CARTA DE ORDEM

São determinações dirigidas por um tribunal a um órgão judiciário a ela vinculado, se o ato houver de se realizar fora dos limites territorias do local de sua sede. Tem esse nome porque, ao contrário do que ocorre nas demais espécies de carta, a cooperação do juízo ao qual ela é destinada não é propriamente solicitada, mas determinada.

Só aos tribunais é dado emiti-las, pois aos juízos de primeiro grau não há nenhum órgão judiciário que lhes seja subordinado.

4. CARTA PRECATÓRIA

Ato de cooperação entre órgãos judiciais que não têm entre si relação de subordinação; é a forma mais comum de comunicação entre juízos.

Aquele que formula a solicitação é denominado juízo deprecante, e o que a recebe, juízo deprecado. A utilização da precatória é feita entre todos os tipos de juízos, integrantes ou não da mesma justiça, pertencentes ou não à mesma unidade da Federação, do mesmo grau ou não de jurisdição, desde que não tenham entre si relação de subordinação.

O Supremo Tribunal Federal e o Superior Tribunal de Justiça jamais expedem cartas precatórias, porque todos os demais órgãos judiciários do País lhes são subordinados, de maneira que qualquer ato de cooperação que se faça necessário será requisitado por eles por meio de carta de ordem.

São três os tipos de atos praticados por meio de cartas precatórias. Há os de mera comunicação processual, como as citações e as intimações pessoais às pessoas que residem em outras comarcas. A citação não é feita pela imprensa oficial, mas pessoalmente ao réu ou ao seu representante, com poderes para recebê-la. Pode o autor optar pela citação pelo correio, o que tornará desnecessária a expedição de carta precatória. Mas, se ele preferir que seja feita por mandado ao réu de outra comarca, será necessária a expedição da carta, salvo se se tratar de comarca contígua, caso em que se admite a citação feita pelo próprio oficial de justiça do juízo em que tramita o processo.

As intimações são feitas, em regra, pela imprensa. Mas há situações em que deve ser realizada pessoalmente (por exemplo, ao autor, para dar andamento ao feito, em cinco dias, sob pena de extinção do processo). Se o intimado residir fora, haverá necessidade de expedição de carta, o que também ocorrerá para a realização de atividades probatórias em outra comarca. Não há como compelir as partes e as testemunhas residentes fora da comarca em que corre o processo a comparecer em juízo para serem ouvidas.

Tanto a parte como as testemunhas gozam do direito de ser ouvidas onde têm domicílio. Por isso, será expedida a carta precatória para ouvi-las, desde que residam fora.

A realização de prova pericial também pode ser deprecada, se a perícia versar sobre bem ou estiver relacionada a pessoa de outra comarca. Nesses casos, a nomeação de perito pelo próprio juízo em que tramita o processo pode tornar muito onerosa a realização da prova, por exigir que ele se desloque, muitas vezes para locais distantes. Além disso, é provável que um perito da comarca em que esteja situado o bem ou a pessoa esteja mais habilitado a realizar a prova, em face da proximidade com um ou outro.

Por fim, os atos de constrição judicial de bens ou pessoas que estejam em outra comarca serão sempre realizados por precatória. As penhoras, os arrestos, as buscas e apreensões e outros atos de natureza constritiva serão sempre deprecados, se tiverem de ser cumpridos em outra comarca, salvo quando se tratar de comarca contígua (CPC, art. 255). Nos processos de execução e cumprimentos de sentença, além do arresto e da penhora, a avaliação e o leilão público serão feitos na comarca em que os bens estiverem situados, o que se justifica porque os prováveis interessados na sua aquisição serão os moradores da comarca em que o bem estiver localizado.

Embora a carta precatória seja uma solicitação, é dever legal do juízo deprecado cooperar com o deprecante, cumprindo o que foi por ele solicitado. Todavia, há situações em que isso pode ser recusado, o que se dará em circunstâncias excepcionais, previstas no CPC, art. 267, quando:

"I – carta não estiver revestida dos requisitos legais; II – faltar ao juiz competência, em razão da matéria ou da hierarquia; III – o juiz tiver dúvida acerca de sua autenticidade".

O juízo deprecado restituirá a carta ao deprecante sem cumprimento, por meio de uma decisão fundamentada, na qual exporá as razões de sua recusa, que tem de estar baseada em uma das hipóteses acima enumeradas.

Compete ao juízo deprecante examinar as questões relacionadas ao ato processual cuja realização esteja sendo solicitada. Mas ao juízo deprecado é dado apreciar eventuais nulidades havidas no curso do cumprimento da precatória, que não estejam relacionadas à solicitação que veio do juízo de origem, mas sejam decorrentes de algo referente ao próprio juízo deprecado.

5. CARTA ARBITRAL

A cooperação nacional entre os órgãos jurisdicionais abrange o juízo arbitral, que pode requerer ao Poder Judiciário que pratique ato ou determine o cumprimento de ato relativo a essa cooperação. Frequentemente, o juízo arbitral não terá como tornar efetivas as suas determinações, nem como impor o cumprimento das ordens dele emanadas, senão com a cooperação do Judiciário, que será solicitada por meio da carta arbitral.

6. REQUISITOS GERAIS DAS CARTAS

O CPC, art. 260, enumera as exigências formais que devem ser atendidas na expedição das cartas, sejam elas de ordem, precatórias, rogatórias ou arbitrais. É preciso que elas indiquem os juízos de origem e destino. Como toda carta, as emitidas no processo devem indicar quem as remete e qual o destinatário, sob pena de não poderem chegar nem ser devolvidas. O segundo requisito é que venham acompanhadas da petição, do despacho do juiz e do instrumento do mandato conferido ao advogado. Esses os documentos essenciais que devem instruir todas as cartas. Mas poderão ser instruídas com outros, necessários para que o juízo deprecado possa bem realizar o ato solicitado. Também é preciso que a carta faça menção ao ato processual que lhe constitui objeto. O juízo deprecado deve ater-se àquilo que foi solicitado, não tendo competência nem poderes para alterar o objeto da carta. Por fim, ela deve ser encerrada com a assinatura do juiz, o que lhe assegura autenticidade. As cartas podem ser expedidas por meio eletrônico, situação em que a assinatura do juiz deve ser eletrônica, na forma da Lei n. 11.419/2006. A carta de ordem e a carta precatória também podem ser expedidas por telefone ou telegrama.

Os arts. 261 a 268 contêm outras exigências, válidas para as cartas a serem cumpridas em território nacional. Entre elas, destaca-se a necessidade de o juiz declarar o prazo dentro do qual os atos deverão ser cumpridos. Nas precatórias, como não há relação de subordinação, o juízo deprecado não está obrigado a cumprir o prazo, mas deve esforçar-se por fazê-lo.

O CPC, art. 262, estabelece uma característica essencial das cartas precatórias, de ordem e arbitral: o seu caráter itinerante. Isso quer dizer que, se ela for remetida a um determinado juízo, mas ficar constatado que deveria ter sido a outro, não haverá necessidade de restituí-la ao juízo de origem, para que ele a reencaminhe. O próprio juízo deprecado a encaminhará ao outro juízo, comunicando o fato ao deprecante. Essa regra atende melhor aos princípios da celeridade e economia processual. Com as cartas de ordem deve haver um cuidado específico: verificar se o juízo para o qual está sendo remetida a carta também é subordinado ao tribunal que a expediu. Se for, não haverá problemas em dar à carta caráter itinerante. Mas, se não, deverá a carta de ordem ser restituída ao tribunal, para que ele a substitua por uma precatória. O art. 36 cuida dos requisitos para cumprimento das rogatórias.

7. CITAÇÃO

É o ato pelo qual são convocados o réu, o executado ou o interessado para integrar a relação processual. É um dos atos processuais fundamentais, porque é por seu intermédio que se completa a relação processual, e é a partir dela que o processo se estabiliza.

Por isso, é exigida em todos os tipos de processo e procedimento, tanto nos de conhecimento, de procedimento comum ou especial, de jurisdição contenciosa ou voluntária (o CPC, art. 238, fala em réu executado ou interessado), como nos de execução por título extrajudicial. A execução por título judicial, exceto a sentença penal condenatória, a sentença arbitral e a sentença estrangeira, não constitui novo processo nem exige nova citação do réu. O CPC, art. 239, refere-se à citação como pressuposto indispensável para a validade do processo, mas é tamanha a sua importância que ela tem sido considerada indispensável à sua própria eficácia. Se não tiver havido citação, ou esta tiver sido realizada de forma defeituosa, sem ter atingido a sua finalidade, o processo será tido por ineficaz, com todas as consequências daí decorrentes. Nem será preciso, em caso de trânsito em julgado da sentença, o ajuizamento de ação rescisória, bastando a declaratória de ineficácia (*querela nullitatis insanabilis*).

Como é por meio dela que se concretizará o contraditório no processo, a lei processual reveste a citação de uma série de formalidades que deve ser estritamente obedecida. O descumprimento dos requisitos formais invalidará o ato, o que exigirá que ele seja renovado. Mas é no campo da citação que o princípio da instrumentalidade das formas torna-se mais evidente. Ela é um ato com finalidade específica: convocar o réu, o executado ou o interessado para o processo. Ora, por maior que seja a desobediência aos requisitos formais, a citação considerar-se-á realizada se tiver atingido a sua finalidade, se tiver cumprido o seu papel. Por isso, qualquer vício de citação, até mesmo a sua ausência, será suprido se o réu ou o executado comparecer espontaneamente ao processo. Não haverá mais razão para fazê-la ou renová-la se ele tiver comparecido (CPC, art. 239, § 1º).

Mesmo que o réu ou o executado o faça apenas para alegar a nulidade da citação, não haverá necessidade de esta renovar-se, pois, com o comparecimento, ele mostrou-se ciente da existência do processo. Entretanto, considerar-se-á feita a citação na data em que houver o comparecimento, o que é de suma relevância para fins de contagem do prazo de contestação ou de embargos à execução, que só terá início a partir dessa data.

7.1. Citação direta e indireta

O CPC, art. 242, determina que a citação seja feita pessoalmente podendo, no entanto, ser feita na pessoa do representante legal ou do procurador do réu, executado ou interessado. Chama-se direta aquela que é feita diretamente ao réu, executado ou interessado, ou seu representante legal, e indireta a realizada por meio de outras pessoas, com poder de vinculá-los.

A regra é a citação direta. A pessoa citada deve ser aquela que tem o ônus de apresentar resposta. Quando maior e capaz, será ela quem receberá a citação. Todavia, quando for incapaz, ou pessoa jurídica, a citação será feita na pessoa do representante legal.

A citação dos absolutamente incapazes é feita na pessoa dos pais (em caso de menores sob poder familiar) ou do tutor (menores que não estejam sob poder familiar). A Lei n. 13.146/2015, que deu nova redação aos arts. 3º e 4º do Código Civil, restringiu a incapacidade absoluta às pessoas com menos de 16 anos. A dos relativamente incapazes é bifronte: devem ser citados o incapaz e o representante legal (pai, tutor ou curador). A citação do relativamente incapaz só se aperfeiçoará quando ele e a pessoa que o assiste tomarem ciência do processo.

Sempre que o incapaz não tiver representante legal (ou assistente), ou que os interesses de um colidirem com o do outro, o juiz dará a ele curador especial, que receberá a citação.

A citação da pessoa jurídica deve ser feita a quem tenha poderes para representá-la em juízo. O exame dos estatutos ou do contrato social indicará quem é essa pessoa. Os entes despersonalizados deverão ser citados na pessoa daqueles que os representam: a massa falida é citada na pessoa do administrador judicial, o espólio, na do inventariante, a herança jacente e vacante, na do curador, e o condomínio, na do síndico.

A citação indireta é aquela feita na pessoa de procurador legalmente habilitado ou de terceiro que, por força de lei ou contrato, tenha poderes para recebê-lo, vinculando o réu.

O procurador legalmente habilitado pode ser o próprio advogado constituído, ou qualquer outra pessoa a quem o réu atribua poderes para receber a citação em seu nome. É preciso que do instrumento de mandato constem poderes específicos para que o procurador o faça. A citação indireta poderá ser feita sempre que o réu tiver constituído procurador com poderes específicos para recebê-la.

Além disso, quando ele estiver ausente, a citação far-se-á na pessoa do seu mandatário, administrador, preposto ou gerente, quando a ação se originar de atos por eles praticados (CPC, art. 242, § 1º). Esse dispositivo precisa ser interpretado: quando o réu tiver constituído procurador com poderes específicos para receber citação, não é necessário que ele esteja ausente, nem que o ato tenha sido praticado pelo mandatário para que a citação seja feita por intermédio deste. A hipótese do CPC, art. 242, § 1º, é a do réu que não esteja sendo encontrado no local em que isso normalmente deveria ocorrer. Ele poderá ser citado na pessoa de seu mandatário, mesmo que não tenha poderes especiais para receber citação, desde que a ação se origine de atos por este praticados.

O CPC, art. 242, § 2º, também contém hipótese de citação indireta, pois determina a citação do locador na pessoa do administrador do imóvel encarregado de receber os alugueres, sempre que ele se ausentar do Brasil sem ter deixado procurador com poderes especiais para receber a citação.

No que concerne à citação das pessoas jurídicas, tem havido numerosas decisões no sentido de que é válida a feita na pessoa daquele que se apresenta como gerente ou administrador da empresa e recebe a contrafé sem negar essa qualidade. Tem-se dada por válida a citação da empresa na pessoa daquele que aparenta ter poderes para recebê-la, ainda que não os tenha efetivamente.

Em caso de citação pelo correio, tem-se considerada válida a entrega da carta no estabelecimento comercial da empresa citanda, ainda que ela não tenha sido feita diretamente à pessoa com poderes para receber citação. Mesmo que o aviso de recebimento seja assinado por preposto, ela será considerada válida, sendo demasiado formalismo exigir que o funcionário dos correios procure o dono da empresa ou o procurador com poderes específicos. Nesse sentido, dispõe o art. 248, § 2º, que "Sendo o citando pessoa jurídica, será válida a entrega do mandado a pessoa com poderes de gerência geral ou de administração, ou ainda, a funcionário responsável pelo recebimento de correspondências". Mas essa tolerância tem-se restringido às pessoas jurídicas. Se a citação é destinada às pessoas físicas, o aviso de recebimento deve vir assinado por elas, sob pena de invalidade do ato (Súmula 429 do STJ).

Outra hipótese de citação indireta é a estabelecida no art. 248, § 4º, que dispõe: "Nos condomínios edilícios ou loteamentos com controle de acesso, será válida a entrega do mandado feita a funcionário da portaria responsável pelo recebimento de correspondência que, entretanto, poderá recusar o recebimento, se declarar, por escrito, sob as penas da lei, que o destinatário da correspondência está ausente".

7.2. Oportunidade da citação

Ordenada pelo juiz, a citação far-se-á em qualquer local e ocasião em que o réu for encontrado (CPC, art. 243), mas não em determinadas situações excepcionais, presentes certas circunstâncias relacionadas ao réu.

Não se fará a citação a quem estiver participando de ato de culto religioso, devendo-se aguardar o término da cerimônia; também não será feita ao cônjuge, companheiro ou parente, em linha reta ou colateral até segundo grau, do morto, no dia do falecimento e nos sete dias seguintes; aos noivos, nos três primeiros dias seguintes ao casamento; e aos doentes em estado grave.

O CPC, art. 245, trata de outra hipótese em que a citação não se realizará desde logo: quando se verificar que o citando é mentalmente incapaz ou está impossibilitado de recebê-la. Não se trata aqui de citando interditado, pois, reconhecida judicialmente a incapacidade, a citação será feita na pessoa do curador, seu representante legal, mas de pessoa não interditada, que se verifica não ter condições de recebê-la. O oficial de justiça certificará o ocorrido e explicará as razões pelas quais deixou de realizar a citação. O juiz, então, nomeará um médico, que, em cinco dias, apresentará um laudo sobre o citando. Confirmada a incapacidade, o juiz dará a ele um curador, na pessoa de quem a citação será realizada. Desde então, haverá necessidade de intervenção do Ministério Público no processo, em virtude da incapacidade do réu. Parece-nos que essa solução deve persistir, apesar de a Lei n. 13.146/2015 ter afastado do rol dos incapazes a pessoa mentalmente enferma. Isso porque, dadas as graves consequências da citação no processo civil, seria imprudente que ela fosse realizada, se o oficial de justiça percebe que a pessoa a quem ela é destinada não tem condições de compreender o seu conteúdo. Conquanto a Lei n. 13.146/2015 tenha alterado a redação dos arts. 3º e 4º do Código Civil, o art. 245 do CPC não foi alterado.

7.3. Espécies de citação

A lei processual estabelece cinco tipos de citação: pelo correio, por oficial de justiça, pelo escrivão ou chefe de secretaria se o citando comparecer em cartório, por edital e por meio eletrônico (CPC, art. 246). Cada uma delas tem as suas peculiaridades e deve respeitar determinadas formas, que serão, em seguida, explicadas. Distinguem-se, entre essas espécies, formas de citação real e ficta. É real quando se tem certeza de que ela chegou ao conhecimento do réu, como ocorre na realizada pelo correio, por meio eletrônico, pelo escrivão ou chefe de secretaria ou, em regra, na feita por oficial de justiça. A citação ficta é aquela que não é recebida diretamente pelo réu, não se podendo ter certeza de que ele efetivamente tomou conhecimento do processo. Por isso, quando ele não comparece, há necessidade de nomear um curador especial que o represente e ofereça resposta em seu nome. A citação por edital e a realizada com hora certa (espécie de citação por mandado) são as duas formas de citação ficta.

A citação real, seja pelo correio ou por mandado, será instruída com cópia da petição inicial, que será entregue ao citando. Também há necessidade de cópia da decisão judicial que ordenou a citação, a indicação ao réu do ato que deva ser praticado, o prazo em que isso deve ocorrer e as consequências jurídicas da omissão. No procedimento comum, o réu toma ciência de que deve apresentar contestação, do prazo para fazê-lo e de que, em caso de omissão, presumir-se-ão aceitos como verdadeiros os fatos alegados na inicial. Toma também ciência da data da audiência de conciliação. No processo de execução, ele toma ciência de que, em três dias, deve pagar, sob pena de serem penhorados tantos bens quantos bastem para a garantia do débito. Toma ciência também do prazo de embargos à execução.

A omissão dessas formalidades ensejará a nulidade da citação, salvo se, ainda assim, ela atingir a sua finalidade.

7.3.1. Citação pelo correio

É a forma prioritária de citação das pessoas naturais, das microempresas e das empresas de pequeno porte. Tem a grande vantagem de ser mais ágil que a por mandado, mormente quando o citando estiver domiciliado em outra comarca, pois pode ser feita para qualquer lugar do País.

Mas a lei permite ao autor optar, justificadamente, pela citação por mandado. No seu silêncio, ou na falta de justificação, a citação será feita por carta.

Há algumas ações, porém, em que não se admite a citação postal. Elas estão enumeradas no CPC, art. 247: nas ações de estado, observado o disposto no art. 695, § 3º; quando o citando for incapaz; quando for pessoa jurídica de direito público ou residir em local não atendido pela entrega domiciliar de correspondência.

A carta, que deverá preencher os requisitos do CPC, art. 248 e seus parágrafos, será registrada para entrega ao citando, devendo o funcionário do correio exigir que o destinatário assine o recibo. Em caso de citação de pessoa física, a carta será entregue diretamente ao destinatário. Quando o réu for pessoa jurídica, será entregue a quem tenha poderes de representação e gerência, mas, como já ressaltado, tem havido uma certa tolerância, considerando-se válida a citação da empresa, desde que a carta tenha sido entregue no estabelecimento comercial, ainda que para pessoa sem poderes específicos para receber a citação.

7.3.2. Citação por mandado

É aquela feita por oficial de justiça, a quem incumbe procurar o réu, cientificá-lo do mandado e emitir certidão, informando o resultado de suas diligências.

O mandado de citação é emitido pelo escrivão, por ordem do juiz, e deve preencher os requisitos do CPC, art. 250. Entre outros, é requisito especial do mandado que ele indique a finalidade da citação, o ato a ser praticado, o prazo para tanto e as advertências sobre o que ocorrerá, caso o réu se omita.

Ele deve ser acompanhado de uma cópia da petição inicial, do despacho ou da decisão que deferir a tutela provisória. As cópias serão entregues ao citando e servirão de contrafé.

Incumbe ao oficial ler ao réu o mandado e dele obter o seu ciente. Em caso de recusa do citando em apor a sua assinatura, o oficial certificará o ocorrido.

Realizada a diligência de citação, com ou sem sucesso, o oficial de justiça certificará o ocorrido. Caso o ato tenha sido bem-sucedido, o prazo de contestação correrá na forma do art. 335 do CPC, observado ainda o disposto no art. 231, § 1º.

A citação pelo próprio oficial de justiça do juízo só se fará se o réu residir na mesma comarca, ou em comarca contígua, de fácil comunicação, e nas que se situem na mesma região metropolitana.

Quando o réu residir em comarca distinta daquela em que corre o processo, e que não seja contígua, a citação será realizada por carta precatória, espécie de citação por mandado, mas realizada por oficial de justiça que não está subordinado ao juízo que a ordenou. Há necessidade, pois, de colaboração do juízo em que estiver domiciliado, ou onde puder ser encontrado, o citando.

Expedida a carta precatória, o juízo deprecado determinará o seu cumprimento, se ela estiver em termos. Ela deve cumprir todos os requisitos das cartas em geral e vir acompanhada de cópia da petição inicial e do despacho que ordenou a citação, que servirão de contrafé.

A citação também pode ser feita por carta de ordem, quando depender da colaboração de um juízo hierarquicamente subordinado àquele que a ordenou.

7.3.2.1. Citação com hora certa

É uma espécie de citação por mandado muito peculiar, que só deve ser utilizada em situações específicas. Ao contrário das demais formas, a com hora certa não é feita pessoalmente ao réu, mas a um terceiro próximo a ele. Trata-se, portanto, de citação indireta e ficta. Indireta, porque não é feita ao réu propriamente, e ficta, porque não se tem certeza de que ele a tenha recebido. Ela só se realizará se preenchidos dois requisitos: a) que o oficial de justiça tenha procurado o réu, por duas vezes, em seu domicílio ou residência sem o encontrar; b) e que tenha fundada suspeita de que ele esteja ocultando-se para não ser citado.

É preciso que os dois requisitos sejam preenchidos conjuntamente. Não basta que o oficial tenha procurado o réu por várias vezes, sem êxito, pois pode ocorrer que o desencontro tenha sido fruto do acaso, do fato de o réu estar viajando ou de qualquer outra razão. É necessário, ainda, que o oficial desconfie, pelas circunstâncias, que exista a ocultação. Mas, além disso, também deve ele ter procurado ao menos duas vezes o réu em seu domicílio ou residência, ou no local em que poderia ser localizado, como o endereço de trabalho, por exemplo. Por isso, para que a citação com hora certa seja regular, é preciso que o oficial de justiça informe, na certidão, as ocasiões em que procurou o réu e as razões que o levam a desconfiar da ocultação. Incumbirá ao juiz verificar se a desconfiança do oficial é fundada ou não. Se não, determinará que se renove o ato citatório, considerando inválido o anterior.

A lei não estabelece regras sobre as datas em que o oficial de justiça deve procurar o réu, o que permite que as diligências sejam feitas no mesmo dia, ou em dias diferentes. É preciso, porém, que elas sejam realizadas em ocasiões e horários em que o réu costumava encontrar-se no local procurado.

Têm sido comuns os requerimentos dos autores de demandas, dirigidas ao juiz, para que determinem aos oficiais de justiça a ele subordinados a citação com hora certa sempre que houver alguma dificuldade de localização do réu. Todavia, não cabe ao juiz fazê-lo, já que a oportunidade dessa forma de citação será avaliada pelo próprio oficial, que verificará se estão presentes os requisitos para a sua admissibilidade durante a realização da diligência.

Constatada a ocultação, ele intimará qualquer pessoa da família, ou, em sua falta, um vizinho, de que, no dia seguinte, voltará, a fim de efetuar a citação, na hora designada (nos condomínios em edifícios e loteamentos com controle de acesso, será válida a intimação feita ao funcionário da portaria). A pessoa intimada fica incumbida de alertar o citando da hora indicada pelo oficial de justiça. Embora a lei mencione apenas pessoas da família ou vizinhos, nada impede que a intimação recaia sobre pessoa próxima, que tenha fácil contato com o réu, como um colega de trabalho que com ele conviva.

No dia e na hora designados, o oficial de justiça retornará. Se o réu estiver presente, a citação será feita diretamente a ele, e não mais com hora certa. Mas, se não estiver, o oficial informar-se-á sobre as razões da ausência, dando por feita a citação, caso constate a ocultação.

A contrafé será entregue à pessoa da família ou ao vizinho que tenha sido intimado na véspera, ou a outra pessoa da família ou outro vizinho, se o primeiro estiver ausente. De toda ocorrência, o oficial de justiça lavrará certidão, sendo ainda necessário que o escrivão ou o chefe de secretaria envie ao réu carta, telegrama ou correspondência eletrônica, no prazo de dez dias contados da juntada aos autos do mandado, dando-lhe ciência de tudo. A expedição dessa carta é indispensável para a validade da citação com hora certa, mas não o seu recebimento pelo destinatário. Por isso, mesmo que o aviso de recebimento não retorne, ou venha assinado por terceiro, a citação ter-se-á aperfeiçoado. A contagem do prazo de resposta fluirá na forma do art. 335 c/c art. 231 do CPC, e não da expedição dessa carta ou do retorno aos autos do aviso de recebimento.

Se o prazo de resposta transcorrer *in albis*, haverá necessidade de nomeação de um curador especial, já que a citação com hora certa é forma de citação ficta.

7.3.3. Citação pelo escrivão ou pelo chefe de secretaria

Se o citando comparecer em cartório, o escrivão ou o chefe de secretaria o citará, entregando-lhe cópia da petição inicial e do despacho ou da decisão que deferir a tutela provisória, e colhendo a nota de ciente ou certificando a sua recusa em apô-la ao mandado. O escrivão ou o chefe de secretaria gozam de fé pública e de todo o ocorrido farão certidão nos autos.

7.3.4. Citação por edital

É aquela que se aperfeiçoa pela publicação de editais, que, por sua natureza pública, tornam-se de conhecimento geral, sendo de presumir que se tornem também conhecidos do réu. É forma de citação ficta, porque não é recebida diretamente pelo citando.

Por isso, só deve ser utilizada em circunstâncias excepcionais, quando não for possível a citação pessoal. Essas circunstâncias são as enumeradas no CPC, art. 256:

a) Quando desconhecido ou incerto o citando. Há demandas dirigidas contra pessoas que não puderam ser identificadas pelo autor. Essa dificuldade na identificação pode advir de vários fatores: multiplicidade de demandados, inviabilidade de descobrir-se a sua qualificação ou o fato de elas se ocultarem. Têm sido comuns, por exemplo, as ações possessórias ajuizadas em face de réus desconhecidos ou incertos, em casos de grandes invasões de terra, quando não é possível identificar quem eles sejam.

Mas não é sempre que, nesse caso, a citação será feita por edital. Para tanto, é necessário que se tenha tornado inviável a citação pessoal. Por exemplo, em caso de esbulho possessório, deve o oficial de justiça diligenciar no local da invasão, para tentar citar os envolvidos. Mas há casos em que isso não é possível, sendo muitas vezes temerário o comparecimento do oficial ao local. Quando isso ocorrer, a citação será feita por edital.

Nos termos do CPC, art. 257, I, basta a afirmação do autor ou a certidão do oficial quanto a essas circunstâncias para que o juiz autorize a citação por edital. Na verdade, é preciso que o juiz esteja seguro de que a citação pessoal é inviável. Se desconfiar da veracidade das declarações do autor ou da certidão do oficial, determinará novas diligências para a citação pessoal, só autorizando que ela se faça por edital quando aquela se tornar inviável.

b) Quando ignorado, incerto ou inacessível o lugar em que se encontrar o citando. Essa é a hipótese autorizadora mais frequente da citação por edital: a não localização do réu, que se encontra em local desconhecido. Considera-se preenchido esse requisito se ele estiver domiciliado em país que não cumpre carta rogatória, dada a evidente impossibilidade de que a citação se faça pessoalmente.

Para que seja autorizada a citação por edital, é preciso que o réu tenha sido procurado em todos os endereços que constam dos autos, e que não haja meios para localizá-lo. O CPC, art. 257, I, ao dispor que basta a afirmação do autor, ou a certidão do oficial, para que seja autorizada a citação por edital, deve ser interpretado com cautela. Como ensina Dinamarco, "essa aparente liberalização deve porém ser interpretada com muita reserva, dado o caráter profundamente extraordinário da citação por edital e os perigos que cria. Ao juiz cabe avaliar previamente tais declarações do autor, só deferindo a citação por edital quando os autos não lhe indiquem a possibilidade de fazê-lo por correio ou mandado. Mesmo a certidão do oficial de justiça, que é dotada de fé pública, comporta apreciação pelo juiz"[1].

Se requerer a citação por edital, alegando dolosamente os requisitos do art. 256, I e II, o autor incorrerá em multa de cinco salários mínimos (CPC, art. 258).

Quando o local de citação for inacessível, a notícia da citação do réu será divulgada por rádio, se na comarca houver emissora de radiodifusão (CPC, art. 256, § 2º).

c) Nos casos expressos em lei. Há hipóteses em que a lei determina a citação por edital, como ocorre na ação de usucapião, em que os terceiros interessados devem ser sempre citados dessa forma, e nas demais hipóteses do art. 259.

O edital será publicado na rede mundial de computadores, no sítio do respectivo tribunal e na plataforma de editais do Conselho Nacional de Justiça, o que deverá ser certificado nos autos. Além disso, o juiz pode determinar também a publicação em jornal local de ampla circulação ou por outros meios, consideradas as peculiaridades da comarca, da seção ou da subseção judiciárias.

O edital deve conter o nome das partes, o ato que deve ser praticado pelo citando, o prazo para a sua realização e a advertência sobre o que ocorrerá em caso de omissão. Deverá ainda constar a determinação, pelo juiz, do seu prazo, que variará entre 20 e 60 dias, a contar da primeira publicação. Esse ainda não é o prazo de resposta do réu, mas o prazo do edital. Transcorrido este, o escrivão certificará o ocorrido e juntará aos autos as cópias da publicação. Só então é que passará a fluir o prazo de resposta. Caso ele transcorra *in albis*, o juiz dará curador especial ao réu.

---

1. Cândido Rangel Dinamarco, *Instituições*, cit., v. 3, p. 426.

7.3.5. Citação por meio eletrônico

A Lei n. 11.419, de 19 de dezembro de 2006, em vigor desde 21 de março de 2007, dispôs sobre o processo eletrônico. No art. 9º, estabelece que, nesse tipo de processo, a citação, bem como todas as intimações e as notificações, inclusive a da Fazenda Pública, serão feitas por via eletrônica. A lei ressalva que, quando inviável a utilização dessa via, a citação far-se-á pelos métodos convencionais. A citação por meio eletrônico nem sempre será possível. É preciso que o destinatário tenha sido previamente credenciado pelo Poder Judiciário, na forma do art. 2º da Lei n. 11.419/2006. A citação será encaminhada ao endereço eletrônico do credenciado. Mas é de se imaginar que, normalmente, quem tenha cadastro junto ao Poder Judiciário sejam os advogados, para poder receber intimações. Mais rara será a hipótese de um réu que, não sendo advogado, tenha o referido cadastro. Nelson e Rosa Nery, nos comentários ao art. 221 de seu *Código de Processo Civil comentado* (10ª edição), apontam alguns inconvenientes dessa forma de citação, aduzindo que, sendo ela feita por *e-mail*, não estará à disposição de todos os brasileiros, além de sofrer percalços como caixas de entrada cheias ou encerramento de conta não comunicado.

Importante inovação é a do art. 246, § 1º: "Com exceção das microempresas e das empresas de pequeno porte, as empresas públicas e privadas são obrigadas a manter cadastro nos sistemas de processo em autos eletrônicos, para efeito de recebimento de citações e intimações, as quais serão efetuadas preferencialmente por esse meio". Trata-se de mecanismo que visa viabilizar a citação por meio eletrônico. Para a efetivação dessa medida, os arts. 1.050 e 1.051 fixam prazo para que as empresas públicas e privadas se cadastrem. Para as pessoas públicas, o prazo é de 30 dias a contar da entrada em vigor do CPC; e para as privadas, de 30 dias a contar da data de inscrição do seu ato constitutivo. A lei não deixa claro, mas é de pressupor que, se na data da entrada em vigor do CPC, os atos da empresa privada já tiverem sido inscritos, o prazo de 30 dias correrá da vigência da lei processual.

7.4. Efeitos da citação

No capítulo da propositura da demanda já se tratou, ainda que superficialmente, dos efeitos que dela decorrem e dos que advêm da citação. Os principais estão enumerados no CPC, art. 240, o qual trata da citação válida, que:

a) induz litispendência: a ação considera-se proposta desde que a petição inicial for protocolada (CPC, art. 312). Desde então, existe lide pendente. Mas o efeito da litispendência, considerado como tal a impossibilidade de propositura de outra demanda idêntica, só se operará com a citação válida. Por isso, se existirem, em curso, duas ou mais demandas idênticas, deverá permanecer apenas aquela em que se aperfeiçoou a primeira citação válida. As demais deverão ser extintas.

b) faz litigiosa a coisa: é com a citação válida que o objeto do processo torna-se litigioso, o que é fundamental para a aplicação dos arts. 109 e 792, I e IV, do CPC. O primeiro trata da alienação da coisa litigiosa, aduzindo que ela não altera a legitimidade das partes, e que a sentença proferida entre as partes originárias estende os seus efeitos ao adquirente ou ao cessionário. E o art. 792, I e IV, trata da fraude à execução. A alienação de bem, quando sobre ele pender ação fundada em direito real ou com pretensão reipersecutória, ou de bens, quando correr contra o devedor demanda capaz de reduzi-lo à insolvência, será em fraude à execução, desde que o devedor já tenha sido citado.

c) interrompe a prescrição, já no momento em que for prolatado o despacho que a ordena: o art. 240, § 1º, não atribui à citação o efeito de interromper a prescrição, mas ao despacho que a ordena, ainda que prolatado por juízo incompetente. O efeito operará, sendo irrelevante qual o juízo que a tenha ordenado. O CPC, art. 240, § 4º, estende esse efeito a todos os prazos extintivos, por isso, o decadencial também ficará obstado pela citação válida.

A eficácia interruptiva do despacho retroage à data da propositura da ação, desde que a citação se realize no prazo estabelecido por lei. Esse prazo é de dez dias, a contar do despacho que a ordenou. Se ela se realiza nesse prazo, a eficácia interruptiva retroage à data da propositura da ação. Do contrário, não haverá a retroação, e a eficácia interruptiva só ocorrerá com o despacho que ordenar a citação.

No entanto, o prazo pode ser ultrapassado sem prejudicar a retroação da eficácia interruptiva, se o atraso não puder ser atribuído à culpa do autor da demanda. Nesse sentido, o art. 240, § 3º, e a Súmula 106 do STJ: "Proposta a ação no prazo fixado para o seu exercício, a demora na citação, por motivos inerentes ao mecanismo da Justiça, não justifica o acolhimento da arguição de prescrição ou decadência".

O Código Civil trouxe algumas inovações a respeito do tema da prescrição que merecem ser consideradas. Segundo dispõe o art. 189, violado o direito, nasce para o titular a pretensão, a qual se extingue, pela prescrição, nos prazos a que se referem os arts. 205 e 206, única e exclusivamente.

O efeito da interrupção da prescrição é instantâneo: "A prescrição interrompida recomeça a correr da data do ato que a interrompeu, ou do último ato do processo para a interromper" (CC, art. 202, parágrafo único).

O CC, art. 202, *caput*, expressamente declara que a interrupção da prescrição "somente poderá ocorrer uma vez". A restrição é benéfica, para que o prazo não se eternize. A lei anterior silenciava a respeito, e, por isso, admitia-se que a prescrição fosse interrompida mais de uma vez, salvo se a reiteração caracterizasse abuso. Mas aqui é preciso considerar que só pode haver uma interrupção, antes da propositura da demanda, na qual se exercerá a pretensão. O ajuizamento da demanda e o despacho que ordena a citação do réu sempre interromperão a prescrição, ainda que ela já tenha sido interrompida anteriormente.

A citação realizada em processo extinto sem resolução de mérito também interrompe a prescrição, salvo nos casos de extinção com fundamento no art. 485, II e III, isto é, por abandono do processo pelo autor. A questão era controvertida na vigência da lei civil antiga, diante do que dispunha o art. 175. Esse dispositivo negava eficácia interruptiva à citação nula em processo em que se achasse perempta a instância ou a ação, o que equivalia dizer, aos processos extintos sem resolução de mérito. No entanto, o novo Código não repetiu o dispositivo. Como acentua Moreira Alves, "o efeito interruptivo não se dá em atenção à sentença, mas decorre da citação. A propositura da ação demonstra inequivocamente que o autor, cujo direito diz violado, não está inerte. Se o simples protesto judicial basta para interromper a prescrição, por que não bastará a citação em processo que se extinga sem julgamento de mérito?"[2].

Caso não seja interrompida a tempo e se consume, o juiz declarará a prescrição de ofício, cumprindo o disposto no art. 10 do CPC.

d) constitui o devedor em mora: o devedor reputa-se em mora desde o momento em que citado, salvo se tiver sido constituído em mora anterior-

2. José Carlos Moreira Alves, *A parte geral do projeto de Código Civil brasileiro*, p. 154.

mente. Há obrigações que têm termo certo de vencimento (mora *ex re*), e nas quais o devedor está em mora desde que transcorrido o prazo fixado no contrato. Mas há outras em que a obrigação não é a termo (mora *ex persona*), e existe a necessidade de constituir o devedor em mora. Isso pode ser feito por meio de uma notificação extrajudicial ou judicial. Do contrário, só com a citação o réu estará em mora.

Nas obrigações decorrentes de atos ilícitos extracontratuais, o devedor estará em mora desde a data do fato. Por exemplo, na obrigação de reparar danos por acidente de trânsito, desde a data do evento o devedor já está em mora, sendo desnecessário qualquer tipo de notificação ou interpelação.

A data da constituição do devedor em mora é relevante, porque desde então serão devidos os juros moratórios. Parece-nos equivocado o entendimento de que, nos ilícitos contratuais, os juros de mora seriam sempre devidos a partir da citação, pois eles são devidos desde a mora. Se esta só adveio com a citação, a partir de então eles devem incidir. Mas, se a mora for anterior, como ocorre nas obrigações a termo, os juros de mora são devidos desde o vencimento.

8. INTIMAÇÃO

O CPC, art. 269, conceitua intimação como "o ato pelo qual se dá ciência a alguém dos atos e dos termos do processo".

A intimação pode ser dirigida às partes, aos auxiliares da justiça (peritos, depositários, testemunhas etc.) ou a terceiros a quem cumpra realizar determinado ato no processo.

A intimação dos atos e dos termos do processo é necessária sempre que o destinatário não tome ciência do ato diretamente, como ocorre com as decisões proferidas em audiência na qual ele está presente.

Nos processos pendentes, as intimações efetuam-se de ofício, por determinação judicial, salvo disposição em contrário (CPC, art. 271).

A intimação das partes é feita, quase sempre, na pessoa do advogado. Há casos excepcionais, porém, em que a lei exige que ela seja pessoal (por exemplo, a intimação para dar andamento ao processo, em cinco dias, sob pena de extinção sem resolução de mérito ou para comparecer em audiência para prestar depoimento pessoal). São pessoais à parte aquelas intimações em que há determinação judicial para que ela própria cumpra determinado ato, para o qual não é preciso capacidade postulatória. Os demais atos processuais devem ser comunicados ao advogado. É ele que toma ciência das decisões judiciais, das designações de audiência, das provas determinadas e da sentença.

8.1. Formas de intimação

Por diversas maneiras a intimação pode realizar-se. Para a escolha do modo apropriado, é de suma relevância verificar quem é seu destinatário.

A lei processual civil previu a sua realização por meio eletrônico, *Diário Oficial*, correio, mandado ou edital. Não se admite a intimação por telefone, havendo numerosas decisões que a consideram nula[3]. Mas, se ela tiver atingido a sua finalidade, revelando-se inequívoca a ciência do destinatário a respeito do ato, a nulidade não será declarada.

8.1.1. Intimação por meio eletrônico

Trata-se de inovação trazida pela Lei n. 11.419/2006, que introduziu o processo eletrônico. O art. 9º permite que, nele, todas as citações, as intimações e as notificações sejam feitas por via eletrônica. Para tanto, é necessário observar os requisitos do art. 3º da lei, que exigem o credenciamento prévio do interessado no Poder Judiciário. As pessoas jurídicas públicas ou privadas, o Ministério Público, a Defensoria Pública e a Advocacia Pública deverão manter cadastro no Poder Judiciário, que deverá ser aberto no prazo estabelecido nos arts. 1.050 e 1.051, para que possam receber as intimações por via eletrônica, mediante a utilização de portal próprio, caso em que será dispensada a publicação no *Diário Oficial Eletrônico* (art. 5º). Nesse caso, a intimação se considerará feita no dia em que o intimando efetivar a consulta eletrônica ao teor da intimação, o que deverá ser feito no prazo máximo de dez dias corridos contados da data do envio da intimação, sob pena de considerar-se feita ao final desse prazo.

Nos termos do art. 270 do CPC, a intimação, quando possível, será feita preferencialmente por meio eletrônico.

8.1.2. Intimação pela imprensa

Quando não for possível a intimação pela via eletrônica, a intimação pelo *Diário Oficial* é, em regra, a maneira pela qual são intimados os advogados, nas comarcas servidas por ele (arts. 272 e 273 do CPC).

---

3. Theotonio Negrão, *Código*, cit., nota 10 ao art. 238.

A publicação deve conter, sob pena de nulidade, os nomes das partes e de seus advogados, suficientes para sua identificação (CPC, art. 272, § 2º). Quando o processo correr em segredo de justiça, far-se-á referência apenas às iniciais do nome das partes. Há necessidade de que a publicação mencione, ainda que de forma resumida, o ato processual de que se quer dar ciência.

Quando houver vários advogados atuando em favor de uma das partes, não há necessidade de que todos sejam intimados, bastando apenas um. Mas é possível que se indique um deles para que receba as intimações, caso em que a vontade deve ser respeitada, só valendo a intimação quando dela conste o nome escolhido. Nesse sentido: "Intimação via imprensa. Pluralidade de advogados. Se não existe requerimento no sentido de as publicações veicularem o nome de determinado advogado, dentre os constituídos, descabe cogitar da pecha de nulidade, quando grafado o nome de qualquer deles" (STF, Pleno, RE 130.725-2-RJ, rel. Min. Marco Aurélio).

O prazo, em caso de intimação pela imprensa, correrá da data em que houver a publicação, observando-se a regra geral de que não se conta o dia de início, mas sim o do vencimento. Existe grande controvérsia doutrinária a respeito do início do prazo quando houver demora para a chegada do *Diário Oficial* nas comarcas do interior, nos Estados em que não houver publicação eletrônica. Divide-se a jurisprudência, havendo decisões que o consideram a partir da circulação do jornal, e outras, a partir da data em que ele chegou à comarca. No Estado de São Paulo, há resolução normativa da Corregedoria-Geral de Justiça: "nas comarcas do interior onde haja irregularidade na entrega do *Diário Oficial*, o termo inicial dos prazos deve fluir a partir da circulação daquele jornal na cidade, circunstância que deverá ser certificada em cada processo" (*DJE*, 2-6-1995).

Como já foi decidido: "é notório que os advogados costumam credenciar agências ou associações de classe, para que façam por eles a tediosa e pouco instrutiva leitura do órgão que publica as intimações pela imprensa. Eventual falha de tais serviços não invalida porém a intimação" (*RSTJ*, 67/87).

Quando a comarca não for servida pela imprensa oficial, a intimação do advogado será feita pessoalmente, caso ele lá tenha o seu domicílio, ou por carta, quando for domiciliado fora do juízo (CPC, art. 273).

8.1.3. Intimação pelo correio

Não dispondo a lei de outro modo, será feita pelo correio a intimação das partes e seus representantes legais (CPC, art. 274). O escrivão poderá intimá-los, porém, no próprio cartório, se eles se fizerem presentes.

Os advogados só serão intimados pelo correio excepcionalmente quando a sede do juízo não for servida pela imprensa oficial, e eles não tiverem domicílio na comarca.

A carta será remetida com aviso de recebimento, e o prazo processual fluirá da data da sua juntada aos autos.

A carta deve ser expedida com aviso de recebimento. A intimação presumir-se-á válida se dirigida ao endereço constante dos autos, ainda que não recebida pessoalmente pelo destinatário, se a modificação temporária ou definitiva de endereço não tiver sido comunicada ao juízo, fluindo os prazos a partir da juntada aos autos do comprovante de entrega no primeiro endereço.

A intimação postal será utilizada também quando o destinatário for testemunha ou auxiliar da justiça.

8.1.4. Intimação por mandado

Dispõe o CPC, art. 275, que "A intimação será feita por meio de oficial de justiça quando frustrada a realização por meio eletrônico ou pelo correio". O oficial de justiça, nesse caso, indicará o lugar e a pessoa intimada, e, se possível, o número de seu documento de identidade e o órgão que a expediu, a declaração de entrega da contrafé e a nota de ciente ou certidão de que o interessado não apôs a sua assinatura.

Embora a lei não o diga expressamente, deve-se admitir que a intimação se faça por mandado não apenas quando a postal se frustre, mas quando o adversário assim o requerer, justificadamente. Também não há óbice a que a intimação por mandado se faça com hora certa, se o oficial de justiça constatar que o destinatário oculta-se.

8.1.5. Intimação por edital

A lei processual previu a intimação por edital (art. 257, § 2º), e haverá casos em que ela não poderá ser realizada de outra maneira. É o que ocorrerá sempre que não for possível localizar o destinatário, que se mudou para local ignorado. Não haverá necessidade de nomeação de curador especial, necessário apenas quando a citação for ficta, e não a intimação.

capítulo IV
DISTRIBUIÇÃO E REGISTRO

Onde houver mais de uma vara, será necessário que a ação seja distribuída (CPC, art. 284), o que poderá ser feito livremente ou por dependência. A distribuição será livre quando a ação não tiver nenhuma relação com outra anteriormente ajuizada. E por dependência nas hipóteses do art. 286. São elas:

a) quando os feitos se relacionarem, por conexão ou continência, com outros já ajuizados. Isso se faz necessário para afastar o risco de decisões conflitantes. É preciso que as demandas corram juntas para que, ao final, seja proferida uma sentença comum. A reconvenção e as intervenções de terceiro serão anotadas pelo distribuidor, por determinação do juiz;

b) se houver reiteração do pedido, em caso de extinção do processo sem resolução de mérito. A preocupação do legislador é evitar o que vinha acontecendo com bastante frequência, em especial naquelas ações em que havia pedido de tutela provisória. Caso ela fosse indeferida, o autor desistia da demanda e propunha outra, distribuída a juízo diferente. E assim sucessivamente, até que obtivesse sucesso, na concessão da tutela pretendida. Para evitar condutas dessa natureza, que certamente redundavam em desprestígio da atividade jurisdicional, é que o legislador determinou que as distribuições, nesses casos, fossem feitas por dependência. E ele se mostrou cônscio de uma manobra usada com muita frequência: a de utilizar-se de litisconsortes, para dar a impressão de que houve alteração no polo ativo da demanda e de que não está ocorrendo reiteração do pedido. Ciente disso, o legislador determinou a dependência mesmo em caso de litisconsórcio. A aplicação do dispositivo pode defrontar-se com um problema prático: nem sempre os sistemas de distribuição implantados nos fóruns são hábeis para detectar a existência da reiteração, mormente quando haja litisconsortes. Mas, se a lei determina, nesses casos, a distribuição por dependência, a regra será de competência absoluta, cabendo ao juiz determinar, de ofício, a remessa ao juízo competente, caso a distribuição não tenha sido por dependência. O papel do réu, nessas situações, poderá ser de suma importância, cabendo-lhe apontar, quando não tiver sido detectada antes, a reiteração.

A Lei n. 11.280, de 16 de fevereiro de 2006, alterou a redação original do inciso II do art. 253 do CPC de 1973, estendendo a distribuição por dependência a todas as hipóteses de reiteração, quando tenha havido extinção do processo sem resolução de mérito, o que foi mantido pelo atual art. 286, II. Com isso, atendeu aos reclamos da doutrina, que via a possibilidade de burla ao dispositivo original, o qual só a determinava em caso de desistência da ação. Afinal, bastava que o autor, em vez de desistir, abandonasse o processo para obter a sua extinção e ajuizar nova demanda idêntica. A redação atual é clara: haverá distribuição por dependência não apenas no caso de reiteração após desistência, mas em todos os casos de extinção sem resolução de mérito. Isso evita a repetição indevida de demandas já extintas, em juízos diferentes, na tentativa de obter provimento jurisdicional diferente do anterior. A nova lei ainda estendeu a distribuição por dependência às hipóteses de alteração parcial dos réus da demanda.

Há um caso, porém, em que, embora presente essa hipótese do art. 286, II, se admitirá a propositura da demanda em juízo distinto: quando a primeira tiver sido aforada em juízo absolutamente incompetente. Este não se torna prevento, e a nova demanda poderá ser aforada no juízo competente.

O dispositivo menciona, ademais, a reiteração do pedido, sem qualquer referência à causa de pedir. Isso implicaria a desnecessidade de que a ação anteriormente proposta e a nova fossem iguais, uma vez que poderiam ter causas de pedir completamente distintas, para que ainda assim o primeiro juízo fosse considerado prevento. Todavia, parece-nos que aqui também o legislador *dixit minus quam voluit*, pois só haverá prevenção se existir reiteração de demandas com o mesmo pedido e iguais fundamentos.

c) quando houver ajuizamento de ações nos termos do art. 55, § 3º, ao juízo prevento. Esse inciso trata de processos em que há risco de decisões conflitantes ou contraditórias caso sejam decididos separadamente, mesmo sem conexão entre eles.

Quando não estiverem presentes as hipóteses acima mencionadas, o juiz não admitirá a distribuição por dependência. Se o fizer, será incompetente para o julgamento da causa, pois haverá violação ao princípio do juiz natural.

É requisito indispensável para a distribuição da ação que a petição inicial venha acompanhada do instrumento de procuração (CPC, art. 287). Admitem-se, entretanto, três exceções a essa regra: quando presente a hipótese prevista no art. 104; se a parte estiver representada pela Defensoria Pública; ou se a representação decorrer diretamente de norma prevista na Constituição Federal ou em lei. A elas pode-se acrescentar a hipótese em que o advogado postula em causa própria, caso em que deverá cumprir o determinado no art. 106 do CPC.

A distribuição é feita de forma alternada entre juízes e escrivães, obedecendo à forma prevista nas leis de organização judiciária e nos regimentos internos dos tribunais. É necessário que seja observada a estrita igualdade, de forma que, se houver distribuição por dependência, haverá oportuna compensação.

Para garantir a lisura do procedimento, a lei processual faculta aos advogados e às partes a possibilidade de acompanhá-la, dado o seu caráter público.

Determina a lei, ainda, que o juiz, de ofício ou a requerimento do interessado, corrija o erro ou a falta de distribuição, compensando-a (CPC, art. 288).

Por fim, em caso de não recolhimento de custas, no prazo de 15 dias, haverá o cancelamento da distribuição (CPC, art. 290). O cancelamento só ocorrerá se a parte, intimada na pessoa de seu advogado, não realizar o pagamento.

livro V
DA TUTELA PROVISÓRIA

capítulo I
DISPOSIÇÕES GERAIS

1. INTRODUÇÃO

O CPC dedica o Livro V da Parte Geral à tutela provisória. Para que não houvesse dúvida a respeito do significado dessa expressão, o legislador definiu-lhe a extensão no art. 294: "A tutela provisória pode fundamentar-se em urgência ou evidência". O parágrafo único acrescenta: "A tutela provisória de urgência, cautelar ou antecipada, pode ser concedida em caráter antecedente ou incidental". A expressão "tutela provisória" passou a expressar, na atual sistemática, um conjunto de tutelas diferenciadas, que podem ser postuladas nos processos de conhecimento e de execução, e que podem estar fundadas tanto na urgência quanto na evidência. As tutelas de urgência, por sua vez, podem ter tanto natureza satisfativa quanto cautelar. Designa, portanto, o gênero, do qual a tutela de urgência, satisfativa ou cautelar, e a tutela da evidência são espécies.

2. O TRATAMENTO CONJUNTO

De maneira mais sistemática que na legislação anterior, o CPC trata da tutela provisória, suas espécies, características e procedimentos, num livro único. Nem poderia fazê-lo de forma diferente, porquanto, ainda que persistam as diferenças entre tutelas satisfativas e cautelares, e ainda que as tutelas diferenciadas possam estar fundadas em urgência ou evidência, todas constituem espécies do mesmo gênero. Os pontos comuns entre elas são tais que justificam o tratamento unificado. E, diferentemente do que ocorria no sistema anterior, do CPC de 1973, não há mais a possibilidade de processo cautelar autônomo. As tutelas provisórias – tanto de urgência, satisfativas ou cautelares, quanto da evidência – jamais implicarão a formação de um processo autônomo. Com isso, desapareceu a razão para o CPC tratar, em livro próprio, do processo cautelar, que deixou de existir. Atualmente, o deferimento de tutelas provisórias dar-se-á sempre em processos de conhecimento ou de execução, seja em caráter antecedente, seja incidentalmente.

O Livro V da Parte Geral autoriza o juiz, desde que preenchidos os requisitos, a conceder tutelas provisórias nos processos de conhecimento ou de execução, genericamente. Mas há procedimentos especiais que preveem a concessão de tutelas provisórias próprias, específicas, típicas daqueles procedimentos, com requisitos próprios, que não se confundem com os da tutela provisória genérica do Livro V da Parte Geral. É o caso das liminares proferidas nas ações possessórias de força nova, que têm cunho satisfativo e requisitos próprios – inicial suficientemente instruída a respeito dos requisitos do art. 561 do CPC. Ou nas ações de alimentos, de procedimento especial, regidas pela Lei n. 5.478/68.

3. BREVE EVOLUÇÃO DOS INSTITUTOS

A disciplina das tutelas cautelares no CPC de 1973 foi saudada como inovadora e portadora de grandes avanços. Admitia-se a existência de três grandes espécies de provimentos jurisdicionais: o de conhecimento, destinado a dar ao julgador os subsídios necessários para que pudesse emitir o julgamento, pronunciando a lei do caso concreto; o de execução, voltado para a satisfação do direito do credor, quando o devedor não cumpria voluntariamente a obrigação consubstanciada em título executivo; e o cautelar, sempre acessório, destinado a proteger os outros dois tipos de provimento ameaçados pela demora do processo. A cada um deles correspondia um tipo de processo, e ao cautelar era dedicado o Livro III. Os pensamentos analítico e científico subjacentes ao CPC exigiam que para cada tipo de provimento correspondesse um tipo de processo. Por isso, se um dos litigantes necessitasse de uma medida de cunho cautelar, não podia postulá-la – na sistemática original do CPC de 1973 – no processo de conhecimento, mas devia ajuizar um processo cautelar, de caráter preparatório ou incidental, autônomo em relação ao processo principal, de conhecimento ou de execução. Nesse momento inicial de vigência do CPC revogado, não havia a possibilidade de deferimento genérico de tutelas provisórias satisfativas. Havia, sim, alguns procedimentos especiais que previam a concessão de medidas satisfativas em caráter liminar, como as ações possessórias, nunciação de obra, embargos de terceiro etc. Mas, fora dessas ações, inexistia previsão para o deferimento de medidas satisfativas genéricas.

Grande inovação foi introduzida em nosso ordenamento jurídico pela Lei n. 8.952/94, que deu nova redação ao art. 273 do CPC. Dentre as inúmeras pequenas reformas pelas quais passou o CPC de 1973 durante o seu período de vigência, talvez tenha sido essa a de maior impacto. Com ela passou-se a admitir a possibilidade de deferimento de tutelas antecipadas genéricas em praticamente todos os tipos de processos e procedimentos, desde que preenchidos os requisitos gerais estabelecidos naquele dispositivo.

Desde então, passaram a coexistir em nosso ordenamento dois tipos de tutelas diferenciadas, a cautelar e a antecipada (satisfativa). Esse convívio entre as duas espécies nem sempre foi muito tranquilo: de início, pareceu fundamental distinguir uma da outra, e houve casos de decisões judiciais que negaram uma medida de urgência apenas porque o requerente denominou-a de antecipada, quando ela tinha natureza cautelar, ou vice-versa. A razão para tamanho esforço de distinção só podia ser que, de início, o deferimento de medidas cautelares exigia o ajuizamento de um processo cautelar autônomo, próprio, já que era esse o lugar adequado, o "hábitat" natural das providências acautelatórias, ao passo que as tutelas satisfativas eram postuladas já no bojo do processo principal, sem necessidade de ajuizamento de processo autônomo.

Essa situação seria rapidamente modificada, com a edição da Lei n. 10.444/2002, que deu nova redação ao § 7º do art. 273. A inovação foi fundamental porque permitia ao juiz, ainda que tivesse sido postulada a tutela antecipada, conceder – se entendesse mais apropriado – uma tutela cautelar no bojo do processo principal. Instituía-se, assim, a fungibilidade entre os dois tipos de tutela diferenciada e dava-se ao juiz maiores condições de deferir a medida que fosse a mais adequada para arredar uma situação de perigo, no caso concreto que lhe era submetido.

Mas, se as tutelas eram fungíveis entre si, e se agora o juiz estava autorizado a conceder medidas cautelares dentro do processo principal, sem necessidade de processo autônomo, desaparecia a razão de ser e a utilidade desse tipo de processo. Por outras palavras, em princípio o ajuizamento do processo cautelar só se justificava porque as medidas cautelares não podiam ser determinadas no processo principal; a partir do momento em que puderam, por força de inovação legislativa, o processo cautelar não mais se sustentava. Mesmo assim, enquanto vigorou o CPC de 1973, os juízes admitiam o ajuizamento de processos cautelares autônomos, sobretudo em caráter preparatório, quando o processo principal ainda não fora aforado.

Sensível a essas mudanças, o legislador atual deu-se conta de que não se justificava mais a persistência do processo cautelar em nosso ordenamento jurídico. Permanece, à evidência, a tutela cautelar, como uma das espécies de tutela provisória de urgência, mas não o processo cautelar. Mesmo nos casos em que ela é deferida em caráter antecedente, não haverá um processo cautelar autônomo, mas um momento antecedente do processo principal.

Apenas para concluir esse breve esboço, embora o CPC atual mantenha a distinção entre tutela antecipada e cautelar, passou a discipliná-las em conjunto, como espécies do mesmo gênero. No sistema atual, nem era preciso considerá-las fungíveis, já que ambas passaram a compor o gênero único das tutelas provisórias de urgência, ficando o juiz autorizado a conceder a medida que entender mais adequada no caso concreto (art. 297 do CPC).

4. O EXAME DA TUTELA PROVISÓRIA

Na sequência, a tutela provisória será examinada em cinco capítulos: no primeiro deles (capítulo II), será formulado o seu conceito e serão apresentadas as classificações; no segundo (capítulo III), serão indicadas as suas principais características; no terceiro (capítulo IV), será tratada a tutela de urgência; depois, a tutela da evidência (capítulo V) e, por fim, o procedimento da tutelar cautelar e da tutela antecipada de urgência, requeridas em caráter antecedente (capítulo VI), com a indicação de algumas tutelas cautelares nominadas.

capítulo II
CONCEITO E CLASSIFICAÇÕES

1. CONCEITO

O CPC não formula – nem competiria a ele fazê-lo – um conceito de tutela provisória. Mas o art. 294, bem como o seu parágrafo único, ao enumerar as diferentes naturezas que ela pode ter, e as razões pelas quais pode ser concedida, permite ao intérprete formular a sua conceituação. É inequívoco que ela é uma espécie de tutela diferenciada, em que a cognição do juiz não é exauriente, mas sumária, fundada ou em verossimilhança ou em evidência, razão pela qual terá natureza provisória, podendo ser, a qualquer tempo, revogada ou modificada. Sua finalidade é ou afastar o perigo a que está sujeita a tutela jurisdicional definitiva, o que ela alcança por meio da antecipação dos efeitos da sentença ou pela adoção de uma medida protetiva, assecurativa, que visa não satisfazer, mas preservar o provimento final, ou redistribuir os ônus da demora na solução do processo, quando o direito tutelado for evidente.

Feitas essas considerações, seria possível conceituá-la como a tutela diferenciada, emitida em cognição superficial e caráter provisório, que satisfaz antecipadamente ou assegura e protege uma ou mais pretensões formuladas, e que pode ser deferida em situação de urgência ou nos casos de evidência.

2. A TUTELA PROVISÓRIA E A EFETIVIDADE DO PROCESSO

As tutelas provisórias cumprem a função de dar maior efetividade ao processo. Talvez a maior reclamação sobre funcionamento do Judiciário seja a da morosidade da justiça, que inegavelmente acaba trazendo maiores prejuízos àquele que tem menos condições econômicas e menores possibilidades de suportar o longo transcurso do processo até o resultado final.

A tutela provisória garante e assegura o provimento final e permite melhor distribuição dos ônus da demora, possibilitando que o juiz conceda antes aquilo que só concederia ao final ou determine as medidas necessárias para assegurar e garantir a eficácia do provimento principal. Pode estar fundada em urgência ou evidência. Sem ela, o ônus da demora seria sempre do autor, podendo o réu sentir-se estimulado a fazer uso dos mais diversos mecanismos para retardar o desfecho do processo.

A rigor, o fundamento da tutela provisória, ao menos nos casos de urgência, poderia ser buscado no texto constitucional, uma vez que o art. 5º, XXXV, determina que a lei não exclua da apreciação do Poder Judiciário lesão ou ameaça de lesão. Ora, para que essa regra se torne efetiva, é preciso que o Judiciário também possa arredar eventual perigo ou ameaça que, em razão da demora no processo, o provimento jurisdicional possa sofrer.

3. CLASSIFICAÇÕES

A tutela provisória pode ser classificada pela sua natureza, fundamentação ou momento em que foi requerida. Conforme a natureza, pode ser antecipada ou cautelar; quanto à fundamentação, de urgência ou da evidência; e quanto ao momento de concessão, antecedente ou incidental. Cada uma dessas classificações será examinada em seguida.

3.1. Tutelas provisórias antecipada e cautelar

Ainda que hoje em dia se tenham atenuado as razões que obrigavam ao estabelecimento de limites muito estritos entre os dois tipos de tutela provisória, a diferença entre elas persiste. É o CPC, art. 294, parágrafo único, que alude às duas naturezas da tutela provisória de urgência. A satisfatividade é o critério mais útil para distinguir a tutela antecipada da cautelar. As duas são provisórias e têm requisitos muito assemelhados, relacionados à urgência. Mas somente a primeira tem natureza satisfativa, permitindo ao juiz que já defira os efeitos que, sem ela, só poderia conceder no final. Na cautelar, o juiz não defere, ainda, os efeitos pedidos, mas apenas determina uma medida protetiva, assecurativa, que preserva o direito do autor, em risco pela demora no processo.

Tanto a tutela antecipada quanto a cautelar podem ser úteis para afastar uma situação de perigo de prejuízo irreparável ou de difícil reparação. Mas diferem quanto à maneira pela qual alcançam esse resultado: enquanto a primeira afasta o perigo atendendo ao que foi postulado, a segunda o afasta tomando alguma providência de proteção.

Imagine-se, por exemplo, que o autor corra um grave risco de não receber determinado valor. A tutela satisfativa lhe concederá a possibilidade de, desde logo, promover a execução do valor, em caráter provisório, alcançando-se os efeitos almejados, que normalmente só seriam obtidos com a sentença condenatória.

Já por meio de tutela cautelar, o autor pode arrestar bens do devedor, preservando-os em mãos de um depositário para, quando obtiver sentença condenatória e não houver recurso com efeito suspensivo, poder executar a quantia que lhe é devida. A tutela cautelar não antecipa os efeitos da sentença, mas determina uma providência que protege o provimento, cujos efeitos serão alcançados ao final.

Tanto a tutela satisfativa quanto a cautelar devem manter correspondência com a pretensão final, mas de formas diferentes. A primeira, por conceder, antes, aquilo que só seria concedido ao final; a segunda, por determinar providências que não satisfazem ainda a pretensão, mas viabilizam que, quando isso ocorrer, os efeitos decorrentes do provimento ainda sejam úteis para o credor.

3.1.1. Tutela provisória antecipada – a satisfatividade em caráter provisório

O que há de mais característico na tutela antecipada é que ela, antecipadamente, satisfaz, no todo ou em parte, a pretensão formulada pelo autor, concedendo-lhe os efeitos ou as consequências jurídicas que ele visou obter com o ajuizamento da ação. Se postulou a condenação, o juiz, antecipando a tutela, permitirá ao credor obter aquilo que da condenação lhe resultaria. Por isso, o juiz não pode concedê-la com efeitos que ultrapassem a extensão do provimento final, ou que tenham natureza diferente da deste. Por exemplo, não pode o juiz, em ação declaratória, conceder tutela antecipada condenatória.

Se a tutela antecipada fosse total, e tivesse caráter definitivo, e não provisório, o autor ficaria plenamente satisfeito. A sua pretensão teria sido alcançada. Isso não ocorre, porque ela é sempre provisória, e precisa ser substituída por um provimento definitivo. Por isso, a efetivação da tutela antecipada observará as normas referentes ao cumprimento provisório de sentença no que couber (CPC, art. 297, parágrafo único).

3.1.2. Tutela provisória cautelar – em que consiste?

A tutela provisória cautelar não satisfaz, no todo ou em parte, a pretensão do autor. O juiz não concede, já, o que só seria deferido ao final, mas determina providências de resguardo, proteção e preservação dos direitos em litígio.

Imagine-se que o autor proponha em face do réu uma ação de reintegração de posse. Se o juiz concedê-la liminarmente, a medida será de antecipação satisfativa, já que o autor obterá aquilo que constitui a sua pretensão. Há coincidência entre o que foi pedido e o que foi deferido de imediato.

Já se, no curso do processo, verifica-se que o bem está correndo um risco de perecimento, porque o réu não toma os cuidados necessários, o autor pode postular o sequestro cautelar, com entrega a um depositário, que ficará responsável pela sua preservação e manutenção até o final do litígio. O sequestro não atende, ainda, à pretensão do autor, que não se verá reintegrado na posse da coisa, deferida ao depositário, mas é uma providência protetiva, acautelatória, cuja função é afastar o risco de que, até que o processo chegue ao final, a coisa pereça.

Outro exemplo: o autor ajuíza ação de cobrança e postula tutela antecipada, pois tem necessidade imediata do dinheiro e teme que, mais adiante, o réu dilapide o seu patrimônio. O deferimento da medida autorizará o autor a promover o necessário para receber o dinheiro. Ele poderá promover o cumprimento provisório da sentença.

Mas se ele não pretende receber o dinheiro já, e sim ao final, temendo, no entanto, que o réu se desfaça dos seus bens, bastar-lhe-á requerer o arresto, para que bens do devedor, suficientes para fazer frente ao débito, sejam preservados, com a nomeação de um depositário que deles cuidará. Em regra, para distinguir a tutela cautelar da satisfativa, basta comparar a medida deferida com a pretensão formulada pelo autor na inicial. Se há coincidência entre as duas, haverá tutela satisfativa; se não, se a medida apenas protege, preserva o direito, sem antecipar os efeitos da futura sentença, será cautelar.

No entanto, nem sempre será fácil tal distinção, e ao juiz caberá decidir e definir qual a tutela provisória mais adequada, para cada caso concreto, na forma do art. 297, *caput*, do CPC.

3.2. Tutelas provisórias de urgência e da evidência

Essa é a classificação que leva em conta os fundamentos pelos quais o juiz pode deferir a tutela provisória. Ao concedê-la, ele deverá fundamentar a decisão na urgência ou evidência. A tutela será de urgência quando houver "elementos que evidenciem a probabilidade do direito e o perigo de dano ou o risco ao resultado útil do processo" (CPC, art. 300, *caput*). Os requisitos são o *fumus boni juris*, isto é, a probabilidade do direito, e o *periculum in mora*, isto é, o risco de que, sem a medida, o litigante possa sofrer perigo de prejuízo irreparável ou de difícil reparação. De que forma o perigo poderá ser arredado? Ou pela satisfação antecipada do direito ou pelo deferimento de medida protetiva.

Mas há também a possibilidade de a tutela provisória estar fundada em evidência, caso em que ela será sempre satisfativa. É o legislador quem define quais são as situações consideradas indispensáveis para que o juiz defira a tutela da evidência. Elas estão enumeradas nos quatro incisos do art. 311 do CPC, e são muito diferentes daquelas exigidas na tutela de urgência. A da evidência não tem por fim afastar um perigo, e será deferida mesmo que ele não exista. Para compreender a sua finalidade, é preciso lembrar que é normalmente o autor quem sofre com a demora no processo, pois é ele quem formula a pretensão, que permanece não atendida até o final (ou até determinada fase). Cabe ao autor, em regra, suportar os ônus da demora. A tutela da evidência inverte esse ônus, seja quando o réu age de forma abusiva ou com intuito protelatório, seja quando o direito cuja proteção o autor postula reveste-se de evidência, o que ocorre nas hipóteses dos incisos II e IV do art. 311, seja, ainda, quando se tratar de pedido reipersecutório fundado em prova documental adequada de contrato de depósito.

Os dois tipos de tutela serão examinados com mais vagar no capítulo próprio.

3.3. Tutelas provisórias de urgência antecedentes e incidentais

Em nenhuma hipótese haverá a formação de processo autônomo para a concessão de tutela provisória. Não existem mais os processos cautelares preparatórios ou incidentes, regulados no Livro III do CPC de 1973. O processo cautelar preparatório era aquele ajuizado antes do principal, e o incidental, o ajuizado na pendência dele, ambos como processos autônomos.

Nada disso ocorre no atual sistema. Como visto, a tutela provisória pode fundar-se em urgência ou evidência. A tutela da evidência será sempre incidental, nunca antecedente. Mas a de urgência poderá ser incidental ou antecedente. Em relação à incidental, não haverá nenhuma dificuldade: como o processo principal já foi ajuizado, a medida será requerida no seu bojo quando se apresentar uma situação de urgência. A tutela antecedente é aquela formulada antes que o pedido principal tenha sido apresentado ou, ao menos, antes que ele tenha sido apresentado com a argumentação completa. No caso da tutela cautelar requerida em caráter antecedente, o autor formulará o pedido cautelar antes de apresentar o principal. Ao requerê-la, deverá apenas indicar qual será a pretensão principal, expondo de maneira sumária o direito que se visa assegurar. Efetivada a tutela cautelar, deverá ser apresentado, no mesmo processo, e dentro de 30 dias, o pedido principal. Não há, pois, um processo antecedente a outro, mas um pedido antecedente a outro, no mesmo processo.

A tutela antecipada também pode ser deferida em caráter antecedente, na forma do art. 303 do CPC. O autor formulará apenas o pedido de antecipação, apresentando uma exposição sumária da lide, do direito que se busca realizar e o perigo de dano ou risco ao resultado útil do processo. Concedida a tutela antecipada, a inicial deverá ser aditada para complementação da argumentação, juntada de novos documentos e confirmação do pedido de tutela final, em 15 dias, ou outro prazo maior que o órgão jurisdicional fixar.

O procedimento das tutelas antecipadas deferidas em caráter antecedente será examinado em capítulo próprio.

3.4. As combinações possíveis entre as diversas classificações

Já foi visto que há três classificações fundamentais das tutelas provisórias: quanto à natureza, à fundamentação e ao momento de concessão. Cumpre verificar quais as possíveis combinações entre essas classificações. Por exemplo, é possível que, verificada uma situação de urgência, sejam deferidas tanto as tutelas cautelares quanto as antecipadas; já em caso de evidência, a tutela haverá de ser sempre antecipada, nunca cautelar. Na edição anterior desta obra, sustentamos a possibilidade de que a tutela da evidência poderia ser deferida com natureza antecipada ou cautelar. Mas, uma vez que ela não pressupõe situação de perigo, rendemo-nos ao entendimento de que não caberia medida acautelatória fundada na evidência. Assim, a tutela de urgência poderá ser cautelar ou antecipada; a da evidência, sempre antecipada.

Tanto as tutelas de urgência antecipadas quanto as cautelares podem ser deferidas em caráter antecedente ou incidental. Já as tutelas da evidência somente poderão ser deferidas em caráter incidente, nunca em caráter antecedente. Afinal, o que justifica a concessão de tutela antecedente ao pedido principal é sempre a urgência. É o que se depreende da leitura dos arts. 303, *caput*, e 305, *caput*. O primeiro trata da tutela antecipada antecedente e exige que a urgência seja contemporânea à propositura da ação; o segundo, da cautelar antecedente e exige a descrição do perigo na demora. É necessário, portanto, que haja uma situação de urgência.

capítulo III
CARACTERÍSTICAS

1. TUTELAS PROVISÓRIAS E LIMINARES

A expressão "liminar" traduz a ideia de algo que é concedido *ab initio*, no limiar inicial do processo. A sua origem é latina (*liminare* – da soleira), e o seu significado está associado a algo que é posto à entrada, no início, como aquilo que antecede alguma coisa.

Não há dúvidas de que as tutelas provisórias de urgência – antecipada ou cautelar – podem ser concedidas liminarmente, no início, no limiar do processo. Também as da evidência, ressalvadas as hipóteses do art. 311, I e IV, do CPC, isto é, a de tutela da evidência por abuso do direito de defesa ou manifesto intuito protelatório da parte, e a da concedida em caso de petição inicial instruída com prova documental suficiente dos fatos constitutivos do direito do autor, a que o réu não oponha prova capaz de gerar dúvida razoável, situações que só poderão ficar caracterizadas depois que o réu tiver sido citado e comparecido aos autos.

A possibilidade de concessão de tutelas provisórias em caráter liminar, com fundamento em urgência, está expressamente prevista no art. 300, § 2º, do CPC, e com fundamento em evidência, ressalvadas as hipóteses já mencionadas, no art. 311, parágrafo único. Nos casos de urgência, ainda, mais do que em caráter liminar, a tutela provisória pode ser concedida em caráter antecedente, isto é, antes mesmo de que tenha sido formulado o pedido principal, ou antes de que ele tenha sido formulado já com a fundamentação completa, como se vê nos arts. 303 e 305 do CPC.

Em síntese, em casos de urgência, a tutela provisória pode ser deferida em caráter antecedente ou, já no processo principal, em caráter liminar, antes que tenha sido citado o réu. Já em caso de evidência, a tutela não poderá ser antecedente, mas poderá ser liminar, nas hipóteses do art. 311, II e III. Já nas hipóteses do art. 311, I e IV, ela só poderá ser deferida depois da citação e do comparecimento do réu.

Além disso, ainda que não tenham sido deferidas em caráter liminar, elas podem ser concedidas a qualquer tempo, mesmo na fase de sentença, e até mesmo depois dela. Ainda assim, serão anteriores à solução final, definitiva do processo.

A expressão "liminar" nada revela sobre a natureza da medida concedida, que pode ser cautelar ou satisfativa, dependendo da relação que guarde com o provimento final.

Alerta-se, ainda, para o fato de que o seu emprego tem sido fonte de alguns equívocos. O Código de Processo Civil usa a expressão liminar para se referir às tutelas provisórias deferidas no início do processo antes da resposta do réu. Mas encontra-se na doutrina e na jurisprudência usos mais abrangentes dessa expressão para fazer referência a todo tipo de tutela provisória concedida ao longo do processo ainda que em momento mais avançado. Além disso, com esse nome, podem ser deferidas tutelas antecipadas ou cautelares. Por isso, se hoje alguém diz que obteve uma liminar, fica difícil entender o que foi conseguido, e em que fase do processo. É melhor que se mencione a obtenção de uma tutela cautelar ou antecipada, indicando-se a fase do processo em que ela foi deferida, o que afastará qualquer dúvida.

De qualquer sorte, a legislação reserva as expressões "liminar" ou "liminarmente" para as medidas que tenham sido deferidas *ab initio*, antes do comparecimento do réu.

2. SUMARIEDADE DA COGNIÇÃO

A cognição, na lição de Kazuo Watanabe, pode ser examinada em dois aspectos: extensão e profundidade. O primeiro diz respeito à existência de limites quanto às questões que podem ser apreciadas no processo; o segundo, ao grau de certeza com que o juiz profere a sua decisão.

Do ponto de vista da extensão, a cognição é plena nas tutelas provisórias, porque não há restrições quanto às matérias cognoscíveis pelo juiz. O CPC atribui a ele poder geral de deferir a medida que considerar adequada para a sua efetivação.

Do ponto de vista da profundidade, a cognição do juiz é superficial, porque ele não decide com base na certeza da existência do direito – o que seria incompatível com a urgência exigida – mas em mera verossimilhança, plausibilidade do alegado.

Mesmo nos casos de tutela da evidência, ainda que haja indícios mais fortes da existência do direito, que permitam ao juiz conceder a medida independentemente da presença de perigo, a cognição é ainda superficial, porque não é embasada na certeza da existência do direito.

Ao proferir a decisão, o juiz não dirá se o direito invocado existe ou não. Basta, para o deferimento da medida, que se convença da boa aparência do direito alegado, ou da existência de uma das situações de evidência – que não se confunde com a certeza, só alcançada com a emissão do provimento final.

Às vezes, a situação é tal que o juiz defere a medida sem ouvir a parte contrária, o que basta para mostrar que o faz sem ter ainda todos os elementos para a sua convicção.

A sumariedade da cognição não diz respeito tão somente ao direito (*fumus boni juris*), mas à própria existência do perigo. Não é necessário que o juiz tenha a certeza da ameaça, do risco de lesão irreparável, bastando que esteja convencido da possibilidade de que o dano venha a ocorrer.

3. PROVISORIEDADE

As decisões proferidas em cognição superficial não são definitivas, porque o juiz nem sempre terá ouvido todos os litigantes e colhido todas as provas para emitir o seu pronunciamento.

Dadas a natureza e as finalidades da tutela provisória, é possível, a qualquer tempo, que o juiz reveja a anterior decisão que a examinou, seja concedendo o que antes havia denegado, seja revogando a medida anteriormente concedida. É o que estabelece o art. 296, *caput*, do CPC: "A tutela provisória conserva sua eficácia na pendência do processo, mas pode, a qualquer tempo, ser revogada ou modificada". O juiz esclarecerá qual a circunstância fática que, alterada, justifica o reexame. Não lhe é possível alterar a decisão anterior apenas por ter mudado de opinião. É indispensável que tenham ocorrido alterações fáticas – o perigo que não existia manifestou-se, ou o que antes havia desapareceu, por exemplo – para que o juiz possa justificar a mudança na sua decisão.

Assim, não se distinguem as tutelas antecipadas das cautelares, de urgência ou da evidência. Todas são examinadas em cognição superficial e terão de ser sempre substituídas por um provimento definitivo.

A tutela provisória perdura e conserva sua eficácia no curso do processo enquanto não for revogada ou substituída pela tutela definitiva. Não está sujeita à preclusão nem à coisa julgada material, como as decisões proferidas em cognição exauriente, após o juiz ter formado em definitivo a sua convicção.

4. REVOGAÇÃO, MODIFICAÇÃO E CESSAÇÃO DE EFICÁCIA

A eficácia da tutela provisória é a sua aptidão para produzir efeitos. Ao deferi-la, o juiz emite um comando satisfativo ou cautelar, de caráter provisório, que conservará a sua eficácia na pendência do processo, a menos que ela seja revogada ou que cesse essa eficácia. A simples suspensão do processo não provoca a revogação ou a cessação da eficácia, a menos que haja decisão judicial em contrário, nos termos do art. 296, parágrafo único, do CPC. As causas de suspensão do processo são aquelas enumeradas no art. 313.

O CPC alude à possibilidade de revogação e de cessação de eficácia das tutelas provisórias. A rigor, quando a medida é revogada, ela, por óbvio, também deixa de produzir efeitos, de sorte que a revogação poderia ser incluída genericamente no conceito de cessação de eficácia, em sentido amplo.

A lei processual, no entanto, estabelece diferença entre a revogação e a cessação de eficácia: a primeira pressuporia uma nova decisão judicial, fundada na vinda aos autos de novos fatos ou novas circunstâncias, que levem à conclusão de que a decisão anterior não pode persistir. As tutelas provisórias podem ser revogadas, como está expressamente previsto no art. 296, *caput*, do CPC: "A tutela provisória conserva sua eficácia na pendência do processo, mas pode, a qualquer tempo, ser revogada ou modificada". A revogação deve ser fundamentada, conforme determinado pelos arts. 298 do CPC e 93, IX, da CF.

A revogação ou modificação pressupõe alteração nas circunstâncias fáticas que as justifique. Se houver agravo de instrumento, o juiz poderá retratar-se, mesmo sem alteração fática, já que esse recurso é dotado de juízo de retratação. Fora isso, o juiz pode modificar ou revogar sua decisão se novos elementos de convicção forem trazidos aos autos. Por exemplo, deferida a medida sem a ouvida do réu, quando ele oferecer resposta, o juiz, verificando que a coisa não era como o autor a havia descrito na inicial, poderá alterar sua decisão. No curso do processo, o conhecimento do juiz a respeito dos fatos vai aumentando, e pode levá-lo à conclusão de que a medida concedida não se sustenta ou é imprópria.

Diante do que dispõe o art. 296 do CPC, a alteração ou a revogação da liminar não depende de requerimento da parte, podendo ser promovida de ofício pelo juiz, a quem cabe o poder geral de decisão e a fiscalização para que não haja prejuízos irreparáveis para nenhum dos lados.

A perda da eficácia consiste ou em sanção imposta ao autor que, tendo obtido a tutela, não tomou providências a seu cargo, necessárias para mantê-la ou como consequência natural da extinção do processo ou da improcedência do pedido principal.

A cessação de eficácia como sanção por descumprimento de providências será examinada em capítulo próprio.

Em caso de procedência do pedido, não haverá cessação da eficácia da medida, mas a sua substituição pelo provimento definitivo. A tutela manter-se-á eficaz ainda que haja recurso, pois ele não tem efeito suspensivo (art. 1.012, V, do CPC). Mas, em caso improcedência ou de extinção do processo sem resolução de mérito, será tornada ineficaz, já que, tendo sido proferida em exame superficial, não pode subsistir a uma decisão definitiva, em cognição exauriente. Mesmo que o juiz não o diga expressamente na sentença, as tutelas provisórias perderão eficácia em caso de improcedência ou de extinção.

Parece-nos que, excepcionalmente, o juiz pode determinar que elas subsistam, apesar da improcedência ou da extinção, enquanto pender recurso contra a sentença. Por exemplo, quando a improcedência for contrária à jurisprudência dominante dos tribunais, caso em que haverá forte possibilidade de acolhimento do recurso, e da perda de eficácia da medida puder resultar prejuízo irreparável.

5. TUTELA PROVISÓRIA ANTECIPADA NÃO SE CONFUNDE COM JULGAMENTO ANTECIPADO DO MÉRITO

A tutela provisória antecipada não pode ser confundida com o julgamento antecipado do mérito. A primeira é uma espécie de tutela diferenciada, proferida em cognição sumária e em caráter provisório. Ainda que sua eficácia possa perdurar durante o processo, ela precisa ser substituída pelo provimento final, que, este sim, terá caráter definitivo e se revestirá da autoridade da coisa julgada material. Já o segundo constitui verdadeiro julgamento, proferido em cognição exauriente e que se revestirá da autoridade da coisa julgada material, a partir do momento em que não haja mais recursos pendentes. É antecipado por ser proferido sem necessidade de abrir-se a fase de instrução do processo, ou porque o réu é revel, ou porque não há necessidade de outras provas (CPC, art. 355).

Pelo regime do CPC de 1973, o mérito só poderia ser examinado em sentença, nunca antes. Admitia-se, excepcionalmente, a existência de decisões interlocutórias que envolviam matéria de mérito, como as relativas ao afastamento da prescrição ou decadência, matérias que eram mais propriamente qualificadas como preliminares de mérito do que propriamente mérito.

Atualmente, na forma do art. 356 do CPC, o juiz poderá julgar parcialmente o mérito – por decisão interlocutória que desafia agravo de instrumento – quando um ou mais pedidos formulados ou parcela deles mostrar-se incontroverso ou estiver em condições de imediato julgamento.

As hipóteses dos arts. 355 e 356 são de verdadeiro julgamento antecipado. Na primeira, haverá sentença e, na segunda, decisão interlocutória de mérito, proferida em caráter exauriente e que, não havendo mais recurso pendente, se tornará definitiva. Nenhuma dessas situações pode ser confundida com tutela antecipada, em que a cognição é superficial, e o caráter é provisório.

A possibilidade de julgamento antecipado parcial do mérito constitui uma das maiores novidades do CPC atual, já que no anterior o mérito só poderia ser examinado em sentença, ato final do processo ou da fase cognitiva. Por essa razão, no CPC anterior, as hipóteses de incontrovérsia de um dos pedidos autorizavam apenas a concessão de tutela antecipada, nunca o julgamento antecipado, pois o exame do mérito não podia ser cindido. No atual, a incontrovérsia de um dos pedidos, ou de parte dele, autoriza o julgamento antecipado, de caráter definitivo (art. 356, I).

6. PODER GERAL DO JUIZ PARA CONCEDER TUTELAS PROVISÓRIAS

O art. 297, *caput*, do CPC é de enorme importância. Ele dá ao juiz o poder de determinar as medidas que considerar adequadas para a efetivação da tutela provisória. A redação é um tanto ambígua, mas parece-nos que esse dispositivo deve ser aplicado em dois sentidos. O primeiro deles é o de dar ao juiz a possibilidade de conceder a medida que lhe parecer a mais adequada para o caso concreto. E o segundo, é o de lhe permitir determinar toda e qualquer providência necessária para que a medida por ele deferida se concretize, afastando-se, assim, eventuais obstáculos que possam dificultar ou impedir a sua efetivação.

É no primeiro desses sentidos que o dispositivo merece uma análise mais detalhada. Já o art. 798 do CPC de 1973 atribuía ao juiz o chamado poder-dever de cautela, autorizando-o a conceder não só as medidas cautelares expressamente enumeradas na lei, chamadas por isso de "cautelares nominadas", mas também qualquer outra medida cautelar que, embora não prevista em lei, pudesse ser adequada para afastar a situação de perigo ou de urgência.

O CPC atual avançou em relação anterior, atribuindo ao juiz um poder-dever de conceder a medida adequada, seja ela cautelar ou satisfativa. O juiz, então, tem, no caso concreto, esse poder-dever de examinar qual a providência – seja ela satisfativa ou cautelar – se mostra a mais eficaz, a mais adequada, para o caso concreto, problema que se colocará apenas

nas hipóteses de urgência, porque, nas de evidência, a tutela terá sempre natureza satisfativa (antecipada).

Além disso, o legislador entendeu desnecessário – como de fato é – enumerar determinadas medidas cautelares, tratando delas especificamente, como fazia o legislador anterior. Não há mais procedimentos diferenciados para as cautelares nominadas ou inominadas. O art. 301 menciona algumas medidas cautelares específicas, dando-lhes nomes próprios, mas não lhes atribui requisitos nem estabelece procedimentos diferenciados em relação às demais tutelas provisórias de urgência. Afinal, se o juiz tem o poder-dever geral que lhe autoriza a conceder a tutela mais adequada, não havia razão para que a lei tratasse especificamente de determinadas medidas. O poder geral se justifica ante a impossibilidade de a lei antever todas as situações possíveis, e imaginar de antemão as medidas adequadas. Transfere-se, assim, ao juiz a possibilidade de, no caso concreto, determinar a providência adequada.

O poder geral do juiz não significa discricionariedade na concessão da medida, porque ele não se vale dos critérios de conveniência e oportunidade, como faria o administrador. Ele deve observar qual a mais apropriada para proteger o direito que será discutido no processo principal, que assegure o afastamento do risco com mais presteza e segurança. Poderá haver alguma subjetividade na avaliação de qual a medida mais adequada, mas isso não se confunde com discricionariedade.

Quando o art. 297 do CPC dá ao juiz o poder geral de deferir a medida adequada, permite que ele conceda providência diversa daquela postulada pelo litigante. Não há adstrição do juiz ao pedido de tutela provisória pela parte, o que significa que nenhum vício haverá em conceder-se medida de natureza diferente da que foi postulada. Ainda que o autor postule tutela satisfativa, o juiz pode conceder tutela cautelar e vice-versa, fundamentando a sua decisão para demonstrar que a providência determinada é a mais adequada. Mas ele só poderá determinar tutela provisória que guarde relação de referibilidade com a pretensão principal. Afinal, esta vincula o juiz, que não pode desbordar dos limites da ação proposta, sob pena de proferir julgamento *extra petita* ou *ultra petita*. Se a medida tiver natureza satisfativa, deverá corresponder, no todo ou em parte, à pretensão formulada na inicial, e, se tiver natureza cautelar, deverá ser útil para proteção do provimento final.

Mas, preservada a referibilidade, o juiz deferirá a medida que lhe parecer mais adequada.

6.1. Faz sentido falar em fungibilidade das tutelas provisórias?

Quando a Lei n. 8.952/94, dando nova redação ao art. 273 do CPC de 1973, autorizou o juiz a conceder tutelas antecipadas satisfativas, em caráter genérico, no Brasil, houve grande esforço da doutrina em estabelecer limites claros entre elas e as cautelares. Isso se justificava naquele momento porque a nossa legislação só autorizava tutelas cautelares em processo próprio, não no bojo de processos de conhecimento ou de execução. Era fundamental que se distinguisse com precisão a tutela satisfativa da cautelar, porque a primeira poderia ser deferida incidentemente no processo de conhecimento, ao passo que a segunda exigia o ajuizamento de um processo cautelar autônomo.

Mais tarde, estabeleceu-se a fungibilidade entre os dois tipos de tutela, com o que se autorizou o juiz a conceder medida de natureza cautelar quando fosse requerida medida satisfativa e vice-versa. Com isso, persistiu a diferença de natureza entre as duas medidas, mas mitigou-se o rigor na separação entre elas. A fungibilidade ampliou o poder-dever do juiz. Se ele já tinha o poder geral de cautela, que lhe permitia deferir a cautelar que fosse a mais adequada, agora ele podia também deferir medida de natureza diversa da postulada.

O CPC atual vai além. Ele não dá ao juiz, como fazia o CPC anterior, um poder geral de cautela, mas o poder-dever geral de deferir a tutela provisória – cautelar ou satisfativa – mais adequada.

Como no Código anterior só havia previsão de poder geral de cautela, foi necessário estabelecer a fungibilidade entre as cautelares e as medidas satisfativas, para que o juiz pudesse, então, definir a medida mais adequada a ser concedida.

O Código atual dá ao juiz não um poder geral de cautela, mas o poder geral para concessão de tutelas provisórias, isto é, de deferir, em caso de urgência, a medida – cautelar ou satisfativa – mais apropriada, com o que se tornou despiciendo falar em fungibilidade. O poder geral já permite ao juiz conceder a medida pertinente, seja ela de que natureza for.

6.2. Faz sentido falar em tutelas nominadas e inominadas?

A distinção entre tutelas nominadas e inominadas fazia sentido no CPC de 1973, que tratava especificamente de algumas medidas cautelares, como arresto, sequestro, busca e apreensão etc., estabelecendo especificamente os seus requisitos peculiares e seu processamento. Além disso, atribuía ao juiz o poder geral de cautela, permitindo que ele concedesse qualquer outra medida que lhe parecesse adequada. Por isso, as que eram especificamente tratadas pela lei eram as nominadas; as outras, que o juiz podia conceder, mas que não tinham previsão e tratamento específico, eram as inominadas.

Essa distinção não faz mais sentido, porque o CPC atual não cuidou de nenhuma medida cautelar especificamente. Além disso, não estabeleceu requisitos especiais ou diferentes para a concessão de nenhuma espécie de tutela provisória, além daqueles necessários para caracterizar as situações de urgência ou de evidência. Embora o art. 301 aluda a determinadas medidas com nome próprio, elas não têm requisitos ou regimes distintos das tutelas não nominadas.

Não haverá erro se o litigante denominar a medida por ele postulada, por exemplo, arresto ou sequestro, que correspondem a determinadas providências mencionadas no art. 301. Elas não exigirão requisitos específicos, mas apenas os requisitos gerais das tutelas provisórias.

7. TIPOS DE PROCESSO EM QUE CABE TUTELA PROVISÓRIA

As tutelas provisórias estão previstas no Livro V da Parte Geral do CPC, que estabelece regras aplicáveis aos processos em geral, de conhecimento ou de execução. Nos processos de conhecimento, os provimentos podem ser condenatórios, declaratórios e constitutivos.

Em princípio, elas podem ser deferidas em qualquer tipo de processo, seja ele de conhecimento, seja de execução. Eventualmente, é possível haver incompatibilidade entre determinado tipo de tutela provisória e o tipo de processo em que ela é postulada, pois abrangem tanto as medidas satisfativas quanto as cautelares, fundadas tanto em urgência como em evidência. Pode ocorrer que determinado tipo de tutela provisória seja incompatível com o tipo de pretensão formulada no processo. Por exemplo, em regra, não faz sentido postular tutelas da evidência em processo de execução, já instruído com título certo, líquido e exigível, mas é possível, nesse tipo de processo, postular tutelas de urgência.

No processo de conhecimento, é possível haver a concessão da medida, independentemente do tipo de procedimento, que poderá ser especial ou comum. Mesmo nas ações de procedimento especial, em que há previsão de liminares específicas, que têm natureza de antecipação de tutela, mas dependem de requisitos próprios, a tutela provisória genérica pode ser deferida.

Os melhores exemplos são as ações de alimentos, de procedimento especial; e as possessórias de força nova. A lei processual prevê liminar própria, cuja finalidade é antecipar os efeitos da sentença, mas que depende de requisitos específicos: no caso dos alimentos, a prova pré-constituída do parentesco; e na possessória, esbulho, turbação ou ameaça há menos de um ano e dia.

Mas os requisitos dessas medidas específicas não se confundem com os das tutelas provisórias genéricas, previstas no Livro V da Parte Geral do CPC. Nada impede, por exemplo, que o autor ajuíze uma ação possessória de força nova, e não consiga obter a liminar, por não ter ficado demonstrado, com a inicial ou em audiência de justificação, a perda da posse há menos de dia. Mas se, no curso do processo, surgir uma situação de urgência, ele poderá postular a concessão não mais da tutela específica, mas da genérica, seja a de cunho satisfativo, seja a de cunho cautelar.

Afinal, os requisitos são diferentes: pode ser que o autor não preencha aqueles exigidos para a obtenção da liminar própria, típica daquele procedimento especial, mas preencha os da tutela provisória genérica, de urgência ou da evidência.

Não há controvérsia quanto à possibilidade de tutelas provisórias nas ações em que a pretensão é condenatória, tanto de pagar como de fazer, não fazer ou entregar coisa. Também nas ações constitutivas ou desconstitutivas, desde que a pretensão seja compatível com a provisoriedade da medida. Por exemplo: não é possível antecipação de caráter satisfativo em ação de divórcio ou separação judicial, porque não se admite que alguém possa mudar de estado civil em caráter provisório. Mas admite-se a cautelar, já que não há óbice a que seja deferida medida de cunho protetivo ou assecuratório do provimento.

Muito se discute sobre a possibilidade de deferimento de tutela provisória satisfativa nas ações declaratórias, porque elas têm por finalidade afastar uma incerteza jurídica. O juiz declara a existência ou a inexistência de uma relação jurídica, ou a falsidade ou a veracidade de um documento, pondo fim às dúvidas a respeito. Dado o caráter provisório da tutela, poder-se-ia argumentar que ela, quando satisfativa, é incompatível com a pretensão declaratória, de atribuir certeza à questão a respeito da qual pairava dúvida. Para os que assim pensam, a tutela provisória satisfativa de pretensão declaratória serviria para trazer uma certeza de natureza apenas provisória, do que resultaria um paradoxo.

Mas o que se antecipa não é propriamente a declaração, e sim os seus efeitos. O juiz não pode antecipar a tutela para declarar que uma dívida é inexigível, já que não existe inexigibilidade provisória. Mas pode antecipar os efeitos de uma futura declaração de inexigibilidade, determinando, por exemplo, que o nome do devedor seja tirado dos cadastros de inadimplentes, ou que o protesto contra ele lavrado fique suspenso.

Inequívoco que a tutela provisória cautelar cabe em todo tipo de processo de conhecimento.

7.1. Caberia tutela provisória em execução?

Não há dúvida de que pode haver o deferimento de tutela provisória cautelar em processo de execução, uma vez que pode ser necessária providência acautelatória para afastar uma situação de risco ou de perigo.

Também é possível conceber, em hipóteses excepcionais, que o juízo possa antecipar providência satisfativa, até mesmo a expropriação de bens, que só poderia ser tomada mais adiante, em casos de urgência, quando houver perigo de prejuízo irreparável.

Cândido Dinamarco esclarece: "Entre os atos pertinentes ao processo executivo, existem ainda as 'medidas urgentes' (cautelares ou antecipatórias de tutela jurisdicional), que o juiz determinará e serão efetivadas por ato de um auxiliar da justiça. É o caso do arresto a ser realizado incidentalmente ao processo de execução (CPC, arts. 653 [atual art. 830] ou 813) ou de alguma medida destinada à imediata fruição do bem pelo credor, a ser concedida quando presentes os requisitos estabelecidos no art. 273 do Código de Processo Civil"[1].

Por fim, parece-nos que, em princípio, não deve caber a tutela da evidência em processos de execução. Afinal, para que o processamento da execução seja deferido, é preciso que ela esteja embasada em título executivo dotado dos requisitos de certeza, liquidez e exigibilidade. Não se justifica, nesse contexto, o deferimento de medida fundada em evidência.

8. COMPETÊNCIA

A regra geral de competência para o deferimento de tutelas provisórias é dada pelo art. 299 do Código de Processo Civil: "A tutela provisória será

1. Cândido Rangel Dinamarco, *Instituições de direito processual civil*, v. 4, p. 68.

requerida ao juízo da causa e, quando antecedente, ao juízo competente para conhecer do pedido principal". Mas quando se tratar de ação de competência originária de tribunal e nos recursos, "a tutela provisória será requerida ao órgão jurisdicional competente para apreciar o mérito" (art. 299, parágrafo único, do CPC).

A tutela provisória pode ser requerida em qualquer fase do processo principal, desde antes do seu ajuizamento (salvo a tutela da evidência) até o trânsito em julgado. Mas, se o órgão *a quo* já proferiu o julgamento, e houve recurso para o órgão *ad quem*, a este será requerida a medida. Se há apelação, a competência será do Tribunal a quem competirá julgá-la; se recurso especial ou extraordinário, do STJ ou do STF. Com o julgamento, terá se esgotado a função jurisdicional do órgão *a quo*.

Para que a competência passe a ser do órgão *ad quem*, não é preciso que o recurso já tenha subido, bastando que tenha sido interposto. Pode ocorrer que os autos ainda estejam no órgão *a quo*, quando o requerimento é apresentado no órgão *ad quem*, o que obrigará o interessado a instruir convenientemente o pedido de tutela provisória, para que ela possa ser apreciada.

Interposto recurso, bastará ao interessado que requeira a tutela provisória por petição dirigida ao relator, acompanhada das cópias necessárias, para que ele possa apreciar o pedido.

8.1. A possibilidade de a tutela provisória de urgência ser examinada por juízo incompetente

Em princípio, o juízo que se reconhece absolutamente incompetente não pode proferir nenhuma decisão no processo, exceto aquela em que se declara incompetente, e determina a remessa dos autos ao competente. Mas, em casos de urgência extrema, essa decisão pode ser fatal para o direito do litigante, pois qualquer demora pode implicar prejuízo irreparável.

Haverá um confronto entre dois valores jurídicos: um, estritamente processual, da observância das regras de competência absoluta; e outro relativo ao direito de proteção ao provimento jurisdicional.

Nesse confronto, o juízo incompetente, ainda que se reconheça como tal, poderá determinar a providência urgente, necessária para afastar o risco imediato, determinando, em seguida, a remessa dos autos ao juízo competente, a quem caberá dar prosseguimento ao processo, podendo inclusive revogar a decisão anterior.

Imagine-se que uma pessoa requeira uma tutela provisória, porque sua inscrição para realizar determinada prova de ingresso em universidade ou concurso público não foi deferida, e que a prova se realize naquele mesmo dia, ou no dia seguinte. A remessa dos autos ao juízo competente, sem apreciação da tutela de urgência, implicará o perecimento do eventual direito do autor.

O juízo poderá conceder a liminar, determinando que ele possa fazer a prova, com o que o risco estará afastado, antes de remeter os autos ao juízo competente. Mas essa possibilidade deve ficar restrita às hipóteses em que o juiz verifique que não houve má-fé, e nas quais a urgência seja tal que não possa aguardar a remessa ao juízo competente.

capítulo IV
TUTELA DE URGÊNCIA

1. INTRODUÇÃO

Como já visto, as tutelas provisórias só podem ter dois fundamentos: a urgência e a evidência. Neste capítulo, serão examinados os requisitos e o processamento das tutelas de urgência.

2. REQUISITOS

2.1. Requerimento

O primeiro requisito para que haja o deferimento da tutela de urgência é o requerimento da parte. O CPC não previu a possibilidade de que a medida seja deferida de ofício. A omissão do Código é significativa porque, no projeto aprovado pelo Senado e enviado à Câmara, havia a previsão expressa de concessão de ofício, no seu art. 277: "Em casos excepcionais ou expressamente autorizados por lei, o juiz poderá conceder medidas de urgência de ofício". Esse dispositivo foi excluído na Câmara dos Deputados, e o CPC foi aprovado sem fazer alusão ao deferimento de ofício.

Diante do silêncio da lei, haveria atualmente a possibilidade de serem deferidas de ofício tutelas de urgência? Parece-nos que a regra é de que não.

O princípio da demanda exige que haja requerimento da parte. Mas, uma vez que também não há proibição na lei, permanece a controvérsia que já existia na vigência do CPC anterior.

No CPC de 1973, o art. 273, *caput*, autorizava a concessão de tutelas antecipadas satisfativas, a requerimento do autor. A lei era expressa em exigir o prévio requerimento. Já o art. 797, que tratava das cautelares, parecia autorizar o deferimento de medidas dessa natureza, sem a ouvida das partes, somente em casos excepcionais ou expressamente autorizados por lei. A divergência que havia na doutrina, na vigência do CPC de 1973, permanece atual, uma vez que o Código não autorizou a concessão de tutelas provisórias de ofício, mas também não o vedou expressamente, nem exigiu prévio requerimento.

A respeito da concessão de ofício, Cassio Scarpinella Bueno entende que "à luz do 'modelo constitucional do processo civil', a resposta mais afinada é a positiva. Se o juiz, analisando o caso concreto, constata, diante de si, tudo o que a lei reputa suficiente para a antecipação dos efeitos da tutela jurisdicional, à exceção do pedido, não será isso que o impedirá de realizar o valor 'efetividade', máxime nos casos em que a situação fática envolver a urgência da prestação da tutela jurisdicional (art. 273, I), e em que a necessidade da antecipação demonstrar-se desde a análise da petição inicial"[1].

Em sentido oposto, a lição de Nelson e Rosa Nery: "É vedado ao juiz conceder 'ex officio' a antecipação da tutela, como decorre do texto expresso do CPC 273, 'caput'. Somente diante de pedido expresso do autor é que pode o juiz conceder a medida"[2].

Esse segundo entendimento foi o que obteve adesão majoritária da doutrina e da jurisprudência. Parece-nos que o sistema atual permite chegarmos à mesma conclusão a que já havíamos chegado no CPC anterior: se o processo versar sobre interesses disponíveis, não haverá como conceder, de ofício, a antecipação da tutela, ficando o requerimento ao alvedrio do autor. Mas se versar interesse indisponível, e houver risco de prejuízo irreparável ou de difícil reparação, o juiz poderá, excepcionalmente, concedê-la.

---

1. Cassio Scarpinella Bueno, *Curso sistematizado de direito processual civil*, v. 5, p. 11.
2. Nelson e Rosa Nery, *CPC comentando*, art. 273, nota 6.

Quando o Ministério Público for autor da ação, nenhuma dificuldade haverá quanto à possibilidade de que ele requeira a medida. Mais controvertida será a situação quando ele o requerer na condição de fiscal da ordem jurídica. Se o processo tem a intervenção do Ministério Público, é porque a condição da parte ou o tipo de interesse discutido no processo é de ordem tal que recomenda um cuidado especial. Por isso, parece-nos que, na defesa dos interesses em razão dos quais intervém, o Ministério Público poderá postular a medida.

2.2. Elementos que evidenciem a probabilidade do direito

A redação do CPC atual é mais cuidadosa do que a do art. 273, *caput*, do CPC anterior, que aludia à "prova inequívoca" e à "verossimilhança". A crítica que se fazia a essa redação é que a expressão "prova inequívoca" traduziria a ideia de uma prova definitiva, feita em cognição aprofundada, ao passo que a "verossimilhança" transmitiria a ideia de algo examinado em cognição superficial.

O CPC atual exige elementos de convicção que evidenciem a probabilidade do direito. As evidências exigidas não são da existência ou da realidade do direito postulado, mas da sua probabilidade.

O legislador preferiu falar em "probabilidade" em vez de "plausibilidade". A rigor, as duas expressões poderiam ser distinguidas, já que algo plausível não é o mesmo que algo provável. Se determinada circunstância é plausível, isso significa que não será de se surpreender se ela de fato for confirmada, se de fato existir; se for provável, causará alguma perplexidade o fato de ela não existir, de não se verificar. Isso nos levaria, pois, à conclusão de que a probabilidade seria um tanto mais exigente que a plausibilidade: nenhuma delas coincide com a certeza, mas a primeira está mais próxima dela do que a segunda.

Mas, feitas essas considerações, não nos parece que seja possível estabelecer com clareza, e no caso concreto, os lindes entre o juízo de probabilidade e o de plausibilidade. Em ambos os casos, a cognição é superficial, e o que se exige é sempre que haja a "fumaça do bom direito", o *fumus boni juris*.

O que é fundamental para o juiz conceder a medida, seja satisfativa ou cautelar, é que se convença de que as alegações são plausíveis, verossímeis, prováveis.

É preciso que o requerente aparente ser o titular do direito que está sob ameaça, e que esse direito aparente merecer proteção. A cognição é sempre sumária, feita com base em mera probabilidade, plausibilidade. A efetiva existência do direito sob ameaça será decidida ao final, em cognição exauriente.

O juiz tem de estar convencido, se não da existência do direito ameaçado, ao menos de sua probabilidade. É preciso que ele tenha aparência de verdade.

A urgência e a intensidade da ameaça podem, muitas vezes, repercutir sobre o requisito da probabilidade. O exame pode ser mais ou menos rigoroso, dependendo do grau de urgência, e da intensidade da ameaça.

Por exemplo: em casos de urgência extrema, é possível que o juiz conceda a medida sem ouvir o réu, antes mesmo que ele seja citado. Os elementos que terá para avaliar serão menores que aqueles que poderão ser obtidos se houver tempo para que o réu seja citado e possa manifestar-se.

O juiz deve valer-se do princípio da proporcionalidade, sopesando as consequências que advirão do deferimento ou do indeferimento da medida. Tanto um quanto outro podem trazer prejuízos irreparáveis ou de difícil reparação. Por isso, o grau de verossimilhança e a proporcionalidade serão bons orientadores na apreciação da tutela.

O juiz não deverá concedê-la em caso de inverossimilhança, mas poderá fazê-lo, ainda que o grau de verossimilhança não seja muito elevado, desde que conclua que o não deferimento inviabilizará a efetivação do direito, caso ele venha a ser reconhecido.

O *fumus boni juris* não pode ser examinado isoladamente, mas depende da situação de perigo e dos valores jurídicos em disputa (proporcionalidade). Conquanto não possa afastar o requisito da verossimilhança, o juiz pode, eventualmente, atenuá-lo quando a urgência e os bens jurídicos discutidos o recomendarem.

2.3. O perigo de dano ou o risco ao resultado útil do processo (*periculum in mora*)

É o requisito que caracteriza as tutelas de urgência. As da evidência exigem outros requisitos, entre os quais não se encontra a urgência. As de urgência só poderão ser deferidas se houver perigo de dano ou risco ao resultado útil do processo. Sem alegação, em abstrato, da existência de perigo, não há interesse nesse tipo de tutela; e sem a verificação em concreto, o juiz não a concederá.

Mas é indispensável ter sempre em vista que a cognição é superficial, exatamente por conta da própria urgência, que não permite um exame aprofundado dos fatos. Ao concluir pela situação de urgência, também o juiz terá se valido da cognição superficial: não é preciso que tenha certeza da ameaça, do perigo, bastando que sejam possíveis. É preciso, porém, haver receio fundado. O juiz não concederá a medida quando houver um risco improvável, remoto, ou que resulte de temores subjetivos. É preciso uma situação objetiva de risco, atual ou iminente.

O perigo pode derivar de ação ou de omissão do réu. Há casos em que, conquanto possa ser originado de fato natural, cumpre ao réu afastá-lo ou minorá-lo, e se ele não o faz, deixando, por negligência, que o risco persista, o autor poderá valer-se da tutela de urgência.

2.4. A não irreversibilidade dos efeitos da tutela de urgência antecipada

Um dos requisitos para a concessão da tutela de urgência antecipada é que os seus efeitos não sejam irreversíveis (art. 300, § 3º). A irreversibilidade não é do provimento, já que este, em princípio, sempre poderá ser revertido, mas dos efeitos que ele produz.

Não é fácil determinar quando o provimento é ou não irreversível. Em princípio, seria reversível aquele que, em caso de posterior revogação ou cessação de eficácia, não impeça as partes de serem repostas ao *status quo ante*.

Mas há situações complexas: às vezes, a volta à situação anterior não é impossível, mas muito difícil. Por exemplo: impor ao réu o pagamento de determinada quantia é reversível, porque a quantia pode ser reposta; mas a reposição pode ser, no caso concreto, muito difícil se o autor não tiver condições econômicas para fazê-la.

Haverá ainda irreversibilidade quando as partes não puderem ser repostas ao *status quo ante*, embora possa haver conversão em perdas e danos.

Não sendo reversíveis os efeitos do provimento, o juiz não deve deferir a tutela antecipada. Mas é preciso considerar que, às vezes, haverá o que Athos Gusmão Carneiro chama de "irreversibilidade recíproca": "Com certa frequência, o pressuposto da irreversibilidade ficará 'superado' ante a constatação da 'recíproca irreversibilidade'. Concedida a antecipação de tutela, e efetivada, cria-se situação irreversível em favor do autor; denegada, a situação será irreversível em prol do demandado"[3].

A solução será o juiz valer-se do princípio da proporcionalidade, determinando a proteção do interesse mais relevante, e afastando o risco mais grave.

A irreversibilidade deve ser levada em conta tanto para negar quanto para conceder a tutela. Se a concessão gerar situação irreversível, e a denegação não, o juiz deve denegá-la; se a denegação gerar situação irreversível, e a concessão não, o juiz deve concedê-la; mas se ambas gerarem situação irreversível, a solução será aplicar o princípio da proporcionalidade.

2.5. Tutelas de urgência e proporcionalidade

Ao deferir uma tutela provisória de urgência, o juiz objetiva afastar um perigo iminente de dano ou risco ao resultado útil do processo. Ao fazê-lo, pode ocasionar um dano para o réu, que se verá obrigado a cumprir a determinação antes que se torne definitiva.

A medida é deferida em cognição sumária, quando o juiz ainda não tem todos os elementos para decidir quem tem razão. A lei toma alguns cuidados, exigindo os elementos que evidenciem a probabilidade do direito, e o receio fundado de dano.

Além de examiná-los, deve o juiz comparar os danos que poderão ocorrer caso ele conceda a tutela e caso não a faça. Essa comparação deve ajudá-lo na hora de decidir, embora não seja o único critério.

O juiz levará em consideração eventual desproporção entre os danos que poderão advir do deferimento ou do indeferimento da medida. Deve cotejar, ainda, os valores jurídicos que estão em risco, num caso ou noutro. Se o deferimento pode afastar um risco à vida do autor, embora seja capaz de trazer prejuízo patrimonial ao réu, o juiz deve levar essa circunstância em consideração, junto com os demais requisitos da tutela.

3. CAUÇÃO

A possibilidade de o juiz condicionar o deferimento da tutela de urgência à prestação de caução idônea vem prevista no art. 300, § 1º, do CPC. A

3. Athos Gusmão Carneiro, *Da antecipação de tutela*, p. 87.

caução é contracautela, cuja finalidade é evidente: caso a medida venha a ser revogada ou perca a eficácia, servirá para garantir o ressarcimento de eventuais danos. Como a medida é deferida em cognição superficial, sem que o juiz tenha ainda todos os elementos para proferir uma decisão definitiva, ele pode sentir-se mais seguro se o autor prestar caução.

Em qualquer caso de deferimento de tutela de urgência e em qualquer fase do processo em que a medida seja concedida, o juiz poderá fixá-la, pois ela é sempre apreciada em cognição sumária e pode, ao afastar o perigo aos direitos do autor, trazer danos ao réu.

O art. 300, § 1º, é expresso em ressalvar a hipótese de a parte estar impossibilitada de prestar a caução, por ser economicamente hipossuficiente. Nesse caso, o juiz não a exigirá – dada a inviabilidade de que ela seja prestada. Deve, porém, cuidar de examinar o requerimento de tutela levando em conta o princípio da proporcionalidade, considerando as consequências que podem advir do deferimento da medida, e aquelas que decorreriam do indeferimento. Somente essa avaliação poderá dar ao juiz a segurança de deferir a medida, dispensando a caução, quando não é possível à parte prestá-la.

4. RESPONSABILIDADE CIVIL DO REQUERENTE

O legislador preocupou-se com os danos que o réu pode sofrer como consequência do cumprimento das tutelas de urgência.

O dispositivo que trata do assunto é o art. 302 do CPC, que atribui responsabilidade objetiva ao autor pelos danos que ocasionar, tanto em caso de tutela cautelar como satisfativa. Ao postular a tutela, ele assume o risco de obter uma medida em cognição sumária, que pode trazer danos ao réu e ser revogada ou perder eficácia a qualquer tempo.

O dispositivo estabelece: "Independentemente da reparação por dano processual, a parte responde pelo prejuízo que a efetivação da tutela de urgência causar à parte adversa, se: I – a sentença lhe for desfavorável; II – obtida liminarmente a tutela em caráter antecedente, não fornecer os meios necessários para a citação do requerido no prazo de cinco dias; III – ocorrer a cessação da eficácia da medida, em qualquer hipótese legal; IV – o juiz acolher a alegação de decadência ou prescrição da pretensão do autor". E o § 1º acrescenta: "A indenização será liquidada nos autos em que a medida tiver sido concedida, sempre que possível".

Sempre que a tutela de urgência não prevalecer, os danos serão liquidados nos próprios autos (salvo eventual impossibilidade), e por eles a parte responderá objetivamente. Ao promover a liquidação, a parte adversa deverá comprová-los, demonstrando sua extensão. Pode ocorrer que não tenha havido dano nenhum, caso em que nada haverá a indenizar.

Não há necessidade de que, em contestação, o réu postule a reparação, já que essa pretensão é implícita.

O art. 302 ressalva a possibilidade de incidência cumulativa de indenização por dano processual, em caso de litigância de má-fé, como previsto no art. 79.

capítulo V
TUTELA DA EVIDÊNCIA

1. INTRODUÇÃO

A tutela provisória pode ser concedida por outros fundamentos que não a urgência. Há casos em que a medida se justifica não como meio de afastar um risco, mas para alterar os ônus que normalmente são carreados ao autor do processo e que decorrem da demora na sua conclusão. Em regra, é o autor quem os suporta e tem que aguardar o desfecho do processo, bem como o processamento de recursos às vezes dotados de efeito suspensivo, para só então alcançar – em caráter provisório ou definitivo – o bem ou a tutela do direito pretendido. E é frequente que ao réu não interesse uma rápida solução da demanda, e não raro ele faz uso de expedientes para retardá-la, beneficiando-se com essa demora. Não se está falando aqui de uma situação de risco iminente, de um perigo potencial que deva ser afastado, e que constitui ameaça ao provimento jurisdicional, caso em que a solução será postular a tutela de urgência. Mas de situações em que, presentes determinadas circunstâncias, não é razoável que o autor continue suportando os ônus decorrentes da demora.

A tutela provisória da evidência permite ao juiz que antecipe uma medida satisfativa, transferindo para o réu os ônus da demora.

A expressão "tutela da evidência" traduz a ideia de que a medida caberia sempre que, não sendo possível promover o julgamento antecipado, total ou parcial, da lide, haja a possibilidade de aferir a existência de elementos que não só evidenciem a probabilidade do direito, mas a sua existência. Contudo, como se verá nos capítulos seguintes, sob o título de "tutela da evidência" o legislador enumerou situações bastante heterogêneas, nem todas associadas propriamente à ideia de evidência do direito.

Com esse nome o legislador agrupou todas as hipóteses de cabimento de tutela provisória que dispensam a urgência, o perigo de dano ou o risco ao resultado útil do processo. O rol legal dessas hipóteses deve ser considerado taxativo.

2. NATUREZA DA TUTELA DA EVIDÊNCIA

A evidência é um dos fundamentos da tutela provisória. Havendo a situação de evidência, o juiz poderá deferir a tutela provisória que, nesse caso, será sempre satisfativa. Isso porque a situação de evidência não pressupõe a existência de perigo de dano ou risco ao resultado útil do processo, razão pela qual não faz sentido que a medida possa ter natureza meramente acautelatória, de proteção. Em edição anterior desta obra, sustentou-se que, excepcionalmente, a tutela da evidência poderia ser deferida em caráter cautelar. Mas uma reflexão mais aprofundada sobre o tema nos levou à conclusão contrária, já que a providência acautelatória pressupõe sempre uma hipótese de urgência. Portanto, a tutela provisória, quando deferida com fundamento na evidência, só poderá ter caráter de tutela antecipada, de natureza satisfativa, nunca de natureza cautelar.

3. COGNIÇÃO SUMÁRIA E CARÁTER PROVISÓRIO

A tutela da evidência é sempre deferida em cognição sumária e em caráter provisório. Portanto, precisará ser sempre substituída pelo provimento definitivo. Nas quatro hipóteses previstas nos incisos do art. 311 do CPC, há a possibilidade de que ela venha a ser revogada. Na primeira, o abuso do direito de defesa ou o manifesto intuito protelatório do réu pode justificar a medida, mas não é suficiente para demonstrar que, ao final, o autor será o vencedor. É possível que o réu abuse, ou tente protelar o processo, e que o juiz, ao final, reconheça que o autor não tem razão, e julgue improcedente a pretensão. O mesmo pode ocorrer nos três outros incisos. É possível que o juiz defira a tutela da evidência quando as alegações de fato puderem ser comprovadas apenas documentalmente e haja tese firmada em julgamento repetitivo ou súmula vinculante, e que, mais tarde, se verifique que os documentos que embasaram a decisão provisória eram falsos, ou que haja alteração no julgamento repetitivo ou na súmula vinculante, ou até mesmo que a questão *sub judice* não coincida exatamente com o objeto da súmula ou do recurso repetitivo.

Em síntese: a tutela da evidência não é definitiva, e pode ser revogada ou modificada a qualquer tempo.

4. REQUISITOS

4.1. Requerimento

Tal como a tutela de urgência, a da evidência não deve ser deferida de ofício, mas depende do requerimento da parte (ver Livro V, Capítulo IV, item 2.1, *supra*). Parece-nos que, com mais razão ainda do que na tutela de urgência, a da evidência depende de requerimento, porque aqui não existe perigo de prejuízo, não se justificando, pois, que o juiz conceda a medida, se ela não tiver sido requerida.

4.2. Que estejam presentes as hipóteses previstas no art. 311 e seus incisos do CPC

Coube ao legislador enumerar as hipóteses que autorizam o deferimento da tutela da evidência. Ele o fez nos quatro incisos do art. 311, em rol taxativo. A tutela da evidência só pode estar fundada numa dessas quatro hipóteses, que o juiz, ao fundamentar a sua decisão, deverá indicar. Não são hipóteses cumulativas, pois basta que qualquer delas esteja presente para que a medida seja deferida.

4.2.1. Abuso do direito de defesa ou manifesto propósito protelatório da parte

A primeira hipótese de tutela provisória da evidência é a decorrente do abuso do direito de defesa ou do manifesto propósito protelatório da parte. O juiz a concede quando, no curso do processo, a conduta da parte é tal que permita inferir que está protelando o julgamento, ou buscando auferir vantagens indevidas, pelo decurso do tempo. Nesse caso, a tutela tem caráter repressivo: visa sancionar a atitude abusiva, de má-fé, de abuso da parte. Se o juiz constata que ela se aproveita para fazer recair o ônus da demora do processo exclusivamente sobre o adversário, concede a tutela como forma de redistribuir esse ônus. Concedida a medida em favor do autor, por exemplo, passará a ser do interesse do réu que o processo tenha rápida solução.

O requisito ficará caracterizado quando o réu suscita defesas ou argumentos inconsistentes apenas para ganhar tempo, ou incidentes protelatórios, para retardar o julgamento. Se a matéria é só de direito, e a defesa é manifestamente protelatória, nem será caso de tutela da evidência, mas de julgamento antecipado da lide. Entretanto, quando o julgamento não é ainda possível, porque há necessidade de provas, ela poderá ser concedida. O deferimento está condicionado a que o réu seja citado e compareça ao processo, o que impede que ela seja concedida liminarmente.

4.2.2. Alegações de fato que podem ser comprovadas documentalmente havendo tese firmada em julgamento de casos repetitivos ou em súmula vinculante

Esta e a do inciso IV são as hipóteses em que mais propriamente se pode falar em evidência, já que se pode verificar, em momento em que ainda não é possível o julgamento do mérito, que não é justo ou razoável que o autor continue arcando com os ônus da demora do processo, pois os elementos dos autos trazem um forte grau de probabilidade de que o seu direito venha a ser reconhecido. São dois os requisitos cumulativos: que, havendo questão de fato, ela já possa ser comprovada apenas por documentos; e que a questão de direito seja objeto de tese firmada em julgamento de casos repetitivos ou em súmula vinculante (de acordo com o Enunciado 48 da I Jornada de Direito Processual Civil da Justiça Federal, também nos casos de teses fixadas em repercussão geral ou em súmulas de tribunais superiores). Tais circunstâncias, se verificadas, darão ao juiz uma forte convicção de procedência da pretensão do autor. Se o processo estiver em condições de julgamento, porque o réu já foi citado e teve oportunidade de se defender, não será caso de tutela provisória, mas de julgamento antecipado, total ou parcial, do mérito, na forma do art. 355 ou 356 do CPC. Contudo, não sendo possível ainda o julgamento, por conta da necessidade de observar-se o contraditório, e porque é preciso que o processo alcance o momento oportuno, o juiz poderá deferir a tutela da evidência, que, mesmo nessa hipótese, tem caráter provisório, pois emitida ainda em cognição superficial, quando o réu provavelmente ainda não terá tido oportunidade de manifestar-se.

4.2.3. Pedido reipersecutório fundado em prova documental adequada do contrato de depósito

O CPC de 1973 previa a ação de depósito, de procedimento especial, cuja finalidade era a restituição das coisas dadas em depósito, que deveriam ser instruídas com a prova literal do contrato. O atual não cuida especificamente dessa ação. Isso não significa que ela tenha deixado de existir, mas apenas que deixou de ser elencada entre as de procedimento especial, passando a observar o procedimento comum. No entanto, sendo a inicial instruída com prova documental adequada do contrato de depósito, o juiz deferirá a tutela da evidência, que, nesse caso, terá um conteúdo específico, qual seja, a ordem de entrega do objeto custodiado, sob cominação de multa.

4.2.4. Petição inicial instruída com prova documental suficiente dos fatos constitutivos do direito do autor, a que o réu não oponha prova capaz de gerar dúvida razoável

Nessa hipótese, também manifesta-se a evidência do direito do autor, que se traduz pelo preenchimento de dois requisitos cumulativos: que os fatos constitutivos do direito do autor estejam suficientemente documentados e que o réu não oponha prova capaz de gerar dúvida razoável. Aqui também se vale o legislador de critérios de proporcionalidade. Não é razoável que o autor tenha de suportar eventuais ônus derivados da demora do processo se os fatos que embasam a sua pretensão estão suficientemente documentados e o réu não opôs prova capaz de gerar dúvida razoável. Mas a evidência não se confunde com a certeza. Se os fatos que constituem os fundamentos do pedido do autor puderem ser comprovados apenas por documentos, que foram juntados, e não restar nenhuma dúvida, nem houver provas que elidam esses documentos, o caso não será de tutela da evidência, e sim de julgamento antecipado, total ou parcial. A tutela da evidência pressupõe uma situação tal em que a probabilidade do direito do autor é elevada, pois ele comprovou o alegado por documentos, e o réu não trouxe dúvida razoável. Mas pressupõe, também, que, em tese, com o prosseguimento do processo, essa situação possa, ainda que com pouca probabilidade, ser revertida ou alterada, pois, do contrário, a decisão do juiz não deve ter natureza provisória, e sim definitiva. Em casos, por exemplo, em que o juiz esteja fortemente convencido da probabilidade do direito do autor, pois, na contestação o réu não opôs provas razoáveis, mas não esteja ainda em condições de proceder ao julgamento, porque ainda é preciso dar ao réu a oportunidade de outras provas na fase de instrução, ele poderá valer-se da medida.

4.3. A não irreversibilidade dos efeitos do provimento é requisito também da tutela da evidência?

Parece-nos que não, por duas razões, uma de caráter sistemático e outra de natureza teleológica. O art. 300, § 3º, do CPC, no capítulo das tutelas de urgência, expressa: "A tutela de urgência de natureza antecipada não será concedida quando houver perigo de irreversibilidade dos efeitos da decisão". Fala-se expressamente em tutela de urgência. No capítulo relativo às tutelas da evidência, não há dispositivo equivalente.

Além disso, a tutela de urgência é fundada apenas na mera probabilidade da existência do direito, no *fumus boni juris*. Como o deferimento da medida depende de uma situação de urgência, o risco de que ela venha a ser revertida é muito maior, uma vez que o juiz decidiu com base apenas na plausibilidade. Na tutela da evidência ainda não há julgamento definitivo, mas ou ela visa reprimir conduta indevida do réu, ou funda-se em um grau de probabilidade muito mais elevado que a tutela de urgência, situação em que o risco de reversão é muito menor.

4.4. A situação da incontrovérsia de um ou mais pedidos ou de parte deles

A incontrovérsia a respeito de um ou mais pedidos ou de parte deles, que autorizava a concessão de tutela antecipada no regime do CPC de 1973, não está mais entre as hipóteses de evidência. Se o réu, citado, não impugnar um dos pedidos ou parte deles – e este pedido for autônomo em relação aos demais –, a solução será o julgamento antecipado parcial de mérito, proferido em cognição exauriente e em caráter definitivo, na forma do art. 356 do CPC.

5. RESPONSABILIDADE CIVIL NOS CASOS DE TUTELA DA EVIDÊNCIA

O CPC previu a responsabilidade civil do autor pelos danos que causar em decorrência da efetivação da tutela provisória, cautelar ou antecipada, na forma do art. 302 do CPC.

Não há previsão equivalente em relação à tutela da evidência. Mas mesmo ela pode ser revogada, ou perder a eficácia, em caso de improcedência do pedido. A possibilidade de isso ocorrer é muito menor do que em relação às tutelas de urgência, porque a evidência pressupõe maior probabilidade da existência do direito do que a exigida para o deferimento dessas.

No entanto, mesmo a tutela da evidência é provisória e emitida em cognição sumária. Embora menor a probabilidade de revogação ou perda de eficácia, não se exclui por completo essa possibilidade. E, nesse caso, não haverá razão para que se exclua a responsabilidade do autor pelos danos que possam ter advindo da efetivação da medida.

capítulo VI TUTELAS PROVISÓRIAS ANTECEDENTES E INCIDENTAIS

1. O MOMENTO PARA A CONCESSÃO DA TUTELA PROVISÓRIA

As tutelas provisórias ou serão de urgência ou da evidência. As da evidência jamais serão antecedentes, isto é, não poderão ser deferidas enquanto não tiver sido formulado o pedido principal, de forma completa. O CPC só prevê a possibilidade de tutelas antecedentes de urgência, sejam elas cautelares ou satisfativas. Assim, elas podem ser antecedentes ou incidentais; já as da evidência serão sempre incidentais.

2. AS TUTELAS PROVISÓRIAS INCIDENTAIS

O autor pode formular o requerimento de tutela provisória na petição inicial, e o juiz pode concedê-la desde logo, sem ouvir a parte contrária. Tanto a tutela provisória de urgência quanto a da evidência podem ser deferidas liminarmente, exceto as da evidência fundadas em abuso do direito de defesa ou propósito protelatório da parte ou quando a petição inicial for instruída com prova documental suficiente dos fatos constitutivos do direito do autor, a que o réu não oponha prova capaz de gerar dúvida razoável. Essas hipóteses pressupõem que o réu já tenha comparecido aos autos, e que já tenha havido citação, o que exclui o deferimento liminar. Nesses casos, o autor formulará a pretensão não na inicial, mas quando ficar caracterizado o abuso do direito de defesa ou o propósito protelatório, ou quando o réu deixar de opor prova capaz de gerar dúvida razoável à pretensão inicial, instruída com prova documental suficiente dos fatos. Nas hipóteses do art. 311, II e III, do CPC, a tutela pode ser deferida liminarmente, desde que haja requerimento na inicial.

Quando se tratar de tutela de urgência, o deferimento da liminar, de plano, sem a ouvida do réu, deve ficar restrito às hipóteses em que se possa constatar, desde logo, a verossimilhança do alegado, e a extrema urgência, quando não haja tempo hábil para ouvir o réu, ou disso possa resultar perigo para a eficácia da medida.

A tutela provisória ainda pode ser concedida em outras fases, ao longo do processo, quando a urgência ou a evidência só se manifeste em fase mais avançada.

A tutela incidental independe do pagamento de custas, nos termos do art. 295 do CPC.

2.1. Tutela provisória na fase de sentença?

Como, ao proferir sentença, o juiz examina a pretensão do autor em caráter definitivo, caberia indagar se, nesse momento, ele ainda poderia conceder tutela provisória.

É preciso verificar se eventual apelação teria ou não efeito suspensivo. Se não, a sentença produzirá efeitos desde logo e não haverá interesse na medida. Se sim, como o julgamento do recurso pode ser demorado, o juiz poderá concedê-la, o que, nesse caso, equivalerá a afastar o efeito suspensivo, permitindo que a sentença produza efeitos de imediato.

Haverá interesse na tutela provisória enquanto a sentença ou o acórdão não puderem produzir efeitos, pela existência de recurso com efeito suspensivo; quando não houver mais, a medida será impossível.

Recomenda-se, porém, que o juiz a conceda não no bojo da sentença, mas em decisão separada, pois isso facilitará a interposição de recurso pela parte prejudicada.

Se ele a concede dentro da sentença, por força do princípio da singularidade, a parte prejudicada terá de interpor apelação, não agravo de instrumento. Porém, ela não é dotada de efeito suspensivo, conforme o art. 1.012, V, do CPC, e o réu terá de postular ao relator a concessão desse feito, na forma do art. 1.012, § 3º, o que poderá trazer alguma dificuldade.

É mais conveniente que o juiz conceda a tutela provisória em decisão apartada, ainda que simultaneamente com a sentença, pois com isso autorizará ao réu o uso do agravo de instrumento, no qual poderá postular, ao relator, efeito suspensivo.

A tutela provisória pode ser requerida mesmo depois da interposição de recurso, caso em que caberá ao relator apreciá-la.

3. A TUTELA PROVISÓRIA ANTECEDENTE

A tutela de urgência, antecipada ou cautelar, pode ser deferida em caráter antecedente, isto é, antes que tenha sido formulado o pedido principal, ou antes que ele tenha sido formulado acompanhado de todos os argumentos e os documentos necessários. Só a situação de urgência, jamais a de evidência, justifica a concessão em caráter antecedente.

3.1. Competência

A competência para examinar a tutela provisória antecedente, seja antecipada ou cautelar, é a do juízo competente para conhecer do pedido principal (art. 299 do CPC).

Se o pedido antecedente for ajuizado perante o foro incompetente para julgar a ação principal, cumprirá verificar se a incompetência é absoluta ou relativa.

A incompetência absoluta do juízo para o julgamento do pedido principal implicará o da tutela provisória antecedente, cabendo a remessa de ofício ao juízo competente; já a incompetência relativa não poderá ser conhecida de ofício, cabendo ao réu suscitá-la na contestação; se não o fizer, haverá prorrogação, e o juízo, originariamente incompetente, tornar-se-á competente. No caso da tutela antecipada antecedente, a contestação só será apresentada depois de formulado o pedido principal; mas no da tutela cautelar antecedente, o réu será citado para, em cinco dias, contestar a pretensão cautelar. A não alegação da incompetência relativa nessa contestação prorroga a competência para o julgamento do pedido principal? Ou, ainda, é possível que a alegação seja oferecida na contestação ao processo principal?

A reclamação sobre incompetência relativa deve ser feita pelo réu na primeira oportunidade, sob pena de prorrogação. Uma vez que a incompetência relativa é matéria do interesse exclusivo das partes, e que não é de ordem pública, a falta de manifestação na primeira oportunidade revela a anuência do réu quanto à escolha do autor. Por essas razões, a falta de alegação já na contestação à pretensão cautelar implicará prorrogação. Nesse sentido, o REsp 489.485-ES, publicado em *RSTJ* 194/373, rel. Min. Carlos Alberto Menezes Direito:

"Competência territorial. Foro de eleição. Prorrogação. Cautelar de protesto e ação de indenização. 1. Se o réu não opuser a exceção declinatória na cautelar de protesto, fica a competência prorrogada para a ação principal indenizatória, sendo intempestiva a exceção quando da contestação desta última. 2. Recurso especial conhecido e desprovido".

Havendo mais de um juízo competente para o pedido principal, o ajuizamento do pedido de tutela provisória antecedente gerará a prevenção. Imagine-se que a ação principal deva ser proposta perante o Foro Central da Capital de São Paulo, onde há numerosos juízos. A pretensão antecedente será distribuída livremente para qualquer deles, já que todos são competentes, mas o juízo para o qual foi distribuída tornar-se-á prevento para o pedido principal.

3.2. Processo único

Ainda que a tutela provisória seja antecedente, jamais haverá a formação de um processo autônomo ou apartado. Formulado o pedido cautelar ou antecipado em caráter antecedente, dever-se-á oportunamente apresentar o pedido principal, ou aditar o já apresentado, complementando-se a argumentação e juntando-se novos documentos, tudo nos mesmos autos.

Tanto no caso da tutela cautelar quanto no da antecipada, as custas já deverão ser pagas de início, não havendo novas custas quando for apresentado ou aditado o pedido principal.

3.3. Tutela de urgência antecedente de natureza antecipada

O art. 303 do CPC autoriza a apresentação de requerimento de tutela de urgência antecipada antes que seja apresentado o pedido de tutela final de maneira completa. Para tanto, é preciso que haja situação de urgência, contemporânea à formulação do pedido de antecipação.

O autor deverá apenas requerer a tutela antecipada, limitando-se a fazer a indicação da tutela final, para que o juiz possa verificar se há correspondência entre uma e outra. Além disso, deverá haver a exposição sumária da lide, do direito que se busca realizar e do perigo de dano ou risco ao resultado útil do processo. Nesse momento, não é preciso apresentar o pedido final com todos os seus argumentos, nem acompanhado de toda a documentação necessária para instruí-lo. Basta a indicação da pretensão final e do necessário para a obtenção da medida, isto é, dos elementos que permitam verificar a probabilidade do direito e do perigo na demora da prestação jurisdicional. O autor deverá ainda indicar, nesse momento inicial, o valor da causa, que deverá corresponder ao do pedido final (CPC, art. 303, § 4º). Por fim, o último cuidado que o autor deve tomar ao postular a tutela antecipada antecedente é alertar o juiz de que pretende se valer do benefício previsto no *caput* do art. 303. Isto é, de que o pedido formulado é apenas o de antecipação de tutela, e que oportunamente haverá o aditamento, com a apresentação de novos argumentos e documentos. Sem este, haveria casos em que o juiz ficaria em dúvida se a inicial apresentada já contém a pretensão final ou apenas a pretensão à antecipação de tutela.

Apresentado o pedido, o juiz decidirá se há ou não elementos para o deferimento da medida. Se não houver, ele determinará a emenda da petição inicial em cinco dias, sob pena de indeferimento da inicial e extinção do processo sem resolução do mérito (art. 303, § 6º). Isso porque não se justifica o processamento da pretensão antecedente se não houver elementos para o deferimento da liminar. Se não existir o aditamento ou se, mesmo depois dele, não houver elementos para a concessão da liminar, o juiz extinguirá o processo, sem resolução de mérito. Nada impede que, oportunamente, seja ajuizada ação definitiva, e que nela seja postulada medida provisória em caráter incidente.

3.3.1. O deferimento da tutela provisória antecipada antecedente

Caso a medida seja deferida, o autor também terá de aditar a inicial, no prazo de 15 dias ou em prazo maior que o juiz fixar. A lei permite ao juiz ampliar o prazo de 15 dias fixado por norma, mas não reduzi-lo. Nesse prazo, o autor complementará o pedido, que havia sido esboçado originalmente. Esse é o momento para que ele, confirmando o pedido final, que até então só havia indicado, complete a sua argumentação, apresentando todas as razões de fato e de direito que tenha para o acolhimento da sua pretensão, bem como juntando eventuais novos documentos que não haviam sido apresentados. Por novos documentos devem ser entendidos aqueles não apresentados em juízo pelo autor, não necessariamente os que tenham surgido após a formulação do pedido antecedente; basta que não tenham sido apresentados anteriormente. A inicial é aditada, para que haja complementação não só da argumentação, mas também da documentação.

3.3.1.1. Citação do réu

É fundamental que o réu seja citado de imediato após o deferimento da tutela antecipada antecedente, para que dela tome ciência, e possa fluir o prazo para interposição de agravo de instrumento. Como se verá a seguir, a interposição de recurso contra essa decisão poderá ter consequências fundamentais sobre a medida já deferida pelo juiz. Com a citação do réu, que será cientificado da tutela antecipada, passará a correr para ele apenas o prazo de recurso; não estará correndo ainda o prazo de contestação, porque o pedido nem sequer terá sido aditado e complementado pelo autor, que, como visto, terá prazo de 15 dias ou mais para fazê-lo. Na verdade, apresentado o aditamento, a contestação deverá ser apresentada no prazo estabelecido no art. 335 do CPC.

3.3.1.2. A estabilidade da tutela antecipada concedida em caráter antecedente

Deferida a tutela antecipada antecedente, a conduta das partes – tanto do autor quanto do réu – repercutirá sobre o prosseguimento do processo e sobre a estabilidade da medida.

O autor terá o prazo de 15 dias, ou outro maior que o juiz lhe conceder, para aditar a inicial, complementando-a na forma mencionada. Caso ele o faça e o juiz receba o aditamento, o processo terá regular seguimento, aplicando-se a regra do art. 296 do CPC: a medida conservará a sua eficácia na pendência do processo, podendo a qualquer tempo ser revogada ou modificada. Com o aditamento, o pedido final será confirmado, e o processo prosseguirá, até que, preenchidas as condições da ação, o juiz profira o julgamento de mérito. Nesse caso, não se falará na estabilidade, prevista no art. 304 do CPC. Haverá apenas a manutenção da eficácia da medida, até que ela seja substituída pelo provimento definitivo, ou seja revogada, ou tal eficácia cesse.

Mas, se o aditamento à inicial não for feito, o processo será extinto sem resolução do mérito (art. 303, § 2º, do CPC). Nesse caso, será necessário verificar se o réu interpôs ou não recurso de agravo de instrumento contra o deferimento da medida. Se tiver interposto, com a extinção do processo a tutela antecedente não adquirirá estabilidade, perderá a eficácia, e o agravo será considerado prejudicado.

Se não houver o aditamento da inicial, nem for interposto recurso contra o deferimento da tutela antecipada antecedente, ela tornar-se-á estável.

A estabilidade, instituída pelo art. 304 do CPC, para a hipótese de o processo ser extinto, quando não houver recurso contra o deferimento da tutela antecipada satisfativa, constitui das maiores novidades do atual sistema das tutelas provisórias, e foi incorporada ao nosso ordenamento por influência do sistema processual italiano, com a finalidade de tentar solucionar mais rapidamente o conflito, quando não há oposição do réu à tutela concedida em caráter antecedente.

Como o autor não aditou a inicial, o processo será extinto, mas a tutela satisfativa continuará em vigor, estável, não podendo mais ser revogada de imediato pelo juiz. Ela sobrevive à extinção do processo e continua produzindo efeitos enquanto qualquer das partes não promover ação objetivando revogá-la ou torná-la definitiva.

A tutela antecipada deferida em caráter antecedente se tornará estável dependendo do comportamento que venham a ter as partes. É preciso que o autor não adite a petição inicial, complementando o pedido, pois, se ele o fizer, o processo não será extinto, mas prosseguirá até os seus ulteriores termos, quando o juiz proferirá sentença, examinando a pretensão formulada. E é também preciso que o réu não recorra da decisão que deferiu a antecipação, como estabelece o art. 304, *caput*, do CPC: "A tutela antecipada satisfativa, concedida nos termos do art. 303, torna-se estável se da decisão que a conceder não for interposto o respectivo recurso", que é o agravo de instrumento.

Portanto, deferida a medida, ou o autor adita a inicial e complementa o pedido, caso em que o processo prossegue sem a estabilidade, embora a medida mantenha a eficácia, na forma do art. 296, *caput*, ou ele não a adita, e o processo é extinto, cabendo verificar se ela deverá permanecer estável ou ser revogada. Se não houver recurso, ela adquire estabilidade; do contrário, não. Caberia, então, indagar: se houve a interposição do recurso, o que deve acontecer com a tutela antecipada? Parece-nos que, como a lei condicionou a estabilidade à não interposição do recurso, se o réu agravou, mas o autor não aditou a inicial, a solução será, com a extinção do processo sem resolução de mérito, considerar cessada a eficácia da medida e prejudicado o agravo de instrumento.

A estabilidade não será a primeira situação em que a eficácia de uma medida judicial fica na dependência de haver oposição ou não da parte contrária. Algo semelhante, *mutatis mutandis*, acontece com a ação monitória em que o juiz expedirá mandado de pagamento, ou entrega de coisa, ou de cumprimento de obrigação de fazer ou não fazer que, apenas se não houver oposição da parte contrária por meio de embargos, converter-se-á de pleno direito em título executivo judicial.

A tutela antecipada antecedente não adquire, ao menos nos dois anos iniciais, caráter de definitividade, e não se reveste da autoridade da coisa julgada material, mas adquire estabilidade, o que significa que o juiz não poderá mais revogá-la ou fazer cessar-lhe a eficácia livremente. Para tanto, será necessário que as partes ajam na conformidade do art. 304, § 2º, do CPC, dentro do prazo de dois anos, exigências que serão examinadas nos itens seguintes.

3.3.1.3. As providências para rever, reformar ou invalidar a tutela antecipada estável

A estabilidade pressupõe que tenha sido extinto sem resolução de mérito o processo em que deferida a antecipação, mas sem que o réu tenha agravado da tutela provisória antecipada. A medida, deferida em cognição sumária, será eficaz e poderá ser efetivada na forma de cumprimento provisório de sentença (art. 297, parágrafo único, do CPC). Mas ela ainda não terá se tornado definitiva. A estabilidade não se confunde com a definitividade, e uma medida estável não estará revestida da autoridade da coisa julgada material (art. 304, § 6º). Porém, ela impede o juiz de, a qualquer tempo, revogar, modificar ou invalidar a medida, como ocorre quando há processo em curso.

Para que ela possa ser revista, reformada ou invalidada, é preciso que qualquer das partes demande a outra com o intuito de fazê-lo. A estabilidade só pode ser alterada por decisão de mérito, proferida em demanda de uma parte contra a outra.

Imagine-se que o credor tenha obtido tutela antecipada, em caráter antecedente, em que o juiz já lhe tenha concedido o direito de receber determinado valor. Se a medida torna-se estável, ela continuará produzindo efeitos, o que permitirá ao credor promover o seu cumprimento provisório. Para que ela seja revista, reformada ou invalidada, é preciso que o credor demande o devedor, ou vice-versa. O credor pode demandar o devedor promovendo a cobrança definitiva da dívida, caso em que, havendo o acolhimento do pedido, a tutela antecipada será substituída pelo provimento definitivo, proferido em cognição exauriente; ou o devedor pode demandar o credor, propondo uma ação declaratória de que a dívida não existe, ou foi extinta, e postular com isso a invalidação da tutela anteriormente concedida.

O prazo para que qualquer das partes tome a iniciativa é de dois anos, nos termos do art. 304, § 5º: "O direito de rever, reformar ou invalidar a tutela antecipada, previsto no § 2º deste artigo, extingue-se após dois anos, contados da ciência da decisão que extinguiu o processo, nos termos do § 1º". O prazo, que é decadencial, não corre do deferimento nem da ciência do deferimento da medida, mas da ciência da extinção do processo, sem a qual não há falar-se em estabilidade. Ultrapassados os dois anos, a estabilidade converte-se em definitividade, e a efetivação da medida não se fará mais como cumprimento provisório, mas como cumprimento definitivo de sentença.

3.3.1.4. Finalidade da estabilidade

A principal finalidade é possibilitar ao interessado a satisfação da sua pretensão, sem a instauração de um processo de cognição exauriente, quando o adversário não se opõe, pela via recursal, à medida deferida. Obtida a tutela antecipada antecedente, o autor terá conseguido a satisfação total ou parcial de sua pretensão, ainda que em caráter não definitivo. E, se o prazo de dois anos for superado, a medida tornar-se-á definitiva, sem os percalços de um processo judicial de cognição exauriente. Teme-se apenas que, tal como aconteceu com a ação monitória, que acabou não tendo a utilidade esperada, porque o devedor quase sempre opõe-se ao mandado por meio de embargos, ocorra o mesmo com a tutela satisfativa antecedente, e que a estabilidade, em vez de desestimular o ajuizamento de ações, incentive a interposição de recursos de agravo de instrumento, com a finalidade de evitá-la.

3.3.1.5. Dificuldades em relação à estabilidade

A estabilidade poderá ensejar alguns problemas de difícil resolução. Há, por exemplo, a possibilidade de que a tutela antecipada antecedente seja concedida contra mais de um réu. Se o autor não aditar a inicial e nenhum dos réus interpuser agravo, a medida tornar-se-á estável para todos eles. A situação torna-se mais complexa se apenas um réu interpuser recurso. O ato praticado por um dos litisconsortes repercutirá sobre os demais? Como ficará a estabilidade? A solução há de ser dada observando-se o regime do litisconsórcio. Se ele for unitário, o ato benéfico praticado por um aproveita a todos. Portanto, o agravo interposto por um dos litisconsortes passivos impedirá a estabilidade em relação a todos; diversamente, se o litisconsórcio for simples, o regime será o da autonomia, e só haverá estabilidade em relação aos réus que não tenham recorrido. Para os que recorreram, não estará preenchido o requisito indispensável para sua configuração.

Questão complexa é a da tutela satisfativa antecedente contra a Fazenda Pública. Poderá haver estabilidade sem a remessa necessária? E, ainda que se admita tal possibilidade, passados os dois anos, a decisão tornar-se-á definitiva, permitindo a execução definitiva do título judicial, sem a remessa necessária? É certo que, quando a tutela antecipada é deferida em caráter incidental, ela se torna eficaz e pode dar ensejo ao cumprimento provisório, ainda que não haja o reexame. Mas, quando deferida em caráter incidente, a medida não se torna estável, podendo ser revogada ou perder a eficácia. Além disso, a sentença que acolhe o pedido e confirma a tutela antecipada contra a Fazenda tem que passar pela remessa necessária.

Parece-nos que a solução há de ser semelhante à que ocorre com a ação monitória. O Superior Tribunal de Justiça já pacificou o entendimento de que cabe ação monitória contra a Fazenda Pública (Súmula 339). Nela, não havendo oposição da Fazenda ao mandado monitório, a decisão inicial converte-se de pleno direito em título executivo judicial, sem que haja remessa necessária. A mesma regra deve se aplicada à tutela antecipada. Se a Fazenda Pública não recorrer da tutela antecipada contra ela concedida, a medida tornar-se-á estável, e se passarem dois anos sem que ela tome providências para rever ou invalidar a medida, ela se tornará definitiva, sem necessidade da remessa.

3.4. Tutela provisória antecedente de natureza cautelar

3.4.1. Considerações gerais

Nos itens anteriores, examinou-se a possibilidade de, havendo urgência, ser concedida a tutela antecipada em caráter antecedente, antes que o pedido seja apresentado com todos os argumentos e acompanhado de todos os documentos necessários para instruí-lo.

Mas também é possível requerer a concessão de tutela provisória cautelar em caráter antecedente, observando-se o procedimento estabelecido nos arts. 305 e s. O procedimento é diferente daquele previsto para tutela antecipada antecedente. Faz-se necessário, pois, verificar qual o tipo de tutela antecedente se postula: se antecipada, o procedimento é dos arts. 303 e 304 do CPC; se cautelar, dos arts. 305 e s. Por essa razão, o art. 305, parágrafo único, estabelece que, se for formulado pedido cautelar antecedente, e o juiz concluir que esse pedido tem natureza antecipada, deverá ser observado o disposto no art. 303, e vice-versa.

3.4.2. Procedimento

Ainda que formulado em caráter antecedente, o pedido de tutela provisória cautelar jamais formará um processo autônomo. A acessoriedade da pretensão cautelar exigirá a oportuna formulação da pretensão principal, mas nos mesmos autos, constituindo um processo único. Haverá, portanto, uma fase antecedente, em que se discutirá a pretensão cautelar, e uma fase posterior, relativa à pretensão principal, tudo nos mesmos autos, e num processo único.

3.4.2.1. A petição inicial

O art. 305 do CPC enumera os requisitos da petição inicial. Ele deve ser interpretado em conjunto com o art. 319, que trata das petições iniciais em geral. Deve haver a indicação das partes e do juízo para o qual é dirigida, do pedido cautelar com suas especificações, do valor da causa e das eventuais provas com que o autor queira demonstrar seu direito.

3.4.2.1.1. A indicação da autoridade judiciária para a qual é dirigida e das partes

São requisitos comuns a todas as petições iniciais. Quanto à indicação das partes, interessa saber se precisa haver exata coincidência entre as do pedido cautelar antecedente e as do pedido principal. Não necessariamente. É possível que no pedido principal figurem pessoas que não participaram do pedido cautelar, por não estarem diretamente relacionadas à situação de risco. Por exemplo: o credor formula pedido principal de cobrança contra vários devedores, mas postula, em caráter antecedente, o arresto cautelar de bens de apenas um deles, que esteja dilapidando o seu patrimônio.

Se a pretensão principal versar sobre direito real que recaia em bens imóveis, e houver pedido cautelar para que o bem imóvel seja constrito, haverá necessidade de outorga uxória ou marital, salvo a hipótese de casamento celebrado no regime da separação absoluta de bens.

A regra geral de competência é a do art. 299 do CPC: "A tutela provisória será requerida ao juízo da causa, e quando antecedente, ao juízo competente para conhecer do pedido principal".

3.4.2.1.2. Lide e seus fundamentos

O art. 305 faz referência à "lide e seu fundamento". A lei não se refere aqui à lide cautelar, mas à lide principal e aos fundamentos desta.

A necessidade de indicá-los, na inicial da cautelar antecedente, decorre da referibilidade que esta há de manter com a pretensão principal. A tutela cautelar é deferida para proteger o provimento principal. Se o autor não o indicasse, o juiz não teria como saber o que está sob risco, e se a medida postulada é ou não adequada para afastá-lo.

Esse requisito, como é natural, só é exigido para as cautelares antecedentes, já que nas incidentais a ação já está proposta.

A indicação da lide principal, feita na inicial cautelar antecedente, vincula o autor? Ou ele pode formular pretensão principal diferente daquela que foi indicada?

A indicação tem, em regra, efeito vinculante, porque foi com base nela que o juiz examinou a tutela cautelar e a sua relação de acessoriedade e referibilidade para com o principal, tendo o réu se defendido levando em conta a pretensão que o autor disse que apresentaria em juízo. Assim, se ele formular pretensão diferente da que foi indicada, a tutela cautelar concedida perderá a eficácia.

No entanto, devem ser toleradas pequenas alterações, que não modifiquem a natureza ou o objeto da pretensão, desde que se verifique que não houve má-fé, isto é, que não houve a intenção de prejudicar o direito de defesa do réu.

Para que o requisito seja satisfeito, basta a indicação sumária da lide principal e dos fundamentos fáticos que embasam a pretensão, de forma a permitir ao juiz saber qual provimento jurisdicional deverá ser protegido. Quando da formulação do pedido principal, a causa de pedir também poderá ser aditada, complementando-se o que já fora trazido na inicial cautelar antecedente (CPC, art. 308, § 2º).

3.4.2.1.3. A pretensão e a causa de pedir da pretensão cautelar antecedente

O art. 305 do CPC determina que o autor faça a exposição sumária do direito que se objetiva assegurar e do perigo na demora da prestação da tutela jurisdicional. Em síntese, que ele indique o *fumus boni juris* e o *periculum in mora*, que embasam a sua pretensão cautelar.

Além de indicar qual a ação principal e os seus fundamentos, ele deve explicitar qual a pretensão cautelar, isto é, qual o tipo de tutela cautelar pretendida, e quais os fundamentos que a embasam.

O juiz não fica adstrito à concessão da tutela postulada, uma vez que o poder geral de concessão de tutelas provisórias o autoriza a conceder a medida mais adequada para afastar o perigo, ainda que não corresponda à postulada.

A existência do *fumus boni juris* (elementos que evidenciem a probabilidade do direito) e do *periculum in mora* (*perigo de dano* ou o *risco ao resultado útil do processo*) em concreto constituirá a causa de pedir da pretensão cautelar. São os requisitos da tutela de urgência em geral, estabelecidos no art. 300 do CPC. Quando da formulação da pretensão principal, o autor, se for o caso, aditará a causa de pedir, expondo, desta feita, os fundamentos de fato e de direito da pretensão principal.

A referência à "exposição sumária" feita no dispositivo legal diz respeito à sumariedade da cognição que o juiz deverá empregar para examinar esses requisitos. O juiz não concederá a tutela cautelar em cognição exauriente e definitiva, mas sumária e provisória.

3.4.2.1.4. Valor da causa

Conquanto o art. 305 não o indique expressamente, é indispensável que o autor atribua valor à causa, ao formular o pedido de tutela cautelar antecedente. Como a pretensão cautelar e a principal formarão um processo único, ao apresentar o pedido cautelar, o autor já deverá atribuir valor à causa, condizente com o benefício econômico correspondente ao pedido principal, e recolher as custas a ele relativas. Posteriormente, quando da formulação do pedido principal, não haverá adiantamento de novas custas, nos termos do art. 308, *caput*, do CPC.

3.4.2.2. A liminar

Formulado o pedido cautelar antecedente, o juiz pode conceder a tutela provisória liminarmente ou após justificação prévia, nos termos do art. 300, § 2º, do CPC.

A medida pode ser deferida de imediato, no início do processo, mesmo antes que o réu tenha sido citado. Isso em circunstâncias excepcionais, de urgência extrema, ou quando a citação do réu puder tornar ineficaz a medida.

Pode ser designada audiência de justificação para o juiz colher elementos a respeito do *fumus* e do *periculum in mora*. Se houver risco de que o réu, tomando conhecimento do processo, possa tornar ineficaz a medida, a audiência de justificação se realizará sem a citação.

A sua finalidade é permitir ao autor produzir as provas para a obtenção da liminar.

A tutela cautelar sem ouvida do réu traz um risco, já que se terá apenas uma versão dos fatos. Por isso, para que o juiz se sinta mais seguro, o art. 300, § 1º, do CPC permite que se fixe caução, real ou fidejussória, com o objetivo de ressarcir os danos que o requerido possa vir a sofrer, a ser prestada pelo autor. A caução não dispensa o exame dos requisitos autorizadores da tutela, o *fumus boni juris* e o *periculum in mora*.

Ela não é obrigatória, cabendo ao juiz examinar, no caso concreto, se é caso ou não de fixá-la. Não há propriamente discricionariedade, mas certo grau de subjetividade no exame.

Ela funciona como uma espécie de contracautela, para minorar os prejuízos que o réu possa vir a sofrer, sobretudo quando a medida é concedida antes que ele seja ouvido.

3.4.2.3. Citação do réu

O juiz fará o exame de admissibilidade da inicial, determinando as emendas necessárias. Se tudo estiver em ordem, mandará que o réu seja citado, sendo admissíveis todas as formas de citação previstas em lei.

Ela produz todos os efeitos do art. 240 do CPC, incluindo a interrupção do prazo de prescrição (operada com o despacho que a ordena, e que retroagirá à data da propositura da ação) e a litigiosidade da coisa.

3.4.2.4. Resposta do réu

O réu será citado para oferecer contestação e indicar as provas que pretende produzir no prazo de cinco dias (art. 306 do CPC). Aplicam-se os arts. 180 e 183 do CPC, havendo duplicação quando o réu for a Fazenda Pública ou o Ministério Público, ou quando houver litisconsórcio passivo, com advogados distintos, desde que o processo não seja eletrônico. Também haverá dobra se o réu for assistido por órgão público de assistência judiciária.

Na contestação, o réu deve concentrar todos os seus argumentos de defesa. Além das questões preliminares do art. 337 do CPC, ele pode negar a existência do *fumus boni juris* e do *periculum in mora*. Não será, ainda, o momento de discutir a existência do direito material, o que será feito na contestação ao pedido principal.

A falta de contestação implicará revelia do réu e presunção de veracidade dos fatos narrados na inicial, salvo nas hipóteses em que a lei exclui esse efeito. O juiz poderá, então, julgar antecipadamente a lide cautelar.

Apresentada a contestação, o processo seguirá o procedimento comum. O juiz verificará se há ou não necessidade de provas e determinará as que considerar necessárias. É admissível a prova pericial quando se verificar que é indispensável para a apuração do *fumus boni juris* ou do *periculum in mora*. Se houver necessidade de prova oral, o juiz designará audiência de instrução e julgamento.

3.4.2.5. Formulação do pedido principal

O processamento da tutela cautelar requerida em caráter antecedente não apresenta diferenças marcantes em relação à ação cautelar preparatória do CPC de 1973. Mas há um aspecto que as distingue: no Código anterior, a cautelar preparatória constituía uma ação autônoma, que precedia o ajuizamento da ação principal. Havia duas ações, que formavam dois processos distintos, que deviam ser apensados. Havia, pois, duas relações processuais e, ainda que o mais comum fosse o processamento e o julgamento conjunto de ambas, havia dois processos.

No CPC atual não é assim. Não haverá dois processos, mas dois pedidos dentro de um processo só. O autor formulará, de início, por meio de petição inicial, o pedido cautelar antecedente. O réu será citado para responder a ele e, se for o caso, o juiz colherá provas e decidirá. Mas, a partir do momento em que deferida e efetivada a tutela cautelar, o autor deverá formular, na mesma relação processual e no prazo de 30 dias, o pedido principal. Tal pedido será encartado nos mesmos autos em que formulado o pedido cautelar, e não dependerá do adiantamento de novas custas.

Apresentado o pedido principal, não haverá necessidade de nova citação do réu. Ele já foi citado quando da apresentação do pedido cautelar antecedente. Formulado o pedido principal, o juiz designará audiência de tentativa de conciliação ou de mediação, na forma do art. 334 do CPC, e intimará as partes para comparecimento, intimação que será feita na pessoa dos advogados ou pessoalmente, sem nova citação. Se o réu não tiver respondido ao pedido cautelar antecedente, ele será revel. Mesmo assim, parece-nos que o juiz deva designar a audiência de tentativa de conciliação e intimá-lo pessoalmente, já que, sendo revel, ele possivelmente não terá constituído advogado. O prazo de contestação do réu ao pedido principal será contado na forma do art. 335 do CPC. A revelia do réu na fase cautelar não implicará idêntica consequência em relação ao pedido principal. Ele não será novamente citado, mas deverá ser intimado, ainda que pessoalmente, e só será revel, em relação à pretensão principal, se também não contestá-la.

As consequências do não ajuizamento do pedido principal em 30 dias serão examinadas no capítulo seguinte.

3.4.2.6. Eficácia da tutela cautelar

A tutela cautelar é sempre provisória, destinada a perdurar por algum tempo, nunca definitivamente. Os arts. 296 e 309 trazem regras importantes a respeito da duração da sua eficácia.

O art. 296 estabelece que, a qualquer tempo, as tutelas provisórias podem ser revogadas ou modificadas, o que pressupõe alguma alteração fática, ou que venha aos autos algum fato novo, que justifique a mudança.

Mas, além da revogação ou da modificação das tutelas provisórias em geral, pode haver a perda da eficácia da tutela cautelar, nas hipóteses estabelecidas no art. 309 do CPC, que consiste em sanção imposta ao autor que, tendo obtido a tutela, não tomou providências a seu cargo, ou então na consequência natural da extinção ou na improcedência do pedido principal.

Em caso de procedência, não haverá cessação da eficácia da cautelar, mas a sua substituição pelo provimento definitivo.

A regra é de que a tutela cautelar conserve a sua eficácia durante a pendência do processo principal. Mas o art. 309 estabelece situações em que haverá a cessação da eficácia. Cada uma delas será examinada nos itens subsequentes.

3.4.2.6.1. Perda de eficácia quando não deduzido o pedido principal no prazo de 30 dias

O art. 309, I, estabelece que cessa a eficácia da tutela concedida em caráter antecedente se o autor não deduzir o pedido principal no prazo legal, que é de 30 dias. O art. 308 determina que, efetivada a tutela cautelar, o pedido principal terá de ser formulado pelo autor no prazo de 30 dias. O pedido a que se refere o dispositivo é o principal, de conhecimento ou de execução. As tutelas cautelares são sempre acessórias e têm por fim proteger o provimento postulado no processo principal. Ora, se a lei não fixasse prazo, o autor poderia retardar indevidamente a apresentação do pedido principal ou até não o propor. A tutela cautelar implica coerção ou restrição dos direitos do réu, que não podem ficar à mercê da boa vontade do autor em apresentar o pedido principal. O prazo concedido pela lei é suficiente para que ele o elabore e reúna os elementos necessários.

Como a finalidade do dispositivo é impedir que o réu fique sofrendo a coerção ou a restrição por tempo indeterminado, o prazo de 30 dias só começa a correr a partir do momento em que a medida é executada, e não da data em que o juiz profere a decisão, ou em que as partes são intimadas. Enquanto não executada a medida, o réu não sofre nenhum tipo de restrição ou prejuízo. Se o juiz defere uma tutela cautelar de arresto, o prazo só começa a fluir do momento em que ele se efetivar, com a apreensão dos bens pelo oficial de justiça e a entrega a um depositário.

Se o pedido principal for formulado após o prazo de 30 dias, nem por isso o juiz deverá indeferi-lo. A perda do prazo não impedirá a apresentação do pedido principal, mas implicará a perda de eficácia da tutela cautelar, que o juiz pronunciará de ofício, determinando a cessação dos efeitos da medida.

Se ela for concedida liminarmente, o prazo correrá quando for executada. Se não deferida liminarmente, não correrá. Só mais tarde, passará a correr o prazo de 30 dias que, sendo prazo processual, só incluirá os dias úteis.

Ultrapassado o prazo sem apresentação do pedido principal, além de a liminar perder a eficácia, o juiz deverá extinguir o processo, sem resolução de mérito, já que continua aplicável a Súmula 482 do Superior Tribunal de Justiça, editada na vigência do CPC de 1973: "A falta de ajuizamento da ação principal no prazo do art. 806 do CPC acarreta a perda de eficácia da liminar deferida e a extinção do processo cautelar". No CPC atual, a falta de apresentação do pedido principal, no prazo estabelecido no art. 308, permitirá ao juiz extinguir o processo que se formou com a apresentação da tutela cautelar antecedente, além de implicar a perda de eficácia da liminar.

3.4.2.6.2. Perda de eficácia por falta de execução dentro de 30 dias

Esta hipótese não se confunde com a do item anterior, que trata da apresentação do pedido principal em 30 dias depois da execução da medida. Esta trata da execução da medida, nos 30 dias subsequentes à intimação da decisão concessiva.

O prazo não é propriamente para que o autor execute a medida, o que não cabe a ele, mas ao oficial de justiça. Porém, é preciso que ele tome determinadas atitudes, imprescindíveis para que ela possa ser executada, por exemplo, recolher as diligências do oficial de justiça.

Não haverá cessação de eficácia se, no prazo, o autor tomou todas as providências ao seu alcance para que a medida fosse cumprida, tendo o prazo sido ultrapassado por fatos alheios à sua vontade, como eventual inércia do próprio oficial de justiça.

3.4.2.6.3. Perda de eficácia quando o juiz declara extinto o processo principal, com ou sem resolução de mérito

Quando a sentença é de procedência, e há recurso, a eficácia da medida persiste até que o provimento principal passe a produzir efeitos por si, dispensando a tutela provisória. Já se a sentença é de improcedência ou de extinção sem resolução de mérito, a tutela cautelar não subsistirá, ainda que haja recurso pendente. Se no processo principal, em cognição exauriente, juiz conclui que o autor não tem razão, a medida não pode subsistir.

3.4.2.7. Decisão

Ainda que o pedido de tutela cautelar tenha sido formulado em caráter antecedente, e que tenha sido deferido após a contestação do réu e eventual colheita de provas, o ato judicial que a defere será sempre decisão interlocutória, já que o processo precisa prosseguir, com a formulação do pedido principal. Não haverá sentença, como havia nas ações cautelares preparatórias, ajuizadas na vigência do CPC de 1973, mas apenas decisão interlocutória, contra a qual poderá ser interposto o recurso de agravo de instrumento, nos termos do art. 1.015, I, do CPC.

4. O ART. 301 DO CPC E A ENUMERAÇÃO DE ALGUMAS TUTELAS CAUTELARES NOMINADAS

O CPC não enumera, como fazia o Código anterior, cautelares específicas ou nominadas, às quais atribuía um procedimento diferente daquele estabelecido para as cautelares inominadas. Quando a tutela cautelar for requerida em caráter incidente, bastará requerê-la nos autos do processo em curso; quando antecedente, deverá observar o procedimento dos arts. 305 e s. do CPC.

Mas, ao tratar da efetivação das tutelas cautelares, o art. 301 faz referência ao arresto, ao sequestro, ao arrolamento de bens, ao registro de protesto contra alienação de bem, acrescentando, ainda, que elas podem ser efetivadas por qualquer outra medida idônea para a asseguração de direito. Esse dispositivo legal mantém, portanto, a distinção entre cautelares nominadas e inominadas, embora de pouca relevância, uma vez que, seja qual for a forma de efetivação, o procedimento será sempre o mesmo. De qualquer maneira, é importante conhecer as formas mais comuns de efetivação das tutelas cautelares, enumeradas no art. 301.

4.1. O arresto

Consiste na providência destinada a preservar bens do devedor, como garantia de uma futura penhora e expropriação de bens, quando ele ameaça dilapidar o seu patrimônio e tornar-se insolvente.

Não se confunde com o arresto previsto no art. 830 do CPC, denominado arresto executivo. Este não tem natureza cautelar, pois não é providência acessória nem tutela de urgência, mas incidente da execução, que cabe quando o devedor não é localizado, mas o oficial de justiça consegue encontrar bens penhoráveis. A penhora não pode ainda ser realizada, porque pressupõe que o devedor já tenha sido citado. Como ato preparatório da penhora, o oficial de justiça arrestará os bens, que permanecerão com o depositário até que o devedor possa ser citado, pessoal ou fictamente, quando, então, o arresto converter-se-á de pleno direito em penhora.

O arresto cautelar também poderá se converter em penhora, se o pedido principal for de execução, ou de conhecimento, que já esteja em fase de cumprimento de sentença. Não é um incidente da execução, mas medida cautelar, que exige os requisitos gerais do *fumus boni juris* e o *periculum in mora*.

O perigo que o pressupõe é o de que o devedor, no curso do processo, dilapide o seu patrimônio, vindo a tornar-se insolvente, em prejuízo da futura execução.

A tutela cautelar de arresto pode ser requerida em caráter antecedente ou incidente ao processo principal, pressupondo uma dívida em dinheiro, ou que possa se converter em dinheiro. Se a obrigação é de entrega de coisa, e o objeto do litígio corre risco, a providência cautelar adequada é o sequestro.

O arresto se caracteriza pela constrição de um ou mais bens do devedor, suficientes para, em futura execução por quantia, assegurar o pagamento da dívida. Difere do sequestro, porque a constrição não tem por objeto bem determinado sobre o qual recai o litígio, mas bens não previamente determinados do patrimônio do devedor, que tenham valor econômico, e sobre os quais futuramente possam recair a penhora.

Como o arresto converter-se-á oportunamente em penhora, é possível arrestar todos os bens que podem ser penhorados. Ficam excluídos aqueles indicados no rol do art. 833 do CPC e na Lei n. 8.009/90.

Podem ser objeto de arresto bens móveis ou imóveis, corpóreos ou incorpóreos, desde que tenham valor econômico e possam ser alienados.

Ao deferi-lo, o juiz deverá limitá-lo àqueles que sejam suficientes para a garantia da dívida. Por isso, o arresto pode recair sobre um ou sobre vários bens, dependendo do valor deles, e do débito.

4.2. O sequestro

O sequestro é medida cautelar de constrição de bens determinados e específicos, discutidos em processo judicial, que correm o risco de perecer ou de danificar-se.

Difere do arresto, porque neste o autor não postula a constrição de um bem determinado, objeto de litígio, mas de bens suficientes para a garantia da dívida. O risco diz respeito a uma futura execução por quantia, em que o interesse do credor não está voltado para um bem determinado, mas para bens de valor econômico que garantam a dívida; já no sequestro, o perigo é ligado a uma futura execução para entrega de coisa certa, em que determinado bem, objeto do litígio, corre risco de perecer ou ser danificado. O sequestro não tem relação com uma dívida em dinheiro, mas com um litígio sobre determinado bem.

Por isso, só o arresto, no momento oportuno, converter-se-á em penhora, fase do procedimento das execuções por quantia; o sequestro não, já que a penhora não faz parte do procedimento das execuções para entrega de coisa.

Há, no entanto, numerosos pontos comuns: tanto no arresto como no sequestro, há uma constrição de bens, entregues ao depositário encarregado de preservá-los ou para uma futura expropriação e conversão em dinheiro, no primeiro; ou para futura entrega ao autor, no segundo.

Ambas são providências cautelares, condicionadas à demonstração do *fumus boni juris* e do *periculum in mora*. No sequestro, o *fumus* decorrerá da existência de indícios de que o autor tenha direito a um bem determinado, seja por ser o seu proprietário, seja por ter direito à posse; e o *periculum*, da existência de risco à integridade do bem.

O sequestro pode recair tanto sobre bens móveis quanto imóveis.

4.3. O arrolamento de bens

É medida cautelar que se funda no receio de extravio ou de dissipação de bens.

Consiste na sua enumeração, para que se possam conhecer quais aqueles que integravam o patrimônio da parte contrária no momento em que a medida foi requerida, e na sua entrega a um depositário, que zelará pela sua conservação.

Não basta a enumeração dos bens, pois é indispensável o depositário. Não se confunde com outras medidas cautelares destinadas à preservação dos bens. Difere do sequestro, porque neste não se busca enumerá-los, mas preservar apenas um bem determinado, que é objeto de litígio entre as partes. Buscam-se a conservação e a preservação de um bem específico, objeto da disputa entre os litigantes, indicado na inicial.

Difere também do arresto, destinado a preservar bens que sirvam para a garantia de determinada dívida. Ele não recai sobre uma universalidade, como o arrolamento, mas apenas sobre bens necessários para a garantia do débito. Pode até ser que um baste, desde que suficiente para fazer frente à obrigação.

O arrolamento tem outra função: promover uma enumeração de bens que o autor da medida ainda não conhece. Está entre as suas finalidades permitir ao interessado conhecer quantos e quais são: ele sempre objetiva uma universalidade, seja um patrimônio, seja uma herança.

Se duas pessoas litigam sobre a propriedade ou a posse de um bem, e uma delas teme que a outra desapareça com ele, ou não o conserve adequadamente, deve requerer o sequestro; se um credor percebe que seu devedor está dilapidando o seu patrimônio, de maneira tal que esteja em risco de tornar-se insolvente, deve postular o arresto.

Mas, se um herdeiro teme que o inventariante se desfaça indevidamente de qualquer bem da herança, ou se um dos cônjuges, durante a separação, quer que fique retratado o patrimônio comum, para uma futura partilha, e que os bens sejam preservados, a medida adequada será o arrolamento.

Podem requerê-lo todos aqueles que tenham interesse na conservação dos bens, o que pode resultar de direito já constituído ou que deva ser declarado em ação própria. Não só o direito já reconhecido, mas a expectativa de direito, subordinada a condição ou termo, pode ensejá-lo (art. 130 do CC).

4.4. O registro do protesto contra a alienação de bens

Muito se discutiu, na vigência do CPC de 1973, sobre a possibilidade de o juiz mandar registrar no Cartório de Registro de Imóveis o protesto contra a alienação de bens, para que todos que tenham interesse em adquiri-lo tomem conhecimento da medida. Tal registro extrapolaria os limites do protesto, estabelecendo uma restrição indevida ao vendedor. A jurisprudência era dividida mesmo no Superior Tribunal de Justiça, mas, nos Embargos de Divergência no REsp 440.837-RS, de agosto de 2006, prevaleceu o entendimento de que o registro deve ser admitido, para prevenir eventuais terceiros adquirentes do bem. O CPC atual não deixa dúvidas a respeito, ao considerar o registro do protesto contra a alienação de bens uma das formas de efetivação das tutelas cautelares.

livro VI
FORMAÇÃO, SUSPENSÃO E EXTINÇÃO DO PROCESSO CIVIL

O Livro VI da Parte Geral do CPC é dedicado ao estudo de três momentos fundamentais do processo: dos atos que lhe dão início, a partir dos quais se pode dizer que há processo pendente, daqueles que implicam sua paralisação temporária e retorno ao andamento normal e dos que lhe põem fim.

capítulo I
FORMAÇÃO DO PROCESSO

O CPC, art. 2º, consagra o princípio da inércia da jurisdição e do impulso oficial: "O processo civil começa por iniciativa da parte e se desenvolve por impulso oficial, salvo as exceções previstas em lei".

1. PROPOSITURA DA DEMANDA

Entre os princípios fundamentais do processo civil está o da demanda, pelo qual o Poder Judiciário não prestará a tutela jurisdicional senão quando houver provocação das partes ou dos interessados (CPC, art. 2º). O Judiciário é inerte, e não dá início aos processos de ofício, sempre aguardando que a parte o requeira. Compete a ela e aos interessados delimitar os contornos da demanda, indicando ao juiz qual a sua pretensão e os fundamentos fáticos em que ela está embasada. Todos os tipos de processo têm o seu início condicionado à iniciativa da parte, inclusive os de jurisdição voluntária. As exceções são muito raras, como os processos de arrecadação de bens de ausente ou de bens que integram a herança jacente.

O ato que dá início ao processo é a propositura da demanda, que ocorre quando a petição inicial, elaborada pelo autor, deixa as suas mãos e é entregue ao Poder Judiciário. A partir daí, já existe um processo, embora a relação jurídica processual ainda não esteja completa, porque o réu ainda não foi citado. Nos termos do CPC, art. 312, considera-se proposta a ação tanto que a petição inicial protocolada. Nesse momento, porém, não se sabe ainda se o processo seguirá adiante ou não. A propositura da ação significa que a demanda deu entrada em juízo, mas não que o processo vai ter seguimento, nem que a relação jurídica vai tornar-se completa.

Após a propositura, o juiz verificará se a petição inicial está em termos ou não, e se o processo tem ou não condições de prosseguir, completando-se a relação jurídica processual. Cabe a ele, nesse passo, realizar um exame atento e minucioso da petição inicial, para verificar se ela preenche ou não os requisitos do CPC, arts. 319 e 320. Em caso negativo, se o problema puder ser solucionado, o juiz determinará que o autor a emende, corrigindo-lhe os vícios e juntando os documentos indispensáveis faltantes. Uma análise cuidadosa da petição inicial nesse momento é de suma importância, pois até então a relação jurídica processual não está completa, e a demanda ainda pode ser modificada sem maiores dificuldades pelo autor.

Se a petição inicial estiver em termos, o juiz determinará que o réu seja citado. Ao fazê-lo, ele estará dizendo, implicitamente, que a inicial está em termos, e que o processo pode seguir adiante, completando-se a relação jurídica processual. É por meio desse despacho que o juiz recebe a petição inicial e reconhece a sua aptidão para produzir uma série de efeitos jurídicos, inclusive o de ensejar a formação de uma relação jurídica processual completa.

Se o juiz verifica que ela não preenche os requisitos exigidos por lei e não é possível emendá-la, ou se o autor não cumpre a determinação judicial de correção dos vícios que contém, o juiz indefere a inicial e extingue o processo antes mesmo que a relação jurídica processual se torne completa, caso em que ele terá tido uma vida muito breve.

Há que distinguir, portanto, três momentos processuais distintos: o da propositura da ação, que ocorre assim que ela é protocolada; o do despacho do juiz que ordena a citação e recebe a petição inicial; e o momento em que o réu é efetivamente citado, passando a integrar a relação jurídica processual, que se completa.

Cada um deles é hábil para a produção de determinados efeitos jurídico-processuais. Desde a propositura da ação, considera-se que há processo pendente. A expressão "litispendência" tem sido usada pelos processualistas com mais de um significado. Em sentido literal, é a existência de lide pendente, o que se verifica desde a propositura da ação até o trânsito em julgado da decisão proferida. Durante todo esse *iter*, pode-se dizer que há lide pendente e, portanto, litispendência. Essa expressão, no entanto, é muitas vezes usada, até pelo CPC, como um efeito da existência da lide pendente, qual seja, a proibição de que outra lide idêntica seja ajuizada. A litispendência, assim, acaba sendo utilizada para designar a propositura de uma ação quando há outra idêntica em curso. Em sentido literal, de lide pendente, ela existe desde o momento em que a ação é proposta (CPC, art. 312), mas como impedimento para que outra ação idêntica seja proposta, é um efeito da citação válida (CPC, art. 240). Já existe ação pendente desde o momento em que a demanda é proposta, mas ela só produzirá o efeito de impedir que outra ação idêntica seja proposta a partir da citação válida.

São muitos os efeitos que decorrem da existência de lide pendente. Todavia, o legislador reservou à citação válida a aptidão para produzir as maiores consequências. É a partir dela que existe óbice para a propositura de outra ação idêntica, que se estabiliza a demanda, não se permitindo mais a alteração do pedido e da causa de pedir (salvo com o consentimento do réu), que se torna litigiosa a coisa, que se considera em fraude à execução a alienação de bens capaz de reduzir o devedor à insolvência e que se interrompe o curso dos prazos de prescrição e decadência (na verdade não é a citação que interrompe a prescrição ou decadência, mas o despacho que a ordena).

Entretanto, da propositura resultam algumas consequências jurídicas de relevância. Desde então terá sido exercido o direito de demandar, e o autor terá acionado o poder-dever de o Judiciário examinar o seu pedido, para verificar se ele tem ou não condições de desencadear a formação de uma relação processual completa, ou se deve ser coartado de início.

Ela também tem grande relevância para a interrupção da prescrição e da decadência. A lei atribui a eficácia interruptiva ao despacho que ordena a citação, mas determina a sua retroação à data do ajuizamento da ação. Há, aqui, um sistema misto de produção de efeitos, em que a lei atribui relevância para a interrupção dos prazos a dois atos distintos: à propositura da ação e ao despacho que ordena a citação. O segundo é indispensável para que a interrupção se aperfeiçoe, mas é a primeira que vai fixar o momento em que isso ocorre.

Grandes e profundas divergências doutrinárias e jurisprudenciais existiram a respeito do momento em que se deve considerar proposta a ação, para fins de caracterização da alienação de bens em fraude à execução. O CPC, art. 792, I e IV, estabelece que haverá a fraude no caso de alienação de bens quando sobre eles pender ação fundada em direito real ou com pretensão reipersecutória, desde que a pendência do processo tenha sido averbada no respectivo registro público, se houver, ou quando corria demanda capaz de reduzir o devedor à insolvência. Da associação desse dispositivo com o art. 312, seria possível concluir que, desde o momento em que protocolada a inicial a alienação de bens pelo devedor, nas condições do art. 792, I e IV, seria feita em fraude à execução. E essa sempre nos pareceu a melhor interpretação da lei.

No entanto, são inúmeras as decisões do Superior Tribunal de Justiça que atribuem à citação válida o momento inicial a partir do qual ficará caracterizada a alienação em fraude à execução, fundadas em que só a partir de então é que existe processo pendente para o réu. Ademais, a Súmula 375 do Superior Tribunal de Justiça exige que se prove a má-fé do terceiro adquirente, o que pode ser feito pelo registro da penhora ou, se ainda não houver penhora, por qualquer outro meio, como o registro da citação, nas ações reais ou reipersecutórias, ou o protesto contra a alienação de bens.

2. IMPULSO OFICIAL

O CPC, art. 2º, além de consagrar o princípio da demanda, acolhe o do impulso oficial. O início do processo está condicionado à iniciativa do autor, mas, depois de iniciado, ele terá seguimento por impulso do próprio juiz. Grande número dos atos do processo depende de iniciativa das partes, não podendo o juiz supri-la. Ela tem numerosos ônus, e são relevantes as consequências do seu descumprimento. Mas o juiz não pode permitir que o processo fique paralisado. Por isso, deve aguardar os prazos concedidos a elas para que realizem os atos processuais. Cumpridos ou não, determinará o prosseguimento do processo, impondo as consequências negativas que do descumprimento advirão.

Se o ato do autor era indispensável para o prosseguimento do processo, a não realização implicará o seu abandono, devendo o juiz extingui-lo, se isso persistir mesmo após a sua intimação. A Súmula 240 do STJ poderá criar, neste passo, uma situação muito peculiar, ao proibir o juiz de extinguir o processo por abandono, sem requerimento do réu. A razão da súmula é o perigo de haver burla à regra de que, depois da citação do réu, o autor não pode desistir da ação senão com a sua concordância. Se ela não for dada, bastaria a ele abandonar o processo, levando à sua extinção, o que constituiria um modo indireto de obtenção daquilo que a lei veda. No entanto, a súmula pode gerar um impasse se o autor deixar de praticar um ato absolutamente indispensável para o prosseguimento do processo, e o réu não requerer a sua extinção. Por exemplo, torna-se irregular a representação processual do autor e ele, intimado, não a regulariza. O processo não pode prosseguir, mas, se o réu não requerer a extinção, ele ficará paralisado em cartório, aguardando a iniciativa das partes. A extinção só virá quando o processo estiver paralisado há mais de um ano (CPC, art. 485, II), caso em que o requerimento do réu torna-se dispensável.

São poucos os atos cuja realização é imprescindível para o prosseguimento do processo e que podem levar à extinção por abandono: a falta de recolhimento das custas iniciais, de regularização da representação processual, de regularização da inicial, de providências necessárias para a citação do réu, de habilitação dos herdeiros, em caso de morte do autor. Os demais atos não são indispensáveis, e o processo pode prosseguir sem eles. Por exemplo, se foi requerida perícia e não foram recolhidos os honorários do perito, o juiz dispensará a prova. O mesmo ocorrerá se for arrolada uma testemunha, e a parte não fornecer os dados para localizá-la.

capítulo II
SUSPENSÃO DO PROCESSO DE CONHECIMENTO

A suspensão é a paralisação temporária do processo. Para que ela ocorra é preciso que se verifique uma das causas que impedem por algum tempo o curso normal do processo, mas que são superáveis. Se o obstáculo não for temporário, mas definitivo, não haverá suspensão, e sim extinção.

As causas suspensivas ora decorrem da própria lei, ora de determinação judicial, ora da vontade das partes. Algumas são gerais e aplicam-se a todos os tipos de processo, como as mencionadas no CPC, art. 313, I a III, VI, IX e X, outras são específicas do processo de conhecimento, como a do art. 313, IV e V, e outras do processo de execução, como as do CPC, art. 921.

Durante a suspensão do processo, não são praticados atos processuais, senão aqueles urgentes. Os atos que tenham sido praticados serão considerados ineficazes e terão de ser repetidos.

As hipóteses de suspensão do processo previstas no art. 313 são:

a) Morte ou perda da capacidade processual de qualquer das partes, de seu representante legal ou procurador.

A lei preocupou-se aqui com a regularidade da capacidade de ser parte, com a capacidade processual e com a capacidade postulatória, impedindo que o processo avance se uma delas estiver irregular.

Em caso de morte deve haver a sucessão pelo espólio ou pelos herdeiros (CPC, art. 110) ou habilitação (arts. 687 e s.), no prazo fixado pelo juiz. Equipara-se à morte a extinção da pessoa jurídica. Em caso de perda da capacidade processual ou de falecimento do advogado, em que passará a haver irregularidade na representação processual da parte, aplicar-se-á o art. 76, devendo o juiz fixar prazo para a regularização. Nessa hipótese, deve ser observado o disposto no CPC, art. 313, §§ 1º e 3º.

b) Convenção das partes.

A lei autoriza que o processo fique suspenso por conveniência das partes. É preciso que haja a concordância de ambas, caso em que o juiz não poderá indeferi-la. A suspensão perdurará pelo prazo requerido pelas partes, não podendo, no entanto, ultrapassar o período de seis meses.

c) Arguição do impedimento e suspeição do juiz.

O procedimento das arguições vem tratado em capítulo próprio.

Desde a sua apresentação, o processo ficará suspenso e assim permanecerá até que haja decisão do relator do incidente, no Tribunal, a respeito dos efeitos em que ele o recebe. Se o receber no efeito suspensivo, o processo continuará suspenso e só voltará a correr depois que a arguição for julgada. Se receber a arguição sem efeito suspensivo, o processo voltará a correr.

d) Admissão de incidente de resolução de demandas repetitivas. Trata-se do incidente regulado nos arts. 976 e s. do CPC, que será admitido quando houver efetiva multiplicidade de processos que contenham controvérsia sobre a mesma questão jurídica, com risco de ofensa ao princípio da isonomia ou a segurança jurídica. Nos termos do art. 982, II, admitido o incidente, o relator suspenderá os processos pendentes, individuais ou coletivos, que tramitam no Estado ou na região em que o incidente corre. A suspensão abrangerá os processos que versem sobre a mesma questão jurídica. Caso haja necessidade, a tutela provisória será requerida ao juízo onde tramita o processo suspenso. Além disso, é possível a qualquer interessado solicitar ao STF ou ao STJ a suspensão de todos os processos individuais ou coletivos que versem sobre a mesma questão jurídica em todo o território nacional (art. 982, § 3º).

e) Sentença de mérito que dependa do julgamento de um outro processo, ou da declaração de existência ou inexistência de relação jurídica que constitua o objeto principal de outro processo pendente ou que só possa ser proferida após a verificação de fato, ou da produção de certa prova, requisitada a outro juízo.

Nos dois primeiros casos, haverá a prejudicialidade externa, e a suspensão é recomendada para evitar decisões conflitantes. No último, o prosseguimento dependerá da verificação de algo referente ao próprio processo, mas que depende da colaboração de outro juízo.

As cartas precatórias e rogatórias, expedidas para a colheita de provas, suspenderão o processo somente quando requeridas antes da decisão do saneamento, e desde que a prova nelas solicitada mostre-se imprescindível (CPC, art. 377).

f) Força maior, considerados como tal todos os fatos imprevistos e inevitáveis que constituam obstáculo para o regular andamento do processo, como as greves dos funcionários do Judiciário ou eventuais desastres naturais que impeçam temporariamente o funcionamento dos serviços forenses.

g) Discussão em juízo de questão decorrente de acidente e fatos da navegação de competência do Tribunal Marítimo. O Tribunal Marítimo é um órgão administrativo, vinculado ao Ministério da Marinha e regulamentado pela Lei n. 2.180/54. De acordo com o art. 1º da lei, ele é órgão auxiliar do Poder Judiciário, que tem por atribuição julgar os acidentes e fatos da navegação marítima, fluvial e lacustre e as questões relacionadas com tal atividade, especificadas nessa lei.

Quando há acidente ou fato de navegação, o processo deverá ficar suspenso, aguardando a apuração pelo tribunal marítimo. Mas as conclusões dele não vinculam o Poder Judiciário, que não está impedido de concluir de forma diversa daquilo que foi decidido pelo Tribunal Marítimo. Foi vetado o art. 515, X, do CPC, que considerava título executivo judicial o acórdão do Tribunal Marítimo quando do julgamento de acidentes e fatos da navegação. A razão do veto foi que o Tribunal é órgão administrativo, e a sua decisão não pode subtrair a questão do exame do Judiciário.

h) Demais casos previstos em lei.

Há outros exemplos de suspensão do processo. São eles: a instauração do incidente de desconsideração da personalidade jurídica (art. 134, § 3º); a dúvida quanto à sanidade mental do citando (CPC, art. 245 e parágrafos); a existência de processo crime, versando sobre fato delituoso discutido também no juízo cível, caso em que é facultado ao juiz suspender o julgamento deste até a solução daquele (art. 315, do CPC).

Discute-se se a decretação da quebra ou a liquidação extrajudicial do réu seria causa para a suspensão do processo, pois que caberia ao credor habilitar o seu crédito no juízo universal. Se o processo for de execução, haverá suspensão, já que o crédito deverá ser habilitado no concurso de credores.

Se o processo for de conhecimento, porém, não há razão para que o juiz determine a suspensão, pois, para que o crédito seja habilitado, é preciso que ele seja primeiro reconhecido por sentença.

i) Parto ou concessão de adoção, quando a advogada responsável pelo processo constituir a única patrona da causa.

Trata-se de hipótese introduzida pela Lei n. 13.363/2016. O prazo de suspensão do processo será de 30 dias, a contar do parto ou da concessão da adoção, que deverão ser comprovados mediante apresentação de certidão de nascimento ou documento similar que comprove a realização do parto, ou de termo judicial que tenha concedido a adoção, desde que haja notificação ao cliente. Se houver outros advogados responsáveis, não haverá suspensão.

j) Advogado responsável pelo processo tornar-se pai, quando constituir o único patrono da causa. Essa hipótese também foi introduzida pela Lei n. 13.363/2016. O prazo de suspensão será de oito dias, a contar do parto ou da concessão da adoção, comprovados na forma indicada no item anterior.

Dentre as hipóteses de suspensão previstas no art. 313, algumas há que são automáticas, isto é, que independem de declaração judicial: as decorrentes da morte ou perda da capacidade processual de qualquer das partes, seu representante legal ou procurador; da convenção das partes, bastando que o acordo seja comunicado a juízo; da admissão do incidente de resolução de demandas repetitivas; do fato de força maior; da existência de discussão de acidentes e fatos de navegação; da ocorrência de parto ou da concessão de adoção à única advogada responsável ou da paternidade do único advogado responsável, desde que comunicado ao juízo e preenchidos os requisitos. Nesses casos, verificado o fato, o processo estará suspenso, independentemente de declaração judicial. Mas há aquelas hipóteses em que a suspensão não opera de pleno direito, devendo aguardar decisão judicial. São as previstas no CPC, art. 313, V, que dependem de uma avaliação judicial quanto à conveniência ou não da suspensão.

Nos primeiros casos, a declaração judicial de suspensão terá eficácia *ex tunc*, retroagindo à data do fato. Nesta última hipótese, a eficácia será *ex nunc*.

No caso da arguição de impedimento e suspeição, caberá ao relator declarar os efeitos em que recebe o incidente, atribuindo-lhe ou não efeito suspensivo, nos termos do art. 146, § 2º. Na verdade, desde a arguição o processo fica automaticamente suspenso, cabendo ao relator decidir se mantém ou não a suspensão até o julgamento do incidente.

O fim do prazo de suspensão também deverá ser declarado pelo juiz, salvo no caso de convenção entre as partes, quando o processo volta a correr automaticamente do primeiro dia útil após o término do prazo convencionado. Nas demais hipóteses, a suspensão cessará quando o juiz intimar as partes, comunicando-lhes que o processo retomará o seu curso.

capítulo III
EXTINÇÃO DO PROCESSO DE CONHECIMENTO

1. INTRODUÇÃO

O processo de conhecimento tem por objetivo a produção de um provimento jurisdicional que revista de certeza jurídica o direito que está sendo postulado. O autor tem uma pretensão em face do réu, mas ela ainda não está dotada de certeza jurídica bastante para desencadear os efeitos jurídicos satisfativos por ele pretendidos. É preciso então que ele submeta o seu direito à apreciação judicial, para que se possa dizer se tem ou não razão. Se o tiver, o juiz concederá ao autor o provimento postulado, que pode desde logo produzir os efeitos almejados, como ocorre com as sentenças declaratórias e constitutivas, ou permitir a abertura de uma fase de execução, na qual o credor buscará a satisfação material de seu direito.

São duas as espécies de sentença, ou acórdãos, que podem ser proferidas no processo de conhecimento: as que apreciam a pretensão formulada, seja em sentido afirmativo ou negativo, e que por isso são denominadas de mérito; e aquelas em que não foi possível, pelas mais variadas razões, apreciar a pretensão do autor em face do réu, que são as de extinção sem resolução de mérito. Nestas, o processo foi extinto, mas houve algum óbice que impediu o juiz de apreciar a pretensão formulada.

A resolução de mérito é o objetivo natural do processo de conhecimento, que terá atingido o seu fim e cumprido a sua meta. As sentenças terminativas, de extinção sem resolução de mérito, são anômalas, pois o processo foi encerrado sem ter cumprido a sua finalidade. O processo em que houve a apreciação do mérito foi bem-sucedido; aquele em que não houve, foi infrutífero.

2. EXTINÇÃO DO PROCESSO SEM RESOLUÇÃO DE MÉRITO

O CPC, art. 485, enumera as hipóteses em que isso ocorre.

a) Quando o juiz indeferir a petição inicial: a redação do inciso I foi infeliz, pois a causa da extinção do processo não é propriamente o indeferimento da inicial, e sim a razão que levou a esse indeferimento. Para que o juiz o tenha feito é porque ela não preencheu os requisitos exigidos por lei para o seu recebimento (art. 330). Se o vício que a petição inicial contiver for sanável, o juiz dará oportunidade para o autor proceder à correção, sob pena de indeferimento.

A expressão "indeferimento da inicial" deve ficar reservada para a hipótese em que o juiz põe fim ao processo sem ter havido a citação do réu. Depois dela, o uso da expressão torna-se impróprio. Isso não quer dizer que eventual vício ou inépcia da petição inicial não possam, mesmo após a contestação, ensejar a extinção do processo. Tem sido decidido que "a inépcia da inicial pode ser reconhecida mesmo depois da contestação" (STF, *RT*, 636/188). Entretanto, quando isso ocorrer, não haverá propriamente indeferimento da inicial, mas extinção do processo por falta de um pressuposto processual de desenvolvimento válido e regular do processo, qual seja, a aptidão da petição inicial. Também não se confunde com a sentença de indeferimento da inicial aquela que dá pela improcedência de plano, nas hipóteses do CPC, art. 332, já que nessas há resolução de mérito.

b) Quando ficar parado durante mais de um ano por negligência das partes: proposta a ação, o processo corre por impulso oficial. Mas pode ocorrer uma paralisação, que pode estender-se por longo tempo. Essa hipótese do inciso II é bastante rara, porque dificilmente o processo de conhecimento ficará tanto tempo paralisado, a não ser por um descuido do juiz, de seus auxiliares e das partes. O inciso III do art. 313 determina que, com trinta dias de paralisação, o autor deva ser intimado para dar andamento ao feito, sob pena de extinção. Por isso, é difícil que ele fique abandonado por um ano. Mas isso pode ocorrer se, passados trinta dias, o réu não requerer a extinção (Súmula 240 do STJ).

Tal como no inciso seguinte, a extinção só ocorrerá desde que verificadas duas condições: primeiro, que o processo não possa prosseguir, pela omissão quanto à prática de um ato que seja indispensável; segundo, que o autor seja intimado pessoalmente para dar andamento ao feito, em cinco dias, sob pena de extinção (CPC, art. 313, § 2º). Os processos de inventário e de execução, no entanto, podem permanecer no arquivo por tempo superior a um ano, sem que haja a extinção do processo.

c) Quando, por não promover os atos e diligências que lhe competir, o autor abandonar a causa por mais de trinta dias: no capítulo dedicado à formação do processo e impulso oficial já se tratou dessa hipótese. Basta lembrar que o processo não pode ficar paralisado, e que incumbe ao autor tomar algumas providências que são imprescindíveis para o seu andamento. Se não o fizer, e o processo ficar paralisado por mais de trinta dias, o juiz determinará que ele seja intimado para dar andamento ao feito, em cinco dias, promovendo o ato ou diligência que lhe incumbe, sob pena de extinção do processo. A intimação que antecede a extinção deve ser pessoal, podendo ser feita por carta, mandado ou edital, se o autor estiver desaparecido. No entanto, o processo não será extinto sem que tenha havido prévio requerimento do réu, nos termos da Súmula 240 do STJ, a menos que ele ainda não tenha oferecido resposta, caso em que o juiz poderá, de ofício, proceder à extinção.

d) Quando se verificar a ausência de pressupostos de constituição e de desenvolvimento válido e regular do processo: há casos em que a falta de um pressuposto processual de validade ensejará a nulidade do processo, mas não a sua extinção. Por exemplo, é pressuposto de validade que o juízo seja competente. Se a demanda for proposta e correr perante juízo incompetente, constatado o vício, o processo será declarado nulo e remetido ao juízo competente, mas não extinto. O mesmo se dará se o processo for conduzido por juiz impedido.

Há outros pressupostos processuais cuja inobservância pode acarretar a extinção do processo, mas antes deve o juiz permitir a sua regularização. Por exemplo, se a capacidade processual ou a capacidade postulatória do autor estiverem irregulares, o processo será extinto, mas antes o juiz deve conceder um prazo para regularização (CPC, art. 76).

Todavia, há pressupostos processuais cuja ausência é insanável e levará irremediavelmente à extinção do processo. É o que ocorre, por exemplo, se um dos polos do processo for ocupado por quem não tem capacidade de ser parte. A falta de um pressuposto processual constitui matéria de ordem pública, devendo ser declarada de ofício pelo juiz a qualquer tempo e grau de jurisdição, exceto em recurso especial ou extraordinário, aos quais não se tem reconhecido efeito translativo.

e) Quando o juiz reconhecer a existência de perempção, litispendência e coisa julgada: esse inciso está abrangido pelo anterior, pois para a maioria da doutrina os três fenômenos mencionados constituem pressupostos processuais negativos. A perempção é a perda do direito de ação por aquele que, por três vezes anteriores, deu causa à extinção do processo por abandono. A litispendência e a coisa julgada são causas impeditivas para o prosseguimento do processo, porque pressupõem a existência de outra ação idêntica em andamento ou já transitada em julgado, respectivamente. Também as matérias elencadas nesse inciso podem ser conhecidas de ofício e a qualquer tempo nas instâncias ordinárias.

f) Quando verificar ausência de legitimidade das partes e de interesse processual: a falta de uma das condições torna o autor carecedor da ação, o que constitui óbice inafastável para a obtenção de uma resposta de mérito. O juiz, antes de apreciar a pretensão do autor, deve analisar o preenchimento dos pressupostos processuais e das condições da ação, nessa ordem. A ausência de uns e outros implicará a extinção do processo sem resolução de mérito. Tal como a ausência dos pressupostos processuais, a das condições da ação constitui uma objeção processual, podendo ser alegada de ofício e a qualquer tempo nas instâncias ordinárias. Portanto, as matérias elencadas nos incisos IV, V e VI do art. 485 não estão sujeitas à preclusão.

g) Quando acolher a alegação de existência de convenção de arbitragem ou quando o juízo arbitral reconhecer sua competência: o art. 1º da Lei n. 9.307/96 estabelece que as pessoas capazes de contratar podem valer-se da arbitragem para dirimir conflitos relativos a direitos patrimoniais disponíveis. A existência da convenção de arbitragem sujeita a solução do litígio à decisão do árbitro, excluindo, destarte, a possibilidade de julgamento feito pelo Estado. Da existência de convenção de arbitragem, o juiz não pode conhecer de ofício.

h) Quando o juiz homologar a desistência da ação: entre as causas mais comuns de extinção do processo sem resolução de mérito está a desistência da ação, que não se confunde com a renúncia ao direito em que ela se funda. A desistência tem cunho estritamente processual, e não afeta o direito substancial do autor, que poderá retornar a juízo posteriormente, com a mesma demanda. Já a renúncia diz respeito ao próprio direito substancial subjacente e implica a extinção do processo com resolução de mérito (CPC, art. 487, III, *c*).

A desistência pode ser requerida a qualquer momento, enquanto não proferida a sentença de mérito. Depois desta, ela não é mais admissível, nos termos do CPC, art. 485, § 5º.

De acordo com o CPC, art. 485, § 4º, depois de oferecida contestação, o autor não poderá, sem o consentimento do réu, requerer a desistência.

Justifica-se a necessidade de consentimento, pois a desistência não impede a repropositura da demanda. Por isso, é justo que ele, em determinadas circunstâncias, possa preferir o seguimento do processo, na busca de um resultado de mérito que ponha fim, de uma vez por todas, à lide, impedindo novas ações que versem sobre o mesmo assunto.

Pode haver desistência parcial do autor em relação a um dos litisconsortes no polo passivo, desde que não se trate de litisconsórcio necessário. Havendo a desistência parcial, aplica-se o CPC, art. 335, § 2º. Quando há vários réus, o prazo de contestação só começará a correr depois que todos estiverem citados (CPC, art. 231, § 1º). Todavia, se houver desistência em relação a um deles, o prazo de resposta para os demais correrá da intimação da decisão que deferir a desistência, que muitas vezes terá de ser pessoal, quando os demais réus ainda não tiverem comparecido ao processo e constituído advogado.

Em caso de litisconsórcio, a desistência da ação dependerá do consentimento de todos os réus que já tiverem apresentado resposta. Mas se houver desistência apenas em relação a um deles, só este deverá consentir.

A discordância do réu quanto ao pedido de desistência há de ser fundamentada, não podendo ele opor-se injustificadamente. Há casos, por exemplo, em que ele o faz sob o argumento de que quer ser indenizado pelos honorários advocatícios que despendeu. Esse argumento, porém, não justifica a oposição, pois a sentença que homologa a desistência da ação e extingue o processo impõe ao autor a condenação na verba de sucumbência.

i) Em caso de morte da parte, quando a ação for considerada intransmissível por disposição legal: há algumas ações que têm cunho personalíssimo e não se transmitem por força de sucessão. São exemplos as de separação judicial e divórcio, anulação de casamento, interdição (quando houver morte do interditando).

j) Nos demais casos prescritos no Código: são exemplos de extinção sem resolução de mérito, as hipóteses previstas no CPC, arts. 115, parágrafo único, e 313, § 3º.

2.1. Consequências da extinção do processo sem resolução de mérito

Ela não atinge o direito substancial subjacente à ação e não faz coisa julgada material. Por isso, não impede a repropositura da demanda no futuro. É o que dispõe expressamente o CPC, art. 486.

Entretanto, tendo havido extinção, a demanda não poderá ser simplesmente reproposta, nos mesmos termos da anterior, sem nenhuma alteração, seja no teor da inicial, seja nas circunstâncias que cercam o seu ajuizamento.

Vale aqui a lição de Nelson e Rosa Nery: "Como a sentença de extinção do processo sem julgamento de mérito não faz coisa julgada material, a lide objeto daquele processo não foi julgada, razão pela qual pode ser reproposta a ação. A repropositura não é admitida de forma automática, devendo implementar-se o requisito faltante que ocasionou a extinção. Por exemplo: processo extinto por ilegitimidade de parte somente admite repropositura, se sobrevier circunstância que implemente essa condição da ação faltante no processo anterior. Do contrário, a repropositura pura e simples, sem essa observância, acarretaria nova extinção do processo sem julgamento de mérito por falta de interesse processual"[1].

Por isso, o art. 486, § 1º, estabelece que, no caso de extinção em razão de litispendência e nos casos dos incisos I, IV, VI e VII do art. 486, a propositura da nova ação depende da correção do vício que levou à extinção sem resolução de mérito.

A sentença de extinção sem resolução de mérito ainda produz outras consequências de suma relevância: a coisa que era objeto de discussão no processo deixa de ser litigiosa, de forma que a sua alienação não se dará mais em fraude à execução; o processo extinto não mais produzirá os efeitos da litispendência, uma vez que não haverá mais lide pendente.

Questão altamente controversa diz respeito aos efeitos interruptivos da prescrição, e sua permanência, após a extinção do processo sem resolução de mérito.

O entendimento predominante, na vigência do Código Civil de 1916, era de que, extinto o processo sem resolução de mérito, a citação que nele se havia operado, ainda que válida, não tinha o condão de interrompê-la. A eficácia interruptiva da citação ficava sempre sujeita à condição resolutiva de

---

1. Nelson e Rosa Nery, *Código de Processo Civil comentado*, p. 681.

que fosse proferida sentença terminativa. O argumento utilizado pela doutrina para sustentar esse entendimento era legal: o art. 175 do Código Civil estabelecia que "a prescrição não se interrompe com a citação nula por vício de forma, por circunducta, ou por se achar perempta a instância, ou a ação".

Diante disso e do significado atribuído à expressão "perempção de instância" pelo Código Civil, concluía-se que o legislador civil havia preferido negar efeito interruptivo às citações que se operavam em processos extintos sem apreciação do mérito.

O novo Código Civil não contém dispositivo semelhante ao art. 175 do antigo, mas se limita a dizer que citação válida interrompe a prescrição, sem qualquer ressalva. Diante disso, parece-nos ter sido clara a intenção do legislador de manter a eficácia interruptiva da prescrição decorrente do despacho que ordena a citação, mesmo que o processo seja extinto sem resolução de mérito. Apenas nas hipóteses de extinção sem resolução de mérito por abandono do autor, isto é, com fulcro no art. 485, II e III, é que não haverá interrupção da prescrição.

A constituição do devedor em mora também permanecerá, mesmo após a extinção. E o juízo em que correu o processo extinto estará prevento para conhecer de ações idênticas que venham a ser reiteradas, diante do que dispõe o CPC, art. 286, II, que se aplica não apenas às hipóteses de desistência, mas a todas aquelas em que o processo seja extinto sem resolução de mérito.

2.2. Extinção do processo e contraditório

O art. 10 do CPC proíbe o juiz de decidir com base em fundamento sobre o qual não se tenha dado às partes oportunidade de manifestar-se, ainda que se trate de matéria sobre a qual deva decidir de ofício. Se verificar a existência de alguma razão que justifique a extinção do processo, deverá, antes de fazê-lo, ouvir o autor. Como acentua Cândido Dinamarco: "O juiz que, apercebendo-se de uma causa extintiva do processo, pronuncia logo a sentença que lhe põe fim, não deu ao autor a mínima oportunidade de discutir a matéria e eventualmente convencê-lo do contrário. Se ele manda que se manifeste o demandante, é possível que este tenha fundamentos capazes de desfazer a impressão inicial do juiz e assim evitar a extinção do processo. Isso é contraditório"[2].

2. Cândido Rangel Dinamarco, *Instituições*, v. 3, p. 183.

2.3. A possibilidade de retratação, caso haja apelação

Toda vez que extinguir o processo sem resolução de mérito e houver apelação, o juiz pode, no prazo de cinco dias, retratar-se. É o que dispõe o art. 485, § 3º, do CPC. Essa possibilidade independe do fundamento em que se embasa a extinção, bastando que seja sem resolução de mérito. Se o juiz mantiver a sentença, intimará a parte contrária a oferecer contrarrazões e determinará a remessa oportuna dos autos ao órgão *ad quem*. Se se retratar, ou ele determinará a continuação do processo do ponto em que estava, quando foi proferida a sentença meramente extintiva, se ainda não houver nos autos elementos bastantes para que ele julgue o mérito; ou então, no lugar da sentença extintiva, proferirá sentença definitiva, de mérito, se já encontrar nos autos os elementos necessários para fazê-lo. Especificamente no caso da extinção por indeferimento da inicial, o procedimento a ser observado é o do art. 331 do CPC, em que há necessidade de citação do réu para oferecer contestação, em caso de retratação, ou contrarrazões, em caso de não retratação.

Quando há julgamento de mérito, é preciso distinguir. Se houver sentença de improcedência liminar, nas hipóteses do art. 332, a apelação permitirá ao juiz retratar-se. Se houver o julgamento antecipado parcial de mérito, o que ocorrerá nas hipóteses do art. 356, o juiz decidirá um ou mais pedidos, em caráter definitivo, por decisão interlocutória, contra a qual caberá agravo de instrumento, sempre dotado de juízo de retratação.

Mas, havendo sentença com resolução de mérito (excetuada a hipótese do art. 332), não haverá possibilidade de retratação.

3. DA RESOLUÇÃO DE MÉRITO

O CPC, art. 487, enumera em três incisos as hipóteses em que há resolução de mérito.

Dessas hipóteses, apenas uma delas constitui verdadeira sentença de mérito, no sentido próprio da palavra. Sendo o mérito a pretensão formulada na inicial, ele só será verdadeiramente julgado quando o juiz proferir sentença acolhendo ou rejeitando o pedido do autor. Mas, além dessa, há outras hipóteses de resolução que a lei considera como sendo de mérito. Nelas, o juiz não aprecia propriamente a pretensão do autor, por isso que, só impropriamente, elas podem ser assim chamadas.

A lei considera essas hipóteses enumeradas nos incisos II e III, alíneas *a*, *b* e *c*, do art. 487, como sentenças de mérito, para disso extrair as consequências que são próprias apenas dos provimentos dessa espécie. Embora o juiz, ao proferi-las, não examine a pretensão do autor, sua sentença fica acobertada pela autoridade da coisa julgada material, o que impede que idêntica demanda venha a ser reproposta. Embora elas não sejam verdadeiras sentenças de mérito, produzem efeitos como se o fossem.

Além da hipótese de acolhimento ou rejeição do pedido do autor (ou do reconvinte), haverá sentença de mérito quando:

a) O réu reconhecer a procedência do pedido. Atinge o próprio direito substancial que embasa a ação, incumbindo ao juiz apenas fiscalizar se ele preenche os requisitos formais exigidos por lei, se foi praticado por quem tinha poderes para fazê-lo e se versa sobre direito ou interesse disponível. Preenchidos os requisitos, o juiz acolherá o pedido do autor sem maiores delongas, sendo desnecessário em sua sentença tecer outras considerações sobre o direito que estava *sub judice*.

b) As partes transigirem. A transação é negócio jurídico civil, que extingue as obrigações, e pressupõe que as partes tenham feito concessões recíprocas. Desde o momento em que celebrada, ainda que extrajudicialmente, produz efeitos e não pode mais ser objeto de resilição unilateral. Feito o acordo, as partes não podem mais arrepender-se unilateralmente. O que pode haver é o arrependimento bilateral, caso em que cumprirá a elas celebrar um distrato, que nada mais é que outra transação, tendo por objeto o desfazimento da primeira. Portanto, não é a homologação judicial que gera a eficácia da transação. Ela serve apenas para pôr fim à fase cognitiva, permitindo ao juiz verificar se o acordo foi celebrado conforme os ditames legais e se versa sobre direito disponível.

Acontece, com frequência, que transação das partes seja levada a juízo para homologação, e, antes que o juiz profira a sentença terminativa, uma das partes compareça a juízo para retratar-se. Todavia, se a transação foi celebrada de maneira regular, não cabe mais o arrependimento, como ocorre em todo e qualquer negócio jurídico bilateral. Por isso, nada restará ao juiz senão homologá-la.

Para que a fase cognitiva seja extinta, é necessário que a transação verse sobre todo o objeto litigioso. Pode haver transação parcial, caso em que o processo prosseguirá para discussão daquela parte do objeto litigioso sobre a qual não se transigiu.

Os requisitos para a validade da transação são os da lei civil para todos os negócios jurídicos. Ela pode ser celebrada a qualquer tempo, mesmo depois de proferida sentença, e ainda que já se esteja em fase de execução. O trânsito em julgado da sentença apenas assegura que o direito discutido pertence a uma das partes, mas não impede que o titular transija sobre ele, desde que se trate de direito disponível. Celebrada a transação após a prolação da sentença, a situação jurídica posterior das partes será regida pelos termos do acordo, e não pelo que ficou decidido pelo juiz.

Como negócio jurídico civil que é, a transação dispensa a participação dos advogados. Ela não é ato processual, mas civil com efeitos no processo. Por isso, basta a vontade das partes para que ela se aperfeiçoe, ainda que elas não tenham capacidade postulatória. Nada impede que o juiz, na audiência, tente conciliar as partes, mesmo que seus advogados não estejam presentes.

A transação não está limitada ao objeto do litígio, podendo ter uma abrangência maior que ele. O juiz não poderá recusar a homologação, alegando que ele ultrapassa o âmbito da discussão *sub judice*.

c) O juiz pronunciar a decadência ou a prescrição. Só impropriamente a sentença que acolhe uma dessas alegações pode ser considerada de mérito, porque, ao proferi-la, o juiz não aprecia a pretensão formulada pelo autor. A rigor, essa sentença deveria ser considerada meramente terminativa, já que o juiz põe fim à fase cognitiva sem apreciar o que foi pedido. Justifica-se, porém, a opção do legislador de considerá-la como tal, para evitar que a mesma demanda possa ser proposta novamente quando a prescrição e a decadência já tiverem sido reconhecidas e declaradas em processo anterior.

A prescrição e a decadência devem ser conhecidas de ofício pelo juiz, devendo respeitar-se o disposto no art. 10 do CPC.

A distinção entre prescrição e decadência pertence ao direito substancial. Para espancar as intermináveis dúvidas sobre a natureza decadencial ou prescricional dos prazos estabelecidos em lei, o novo Código Civil usou uma fórmula que leva em consideração o local do Código em que o prazo foi mencionado. Esclarece Carlos Roberto Gonçalves que, "para distinguir os dois institutos, o novo Código Civil optou por uma fórmula que espanca qualquer dúvida. Prazos de prescrição são, apenas e exclusivamente, os taxativamente discriminados na Parte Geral, nos arts. 205 (regra geral) e 206 (regras especiais), sendo de decadência todos os demais, estabelecidos como complemento de cada artigo que rege a matéria, tanto na Parte Geral como na Especial. Portanto, os prazos previstos em qualquer outro dispositivo (e não nos arts. 205 e 206) serão decadenciais"[3].

A prescrição e a decadência podem ser alegadas em qualquer tempo e grau de jurisdição (menos em recurso especial ou extraordinário, que exigem prequestionamento).

d) O autor renunciar ao direito em que se funda a ação. A renúncia é ato unilateral do autor, que atinge o próprio direito substancial que embasa o pedido. O juiz extinguirá a fase cognitiva depois de verificar se ela obedeceu aos requisitos impostos por lei e se recaiu sobre direito disponível.

A renúncia é o contraposto do reconhecimento jurídico do pedido. A primeira é ato do autor, e o segundo, do réu. Ambos acarretarão extinção da fase cognitiva em virtude de disposição do direito material.

---

3. Carlos Roberto Gonçalves, *Principais inovações no Código Civil de 2002*, p. 32.

livro VII
DO PROCESSO E DO PROCEDIMENTO

capítulo I
PROCEDIMENTO

É o modo pelo qual os atos processuais encadeiam-se no tempo para atingir a sua finalidade. É preciso que os atos processuais sejam ordenados de uma maneira, e com uma lógica interna, que permita ao juiz emitir o provimento final. Todo procedimento começa com uma pretensão formulada por meio de uma petição inicial. É obrigatório que o réu seja chamado a integrar a relação processual, o que se faz por intermédio da citação, e que lhe seja dada oportunidade de oferecer resposta.

Depois, se necessário, será aberta a possibilidade de as partes produzirem as provas pertinentes para demostrar os fatos que sustentam as suas pretensões, e, ao final, o juiz, sopesando as alegações e provas por elas trazidas, deverá emitir o provimento jurisdicional.

Essa é, *grosso modo*, a estrutura fundamental do procedimento nos processos de conhecimento. Há, no entanto, possíveis variações sobre o modo pelos quais esses diversos atos vão-se sucedendo no tempo, conforme o tipo de procedimento observado. Como o processo é instrumento, há casos em que ele precisa amoldar-se ao tipo de pretensão formulada.

O CPC previu dois tipos fundamentais de procedimento: o comum e os especiais.

O procedimento comum vem tratado no CPC, arts. 318 a 512. Os especiais de jurisdição contenciosa, nos arts. 539 a 718; e os de jurisdição voluntária, nos arts. 719 a 770.

O procedimento comum é supletivo em relação ao especial. A lei trata especificamente apenas daquelas ações que têm procedimento especial: a consignação em pagamento, ação de exigir contas, os inventários, as possessórias de força nova etc. As que não são expressamente tratadas como de procedimento especial seguem o comum. Por exemplo, a lei não cuida das ações de investigação de paternidade, nem das paulianas ou das imissões de posse. Mas isso porque tais demandas não têm procedimento especial, mas comum.

Portanto, a primeira coisa que se deve analisar para apurar qual o procedimento adequado é se há previsão, para aquele tipo de processo, de um procedimento especial. Em caso afirmativo, dever-se-á observar o que determina a lei, respeitando-se as peculiaridades por ela impostas àquele procedimento; se não for especial, então ele será comum.

O procedimento constitui matéria de ordem pública, não havendo opção das partes ou do juiz, que deve, de ofício, determinar a conversão de um a outro, procedendo-se às emendas necessárias à inicial quando tiver havido equívoco do autor. Todavia, se o erro passar despercebido pelo juiz, só haverá nulidade se dele tiver advindo prejuízo. Se as partes tiveram ampla possibilidade de manifestar-se e de produzir as provas necessárias para a demonstração de suas alegações, não se declarará a nulidade, sempre levando-se em consideração o princípio da instrumentalidade do processo.

Embora haja numerosas distinções entre os vários tipos de procedimento, há muitos pontos em comum entre todos eles. Os atos processuais estruturais, fundamentais em todos os tipos de procedimento – petição inicial, contestação do réu, fase instrutória e sentença –, são comuns a todas as espécies e vêm tratados no CPC, no título referente ao procedimento comum. No referente aos especiais, o legislador só cuidou daquelas peculiaridades que os distinguem do comum.

Por isso, a aplicação das regras do procedimento comum é supletiva à dos demais: naquilo que não houver regras próprias, que constituam as particularidades dos procedimentos especiais, aplicar-se-ão supletivamente às do procedimento comum.

capítulo II
PROCEDIMENTO COMUM (FASE POSTULATÓRIA)

O CPC, a partir do art. 319, trata do procedimento comum, que está dividido em quatro fases: a postulatória, em que o autor apresenta a petição inicial e o réu a sua contestação; a ordinatória, em que o juiz saneia o processo e aprecia os requerimentos de provas formulados pelas partes; a instrutória, em que são produzidas as provas; e a decisória.

Essa divisão é feita levando em conta o tipo de ato predominante em cada fase. Na postulatória prevalecem os de requerimento das partes. Mas isso não significa que já não sejam produzidas provas (em regra documentais), e que o juiz não profira decisões. O mesmo ocorre nas outras fases, em que há um tipo de ato predominante, embora não necessariamente único.

Nos itens seguintes serão estudados os principais atos do procedimento comum. Não se pode esquecer, porém, que as regras a ele aplicáveis são válidas também para os procedimentos especiais, em caráter supletivo, desde que não exista disposição específica em contrário e não se contrariem as suas peculiaridades. Vejamos primeiramente a fase postulatória.

1. PETIÇÃO INICIAL

1.1. Propositura da demanda

É o ato que dá início ao processo. A petição inicial é a peça por meio da qual se faz a propositura da ação. É por seu intermédio que se fixam os contornos da pretensão, pois nela são indicados os pedidos do autor e os fundamentos nos quais eles estão baseados. É também ela que indica quem ocupará os polos ativo e passivo da ação, contendo os seus elementos identificadores. É pelo seu exame que se verificará quais são os limites e os contornos do pedido e de seus fundamentos. Por causa disso, o exame da inicial tem enorme repercussão sobre a distinção ou identidade entre duas ações e para a questão da conexão ou continência.

Também tem repercussão sobre o procedimento a ser observado, já que a matéria implicará a adoção de um ou outro.

1.2. Requisitos da petição inicial

Estão enumerados no CPC, arts. 319 e 320. No primeiro, estão elencados os requisitos intrínsecos, isto é, aqueles que devem ser observados na própria peça que a veicula. No segundo, estão os extrínsecos, relacionados a documentos que devem, necessariamente, vir acompanhando a peça.

Além deles, é também requisito que a petição inicial seja escrita, em vernáculo, e esteja assinada pelo advogado do autor, ou pelo próprio, se estiver advogando em causa própria.

Determina o art. 319 que a inicial indique:

1.2.1. O juízo a que é dirigida: a petição inicial contém um requerimento e deve indicar a quem ele é dirigido.

Se houver erro na indicação, e a demanda for proposta perante juízo incompetente, nem por isso a inicial deverá ser indeferida, mas apenas remetida ao competente.

1.2.2. Os nomes, os prenomes, o estado civil, a existência de união estável, a profissão, o número de inscrição no Cadastro de Pessoas Físicas ou no Cadastro Nacional de Pessoa Jurídica, o endereço eletrônico, o domicílio e a residência do autor e do réu: as partes constituem um dos elementos identificadores da ação. Por isso, a inicial deve designar os seus nomes e qualificação, que permitam a sua identificação.

Em relação aos nomes e à qualificação dos autores, a exigência não pode ser afastada, pois, sendo eles que propõem a demanda, não terão como não se identificar. Mas pode haver dificuldade para nomear ou qualificar os réus. Admite-se até mesmo a propositura de demandas em face de réus desconhecidos ou incertos (CPC, art. 256, I), como nas grandes invasões de terra, em que não é possível identificar os esbulhadores. Nesse caso, admite-se que a inicial faça referência genérica a todos eles, sem nomear e identificar cada um.

Quando houver um número muito grande de autores, a jurisprudência tem admitido que os nomes e qualificações de todos constem de uma lista anexa (STJ, 1ª Turma, RMS 2.741-7-SP, rel. Min. Cesar Rocha).

Pequenos equívocos na indicação do nome ou da qualificação das partes são considerados meros erros materiais, não implicando nulidade, desde que não tragam prejuízo.

Quando a parte for pessoa jurídica, a inicial deve conter os elementos necessários para a sua identificação.

1.2.3. O fato e os fundamentos jurídicos do pedido: esse é um dos requisitos de maior importância da petição inicial. A indicação da causa de pedir próxima e remota é de grande relevância, porque constitui um dos elementos identificadores da ação que, em conjunto com o pedido, dá os limites objetivos dentro dos quais será dado o provimento jurisdicional.

O que efetivamente vincula o juiz é a descrição dos fatos, e não os fundamentos jurídicos, pois ele conhece o direito e deve aplicá-lo corretamente, ainda que tenha havido equívoco na sua indicação.

A narração dos fatos deve ser feita de forma inteligível, e manter estreita correção lógica com a pretensão inicial. Não basta ao autor narrar a violação de seu direito, mas é preciso que ele descreva também os fatos em que ele está fundado (teoria da substanciação). Em uma ação reivindicatória, por exemplo, é necessário que o autor não só descreva a violação ao seu direito de propriedade, mas indique os fatos em que esse direito está fundado.

1.2.4. O pedido e suas especificações: com a causa de pedir e a indicação das partes, o pedido forma o núcleo essencial da petição inicial. Ao formulá-lo, o autor deve indicar ao juiz o provimento jurisdicional postulado (pedido imediato) e o bem da vida que se quer obter (pedido mediato). O pedido deve ser redigido com clareza e ser especificado, pois será ele, somado à causa de pedir, que dará o contorno dos limites objetivos da lide. O juiz, ao proferir a sentença, não pode dele desbordar. Será *extra petita* a sentença em que o juiz apreciar pedido diverso ou fundamento distinto daqueles formulados na inicial; e será *ultra petita* aquela em que ele conceder o que foi pedido, mas em quantia maior. Também devem ser apreciados todos os pedidos, sob pena de a sentença ser considerada *citra petita*.

A inicial deve esclarecer se a pretensão do autor é condenatória, constitutiva ou declaratória e individualizar o bem da vida pretendido. A importância do pedido é tal que a lei processual consagrou-lhe uma seção própria (Seção II do Capítulo II, do Livro I da Parte Especial, na qual são abordados vários aspectos a ele referentes, como a possibilidade de formulação de pedido genérico, em hipóteses excepcionais, os pedidos implícitos e a cumulação).

1.2.5. O valor da causa: estabelece o CPC, art. 291, que a toda causa será atribuído um valor certo, ainda que não tenha conteúdo econômico imediatamente aferível. Ele pode influir, entre outras coisas:

a) na competência, pois o valor da causa é um dos critérios de sua fixação, em relação ao juízo;

b) no procedimento: é utilizado para delimitar o âmbito de atuação do juizado especial cível;

c) no recolhimento das custas e do preparo, que tem como base de cálculo o valor da causa;

d) nos recursos em execução fiscal, conforme a Lei n. 6.830/80, art. 34;

e) na possibilidade de o inventário ser substituído por arrolamento sumário (CPC, art. 664, *caput*).

O valor da causa deve corresponder ao do conteúdo econômico do pedido. Mas existem ações em que o pedido não o tem, ou em que esse conteúdo é inestimável. Nelas, o valor da causa será fixado por estimativa ou de acordo com os critérios estabelecidos nos regimentos ou leis estaduais de custas.

Todas as demandas devem indicar o valor da causa, o que inclui a reconvenção e os embargos à execução.

Ele deve levar em consideração o conteúdo econômico do que está sendo postulado, e não o daquilo que é efetivamente devido. Este só vai ser decidido pelo juiz na sentença. Com frequência, o réu contesta o valor da causa aduzindo que as pretensões do autor são descabidas, e que ele não faz jus a tal ou qual parcela do pedido, razão pela qual deve ser reduzido.

Todavia, o juiz não pode, ao apreciar a alegação, decidir qual parcela do pedido é devida, sob pena de estar antecipando o julgamento. O que lhe cabe avaliar é se há correspondência entre o valor dado e o conteúdo econômico do pedido, sem qualquer juízo de valor sobre a pretensão inicial.

Há causas em que ele só pode ser estimado pelo autor, não havendo critérios legais para a sua fixação. Por exemplo, as de indenização por danos morais. O valor da causa deve, em regra, corresponder ao valor postulado, nos termos do art. 292, V, do CPC.

Há o risco de o autor postular quantia elevada, o que repercutirá no valor da causa. Como ele é usado como base de cálculo para recolhimento de custas e preparo, a estimativa pode dificultar ou até impedir o réu de valer-se de faculdades processuais que dependem do recolhimento de custas, o que se agrava quando o autor superestima a pretensão e vale-se dos benefícios da justiça gratuita. Tem-se admitido que o réu impugne o valor da causa, na contestação, para que ele seja reduzido equitativamente pelo juiz a valores moderados, que não constituam mais empecilho ao exercício das faculdades processuais pela parte contrária. Mas o juiz, ao examinar a impugnação, não deve pronunciar-se sobre a pretensão do autor, nem decidir se ela é ou não excessiva. Se o fizer, estará antecipando o julgamento. Ele se limitará a apreciar o valor da causa, reduzindo-o se entender que não foi fixado com moderação e pode prejudicar a parte contrária. Ao proferir sentença, contudo, o juiz não estará limitado pelo valor da causa, mas pelo valor da pretensão formulada pelo autor na petição inicial.

1.2.5.1. Critérios para a fixação do valor da causa: o art. 292 do CPC fornece alguns. De uma maneira geral, ele deve corresponder ao conteúdo econômico da pretensão, embora até as causas que não tenham valor econômico devam indicá-lo, por estimativa. Pode-se dizer que ele será fixado com base em critérios legais e objetivos, quando isso for possível, ou por estimativa, quando a causa não tiver valor econômico aferível.

Os incisos I, VI, VII e VIII do art. 292 dizem respeito às ações de cobrança de dívida. Nelas, o valor da causa deve corresponder à soma do principal monetariamente corrigida, dos juros de mora vencidos e de outras penalidades, se houver, até a propositura da ação. O principal consiste na dívida propriamente dita, corrigida.

Quando houver pedidos cumulados, o valor da causa corresponderá à soma de todos eles; quando forem alternativos, ao de maior valor; em caso de pedido subsidiário, ao do pedido principal. Mas essas regras só são aplicáveis quando o pedido for certo e determinado. Quando genérico (CPC, art. 324), será calculado por estimativa, devendo guardar uma proporcionalidade com a vantagem econômica que o autor pretende obter.

O § 1º do art. 292 estabelece que, se a cobrança envolver prestações sucessivas, em que haja parcelas vencidas e vincendas, o valor da causa deve corresponder à soma de umas e outras. E o § 2º acrescenta quc, no caso de prestações por tempo indeterminado ou superior a um ano, à soma das parcelas vencidas com um ano das vincendas. É o que ocorre nas ações de reparação de danos em que a vítima postula pensão mensal por tempo indeterminado ou nas de consignação em pagamento.

No inciso II do art. 292, a lei cuida das ações que versam sobre a existência, validade, cumprimento, modificação, a resolução, a resilição ou rescisão de ato jurídico, estabelecendo que o valor da causa será o do ato. Mas, para isso, é preciso que a demanda o atinja por inteiro. Se o seu objeto é a discussão de uma cláusula contratual, ou a sua revisão parcial, o valor da causa deve guardar proporcionalidade com a vantagem econômica que se pretende obter, inferior ao valor do contrato.

O inciso III é específico para a ação de alimentos: o valor da causa deve corresponder a doze prestações mensais pedidas pelo autor, valendo a mesma regra para a exoneração dos alimentos. No caso de revisão, deve corresponder à diferença entre o que vem sendo pago e o que se pretende, multiplicada por doze.

O inciso IV trata das ações de divisão, demarcação e reivindicação, nas quais o valor da causa deve corresponder ao valor de avaliação da área ou do bem objeto do pedido, o que, por analogia, deve ser aplicado às ações possessórias e de usucapião.

Por fim, o inciso V determina que, nas ações de indenização, inclusive as fundadas em dano moral, o valor da causa deve corresponder ao do valor pretendido.

Essas são as determinações legais de fixação. Na sua ausência, segue-se a regra geral de que o valor da causa deve corresponder à vantagem econômica pretendida. Quando não for possível apurá-la, o valor será estimado, na forma do art. 291, devendo ser observado o critério da razoabilidade.

1.2.5.2. Controle judicial do valor da causa: o art. 293 do CPC autoriza o réu a impugnar o valor da causa, em preliminar de contestação. Além disso, o juiz, de ofício, poderá determinar a correção, tanto que o art. 337, § 5º, estabelece que, dentre as matérias alegáveis em preliminar, o juiz só não pode conhecer de ofício a convenção de arbitragem e a incompetência relativa. As demais, incluindo incorreção no valor da causa, ele deve conhecer de ofício. O juiz deve fazer esse controle, pois o autor pode ter desrespeitado algum dos critérios fixados em lei ou ter atribuído valor à causa em montante incompatível com o conteúdo econômico da demanda.

1.2.6. As provas com que o autor pretende demonstrar a verdade dos fatos alegados: tem havido tolerância quanto ao descumprimento desta exigência. A sua falta não enseja o indeferimento da inicial, nem torna preclusa a oportunidade de o autor, posteriormente, requerer as provas que lhe pareçam cabíveis. Isso se justifica porque o autor não tem como saber quais as matérias fáticas que se tornarão controvertidas antes da contestação.

1.2.7. A opção do autor pela realização ou não de audiência de conciliação ou mediação: não se trata, propriamente, de um requisito da inicial, mas da oportunidade que o autor tem de manifestar desinteresse na audiência inicial de tentativa de conciliação, que se realiza no procedimento comum, antes da resposta do réu. Essa audiência deve obrigatoriamente ser designada, salvo se o processo for daqueles que não admite autocomposição, ou se ambas as partes manifestarem desinteresse na sua realização. A inicial é a oportunidade que o autor tem para manifestá-lo. Mas ainda que ele o faça, o juiz deve designá-la, pois somente se o réu também o fizer, ela será cancelada. Para tanto, o réu deve fazê-lo por petição, apresentada com dez dias de antecedência, contados da data marcada para a audiência. Se o autor silenciar a respeito de sua opção, presume-se que ele concorda com a realização, já que ela só não será marcada se o desinteresse for expressamente manifestado por ambas as partes (art. 334, § 2º).

1.2.8. O endereço do advogado do autor: deverá constar da procuração que acompanha a inicial (art. 105, § 2º). Caso o autor advogue em causa própria, dispõe o CPC, art. 106, I, que a inicial indicará o endereço, seu número de inscrição na OAB e o nome da sociedade de advogados da qual participa, para o recebimento de intimações. Qualquer mudança de endereço deverá ser comunicada. O § 1º estabelece que, em caso de omissão, o juiz concederá prazo de cinco dias para que ela seja suprida, sob pena de indeferimento da inicial. E se houver mudança sem comunicação, serão consideradas válidas as intimações enviadas por carta registrada ou meio eletrônico, ao endereço constante dos autos.

Além dos requisitos intrínsecos, a inicial deve preencher outros, que não são propriamente formais, nem dizem respeito ao seu conteúdo. Por isso, são chamados extrínsecos. Estabelece o art. 320 que ela deverá vir instruída com os documentos indispensáveis. Os não indispensáveis podem ser juntados a qualquer tempo no processo, desde que deles se dê ciência à parte contrária (CPC, art. 437, § 1º). Mas sem os imprescindíveis, a inicial não será recebida.

Por exemplo, em uma ação reivindicatória de imóveis, é necessário juntar a certidão registrária que atribui a propriedade ao autor; em uma rescisão ou revisão do contrato, o seu instrumento; em uma de anulação de casamento, a respectiva certidão. São documentos sem os quais o juiz não pode apreciar o pedido do autor, ainda que não tenha havido impugnação do réu.

Eles diferem dos documentos meramente úteis, que servem para ajudar na demonstração dos fatos que se tenham tornado controvertidos, mas não são indispensáveis ao julgamento.

Se o documento não estiver em poder do autor, na inicial, ele requererá ao juiz que ordene ao réu ou a terceiro a sua exibição, na forma do CPC, arts. 396 e s.

Na falta de documento indispensável, o juiz concederá ao autor prazo de 15 dias para trazê-lo, sob pena de indeferimento da inicial.

Também deve o autor juntar a procuração outorgada ao seu advogado, com as ressalvas do CPC, arts. 103, parágrafo único, e 104. Quando o autor for pessoa jurídica, deve apresentar os seus estatutos ou contrato social, que permitam verificar se a pessoa que outorgou a procuração tinha poderes para fazê-lo. Mas não compete ao juiz exigir, desde logo, a exibição desses documentos. Prevalece o entendimento de que a lei não exige que se prove desde logo a regularidade da representação da pessoa jurídica, devendo fazê-lo apenas se houver dúvida fundada sobre os poderes de quem firmou a procuração. Nesse sentido, *RSTJ*, 51/533.

Além da procuração, a inicial deve vir acompanhada da guia de recolhimento das custas iniciais, salvo se tiver havido requerimento e concessão de justiça gratuita, ou se a demanda for daquelas que não recolhem custas iniciais.

A falta de procuração ou do recolhimento das custas iniciais, se não sanada a tempo, implicará a extinção do processo sem resolução de mérito.

1.3. Pedido

O CPC, art. 319, estabelece como requisito fundamental da inicial a indicação do pedido com suas especificações. Dada a importância do assunto, a lei o trata em seção própria, nos arts. 322 a 329. Esses dispositivos cuidam da formulação de pedido genérico, dos pedidos implícitos e da possibilidade de cumulação.

1.3.1. Pedido genérico

O CPC, nos arts. 322 e 324, estabelece que o pedido deve ser certo e determinado. Por certo entende-se aquele que esteja individualizado, possibilitando a sua perfeita identificação. A petição inicial deve indicar qual o bem da vida pretendido, ou ao menos fornecer elementos que permitam identificá-lo. Ademais, o pedido há de ser determinado quanto à sua quantidade.

O art. 324, § 1º, estabelece hipóteses em que é lícita a formulação de pedido genérico, aquele que é certo quanto ao objeto, mas ainda indeterminado em relação à quantidade, no qual se indica o *an debeatur*, mas não o *quantum debeatur*.

Permite-se a formulação de pedido genérico:

I – nas ações universais, se não puder o autor individuar na petição os bens demandados. São aquelas que versam sobre uma universalidade de fato ou de direito. Por esta última entende-se um conjunto de bens, relações jurídicas, direitos e obrigações, como o patrimônio e a herança;

II – quando não for possível determinar, desde logo, as consequências do ato ou fato. É o que ocorre com as ações em que se postula indenização por lesões corporais, quando ainda não se sabe se delas resultará incapacidade, se esta será definitiva e qual o seu grau. Esse inciso tem sido invocado na formulação de pedido genérico em ações de indenização por dano moral (STJ, 3ª Turma, REsp 125.416-RJ, rel. Min. Eduardo Ribeiro).

Não nos parece, porém, que isso deva ser admitido. É justamente por não haver critérios legais para a fixação da indenização que se deve exigir que o autor indique qual o valor que pretende, para que o juiz, ao menos, tenha algum parâmetro sem o qual dificilmente poderão ser solucionadas as questões referentes ao interesse recursal, ao valor da causa e às custas processuais. Por isso, recomendável que o juiz exija do autor que indique, na inicial, o valor que pretende a título de indenização, conclusão reforçada pelo disposto no art. 292, V, do CPC;

III – quando a determinação do objeto ou do valor da condenação depender de ato que deva ser praticado pelo réu, caso em que não se pode exigir do autor que, desde logo, na petição inicial formule pedido determinado. É o que ocorre, por exemplo, nas ações de exigir contas, em que não se conhece a existência de eventual saldo em favor de uma das partes, senão depois que o réu as apresenta, bem como nas ações que tenham por objeto obrigações de fazer infungível, e que se convertem em perdas e danos, caso não seja possível obter a tutela específica da obrigação exigida.

1.3.2. Pedido implícito

Os pedidos são, em regra, interpretados restritivamente. O juiz deve apreciar apenas a pretensão formulada, o que abrange o pedido e as consequências lógico-jurídicas dele advindas, e não aquilo que não tenha sido objeto de requerimento. Há, porém, exceções: existem pedidos implícitos, isto é, coisas que o juiz deve conceder ao autor, mesmo que não requeridas expressamente na petição inicial.

O art. 322, § 1º, menciona como tal os juros legais. Os juros de mora incluem-se na liquidação, ainda que tenha sido omisso o pedido e a condenação (Súmula 254 do STF). Além deles, é também devida a correção monetária, que não é acréscimo nem punição ao devedor, mas mera atualização do valor nominal da moeda. A condenação do réu ao pagamento das custas e despesas do processo, bem como honorários advocatícios, em caso de procedência, também constitui pedido implícito (Súmula 256 do STF).

Por fim, as prestações sucessivas considerar-se-ão incluídas no pedido, independentemente de declaração expressa do autor, se o devedor, no curso do processo, deixar de pagá-las ou de consigná-las, pelo tempo que durar a obrigação (CPC, art. 323). Esse dispositivo abrange tanto as prestações que se venceram no curso do processo como as posteriores à sentença, até o término da obrigação.

1.3.3. Cumulação de pedidos

O fenômeno da cumulação de pedidos é admitido pelo legislador em numerosas situações. De maneira geral, a lei a permite quando as demandas estão relacionadas entre si, de maneira que se justifique um julgamento conjunto, seja por economia processual, seja para evitar a desarmonia dos julgados.

A cumulação pode ser subjetiva ou objetiva. Será subjetiva quando houver pluralidade de partes, no polo ativo, no passivo, ou em ambos. A esse fenômeno dá-se o nome de litisconsórcio. A objetiva ocorrerá quando existir cúmulo de pedidos ou fundamentos. A rigor, a cada um deles corresponde uma demanda (ação), de sorte que, quando há pluralidade de pedidos ou fundamentos, haverá uma cumulação de demandas ou de ações, que serão julgadas conjuntamente, em um único processo.

O CPC, art. 327, autorizou a cumulação objetiva: "É lícita a cumulação, em um único processo, contra o mesmo réu, de vários pedidos, ainda que entre eles não haja conexão". Embora o dispositivo mencione apenas pedidos, não há óbice à cumulação de fundamentos: pode haver um só pedido, com várias causas de pedir.

A lei tratou de diversas espécies e formas de cumulação. São elas:

a) Cumulação simples: é aquela tratada diretamente no CPC, art. 327. O autor formula, em face do mesmo réu, dois ou mais pedidos somados, pretendendo obter êxito em todos. Para que a cumulação seja simples, é preciso que os pedidos sejam interdependentes, e que o resultado de um não dependa do outro. Será possível, portanto, que o autor obtenha êxito em um, mas não nos outros, caso em que haverá procedência parcial da demanda. O juiz, para fixação das verbas de sucumbência, deverá verificar proporcionalmente quanto de êxito e de insucesso teve o autor. Se o autor se diz credor do réu, em virtude de débitos diferentes, de origens distintas, pode cobrá-los cumulativamente, no mesmo processo. Na sentença, o juiz deverá examinar todos os pedidos formulados, que não precisam ser conexos, embora devam preencher os requisitos do § 1º do art. 327.

b) Cumulação sucessiva: aqui o autor também formula ao juiz mais de um pedido, buscando obter êxito em todos. Tal como na simples, ele tem mais de uma pretensão, que pretende ver acolhida, em relação ao mesmo réu. Mas o que diferencia uma da outra é que na sucessiva o resultado do exame de uma das pretensões repercute no da outra. Há relação de prejudicialidade entre um pedido e outro. É o que ocorre, por exemplo, com a ação de investigação de paternidade cumulada com petição de herança ou alimentos, em que o resultado do segundo pedido depende do acolhimento do primeiro. A improcedência deste implicará também daquele. Haverá ainda cumulação sucessiva na ação de rescisão de contrato cumulada com reintegração de posse ou com reparação de danos.

Nela, existirá sempre conexão entre os fundamentos dos pedidos. O fundamento do primeiro será sempre um dos fundamentos do segundo pedido. Por isso, a rejeição daquele implicará o mesmo em relação a este. Mas o acolhimento do primeiro pedido nem sempre implicará o do segundo. Por exemplo, o inadimplemento contratual é fundamento para o pedido de rescisão contratual e para o pedido sucessivo de reparação de danos. Todavia, este segundo pedido tem outros fundamentos, como a existência de prejuízo para a vítima. Por isso, não provado o inadimplemento, os dois pedidos serão rejeitados. Provado, o primeiro pedido será acolhido, e um dos fundamentos do segundo estará demonstrado, cabendo ao juiz examinar os demais que o embasam, como a existência dos danos.

c) Cumulação alternativa: é a que ocorre quando o autor formula dois ou mais pedidos, postulando o acolhimento de apenas um deles, sem estabelecer uma ordem de preferência. O acolhimento de um exclui o do outro. Para o autor é indiferente qual das suas pretensões seja acolhida, desde que ele tenha êxito em uma delas.

Quando ele não indica a sua preferência, caberá ao juiz conceder aquele que lhe pareça mais apropriado. O acolhimento de apenas um dos pedidos alternativos implica a total procedência da demanda, com todas as consequências daí decorrentes sobre a verba de sucumbência. Não há, portanto, soma de pedidos, tanto que, na fixação do valor da causa, o autor não deve adicionar os conteúdos econômicos dos pedidos, como ocorre na cumulação simples e sucessiva. O valor da causa deve corresponder ao conteúdo econômico daquele de maior valor.

Não se pode falar, na cumulação alternativa, em cúmulo de demandas, porque não há propriamente vários pedidos, mas várias opções de acolhimento dos pedidos. O art. 325 trata da cumulação alternativa, aduzindo que ela será cabível "quando, pela natureza da obrigação, o devedor puder cumprir a prestação de mais de um modo". Isso vale não apenas para as obrigações alternativas do Código Civil, em que se assegura o cumprimento da obrigação por mais de um modo, mas também para a hipótese de haver várias alternativas de solução para um litígio. Por exemplo, quando há inadimplemento contratual, o credor pode optar entre exigir o cumprimento específico da obrigação contratada ou postular a resolução da avença, com a condenação do réu no equivalente pecuniário. Existindo essa opção, e sendo indiferente ao autor o acolhimento de uma ou outra, poderá haver cumulação alternativa. Ao propor a ação, ele tinha a opção de escolha. Mas, se for indiferente uma ou outra das pretensões, ele poderá fazer a cumulação, atribuindo ao juiz a escolha.

Pode ocorrer, porém, que a escolha, por força de lei ou contrato, caiba ao réu. Nesse caso, mesmo que o autor, na inicial, escolha um dos pedidos, o juiz assegurará ao réu o direito de cumprir a prestação de um ou outro modo (CPC, art. 325, parágrafo único).

d) Cumulação eventual ou subsidiária: é aquela em que o autor formula dois ou mais pedidos, esperando que apenas um deles seja acolhido, em detrimento dos demais, mas estabelecendo uma ordem de preferência. Distingue-se da cumulação simples e da sucessiva porque não há uma soma de pedidos, e o acolhimento de um implica a exclusão dos demais. E difere da alternativa, porque o autor manifesta sua preferência pelo acolhimento de um dos pedidos, sendo os demais subsidiários. Deve o juiz apreciar primeiro aquele pedido que foi formulado preferencialmente. Se for acolhido, não aprecia os demais. Os pedidos subsidiários só serão apreciados caso o principal seja rejeitado.

Como há manifestação de preferência, o autor terá interesse recursal se o juiz acolher apenas o pedido subsidiário, em detrimento do principal. Mas o acolhimento de um ou outro implicará a procedência do pedido, sendo carreados ao réu os ônus da sucumbência.

Além da cumulação de pedidos pode haver, ainda, a cumulação de fundamentos: o autor formula um só pedido, mas com várias causas de pedir.

Quando isso ocorre, o juiz terá a possibilidade de acolher o pedido com fundamento em qualquer um, ou em todos os fundamentos. Não há necessidade de que ele examine todos, desde que a sentença de procedência esteja embasada em um só deles, suficiente para o acolhimento do pedido. No entanto, para rejeitá-lo, o juiz deve afastar, um por um, todos os fundamentos indicados. Ou seja, quando houver a cumulação de fundamentos, basta ao autor que demonstre um deles para que o pedido seja acolhido; mas, para que seja rejeitado, é preciso que todos sejam afastados.

1.3.4. Requisitos para a cumulação

Para que possa haver cumulação de pedidos, seja de que natureza for, não é necessário que eles sejam conexos. No entanto, é preciso:

a) Que os pedidos sejam compatíveis entre si. Não é possível que o autor formule dois ou mais pedidos que se excluam mutuamente, sob pena de indeferimento da inicial. Esse requisito, em especial, não é exigível para todos os tipos de cumulação, mas apenas para a simples e a sucessiva. Na alternativa e eventual nada obsta que os pedidos sejam incompatíveis, porque, a rigor, não há propriamente cúmulo de demandas, e o autor pretende o acolhimento de apenas uma das pretensões. Nessas duas espécies de cumulação, o acolhimento de um pedido excluirá o dos demais.

Na simples e na sucessiva, contudo, é preciso que os pedidos não sejam mutuamente excludentes. O autor que tenha adquirido mercadoria com vício redibitório não pode pedir cumulativamente a rescisão do contrato e o abatimento no preço, porque não é possível o acolhimento das duas coisas. Pode, isto sim, pedir o acolhimento de uma coisa ou outra.

Quando forem formulados pedidos incompatíveis, antes de indeferir a petição inicial, o juiz deve dar ao autor a possibilidade de escolher entre um ou outro. Se ele não o fizer, a inicial será indeferida, não cabendo ao juiz fazer a escolha.

b) Que o mesmo juízo seja competente para conhecer todos os pedidos. Este requisito é necessário para todos os tipos de cumulação. Não é possível formular pedidos cumulados se para cada qual for competente um juízo diferente. Em caso de incompetência absoluta, a regra é inafastável, não havendo outra solução senão a propositura de demandas autônomas, cada uma veiculando uma das pretensões do autor. O juiz não indeferirá a inicial, mas o processo prosseguirá apenas para apreciação daquele pedido para o qual ele é competente, sendo extinto em relação aos demais. Todavia, se a incompetência for relativa, poderá haver a cumulação, por força da modificação de competência, seja decorrente de conexão, derrogação ou prorrogação.

c) Adequação do procedimento a todos os pedidos. Se para cada um dos pedidos houver procedimento distinto, não haverá como proceder-se à cumulação em um único processo. Este requisito é indispensável para todas as espécies, mas o CPC, art. 327, § 2º, faz uma ressalva: "Quando, para cada pedido, corresponder tipo diverso de procedimento, será admitida a cumulação, se o autor empregar o procedimento comum, sem prejuízo do emprego de técnicas processuais diferenciadas previstas nos procedimentos especiais a que se sujeitam um ou mais pedidos cumulados, que não forem incompatíveis com as disposições sobre o procedimento comum". Se um dos pedidos seguir pelo procedimento comum e outro pelo especial, a cumulação só poderá ocorrer, excepcionalmente, quando o procedimento especial for daqueles que puderem ser convertidos para o comum, como nas ações possessórias. A única coisa especial que o procedimento das possessórias de força nova tem é a fase da liminar. Assim, será possível cumular o pedido possessório com outro, de procedimento comum, como a rescisão de contrato. E, parece-nos, sem prejuízo da liminar, que não é incompatível com esse procedimento, já que não o prejudica, nem altera a sequência dos atos processuais (art. 327, § 2º).

O controle judicial do preenchimento desses requisitos deve ser feito de ofício. Verificada a impossibilidade de cumulação, o juiz poderá indeferir a inicial, se o vício não for sanável, ou reduzir as dimensões do processo, extinguindo-o parcialmente em relação ao pedido que não possa ser apreciado.

1.4. Indeferimento da inicial

Compete ao juiz fazer um exame da admissibilidade da petição inicial, que deve ser cuidadoso, pois, depois da citação do réu, o pedido e os seus fundamentos não poderão ser modificados, senão com o consentimento deste. É nessa fase inicial que eventuais defeitos ou irregularidades poderão ser sanados, devendo o juiz conceder prazo ao autor para que a regularize. O defeito pode ser intrínseco, pelo descumprimento do CPC, art. 319, ou extrínseco, por violação ao art. 320. Em ambos os casos, o juiz não deve extinguir desde logo a inicial, sendo imprescindível que conceda prazo de 15 dias ao autor para sanar o vício, indicando com precisão o que deve ser corrigido ou completado. É preciso que ele lhe conceda a possibilidade de manifestar-se, ainda que o vício da inicial seja aparentemente insanável, porque o princípio do contraditório assim o exige. Não se pode extinguir o processo sem ouvir o autor, pois ele pode, ao manifestar-se, convencer o juiz ou de que o vício apontado não existe, ou de que ele é sanável.

Verificando que a petição inicial está em termos, o juiz a recebe e determina a citação do réu. Do contrário, concede prazo para regularização. Se o vício não for solucionado, o juiz a rejeita. O indeferimento pode ser total ou parcial. Será total quando não puder ser aceita em relação a nenhuma das pretensões nela contida. O juiz, então, extinguirá o processo, desde logo, sem resolução de mérito. Haverá indeferimento parcial quando apenas uma ou algumas das pretensões não puderem ser admitidas, caso em que o processo não será extinto, mas prosseguirá em relação às demais pretensões.

O CPC, art. 330, enumera as causas para o indeferimento da petição inicial. As principais são a inépcia, a falta de uma das condições da ação ou de um pressuposto processual.

a) Inépcia da inicial: é a incapacidade de produzir resultados. O § 1º do art. 330 enumera as suas causas, todas elas relacionadas ao pedido ou causa de pedir. Será inepta a petição inicial quando: I – faltar-lhe pedido ou causa de pedir; II – o pedido for indeterminado, ressalvadas as hipóteses legais em que se permite o pedido genérico; III – da narração dos fatos não decorrer logicamente a conclusão; IV – contiver pedidos incompatíveis entre si.

Em todas essas hipóteses, pelo simples exame da inicial já é possível constatar que não se poderá chegar a um exame de mérito. Uma ação que não tenha objeto, ou em que ele seja indeterminado, jamais terá êxito. O mesmo ocorrerá quando houver cumulação simples ou sucessiva, e os pedidos forem incompatíveis entre si. A falta de fundamentos ou de coerência entre eles e o pedido é também causa de inépcia.

b) Falta de legitimidade e de interesse de agir: quando verificável desde logo, também enseja o indeferimento da inicial, porque permite constatar a inviabilidade do julgamento do mérito.

c) Quando, postulando em causa própria, o advogado não cumprir a determinações do art. 106, e quando o autor não emendar a inicial, na forma do art. 321.

O erro na escolha do procedimento, em princípio, não implica o indeferimento da inicial, bastando ao juiz convertê-lo, salvo se essa conversão depender de alguma atitude do autor, e ele não a tomar.

A falta de condições da ação, de pressupostos processuais e a inépcia da inicial podem ser conhecidas de ofício pelo juiz, que deverá fazê-lo desde logo, quando examinar os pressupostos de admissibilidade da inicial. No entanto, um juízo positivo não tornará tais matérias preclusas, podendo o juiz, a qualquer tempo, refazê-lo, extinguindo o processo, por qualquer dessas razões. Mas, se isso ocorrer depois que o réu tiver sido citado, não se poderá falar, propriamente, em indeferimento da inicial. Essa expressão deve ficar reservada para o juízo negativo de admissibilidade da inicial, feito antes da citação.

Da sentença de extinção do processo por indeferimento da inicial cabe apelação. Se ela for interposta, o juiz poderá se retratar no prazo de cinco dias. Havendo retratação, deve o processo prosseguir com a citação do réu. Porém, esse juízo positivo não é definitivo, podendo o juiz revê-lo, porque ao réu ainda não terá sido dada oportunidade de resposta, podendo ele trazer novos argumentos que impliquem uma reavaliação do juízo formulado anteriormente, caso em que o processo será extinto sem resolução de mérito.

Se o juiz mantiver a sua decisão, mandará citar o réu para apresentação de contrarrazões no prazo de 15 dias.

1.5. A improcedência liminar (art. 332)

Em mais um esforço dirigido à efetividade do processo, a Lei n. 11.277/2006 acrescentou ao CPC de 1973 o art. 285-A, que assim estabelecia: "Quando a matéria controvertida for unicamente de direito e no juízo já houver sido proferida sentença de total improcedência em outros casos idênticos, poderá ser dispensada a citação e proferida sentença, reproduzindo-se o teor da anteriormente prolatada".

A autorização concedida ao juiz nesse dispositivo era inédita, pois, pela primeira vez, permitia que o juiz julgasse o pedido do autor inteiramente improcedente, sem a citação do réu. Havia uma verdadeira sentença de mérito, proferida sem que o réu fosse chamado a manifestar-se. Mas esse dispositivo mereceu, enquanto vigorou, duras críticas dos processualistas, pois as causas de improcedência de plano estavam associadas a julgamentos anteriores proferidos pelo mesmo juízo, sem preocupação se tais decisões estavam ou não em consonância com a jurisprudência dos Tribunais Superiores. Essa solução não favorecia a isonomia dos litigantes em juízo nem a uniformização da jurisprudência. Afinal, dois litigantes que ajuizassem ações versando sobre a mesma questão jurídica, em juízos diferentes, poderiam obter resultados absolutamente díspares, porque, se um dos juízos, em casos anteriores semelhantes, já tivesse dado pela total improcedência, poderia fazê-lo dispensando a citação do réu nos casos novos. E o outro juízo poderia ter entendimento diverso sobre a questão jurídica, decidindo de forma diferente, caso em que teria de determinar a prévia citação do réu. Em síntese, a solução do CPC de 1973 prestigiava a jurisprudência do próprio juízo, a solução por ele dada à mesma questão jurídica em processos anteriores. Atento a essas críticas, o CPC atual manteve a possibilidade de o juiz julgar liminarmente improcedente o pedido, mas modificou os requisitos para que ele possa fazê-lo. As causas de improcedência de plano estão previstas no art. 332. O juiz julgará liminarmente improcedente o pedido que contrariar enunciado de súmula do Supremo Tribunal Federal ou do Superior Tribunal de Justiça; acórdão proferido pelo Supremo Tribunal Federal ou Superior Tribunal de Justiça em julgamento de recursos repetitivos; entendimento firmado em incidente de resolução de demandas repetitivas ou de assunção de competência ou enunciado de súmula de tribunal de justiça sobre direito local. E também quando verificar, desde logo, a ocorrência da prescrição ou da decadência. As hipóteses de improcedência liminar não estão mais associadas a precedentes do próprio juízo, mas à existência de entendimento pacificado sobre a questão jurídica controvertida, nas hipóteses acima mencionadas. A solução dada pelo art. 332 favorece o princípio da isonomia e a segurança jurídica, pois determina que todos os juízes julguem liminarmente improcedentes as pretensões, desde que presentes as hipóteses acima, todas elas – exceto à de prescrição e decadência – associadas à jurisprudência pacificada dos órgãos superiores. As hipóteses dos incisos I, II e III do art. 332 mantêm coerência com as hipóteses do art. 927, II, III e IV, consideradas como de jurisprudência vinculante.

Preenchidos os requisitos, o juiz deverá julgar liminarmente improcedente a pretensão, mas não sem antes cumprir o disposto nos arts. 10 e 11 do CPC. É certo que o art. 487, parágrafo único, ressalva a hipótese do art. 332, § 1º, permitindo que o juiz profira sentença de improcedência liminar sem ouvir as partes, em caso de prescrição ou decadência. De fato, não haverá como ouvir o réu, que nem sequer estará citado. Mas parece-nos que terá de ouvir o autor, para que este não seja surpreendido com o reconhecimento da prescrição ou da decadência, sem ter tido oportunidade de demonstrar ao juiz que ela não ocorreu.

1.5.1. Requisitos para a improcedência liminar

a) que a causa dispense a fase instrutória.

A incidência do art. 332 pressupõe a existência de súmula ou julgamento repetitivo, o que pressupõe controvérsia apenas sobre matéria jurídica, já que essa é que se pode repetir em uma multiplicidade de processos. Não matérias de fato, que são sempre específicas e próprias de cada processo. Ao dizer que poderá haver julgamento de improcedência liminar nas causas que dispensem instrução, o que o legislador quis dizer é que a questão de mérito deverá ser exclusivamente de direito. Trata-se da mesma situação que autorizaria o julgamento antecipado da lide, nas hipóteses do art. 355, I, do CPC. A pretensão deve estar fundada em uma questão estritamente jurídica. Por exemplo: ação para declarar a inexigibilidade de um tributo, reputado inconstitucional. A questão de mérito é a constitucionalidade ou não do tributo, o que não envolve o exame de fatos. O juiz só deverá aplicar o art. 332 se a dispensa da fase instrutória puder ser verificada *ab initio*. Se houver alguma questão fática que possa tornar-se controvertida, o juiz não deverá valer-se do art. 332, e deverá mandar citar o réu. Se, após a resposta, não houver necessidade de instrução, ele então promoverá o julgamento antecipado da lide. Mas o julgamento liminar pressupõe que a questão de mérito seja só de direito, única situação em que, de plano, é possível verificar a desnecessidade da fase de instrução. Fica ressalvada a hipótese de prescrição e decadência, casos que o processo pode versar questão de fato. Mas aí a pretensão ou o direito já estarão extintos, pelo transcurso *in albis* do prazo prescricional ou decadencial. Nessa hipótese, e apenas nela, a existência de questão de fato que poderia tornar-se controvertida não impedirá a improcedência liminar do pedido.

b) que esteja presente qualquer uma das hipóteses do art. 332, I a IV, ou a do art. 332, § 1º.

A aplicação do art. 332 do CPC se limita às hipóteses de total improcedência. Nem poderia ser de outra forma: só assim poder-se-ia dispensar a citação do réu, que não sofre nenhum prejuízo. Antes, só terá benefícios, pois obterá uma sentença inteiramente favorável sem nenhum ônus ou despesa, pois nem sequer terá de apresentar contestação. Se o caso não for de total, mas de parcial improcedência, a citação será indispensável.

Não há nenhuma inconstitucionalidade na dispensa da citação do réu, na hipótese do art. 332. É certo que não haverá contraditório, mas disso não resultará prejuízo.

A aplicação do dispositivo atribui ao juiz a possibilidade de julgar mais rapidamente processos que versam determinada questão jurídica que, por sua repetição e multiplicidade, deram ensejo a edição de súmula ou a julgamento repetitivo. São conhecidas as situações em que determinadas teses jurídicas dão ensejo a uma multiplicação de processos, nos quais se discute a mesma questão de direito. Para acelerar-lhes o julgamento é que o novo dispositivo foi introduzido.

Ao proferir a sentença de improcedência de plano, o juiz deverá fundamentá-la, indicando em qual dos incisos do art. 332 ela se funda, e demonstrando que o caso sob julgamento se ajusta àquela estabelecida na súmula ou no julgamento repetitivo (art. 489, V). Se não o fizer, a sentença será considerada não fundamentada, dando ensejo à interposição de embargos de declaração.

A redação do art. 285-A do CPC de 1973 apenas permitia ao juiz dispensar a citação do réu, e proferir de plano a sentença de total improcedência. Mas isso se ele assim o desejasse. Se não, poderia mandar citar o réu, e, no momento oportuno, proferir o julgamento antecipado da lide

O CPC atual, no art. 332, *caput*, faz uso do imperativo: nos casos previstos, o juiz julgará liminarmente o pedido. Diante dos termos da lei, não resta dúvida sobre o caráter cogente do dispositivo. Verificadas as hipóteses dos incisos e do § 1º, do art. 332, o juiz deverá julgar liminarmente improcedente o pedido. Nenhuma nulidade, no entanto, haverá se o juiz não aplicar o dispositivo, e mandar citar o réu.

1.5.2. A improcedência liminar parcial do pedido

O art. 356 do CPC permite o julgamento antecipado parcial do mérito se um dos pedidos ou parte deles mostrar-se incontroverso, ou estiver em condições de imediato julgamento. Diante disso, não haverá óbice a que o juiz se valha da mesma regra para prolatar a improcedência liminar parcial do pedido, desde que, havendo cumulação de pedidos na inicial, em relação a alguns deles estejam presentes as hipóteses do art. 332. É possível que, na inicial, o autor cumule dois pedidos: um deles versa exclusivamente questão de direito, e a respeito dela já existe súmula ou julgamento repetitivo; o outro versa sobre questão de fato, ou questão de direito não sumulada nem decidida em julgamento repetitivo. Nada obsta que o juiz, de plano, julgue improcedente o primeiro pedido, e determine o prosseguimento do processo e a citação do réu em relação ao segundo. Não haverá sentença de improcedência liminar, mas decisão interlocutória de improcedência liminar, contra a qual caberá agravo de instrumento.

1.5.3. Apelação da sentença de improcedência liminar

Da decisão interlocutória que julgar liminarmente improcedente um dos pedidos cabe agravo de instrumento, na forma do art. 1.015, II, do CPC. Da sentença de total improcedência cabe recurso de apelação pelo autor. Esse recurso terá efeito regressivo, com a possibilidade de o juiz retratar-se no prazo de cinco dias, tornando sem efeito a sentença proferida, para determinar a citação do réu. Esse é o único caso em que o juiz poderá retratar-se de uma sentença de mérito. Das sentenças de extinção sem resolução de mérito, o juiz, havendo apelação, poderá sempre retratar-se.

Caso não haja a retratação, o réu será citado para apresentar contrarrazões. Se houver retratação, ele será citado para apresentar contestação.

Com a subida do recurso, o Tribunal poderá manter a sentença de total improcedência, quando verificar que o juiz tinha razão ao proferi-la. O acórdão condenará o autor ao pagamento de honorários advocatícios dos quais ele estaria dispensado se não tivesse recorrido, pois o réu nem sequer teria comparecido aos autos; ou verificar que não era hipótese de aplicação do art. 332, seja porque ausentes as hipóteses previstas no dispositivo, seja porque o processo não é daqueles que dispensa instrução, caso em que o Tribunal anulará a sentença e determinará o retorno dos autos à primeira instância, para que o réu tenha oportunidade de contestar, prosseguindo-se daí por diante.

A sentença de total improcedência poderá transitar em julgado, sem que o réu tenha sido, ao menos, citado. Por isso, é importante que o juiz determine a sua intimação, para que dela possa tomar conhecimento (art. 332, § 2º).

2. DA AUDIÊNCIA DE CONCILIAÇÃO OU MEDIAÇÃO

É fase indispensável nos processos de procedimento comum. A sua designação no começo funda-se na ideia de que, após o oferecimento da contestação, o conflito poderá recrudescer, tornando mais difícil a conciliação das partes. A busca pela solução consensual dos conflitos vem prevista como norma fundamental do processo civil, no art. 3º, §§ 2º e 3º, do CPC. A eventual conciliação nesta fase ainda inicial do processo se adequa ao *princípio econômico*, já que o poupará de avançar a fases mais adiantadas.

Desde que a inicial tenha preenchido os requisitos de admissibilidade e não seja caso de improcedência de plano, o juiz designará audiência de tentativa de conciliação ou mediação, na qual atuará necessariamente, onde houver, o conciliador ou o mediador. Ela será realizada nos centros judiciários de solução consensual de conflitos, previstos no art. 165, *caput* e será designada com antecedência mínima de 30 dias. O réu deverá ser citado com pelo menos 20 dias de antecedência. O juiz só a dispensará em duas hipóteses: quando não for possível a autocomposição ou quando ambas as partes manifestarem, expressamente, o seu desinteresse na composição. O autor deverá fazê-lo na inicial, e o réu com no mínimo dez dias de antecedência, contados da data marcada para a audiência.

Mesmo que o autor, na inicial, manifeste expressamente desinteresse, o juiz terá de designá-la porque ela ainda assim se realizará, exceto se, com pelo menos 10 dias de antecedência, o réu também manifestar o desinteresse. Quando ele o fizer, a audiência já estará designada. Com a manifestação, ela será cancelada, mas desde que seja feita com a antecedência necessária. Se houver litisconsórcio, a audiência só não se realizará se todos os litisconsortes manifestarem desinteresse (art. 334, § 6º).

Designada a data, o comparecimento das partes é obrigatório. A ausência delas implicará ato atentatório à dignidade da justiça, incorrendo o ausente em multa de até 2% da vantagem econômica pretendida, que reverterá em favor da União ou do Estado. Ela poderá, se não puder ou não quiser comparecer, constituir um representante, por meio de procuração específica, com poderes para negociar e transigir, mas que não se confundirá, em princípio, com o advogado. As partes devem comparecer à audiência acompanhados de seus advogados ou Defensor Público. A ausência destes, no entanto, não implica ato atentatório nem impede que se tente a conciliação, que é ato jurídico material, para o qual a presença de advogado não é indispensável. Parece-nos que, por procuração específica, a parte pode constituir como seu representante, com poderes para transigir, o próprio advogado. Nesse caso, o advogado figuraria como representante constituído da parte para participar da audiência, hipótese em que se dispensaria o comparecimento pessoal dela.

O juiz não dispensará a audiência, salvo nos casos em que a lei o permita. Afora essas situações, ela é de realização obrigatória.

3. CONTESTAÇÃO

3.1. Introdução

Com a citação surge para o réu o ônus de oferecer contestação. Ele pode simplesmente defender-se das alegações contidas na petição inicial por meio da contestação, mas pode também contra-atacar, formulando pretensões em face do autor, por meio de uma nova lide, contida no bojo da contestação, denominada reconvenção. Outras formas de resposta, que havia no CPC anterior, como a ação declaratória incidental, as exceções rituais e a impugnação ao valor da causa foram extintas no CPC atual.

O CPC, art. 335, exige que a contestação do réu venha sob a forma de petição escrita.

3.2. Prazo

No procedimento comum, o prazo de contestação é quinze dias. Devem, no entanto, ser respeitadas as regras do CPC, arts. 180, 183 e 229. Os dois primeiros determinam que ele seja em dobro em favor do Ministério Público e da Fazenda Pública, e o terceiro, que seja em dobro quando houver litisconsortes com procuradores diferentes, integrantes de escritórios distintos, desde que o processo não seja eletrônico. A Defensoria Pública e os beneficiários da justiça gratuita, assistidos por órgão público de assistência judiciária, têm o prazo de resposta em dobro, por força do art. 5º, § 5º, da Lei n. 1.060/50.

O prazo tem início, em regra, a partir da audiência de conciliação ou mediação. Caso ela não se realize por vontade das partes, da data em que o réu protocola a petição, manifestando desinteresse. Caso não seja designada audiência, porque o processo não admite autocomposição, o prazo correrá da juntada aos autos do aviso de recebimento, do mandado cumprido, ou do fim do prazo do edital, isto é, na forma do art. 231 do CPC.

No caso de não ser designada audiência de conciliação ou mediação, havendo mais de um réu, o prazo para todos só correrá a partir da juntada aos autos do último aviso de recebimento ou mandado cumprido. É o que dispõe o art. 231, § 1º, do CPC: "Quando houver mais de um réu, o dia do começo do prazo para contestar corresponderá à última das datas a que se referem os incisos I a VI do *caput*". Por isso, enquanto todos os réus não tiverem ainda sido citados, o prazo de nenhum começa a correr. Se um foi citado antes, pode aguardar a citação dos demais, para só então apresentar a sua contestação. Isso explica a razão pela qual, se um dos réus estiver citado e houver posterior desistência da ação em relação aos que ainda não estiverem, aquele deverá ser intimado para que o prazo de resposta flua. O art. 335, § 2º, não deixa dúvidas: "Quando ocorrer a hipótese do art. 334, § 4º, inciso II, havendo litisconsórcio passivo, e o autor desistir da ação em relação ao réu ainda não citado, o prazo para resposta correrá da data de intimação da decisão que homologar a desistência". Isso para que o réu citado não seja surpreendido enquanto aguarda a citação dos demais. Se for realizada audiência de tentativa de conciliação, para a qual todos os réus terão de ser citados, o prazo para todos começa da audiência. Mas se, tendo havido manifestação de desinteresse pelo autor na inicial, alguns réus, em litisconsórcio, também manifestarem desinteresse, o termo inicial do prazo para cada um dos réus será a data da apresentação de seu respectivo pedido de cancelamento da audiência. Já para aqueles que não manifestarem desinteresse, o prazo será contado da audiência.

O prazo do CPC, art. 335, segundo entendimento jurisprudencial dominante, só terá sido cumprido se a resposta for protocolada em cartório, dentro dos quinze dias. É intempestiva a contestação que, despachada pelo juiz dentro do prazo, só foi apresentada em cartório depois de ele já ter transcorrido.

Se não apresentada no prazo, o réu será considerado revel e sofrerá as consequências da sua inércia.

3.3. Conteúdo

A contestação é a peça que veicula a defesa do réu. Constitui o meio, por excelência, de contraposição ao pedido inicial, devendo concentrar todas as manifestações de resistência à pretensão do autor, salvo aquelas para as quais haja previsão de incidentes próprios.

O direito de defesa, exercido por meio da contestação, é um contraponto ao direito de ação. Se é assegurado ao autor o direito de formular uma pretensão, é garantido ao réu o direito de contrapor-se a ela, de requerer ao juiz o seu não acolhimento e de expor as razões e fundamentos para que isso ocorra.

A contestação, tal como a inicial, contém uma pretensão: a de que o pedido do autor seja desacolhido. Na petição inicial, o autor formula o seu pedido, que pode revestir-se das mais variadas formas: condenatório, constitutivo ou declaratório. Na contestação, o réu opor-se-á a essa pretensão e formulará a sua, que será sempre única: a de que o juiz declare que o autor não tem razão. A pretensão formulada na contestação é sempre declaratória negativa (ficam ressalvadas as ações de natureza dúplice, em que se permite ao réu formular autênticos pedidos na contestação, além do simples requerimento de que a pretensão inicial seja rejeitada).

A contestação não amplia os limites objetivos da lide, o objeto litigioso, tendo em vista o seu caráter defensivo. Isto é, não altera aquilo sobre o que o juiz terá de decidir no dispositivo da sentença. Mas pode ampliar a cognição do juiz, obrigando-o a apreciar as questões nela alegadas, na parte da fundamentação da sentença. É o que ocorre se o réu argui qualquer fato extintivo, impeditivo ou modificativo do direito do autor.

Em suma, a contestação não se presta à formulação de pedidos (salvo nas ações dúplices), mas ela pode conter fatos novos que sirvam para fundamentar o não acolhimento dos pedidos iniciais, e que têm de ser apreciados pelo juiz quando do julgamento.

O CPC, art. 336, dispõe que "incumbe ao réu alegar, na contestação, toda a matéria de defesa, expondo as razões de fato e de direito, com que impugna o pedido do autor e especificando as provas que pretende produzir".

Esse dispositivo consagra o princípio da eventualidade, que permite ao réu apresentar na contestação todas as matérias que possa invocar em sua defesa, ainda que elas não sejam necessariamente compatíveis entre si. Pode apresentá-las em ordem sucessiva, sendo as últimas para a hipótese de não acolhimento das primeiras. É fundamental que o réu apresente todas as defesas que tiver na própria contestação (salvo as que devam ser alegadas em incidente próprio, como o impedimento e a suspeição do juiz), sob pena de preclusão.

As defesas do réu podem ser divididas em três grandes grupos: a) as processuais, cujo acolhimento implique a extinção do processo sem resolução de mérito; b) as processuais que não impliquem a extinção do processo, mas sua dilação (como a incompetência absoluta ou relativa do juízo); e c) as substanciais ou de mérito. As duas primeiras são denominadas preliminares. O seu acolhimento constitui óbice ao julgamento do mérito, que ficará impedido ou retardado.

3.3.1. Preliminares

O CPC, art. 337, enumera as preliminares, que devem ser analisadas antes da resolução de mérito. Há algumas cujo acolhimento implicará a extinção do processo sem resolução de mérito, como a inépcia da inicial, a perempção, a litispendência, a coisa julgada, a convenção de arbitragem e a carência de ação. E outras cujo acolhimento não implica a extinção do processo, mas sua dilação. São preliminares que se referem a vícios do processo, que têm de ser sanados para que possa ter prosseguimento: inexistência ou nulidade de citação, incompetência absoluta ou relativa, a incorreção do valor da causa, a indevida concessão de gratuidade da justiça, a conexão, a incapacidade da parte, ou o defeito de representação ou falta de autorização e falta de caução ou de outra prestação que a lei exige como preliminar.

Embora o rol do art. 337 seja bastante completo, há outras matérias que podem ser alegadas na contestação, a título preliminar, como o impedimento do juiz (apesar de a forma mais correta de alegar essa matéria seja por meio de arguição em incidente próprio), a falta do recolhimento de custas e o descumprimento do disposto no art. 486, § 2º.

Em síntese, pode-se concluir que constituem preliminares todas as matérias de cunho processual que impliquem impedimento ou retardamento do julgamento do mérito.

3.3.1.1. Alegação de incompetência absoluta ou relativa

Caso o réu alegue, como preliminar, a incompetência do juízo, seja ela absoluta seja relativa, ele poderá apresentar a contestação no foro de seu próprio domicílio, o que deverá ser comunicado ao juiz da causa de imediato, se possível por meio eletrônico. Se houver mais de um juízo no foro de domicílio do réu, a contestação será distribuída para um deles. A distribuição será por dependência para o juízo ao qual foi distribuída a precatória de citação do réu, se a citação for feita por precatória. O juízo para onde foi distribuída, livremente ou por dependência, a contestação do réu, tornar-se-á prevento, se for reconhecida a competência do foro de seu domicílio.

Se o réu alegar a incompetência, absoluta ou relativa do juízo, onde corre o processo, a audiência de tentativa de conciliação será suspensa até que a questão seja definida, após o que será designada nova data.

A incompetência absoluta deve ser arguida como preliminar de contestação. Mas, como constitui matéria de ordem pública, eventual equívoco ou demora das partes em alegá-la não implicará preclusão. Nos termos do art. 64, § 1º, a incompetência absoluta pode ser alegada a qualquer tempo ou grau de jurisdição e deve ser declarada de ofício. Já a incompetência relativa tem que ser alegada como preliminar em contestação, sob pena de preclusão.

Alegadas em contestação, o juiz ouvirá o autor em réplica, no prazo de quinze dias. Se a incompetência absoluta for alegada em outra oportunidade, o juiz ouvirá a parte contrária. Em ambos os casos, o juiz decidirá imediatamente em seguida a questão da competência, determinando a remessa dos autos ao juízo competente, se acolher a alegação. A incompetência relativa poderá ser alegada pelo Ministério Público nas causas em que atuar. Como a lei não faz ressalva, entende-se que ele poderá fazê-lo mesmo quando atue como fiscal da ordem jurídica, caso em que não apresentará propriamente contestação, mas se manifestará depois das partes. Nesse caso, caberá a ele alegar a incompetência relativa na primeira oportunidade que tiver para falar nos autos.

Acolhida a alegação de incompetência, as decisões proferidas pelos juízos incompetentes conservarão sua eficácia até que outra seja proferida pelo juízo competente, se for o caso. Caberá, assim, ao juízo competente decidir se ratifica a decisão anterior ou se profere outra no lugar. Enquanto não for proferida outra, a decisão anterior permanece eficaz (art. 64, § 4º, do CPC).

3.3.1.2. A preliminar de ilegitimidade de parte e a substituição do réu

Os arts. 338 e 339 do CPC trazem importante regra, que flexibiliza, em parte, o princípio da estabilidade da demanda. O art. 329 veda que, depois da citação do réu, ocorra alteração do pedido ou da causa de pedir, a menos que haja o consentimento do réu. E, depois do saneamento, nem mesmo com esse consentimento. Embora o dispositivo mencione apenas o pedido e a causa de pedir, também não será possível, ressalvadas as hipóteses em que a lei expressamente o admite, modificar as partes, que devem permanecer as mesmas.

O art. 338, porém, permite a substituição do réu sempre que ele alegar ser parte ilegítima ou não ser o responsável pelo dano. No CPC de 1973, não havia, de forma genérica, essa possibilidade. O que existia era uma figura de intervenção de terceiros, denominada nomeação à autoria, por meio da qual o réu que fosse mero detentor ou que tivesse praticado ato lesivo por ordem ou em cumprimento de instrução de terceiros nomeasse à autoria o proprietário ou o possuidor, no primeiro caso, ou o responsável pela ordem, no segundo. Já se criticava a inclusão da nomeação à autoria entre as espécies de intervenção de terceiro, porque, sendo ela deferida, o que havia era a substituição do réu que era parte ilegítima pelo verdadeiro legitimado.

A nomeação à autoria foi substituída por um mecanismo mais amplo e eficiente de correção do polo passivo, no CPC atual, previsto nos arts. 338 e 339. A sua amplitude é muito maior do que na lei anterior, na qual a nomeação só cabia em casos restritos. No atual, o mecanismo do art. 338 aplica-se sempre que o réu alegar que é parte ilegítima ou que não é o responsável pelo prejuízo invocado. Nesse caso, o autor será ouvido, podendo requerer, no prazo de quinze dias, o aditamento da inicial com a substituição do réu originário pelo indicado na contestação, pagando ao advogado dele honorários advocatícios entre 3% e 5% do valor da causa (art. 338, do CPC). Para que isso se viabilize, manda a lei que o réu indique o nome do sujeito passivo da relação jurídica discutida, sempre que tiver conhecimento, sob pena de arcar com as despesas processuais e prejuízos que causar ao autor pela falta de indicação. Aceita a indicação, o autor procederá à alteração da inicial para substituir o réu. O novo mecanismo tem amplitude muito maior do que a nomeação à autoria, pois permite a regularização do polo passivo em qualquer caso de ilegitimidade, e não apenas nos casos em que a nomeação era cabível, previstos nos arts. 62 e 63 do CPC de 1973. O réu que, ao contestar a ação, arguir a preliminar de ilegitimidade de parte deverá, sempre que tiver conhecimento, indicar quem é o verdadeiro legitimado, isto é, o sujeito passivo da relação jurídica discutida. Cabe a ele indicar, nomear aquele que é o verdadeiro responsável, o sujeito passivo da relação.

Essa pessoa pode ser e é, frequentemente, o empregador do réu, ou pessoa que lhe dirige ordens ou comandos. Como, sem obrigatoriedade, o réu talvez preferisse não fazer a indicação, o art. 339 do CPC estabelece que ele arque com as despesas processuais e indenize o autor pelos prejuízos decorrentes da falta de indicação. A mesma solução há de ser dada se ele indicar, de má-fé, pessoa diversa do sujeito passivo da relação jurídica discutida. Não é lícito ao réu deixar de fazer a indicação, a menos que não tenha conhecimento de quem é o responsável; se não o fizer, responderá por perdas e danos decorrentes da extinção do processo sem resolução de mérito, já que o polo passivo não será corrigido.

A arguição de ilegitimidade de parte com a indicação do verdadeiro legitimado poderá implicar alteração do polo passivo, com a substituição do réu originário por outro. Mas, como compete ao autor decidir em face de quem ele quer demandar, seria impossível deferi-la, sem que ele consentisse e promovesse o aditamento da inicial.

O juiz, feita a indicação, ouvirá o autor que, se com ela concordar, deverá aditar a inicial no prazo de 15 dias, substituindo o réu originário equivocadamente demandado pelo verdadeiro legitimado. O autor, ouvido sobre a contestação, poderá tomar uma de três atitudes possíveis: aditar a inicial, discordar da indicação ou apenas silenciar.

No primeiro caso, o juiz, acolhendo o aditamento, determinará a exclusão do réu originário, que será substituído pelo novo réu. Como ele teve de apresentar contestação, o juízo condenará o autor a pagar honorários advocatícios de 3% a 5% do valor da causa ou, se este for irrisório, em quantia fixada equitativamente.

Se o autor disser que não concorda, ou simplesmente silenciar, deixando de aditar a inicial, o processo prosseguirá contra o réu originário, e o juiz, no momento oportuno, terá de apreciar a alegação de ilegitimidade de parte, extinguindo o processo sem resolução de mérito, se a acolher.

A decisão sobre aditar ou não a inicial é do autor, que nem precisará fundamentá-la. Basta que, no prazo de 15 dias, não adite a inicial, para que a indicação fique sem efeito, prosseguindo-se contra o réu originário.

Para que ocorra a substituição, não há necessidade de anuência ou concordância do novo réu, que substituirá o anterior. Se ele entender que não tem a qualidade que lhe foi atribuída pelo réu originário, deverá alegá-lo em contestação.

O art. 339, § 2º, autoriza o autor a aditar a inicial, no prazo de 15 dias, não para substituir o réu originário pelo novo, mas para, mantendo o primeiro, incluir o segundo, como litisconsorte passivo. Essa solução faz sentido se o autor tiver dúvida a respeito de quem é o sujeito passivo da relação jurídica discutida, ou se verificar que ela tem por titulares o réu originário, e o indicado.

3.3.2. Defesa substancial ou de mérito

Por força do princípio da eventualidade, na própria contestação o réu, depois de ter arguido as preliminares pertinentes, apresentará a defesa de mérito ou substancial, que pode ser direta ou indireta.

A direta é aquela em que o réu nega os fatos narrados na petição inicial ou o efeito que o autor pretende deles retirar. O réu tem o ônus da impugnação especificada de cada um dos fatos constitutivos do direito do autor apresentados na inicial. Os não impugnados presumem-se verdadeiros, nos termos do CPC, art. 341, *caput*.

Há situações, no entanto, em que se admitirá a contestação genérica, sem risco de presunção de veracidade dos fatos alegados. São as enumeradas nos incisos do art. 341, e no seu parágrafo único, que excluem o ônus da impugnação especificada do defensor público, do advogado dativo e do curador especial. Além de simplesmente negar os fatos narrados na petição inicial, o réu pode negar os efeitos que o autor pretende deles extrair. Ou seja, pode impugnar os fatos e os fundamentos jurídicos do pedido.

A defesa indireta é aquela em que o réu contrapõe aos fatos constitutivos do direito do autor fatos impeditivos, extintivos ou modificativos. Por exemplo, em caso de cobrança de dívida, o réu não nega que tenha contraído o débito, mas argui uma causa extintiva, como o pagamento, a novação ou a transação.

Exemplos importantes de defesas de mérito indiretas são a prescrição e a decadência. São de mérito, porque a lei assim as considera (CPC, art. 487, II). Elas devem ser apreciadas antes das demais defesas substanciais, porque o seu acolhimento implica a imediata extinção do processo, sem a necessidade de apreciação das demais alegações de defesa. Tanto que há doutrinadores que a elas se referem como preliminares de mérito, o que implica dizer que constituem defesas de mérito, mas que devem ser apreciadas antes das demais. Quando tais matérias são acolhidas, na verdade o juiz não aprecia o pedido formulado. A lei considerou como de mérito a sentença que as acolhe apenas para impedir a reiteração de outra demanda idêntica.

O princípio da eventualidade permite que, na mesma contestação, sejam cumuladas preliminares e defesas substanciais diretas e indiretas.

3.3.3. Matérias que podem ser alegadas depois da contestação

De maneira geral, é na contestação que o réu deve invocar, em seu favor, todas as defesas pertinentes. A não alegação gerará preclusão consumativa, e o réu não terá outra oportunidade para apresentá-las. Há, no entanto, determinadas matérias que podem ser arguidas depois, porque não estão sujeitas à preclusão. O CPC, art. 342, cuida de enumerá-las:

a) direito ou fato superveniente: esse dispositivo harmoniza-se com o CPC, art. 493, que determina ao juiz levar em conta os fatos posteriores à propositura da ação que repercutam no julgamento. Entre eles, incluem-se o *jus superveniens* e as situações jurídicas dele advindas;

b) as matérias de defesa que devem ser conhecidas de ofício: são, em regra, aquelas de ordem pública, que não estão sujeitas à preclusão. Todas as preliminares do art. 337, com exceção do compromisso arbitral e da incompetência relativa, estão entre elas. Mas há também matérias de mérito, como a decadência, que podem ser conhecidas de ofício, e que não estão sujeitas à preclusão. Em síntese, não precluem as objeções processuais;

c) aquelas que, por expressa autorização legal, puderem ser formuladas em qualquer tempo ou grau de jurisdição. Podem ser alegadas a qualquer tempo todas aquelas defesas que não estiverem sujeitas à preclusão, o que faz com que os incisos II e III do art. 342 sejam praticamente coincidentes.

3.3.4. Indicação de provas e documentos

O CPC, art. 336, determina que, na contestação, o réu especifique as provas que pretende produzir. Trata-se de artigo correlato ao art. 319, VI, que obriga o autor a, na inicial, também indicar as provas. E, tal como ocorre com a inicial, o protesto na contestação tem sido examinado com liberalidade: a falta de requerimento de uma determinada prova, na contestação, não implica a perda de oportunidade de o réu requerê-la posteriormente.

Generalizou-se o protesto genérico de provas na contestação e petição inicial. O réu, tal como o autor, informa que pretende produzir todas as que sejam admitidas. Só mais tarde, na fase das providências preliminares, é que eles as especificarão.

O CPC, art. 434, estabelece que o autor e o réu instruirão a inicial e a contestação com os documentos destinados a provar-lhes as alegações. Mas esse dispositivo também tem sido interpretado com uma certa liberalidade, já que se admite a juntada de documentos aos autos a qualquer tempo, mesmo em fase recursal, dando-se ciência à parte contrária.

O entendimento jurisprudencial predominante é o de que somente os documentos indispensáveis à defesa deverão ser juntados com a contestação. Nesse sentido: "Somente os documentos tidos como pressupostos da causa é que devem acompanhar a inicial e a defesa. Os demais podem ser oferecidos em outras fases e até mesmo na via recursal, desde que ouvida a parte contrária e inexistentes o espírito de ocultação premeditada e o propósito de surpreender o juízo" (*RSTJ*, 37/390).

Todavia, parece-nos acertada a opinião de Dinamarco de que "quanto ao autor é correto exigir os documentos indispensáveis, sob pena de indeferimento da petição inicial, porque sem eles o mérito sequer poderia ser julgado. Ao réu, contudo, que somente resiste mas não formula *petitum* algum ao contestar, uma exigência dessa ordem não teria sequer um sentido lógico, porque com ou sem seus documentos, ou com ou sem a própria contestação, o *meritum causae* será julgado. A consequência que em tese ele poderá suportar em razão da ausência de seus documentos úteis será a final rejeição de suas razões de defesa, com maiores probabilidades de procedência da demanda do autor; isso, porém, se não vier a exibi-los em tempo algum"[1].

4. RECONVENÇÃO

4.1. Introdução

É a ação incidente aforada pelo réu em face do autor, no bojo da contestação. Quando citado, o demandado poderá limitar-se à posição passiva de apresentar defesa contra as alegações do autor, mas pode também assumir posição ativa, formulando pretensões em face dele. Estas são veiculadas por meio de uma ação incidente de conhecimento denominada reconvenção.

A contestação é peça de mera defesa, que não se presta a que o réu formule outras pretensões que não a de ver desacolhidas as do autor (salvo naquelas ações de natureza dúplice, em que a lei autoriza ao réu formular pretensões na própria contestação). Por isso, se o réu tiver algum pedido a formular perante o autor, deverá valer-se dessa ação, no mesmo processo, denominada reconvenção.

Ela é, pois, uma nova ação, mas que ocupa o mesmo processo. O seu autor é o réu da ação originária, que passa a denominar-se reconvinte. O autor da ação originária é o réu da reconvenção e chama-se reconvindo. O seu ajuizamento indica que o réu deixou a posição exclusivamente passiva e passou ao contra-ataque.

A ação e a reconvenção ocupam o mesmo processo e são julgadas conjuntamente. A justificativa para a sua permissão, em nosso ordenamento, é a economia processual, pois em um único processo serão julgadas pretensões contrapostas, e a possibilidade de afastar-se decisões conflitantes, já que é requisito da reconvenção que a pretensão nela formulada seja conexa com a

1. Cândido Rangel Dinamarco, *Instituições*, cit., v. 3, p. 473.

originária. Nada impede, porém, que o réu prefira, em vez de reconvir, formular a sua pretensão em processo autônomo, caso em que, possivelmente, as demandas serão reunidas, por força da conexão.

Como a reconvenção não cria um processo autônomo, o seu indeferimento liminar não pode ser qualificado de sentença, que é, por definição, o ato que põe fim ao processo ou à fase de cumprimento de sentença. A natureza do ato de indeferimento inicial é interlocutória.

Na reconvenção, o réu não busca defender-se, mas formular uma pretensão em face do autor. Ela sempre amplia os limites objetivos da lide, porque o juiz terá de decidir não só sobre a pretensão originária, mas sobre aquela formulada pelo réu.

A pretensão formulada por meio de reconvenção poderá ter natureza condenatória, constitutiva ou declaratória. Não é necessário que essa natureza coincida com a da pretensão formulada na inicial. Nada impede, por isso, que em ações condenatórias sejam apresentadas reconvenções de cunho declaratório, e assim por diante.

Aforada a reconvenção, embora haja um único processo, os destinos das demandas gozam de relativa independência. Por isso, caso a ação originária venha a ser extinta prematuramente, por qualquer razão, a reconvenção prosseguirá.

4.2. Processos e procedimentos em que cabe a reconvenção

O campo específico para o ajuizamento da reconvenção é o processo de conhecimento. Não é possível reconvir em execuções.

No processo de conhecimento, só cabe reconvenção nos procedimentos de jurisdição contenciosa, e não nos de jurisdição voluntária. Não cabe, também, no juizado especial cível, em que as ações têm natureza dúplice. Quanto aos de procedimento especial, a reconvenção só caberá se eles se tornarem comuns, com a apresentação de contestação. Por exemplo, na monitória, se o réu oferecer defesa, o procedimento passará a comum. Por isso, com a defesa, o réu pode apresentar reconvenção. Mas, se o procedimento é daqueles que têm peculiaridades durante todo o seu curso, haverá incompatibilidade com a reconvenção.

Ela também não cabe nos embargos à execução. Nas ações rescisórias, admite-se a reconvenção, desde que o pedido seja também rescisório da mesma sentença ou acórdão.

4.3. Prazo

A reconvenção é apresentada na contestação, nos termos do art. 343 do CPC. Se o prazo da contestação é ampliado, como nas hipóteses em que ela é apresentada pelo Ministério Público, pela Fazenda Pública, pela Defensoria Pública ou por litisconsortes com advogados diferentes, de escritórios distintos, não sendo o processo eletrônico, isso repercute também no prazo de reconvenção, já que esta é apresentada com aquela.

Não basta que a reconvenção seja apresentada no prazo de contestação. É preciso que seja oferecida na contestação. Portanto, se o réu contestar sem reconvir, não poderá mais fazê-lo, porque terá havido preclusão consumativa. E vice-versa.

Mas isso não significa que o réu precise contestar para reconvir (art. 343, § 6º). É possível a reconvenção sem que o réu conteste, caso em que deverá ser apresentada no prazo que o réu teria para contestar. O que a lei determina é que, se o réu desejar apresentar as duas coisas, ele o faça simultaneamente, porque, se apresentar apenas uma sem a outra, haverá preclusão consumativa.

O réu que não contesta, mas reconvém, não pode ser considerado revel, pois compareceu ao processo e manifestou-se, devendo ser intimado de todos os atos e termos, a partir de então. Nem ao menos se poderão presumir verdadeiros contra ele os fatos narrados na petição inicial, se os fundamentos da reconvenção forem incompatíveis com o pedido inicial. Ou seja, se os fundamentos da reconvenção tornarem controversos os da inicial.

O art. 343 não deixa dúvida de que contestação e reconvenção, quando o réu quiser valer-se das duas, serão apresentadas em peça única. No CPC de 1973, deveriam ser apresentadas simultaneamente, mas em peças separadas. No entanto, a jurisprudência majoritária orientava-se no sentido de que, se viessem em uma peça única, haveria mera irregularidade, e a reconvenção poderia ser recebida e processada como tal, desde que na peça única fosse indicado o necessário para que ela fosse identificada, isto é, as pretensões do réu em face do autor e os respectivos fundamentos. Nesse sentido, *RT*, 806/139. Por essa razão, parece-nos que, com o CPC atual, embora a peça haja de ser única, a apresentação de contestação e reconvenção simultaneamente, mas em peças separadas, haverá de ser considerada mera irregularidade, que não impedirá o conhecimento e o processamento desta.

4.4. Requisitos

A reconvenção é uma nova demanda, inserida na mesma relação processual. Por isso, deve preencher as condições gerais de todas as ações e os pressupostos processuais.

A petição inicial deve atender aos requisitos do CPC, arts. 319 e 320. Caso não os preencha, o juiz concederá ao reconvinte prazo de 15 dias para emendá-la, sob pena de indeferimento.

As mesmas condições da ação e os pressupostos processuais que teriam de ser preenchidos, caso o réu optasse por propor uma demanda autônoma, terão de ser observados na reconvenção.

Há, porém, alguns requisitos específicos que não seriam exigidos caso se optasse pela demanda autônoma, mas que são necessários para a reconvenção. São eles:

a) conexidade: nos termos do CPC, art. 343, *caput*, o réu poderá reconvir ao autor no mesmo processo "toda vez que a reconvenção seja conexa com a ação principal ou com o fundamento da defesa".

A conexão entre duas demandas pressupõe a identidade do pedido ou da causa de pedir. Caberá a reconvenção se um desses elementos, expostos pelo reconvinte, estiver relacionado com aqueles formulados na petição inicial. Por exemplo, em ação declaratória de inexigibilidade de título de crédito, o réu pode reconvir pedindo a condenação do autor ao pagamento daquele débito. Ou, em demanda de anulação de contrato, cabe reconvenção postulando o seu cumprimento, ou, ainda, em ação de separação judicial proposta por um dos cônjuges, pode o outro reconvir, pedindo a anulação do casamento.

Também cabe a reconvenção se houver conexão entre ela e os fundamentos da defesa, isto é, toda vez que os fundamentos apresentados pelo réu para se defender puderem sustentar o pedido reconvencional. Em ação de cobrança, o réu pode defender-se alegando que o débito está quitado. Esse fundamento, na contestação, embasa o pedido de improcedência da demanda, mas também poderá servir para que o réu, em reconvenção, postule indenização por ter sido cobrado por dívida já paga. O mesmo fundamento – o pagamento da dívida – constitui fato extintivo do direito do autor à cobrança do débito e fato constitutivo do direito do reconvinte à indenização.

b) competência: para que caiba, é preciso que o juiz da causa originária não seja absolutamente incompetente para julgar a reconvenção. A incompetência absoluta não pode ser modificada. Por isso, não caberá a reconvenção se o juiz da causa for absolutamente incompetente para julgá-la, caso em que restará ao réu propor a sua demanda de forma autônoma, no juízo competente. Diferente será a situação se houver apenas incompetência relativa do juiz, porque a conexão, exigida na reconvenção, é uma das causas de modificação de competência. Para que ela seja admitida, é preciso que as demandas sejam conexas, hipótese em que, por força de modificação, o juiz será competente para apreciar as duas lides.

c) procedimento compatível: é preciso, para que caiba a reconvenção, que o seu procedimento e o da demanda originária sejam compatíveis. A ação e a reconvenção correm no mesmo processo e têm de ter o mesmo procedimento. Se a demanda originária corre pelo rito comum, é necessário que a reconvenção tenha o mesmo procedimento ou outro que permita a adoção do comum. Nada impede que se aplique por analogia à reconvenção o disposto no CPC, art. 327, § 2º, que trata da cumulação de pedidos: "Quando, para cada pedido, corresponder tipo diverso de procedimento, será admitida a cumulação, se o autor empregar o procedimento comum, sem prejuízo do emprego das técnicas processuais diferenciadas previstas nos procedimentos especiais a que se sujeitam um ou mais pedidos cumulados, que não forem incompatíveis com as disposições sobre o procedimento comum". O mesmo vale para a reconvenção: o réu poderá ajuizá-la, desde que opte pelo procedimento comum, ainda que o rito original seja outro, o que só será possível naqueles que possam converter-se ao comum.

d) que o autor não seja legitimado extraordinário: o § 5º do art. 343 do CPC proíbe o réu, em seu próprio nome, reconvir ao autor quando este demandar em nome de outrem (legitimidade extraordinária). A razão é evidente. O autor que demanda em nome alheio, embora figure no polo ativo, não é o titular do interesse dirigido contra o réu, mas mero substituto processual. Por isso, não pode o réu reconvir em face dele, porque não haveria aí um contra-ataque. O réu não estaria postulando contra aquele que o está atacando verdadeiramente, mas apenas em face do substituto processual. Faltaria contraposição entre o pleito contido na demanda originária e o da reconvenção. Mas há uma hipótese em que, apesar de o autor ser legitimado extraordinário, caberá reconvenção do réu contra ele. É preciso que a pretensão apresentada pelo réu também seja relativa ao substituído, caso em que, como determina o art. 343,§ 5º, a reconvenção será formulada contra o autor, também na qualidade de substituto processual. Para isso, é preciso que o autor também possa figurar como substituto na defesa dos direitos do substituído diante da pretensão apresentada pelo reconvinte. Em suma: havendo substituição processual na lide originária, caberá reconvenção se o autor reconvindo também puder figurar como substituto processual na defesa dos direitos do substituído diante da pretensão apresentada pelo reconvinte, isto é, quando o autor, substituto processual na lide originária, também puder ser substituto processual na reconvenção.

4.5. Reconvenção e possibilidade de ampliação dos limites subjetivos da lide

Na vigência do CPC de 1973, havia controvérsia doutrinária sobre a possibilidade de a reconvenção ampliar os limites subjetivos da demanda, trazendo para o processo pessoas que até então não figuravam nele. Mas já predominava o entendimento de que a ampliação era possível e que, além do réu, uma pessoa estranha ao processo reconvenha em face do autor; e que o réu reconvenha em face do autor e de uma terceira pessoa que não figurava no processo. O CPC atual permite expressamente que isso ocorra, no art. 343, §§ 3º e 4º.

É preciso que, na reconvenção, o polo ativo seja ocupado por um dos réus, e o polo passivo, por um dos autores. Mas não é necessário que, nem no polo ativo, nem no passivo, figurem apenas uns e outros. A economia processual e o risco de decisões conflitantes justificam a possibilidade de ampliação subjetiva, com a inclusão de pessoas que não figuravam originariamente. Nem se alegue que isso poderia implicar retardamento do processo originário, pois, não sendo possível a reconvenção, o réu irá propor ação autônoma que, dada a conexidade, acabará sendo reunida à primeira, do que resultará igual demora.

Pode ocorrer que, havendo vários réus, apenas um deles ajuíze reconvenção, em face de um, ou de mais de um dos autores; ou que, havendo um só réu e vários autores, a reconvenção seja dirigida por aquele, em face de apenas um ou alguns destes; ou que o réu, ou os réus, associem-se a um terceiro que não figurava no processo, para formular o pedido reconvencional; ou que o réu formule a reconvenção em face do autor e de outras pessoas que não figurem no processo.

O que não se admite é que a reconvenção seja formulada somente por quem não é réu, ou somente em face de quem não é autor.

4.6. Reconvenção da reconvenção

Em princípio, não há nenhum óbice ao ajuizamento de reconvenções sucessivas, o que multiplicará o número de demandas, todas utilizando um processo único. Imagine-se que A ajuíze ação de cobrança em face de B. O réu contesta, alegando compensação entre aquela dívida e uma outra decorrente de um contrato celebrado entre eles e reconvém, cobrando a diferença em seu favor, advinda da compensação. Nada impede que o autor, intimado da reconvenção, ofereça uma segunda, postulando, por exemplo, a anulação daquele contrato, gerador do débito em que se funda o pedido da primeira reconvenção.

Também não há óbice a que se faça a denunciação da lide na reconvenção.

4.7. Procedimento

Apresentada a reconvenção, o juiz deve verificar, de início, se estão presentes os seus requisitos de admissibilidade. Em caso afirmativo, deve recebê-la e mandar anotar no distribuidor (CPC, art. 286, parágrafo único). Recebida a reconvenção, o juiz determinará que o reconvindo seja intimado, na pessoa do seu procurador, para contestá-la, no prazo de 15 dias.

Embora a lei mencione intimação, a natureza do ato é de verdadeira citação, já que o pedido reconvencional é autônomo e constitui uma nova demanda. No entanto, ele se realiza na pessoa do procurador do reconvindo, constituído nos autos. Mas, quando a reconvenção implicar ampliação subjetiva da lide e for dirigida em litisconsórcio contra o autor e contra o terceiro, este deverá ser citado pessoalmente, uma vez que não terá ainda advogado constituído.

O prazo para responder à reconvenção é de 15 dias, devendo ser observado o disposto nos arts. 180, 183 e 229 do CPC.

Se o reconvindo não contestar a reconvenção, nem por isso se presumirão verdadeiros os fatos alegados pelo reconvinte. Afinal, o autor ajuizou a demanda, e os fatos nela narrados possivelmente estarão em contraposição aos mencionados pelo réu.

A instrução da demanda originária e da reconvenção será conjunta, e, ao final, o juiz proferirá uma sentença única, julgando ambas. Na sentença, ele analisará o pedido inicial e o da reconvenção, devendo o dispositivo ser dividido em capítulos diferentes. O CPC, art. 343, § 2º, deixa explícita a relativa autonomia de que gozam as duas ações, ao estabelecer que "a desistência da ação ou a ocorrência de qualquer causa extintiva que impeça o exame de seu mérito não obsta ao prosseguimento do processo quanto à reconvenção".

Tanto a ação originária quanto a reconvenção podem ser extintas sem resolução de mérito, sem que isso implique a impossibilidade de prosseguimento da outra. Extinta a reconvenção, a ação originária poderá prosseguir, e vice-versa. A demanda originária e a reconvenção são duas ações diferentes, que gozam de autonomia, mas formam um único processo. A decisão que extingue antecipadamente, sem resolução de mérito, uma delas, embora ponha fim a uma das ações, não extingue o processo, que prossegue para o julgamento da outra. E, por definição, sentença é apenas o ato que põe fim ao processo. Daí a natureza interlocutória da decisão.

4.8. Reconvenção e ações dúplices

Em regra, a contestação não comporta pedidos do réu em face do autor, exceto o genérico de desacolhimento da pretensão formulada na petição inicial. Daí a necessidade de o réu reconvir, caso queira deixar a posição passiva que ocupa, para contra-atacar.

Todavia, há casos excepcionais, que dependem de expressa previsão legal, em que se permite que o réu formule pedidos na própria contestação, sendo desnecessário reconvir. As ações em que isso é possível denominam-se dúplices. O que as caracteriza é a faculdade de o réu, na própria contestação, formular pretensões em face do autor, sem a necessidade de reconvir.

Nelas, o juiz deve estar muito atento para a contestação, que, além da defesa do réu, pode conter pretensões dele contra o autor, que deverão ser examinadas na sentença. A contestação pode ampliar os limites objetivos da lide, o que ocorrerá sempre que ela contiver um pedido do réu.

A diferença entre as ações dúplices e a reconvenção é que naquelas não haverá propriamente duas ações, tanto que não será preciso registro do pedido formulado na contestação, como ocorre com a reconvenção.

No entanto, o pedido formulado pelo réu passará a gozar da mesma autonomia relativa de que goza a reconvenção, e, mesmo que a demanda originária seja extinta sem resolução de mérito, o processo poderá prosseguir para apreciação do pedido contraposto formulado na contestação.

São numerosos os exemplos atuais de ações de natureza dúplice. Entre outros, podem ser citados os das ações possessórias, de exigir contas, de consignação em pagamento, as do juizado especial cível, as renovatórias e as ações de desapropriação.

5. REVELIA

5.1. Introdução

A relação jurídica processual impõe às partes numerosos ônus, que consistem naquelas atividades cuja realização reverterá em proveito delas próprias, e cujo descumprimento implicará vantagens para o adversário. Distinguem-se das obrigações, nas quais o cumprimento favorece a parte contrária e não aquele que a cumpriu.

Um dos ônus mais importantes que tem o réu no processo é o de contestar a ação proposta. O autor, na petição inicial, faz uma série de afirmações, que lhe são favoráveis e têm por objetivo fundamentar a sua pretensão a uma tutela jurisdicional.

O réu, citado, tem o ônus de contestá-las, tornando-as controvertidas. É por meio da contestação que resiste às pretensões do autor. Este, na petição inicial, alega os fatos que são constitutivos do seu direito. Compete ao réu negá-los, ou alegar outros fatos que são impeditivos, extintivos ou modificativos do direito do autor. Nesse último caso, o autor será novamente ouvido, tendo a oportunidade de controverter os novos fatos trazidos na resposta.

Com isso, forma-se uma dialética entre as partes. O juiz ouve a versão dos fatos trazida pelo autor e pelo réu e determina a produção de provas necessárias para a apuração da veracidade de uns e outros. Somente haverá necessidade de provas sobre aqueles fatos que se tenham tornado controvertidos. Os incontroversos as dispensam. Cada uma das partes tem o ônus de provar os fatos que afirmou e que sejam de seu interesse.

A contestação é a forma natural de defesa do réu. É por seu intermédio que ele colocará em dúvida os fatos narrados na inicial, trazendo para o processo a sua própria versão. Também por meio da reconvenção os fatos podem tornar-se controversos. O réu, ao formular pedido contra o autor, pode trazer ao processo uma versão do ocorrido que não se coaduna com a do autor e à dele se contrapõe. Isso será o bastante para suscitar a dúvida no espírito do juiz sobre a veracidade dos fatos mencionados na inicial.

Denomina-se revelia a ausência de contestação do réu. Revel é aquele que, citado, permanece inerte, que não se contrapõe ao pedido formulado pelo autor. Consiste, portanto, na inércia do réu em contestar a ação. Quando é o autor que deixa de cumprir um ônus que lhe incumbe, diz-se que há contumácia, e não revelia, porque esta é condição própria de quem ocupa o polo passivo da demanda.

5.2. Efeitos da revelia

Não se confunde a revelia – a ausência de contestação do réu – com os efeitos que ela produz. Com muita frequência, na linguagem forense cotidiana, tem havido confusão entre a circunstância de o réu não ter oferecido contestação e as consequências daí advindas. Mas essa confusão não se justifica, mesmo porque há hipóteses em que a revelia não produz os seus efeitos tradicionais.

Ocorre revelia se o réu, citado, deixa de apresentar contestação (CPC, art. 344). Como ensina Arruda Alvim, "a revelia consiste na não apresentação de contestação, por parte do réu, no prazo legal (desde que citado regularmente). Assim, é considerado revel aquele que não apresentou contestação, ainda que, eventualmente, tenha comparecido, através de advogado legalmente habilitado; o só fato de existir nos autos procuração a advogado, outorgada pelo réu, não descaracteriza a revelia. Por outro lado, se o réu comparece ao processo, no sistema do Código de Processo Civil, sem se fazer acompanhar de advogado, da mesma forma, é revel, pois, por si só, não poderá o réu contestar a ação por falta de capacidade postulatória, em regra"[2].

Todavia, há casos em que o réu, apesar de revel, não sofrerá os efeitos da revelia. Pode ocorrer, por exemplo, que ele se limite a reconvir, mas, ao fazê-lo, exponha, na reconvenção, fatos e alegações que tornem controvertidos os mencionados pelo autor na petição inicial. Ora, esse réu não sofrerá as consequências da revelia, apesar da falta de contestação, porque ele tornou controvertidos os fatos e compareceu ao processo.

A revelia advém da completa inércia do réu que, deixando de apresentar contestação, não torna controvertidos os fatos alegados pelo autor.

2. Arruda Alvim, *Manual*, cit., v. 2, p. 303.

São três os dispositivos do CPC que tratam das suas principais consequências: os arts. 341, 344 e 346.

Os dois primeiros estão intimamente relacionados. Dispõe o art. 344 que, "se o réu não contestar a ação, será considerado revel e presumir-se-ão verdadeiras as alegações de fato formuladas pelo autor". Para que a presunção de veracidade ocorra, é preciso que o réu não tenha contestado, nem por outro modo respondido de forma a controverter os fatos narrados pelo autor. A falta de contestação do réu, que deixa incontroversas as alegações do autor, faz presumir verdadeiros os fatos mencionados na inicial.

Portanto, tem o réu o ônus de responder à ação, sob pena de sofrer os efeitos indicados no art. 344. Mas o art. 341 explicita melhor esse ônus, ao dizer que "Incumbe também ao réu manifestar-se precisamente sobre as alegações de fato constantes da petição inicial, presumindo-se verdadeiras as não impugnadas...". Esse dispositivo imputa ao réu o ônus da impugnação especificada dos fatos. Não basta que ele responda à ação; é preciso que impugne especificamente cada um dos fatos mencionados pelo autor, sob pena de os não impugnados presumirem-se verdadeiros. Não se contenta a lei processual, salvo exceções que serão oportunamente estudadas, com a impugnação genérica do alegado. Não basta a contestação por negativa geral, pois o réu precisa repelir, um a um, os fatos articulados pelo autor. Sobre os não impugnados incidirá a presunção de veracidade.

Portanto, tem o réu não só o ônus de contestar, mas o de fazê-lo de forma especificada.

O art. 346 estabelece que "Os prazos contra o revel que não tenha patrono nos autos fluirão da data de publicação do ato decisório no órgão oficial".

5.3. Presunção de veracidade

A falta completa de contestação do réu torna incontroversos e faz presumir verdadeiros os fatos narrados na petição inicial (CPC, art. 344). Além disso, o descumprimento do ônus de impugnação especificada faz presumir verdadeiros aqueles fatos alegados que não se tenham tornado controvertidos (CPC, art. 341).

Essa presunção torna desnecessária a produção de provas, e, por isso, o juiz procederá ao julgamento antecipado da lide (CPC, art. 355, II). Se houve apresentação de resposta, mas alguns fatos não foram especificamente impugnados, não haverá necessidade de produzir provas a seu respeito.

A presunção de veracidade decorrente da revelia, no entanto, não é absoluta e sofre atenuações que merecem ser analisadas.

Cumpre lembrar, inicialmente, que a presunção de veracidade restringe-se às alegações dos fatos mencionados pelo autor, e jamais ao direito invocado. O que o juiz presume é a verdade dos fatos, mas nem por isso ele está obrigado a retirar deles a consequência jurídica pretendida pelo autor. O juiz, que conhece o direito, atribuirá aquela que for prevista pelo ordenamento jurídico. Nesse sentido: "A falta de contestação conduz a que se tenham como verdadeiros os fatos alegados pelo autor. Não, entretanto, a que necessariamente deve ser julgada procedente a ação. Isso pode não ocorrer, seja em virtude de os fatos não conduzirem às consequências jurídicas pretendidas, seja por evidenciar-se existir algum, não cogitado na inicial, a obstar que aquelas se verifiquem" (STJ, 3ª Turma, REsp 14.987-CE, rel. Min. Eduardo Ribeiro).

Além disso, a presunção de veracidade dos fatos é relativa e não absoluta. O juiz nem sempre será obrigado a considerar verdadeiras as alegações do autor. Ele deve examinar-lhes a verossimilhança, dando-lhes credibilidade se a merecerem. A simples ausência de contestação não pode fazer o juiz presumir verdadeiros fatos que contrariam o senso comum ou que se mostram inverossímeis, improváveis ou que contrariem outros elementos dos autos ou fatos notórios.

A Lei do Juizado Especial, no art. 20, estabelece que a revelia faz presumir verdadeiros os fatos narrados na inicial, "salvo se o contrário resultar da convicção do juiz". Essa regra vale também para o CPC. Mas, na sentença, o juiz deverá fundamentar o motivo pelo qual, apesar da revelia, não presumiu verdadeiros os fatos, indicando as razões de sua convicção.

5.4. Exclusões legais da presunção de veracidade

Há ainda hipóteses em que a lei expressamente afasta a presunção de veracidade decorrente da revelia. São aquelas mencionadas nos incisos do art. 341 e no art. 345 do CPC.

O art. 345 está intimamente relacionado com o ônus de contestar. No art. 344, a lei o impôs ao réu, sob pena de reputarem-se verdadeiros os fatos narrados na inicial. O art. 345 afasta essa consequência em três situações distintas, que devem ser examinadas separadamente. Não se produzirão os efeitos do art. 344 quando:

a) havendo pluralidade de réus, algum deles contestar a ação: a redação desse dispositivo não é das mais felizes, pois dá a falsa impressão de que, sempre que houver litisconsórcio, basta que um dos réus conteste, para que não haja a revelia dos demais que permaneceram inertes. Mas isso só ocorrerá em duas circunstâncias, na verdade. A contestação de um dos réus afastará a revelia dos demais se o litisconsórcio passivo for unitário, porque aí, por força da unicidade da lide, a sentença tem de ser igual para todos. Sendo assim, se um contesta, todos são beneficiados, pois o juiz não pode presumir a verdade dos fatos para um dos réus e não para outro, obrigado que está a julgar de maneira uniforme. Por exemplo, se o Ministério Público ajuíza uma ação de anulação de contrato simulado celebrado entre A e B, e apenas um dos réus contesta, ao outro não se aplicarão os efeitos da revelia, pois o juiz não poderá anular o contrato em relação a um e não ao outro.

Se o litisconsórcio é simples, não há razão para que se deixe de aplicar ao réu revel os efeitos da revelia. Entretanto, mesmo assim, a revelia deixará de produzir efeitos se um dos litisconsortes contestar fatos que sejam comuns aos demais. Por exemplo, se uma vítima de acidente de trânsito ajuíza ação pedindo indenização contra o proprietário do veículo causador do acidente e contra a pessoa que o dirigia, não se aplicarão os efeitos da revelia se apenas um deles contestar alegando que a vítima não sofreu nenhum dano, porque a defesa está fundada em um fato comum e, se acolhida, beneficiará ambos os réus. Diferente seria a solução se o proprietário do veículo contestasse apenas alegando que, na data do acidente, já não tinha mais essa qualidade, pois o havia vendido anteriormente. Essa defesa tem cunho pessoal e não beneficia o corréu.

b) o litígio versar sobre direitos indisponíveis: não é fácil identificar com absoluta precisão quais esses direitos. Em regra, são os de natureza extrapatrimonial ou pública, sobre os quais não pode haver confissão. Os direitos patrimoniais de cunho privado, que podem ser objeto de transação, não são considerados indisponíveis.

Os exemplos mais comuns em que a revelia não produz efeitos são os que dizem respeito ao estado e à capacidade das pessoas, como nas ações de investigação de paternidade, de anulação de casamento, de interdição e de divórcio.

Há controvérsia quanto aos efeitos da revelia nas ações de separação judicial. Arruda Alvim menciona que "A separação judicial, no entanto, não constitui direito indisponível e, portanto, não foge à regra do art. 319, do CPC, ensejando, ainda, julgamento antecipado da lide, de conformidade com o art. 330, II, do mesmo diploma legal"[3].

No entanto, como menciona Theotonio Negrão, parece mais judiciosa a solução encontrada em acórdão do Superior Tribunal de Justiça, no qual ficou decidido que, "ainda que o direito da separação, em si, possa considerar-se como disponível, já que passível de fazer-se por mútuo consenso, uma vez reunidos os pressupostos legais, dela resultam consequências a cujo respeito o juiz deve prover e que se inserem entre os direitos indisponíveis. Dentre elas a pertinente à guarda dos filhos" (STJ, *RT*, 672/199).

Também é grande a controvérsia sobre a aplicação dos efeitos da revelia à Fazenda Pública. Para Dinamarco, "em razão da natureza pública da relação jurídica litigiosa, prevalece a tese de que a Fazenda Pública não está sujeita ao efeito da revelia nem à sanção estabelecida no art. 302 [atual art. 341] do Código de Processo Civil"[4]. Arruda Alvim, ao contrário, entende que "incidirá o inc. II do art. 320 [atual art. 345] do CPC, quando se tratar de ação movida contra pessoa jurídica de direito público"[5].

Parece-nos que do fato de a Fazenda Pública ser titular de um interesse não resulta que este seja indisponível. O interesse público não se confunde com o da Fazenda. Se o objeto da ação em que ela participa for de cunho patrimonial e não disser respeito a interesse público, não haverá óbice à aplicação do art. 344 do CPC.

c) a petição inicial não estiver acompanhada de instrumento que a lei considere indispensável à prova do ato: trata-se de repetição do disposto no CPC, art. 341, II. Existem documentos que são indispensáveis à propositura da demanda. O CPC, art. 406, estabelece que, "quando a lei exigir instrumento público como da substância do ato, nenhuma outra prova, por mais especial que seja, pode suprir-lhe a falta". É a forma *ad solemnitatem*, indispensável não apenas como prova do negócio, mas para a sua própria formalização.

Não se pode provar a existência de compra e venda de imóveis senão com a juntada da escritura pública, mesmo porque, sem ela, o negócio não se

---

3. Arruda Alvim, *Manual*, cit., v. 2, p. 306.

4. Cândido Rangel Dinamarco, *Instituições*, cit., v. 3, p. 538.

5. Arruda Alvim, *Manual*, cit., v. 2, p. 306.

aperfeiçoa. Por isso, mesmo que o réu não impugne a existência do contrato, não haverá presunção de verdade se não tiver sido juntado o instrumento de sua formalização.

d) as alegações de fato formuladas pelo autor forem inverossímeis ou estiverem em contradição: trata-se de hipótese já tratada no item anterior. Além das exceções do art. 345, há as do art. 341. Este dispositivo cuida do ônus da impugnação especificada, sancionando o descumprimento com a presunção de veracidade.

Os dois primeiros incisos do art. 341 guardam semelhança com os incisos II e III do art. 345. O inciso I diz respeito aos fatos sobre os quais não se admite confissão, isto é, aos que estejam relacionados com direitos indisponíveis (CPC, art. 392). O inciso II trata daqueles que só podem ser provados por meio de instrumento que for da substância do ato, mantendo correspondência com o art. 345, III.

Por fim, o inciso III do art. 341 afasta os efeitos da revelia quando o fato não impugnado estiver em contradição com a defesa, considerada em conjunto, porque pode ter-se tornado controverso por incompatibilidade com o teor da resposta.

O parágrafo único do art. 341 trata de hipóteses de exclusão dos efeitos da revelia que levam em consideração a qualidade das pessoas que apresentam a defesa. O ônus da impugnação específica não se aplica ao defensor público, ao advogado dativo e ao curador especial. A eles é dada a possibilidade de contestar por negativa geral e, com isso, tornar controvertidos os fatos alegados pelo autor, o que afastará a presunção de veracidade decorrente da revelia.

Não há dificuldades em compreender por que a lei exclui o ônus da impugnação especificada nesses casos. O legislador conhece a dificuldade que o advogado dativo e o curador especial teriam para contrapor-se, de forma específica, a cada um dos fatos articulados na inicial. No caso do defensor público, o volume de processos e a variedade de causas em que há intervenção justificam o benefício. O curador especial atua em favor de réu citado fictamente, não tendo, em regra, qualquer contato com ele, o que o impedirá de conhecer a sua versão dos fatos.

5.5. Desnecessidade de intimação do revel

Outro efeito da revelia vem estabelecido no CPC, art. 346: contra o revel que não tenha patrono nos autos os prazos correrão independentemente de intimação, porque demonstrou desinteresse pelo processo e a vontade de permanecer omisso. Além disso, não há como efetivar-se a intimação, que, no processo civil, normalmente é feita pela imprensa oficial. Os prazos contra ele correrão da data de publicação do ato decisório no órgão oficial.

No entanto, o revel pode ainda intervir a qualquer tempo no curso do processo. A partir do momento em que ele demonstre o interesse de participar e intervenha, o juiz determinará que seja intimado dos atos subsequentes.

Mas o revel o encontrará no estado em que ele estiver. Em regra, a revelia tornará desnecessária a produção de provas e implicará o julgamento antecipado da lide. Todavia, se por qualquer razão o juiz determinar a abertura da instrução para melhor esclarecimento dos fatos, observando que a presunção dela decorrente é relativa, o revel que tenha ingressado nos autos terá direito de produzir provas. Nesse sentido, a Súmula 231 do Supremo Tribunal Federal: "O revel, em processo cível, pode produzir provas, desde que compareça em tempo oportuno".

Ao revel que tenha comparecido aos autos não é dado exigir do juiz que afaste a presunção da revelia e permita-lhe produzir provas. O juiz só negará os efeitos da revelia se estiverem preenchidos os requisitos para tanto. Mas, se o fizer, não poderá obstar que aquele produza as provas pertinentes.

Se o juiz determinar a abertura de instrução e o autor requerer provas, ao revel será dado participar de sua produção. Por exemplo, se, apesar da revelia, o juiz determinar a produção de perícia requerida pelo autor, o revel poderá indicar assistente técnico e formular quesitos. Se a prova for testemunhal, poderá participar da ouvida de testemunhas, formulando contraditas e reperguntas.

5.6. Processo de execução

No processo de execução, o devedor não é citado para apresentar contestação e controverter os fatos narrados na petição inicial, mas para pagar, entregar alguma coisa, fazer ou não fazer algo. Por isso, não há revelia. Os embargos à execução não têm a natureza de contestação, mas constituem verdadeira ação de conhecimento incidente, em que o devedor veicula a sua defesa. A falta de embargos não torna o devedor revel, porque na execução não há julgamento de mérito, mas apenas a prática de atos tendentes à satisfação do credor.

No procedimento monitório não existe propriamente revelia. Citado, o réu poderá ou não opor embargos. Se não o fizer, não haverá presunção de veracidade dos fatos narrados na inicial, mas o mandado inicial converter-se-á de pleno direito em mandado executivo, prosseguindo-se daí por diante como cumprimento de sentença.

capítulo III
PROCEDIMENTO COMUM (FASE ORDINATÓRIA)

1. INTRODUÇÃO

Terminado o prazo de contestação determina a lei que o escrivão faça a conclusão dos autos ao juiz para que ele determine as providências preliminares para que o processo siga adiante.

Nessa fase ele terá de verificar qual o caminho a ser percorrido daí para diante e determinar as providências necessárias para que isso ocorra sem problemas.

É a fase em que o juiz deve pôr ordem no processo, decidindo qual o rumo a ser seguido. Por isso, ela é denominada por muitos como fase ordinatória.

São três basicamente as atividades do juiz a serem realizadas nessa fase: a) verificar a necessidade de dar ao autor oportunidade para manifestar-se sobre a contestação, se ela trouxer elementos novos aos autos; b) sanar eventuais irregularidades, saneando o processo ou extinguindo-o sem resolução de mérito, se as irregularidades forem insanáveis e impedirem o seu prosseguimento; c) decidir sobre a necessidade de produção de provas. Caso elas sejam necessárias, deve o juiz impulsionar o processo, dando início à fase instrutória. Caso contrário, se não houver provas a produzir, procederá ao julgamento antecipado do mérito.

2. PROVIDÊNCIAS PRELIMINARES

A conduta do juiz na fase ordinatória variará de acordo com a atitude das partes.

O primeiro passo é verificar se o réu apresentou ou não contestação. Em caso afirmativo, cumpre ao juiz examinar se deve ou não intimar o autor para sobre ela se manifestar, o que ocorrerá nas hipóteses do CPC, arts. 350 e 351. Se presentes, o juiz concederá ao autor o prazo de 15 dias para manifestar-se em réplica. Se ausentes, o juiz determinará que as partes especifiquem as provas que pretendem produzir (CPC, art. 348).

Caso o réu não tenha apresentado contestação, o juiz deverá verificar se a revelia produz ou não os seus efeitos. Se produzir e houver presunção de veracidade dos fatos narrados na petição inicial, procederá ao julgamento antecipado do mérito (art. 355, II, do CPC). Do contrário, determinará que o autor especifique as provas que pretende produzir (CPC, art. 348).

Em qualquer hipótese, o julgador deve verificar se há algum defeito ou vício no processo que seja sanável, e de cuja regularização depende o julgamento do mérito. Se houver, ele concederá prazo para que se promova a regularização.

Se o vício for insanável e impedir o seu prosseguimento e o julgamento do pedido, o juiz extinguirá o processo sem resolução do mérito.

Do contrário, verificará se há ou não necessidade de produção de provas. Se não houver, o juiz procederá ao julgamento antecipado do mérito, na forma do CPC, art. 355, I. Se um ou mais pedidos formulados ou parcela deles mostrar-se incontroverso ou estiver em condições de imediato julgamento, ele promoverá o julgamento antecipado parcial do mérito. Se houver necessidade de produção de provas, ele saneará o processo e determinará as que sejam necessárias para o seu prosseguimento.

3. RÉPLICA

Por força do princípio constitucional do contraditório, o juiz dará ao autor oportunidade para manifestar-se sobre a contestação sempre que estiverem presentes as hipóteses dos arts. 350 e 351 do CPC.

Ao se defender, o réu pode simplesmente negar os fatos constitutivos do direito do autor. Em ação de cobrança, por exemplo, pode dizer que a dívida não existe, que jamais foi contraída. Pode também defender-se reconhecendo o fato constitutivo do direito, mas alegando outros extintivos, modificativos ou impeditivos. Na mesma ação de cobrança, pode o réu, em vez de afirmar que a dívida não existe, defender-se alegando que já fez o pagamento ou que houve novação, transação, compensação, prescrição, exceção de contrato não cumprido, exceção de usucapião etc.

Sempre que isso ocorrer, o juiz deverá ouvir o autor, no prazo de 15 dias. A razão é que sobre esses fatos o autor ainda não se terá manifestado na petição inicial, na qual apenas expôs os fatos constitutivos de seu direito. A bilateralidade da audiência, corolário do princípio do contraditório, exige que assim seja.

Também haverá necessidade de ouvir o autor, no mesmo prazo de 15 dias, se o réu, na contestação, arguir as matérias enumeradas no CPC, art. 337. São as preliminares, que devem ser apreciadas antes do julgamento do mérito. A necessidade de ouvir-se o autor decorre das razões já expostas, ligadas ao princípio do contraditório.

A manifestação do autor sobre a contestação é denominada réplica, e o prazo para sua apresentação é de 15 dias, que será dobrado nas hipóteses dos arts. 180, 183 e 229 do CPC e 5º, § 5º, da Lei n. 1.060/50.

A matéria a ser alegada na réplica é restrita àquilo que o réu tenha arguido em sua contestação, como preliminar ou fato extintivo, impeditivo ou modificativo do direito do autor. Com a réplica, ele poderá apresentar novos documentos, sobre os quais o juiz ouvirá a parte contrária. Não há previsão, em nosso ordenamento jurídico, de apresentação de tréplica, isto é, de nova manifestação do réu, agora sobre a réplica juntada pelo autor. Mas o juiz dará oportunidade para que aquele se manifeste sobre os documentos juntados (CPC, art. 437, § 1º).

4. ESPECIFICAÇÃO DE PROVAS

O CPC, art. 348, dispõe que, "se o réu não contestar a ação, o juiz, verificando a inocorrência do efeito da revelia previsto no art. 344, ordenará que o autor especifique as provas que pretenda produzir, se ainda não as tiver indicado".

A tradição forense brasileira tem estendido a possibilidade de conceder às partes oportunidade para especificar provas antes do saneamento do feito. A rigor, o autor, já na petição inicial, e o réu, na contestação, deveriam ter indicado as provas que pretendem produzir.

No entanto, nessas ocasiões, eles ainda não terão elementos suficientes para verificar quais as necessárias para a demonstração do alegado. O autor, na inicial, nem tem conhecimento ainda do que será impugnado pelo réu, e este, na contestação, não sabe o que o autor controverterá em sua réplica.

Por isso, ambos costumam apresentar meros protestos genéricos de provas nessas oportunidades.

Tem sido comum, então, que, na fase ordinatória, o juiz determine às partes que especifiquem as provas que pretendem produzir. Isso ocorrerá: a) quando o réu for revel, mas a revelia não produzir os seus efeitos; b) após a contestação do réu, se não for necessário ouvir o autor, em réplica; c) após a apresentação da réplica.

É dada às partes a oportunidade de manifestar-se não só sobre provas a serem produzidas em audiência, mas sobre provas em geral, o que inclui perícias, vistorias e inspeção judicial.

O prazo para a especificação de provas é de cinco dias, e é necessário que as partes justifiquem ao juiz a necessidade de sua realização. Não é preciso, no entanto, já indicar o rol de testemunhas, nem formular quesitos ou indicar assistentes técnicos, caso seja requerida a prova pericial. Para tanto, haverá oportunidade própria.

A manifestação das partes não vincula o juiz. Mesmo que elas requeiram provas, este procederá ao julgamento antecipado do mérito se verificar que são desnecessárias. Na sentença, porém, terá de fundamentar a razão pela qual as está indeferindo. Em contrapartida, é possível também que as partes não requeiram provas, e que o juiz as determine de ofício (CPC, art. 370), quando entender que os elementos são insuficientes para o julgamento do pedido.

Não haverá preclusão para a parte que não requereu provas, caso o juiz determine a abertura da fase de instrução. Por exemplo, se ele determinar a realização de audiência de instrução, mesmo a parte que requereu o julgamento antecipado poderá arrolar testemunhas. Em caso de determinação de perícia, aquele que não a requereu terá oportunidade de formular quesitos e indicar assistentes técnicos.

5. REGULARIZAÇÃO

O CPC, art. 352, determina que, "verificando a existência de irregularidades ou de vícios sanáveis, o juiz determinará sua correção em prazo nunca superior a trinta dias".

Esse dispositivo só tem aplicação quando a irregularidade for sanável. As que não podem ser superadas conduzirão à extinção do processo sem resolução de mérito. Se o vício for sanável, o juiz determinará a regularização. Entre outros exemplos, podem ser citados os ligados à representação processual das partes, falta de recolhimento de custas, eventual irregularidade na citação de um dos réus que não tenha comparecido aos autos, ausência de citação de um litisconsorte necessário etc.

É preciso lembrar, por fim, que essa não é a única oportunidade que o juiz tem de determinar a regularização do processo. Desde a fase inicial, verificando qualquer irregularidade, ele pode mandar proceder à correção, não havendo por que aguardar a fase ordinatória, quando deverá examinar com toda minúcia o processo, buscando saná-lo de qualquer vício, para que ele possa seguir sem problemas.

6. JULGAMENTO CONFORME O ESTADO DO PROCESSO

Depois de verificar se o processo tinha ou não irregularidades e de determinar a sua possível correção, caberá ao juiz decidir se o processo já pode ser julgado, desde logo, ou se há necessidade de prosseguimento, com a abertura da fase instrutória.

Há, nesse momento, três soluções possíveis, que serão as adotadas pelo juiz, conforme o estado do processo. São elas: a) constatar que há vícios insuperáveis que impedem o julgamento do pedido, caso em que deverá extinguir o processo sem resolução de mérito; b) verificar que já é possível desde logo apreciar o mérito, sem necessidade de produção de provas, caso em que proferirá o julgamento antecipado do mérito; c) concluir que não é possível ainda proceder ao julgamento, porque há necessidade de produção de provas, caso em que promoverá o saneamento e a organização de processo, com a abertura de fase instrutória.

7. EXTINÇÃO SEM RESOLUÇÃO DE MÉRITO

Quando verificar a existência de vícios insanáveis, que constituam óbice ao julgamento do pedido, o juiz extinguirá o processo sem resolução de mérito (CPC, art. 354). O processo não terá cumprido a sua função, nem terá atingido o seu objetivo, mas nada restará a fazer se estiverem ausentes os requisitos indispensáveis para que o juiz aprecie o pedido.

8. JULGAMENTO ANTECIPADO DO MÉRITO

Ocorre sempre que o juiz verifica a desnecessidade, após as providências preliminares, de produção de outras provas, além daquelas que já constam dos autos.

Há duas situações fundamentais em que o juiz promoverá o julgamento antecipado, ambas descritas no CPC, art. 355: a) quando não houver necessidade de produção de outras provas. Elas servem para a demonstração dos fatos que se tenham tornado controversos. Não há necessidade de produzi-las a respeito do direito. Quando muito pode o juiz exigir a apresentação de provas da vigência de lei estrangeira, estadual, municipal ou direito consuetudinário (CPC, art. 376), mas isso não exigirá a abertura da fase instrutória. Também será dispensada a produção de provas de fatos que podem ser demonstrados por documentos, ou que não chegaram a tornar-se controversos; b) quando ocorrer a revelia e ela produzir o efeito previsto no art. 344 e não houver requerimento de prova, na forma do art. 349. É preciso que a revelia produza o efeito de fazer presumir verdadeiros os fatos narrados na petição inicial, pois só assim se tornará desnecessária a produção de provas. Além da ausência de contestação, haverá também julgamento antecipado se o réu descumprir o ônus da impugnação especificada, imposto pelo CPC, art. 341.

A lei qualificou de antecipado o julgamento nessas hipóteses porque, no procedimento comum, em regra a prolação da sentença ocorre após a realização da audiência de instrução e julgamento. Quando esta não é necessária, não há razão para que o processo se estenda, podendo desde logo ser proferido o julgamento.

Ao proferir o julgamento antecipado, o juiz deve verificar, com segurança, se estão preenchidos os seus requisitos. Constituirá cerceamento de defesa a antecipação do julgamento quando ainda havia provas a serem produzidas e as questões de fato não estavam suficientemente elucidadas. A parte prejudicada com um indevido julgamento antecipado poderá apelar, requerendo a declaração de nulidade da sentença. Se o tribunal der provimento ao recurso, baixará os autos para que o juiz dê prosseguimento ao processo, com a abertura da fase instrutória.

9. JULGAMENTO ANTECIPADO PARCIAL DO MÉRITO

Concluída a fase postulatória, pode acontecer que não seja possível promover o julgamento imediato de todos os pedidos, mas que alguns deles estejam em condições de julgamento. O CPC autoriza o juiz a proferir o julgamento de mérito parcial, de um ou alguns dos pedidos, ou parte deles, sem pôr fim ao processo ou à fase de conhecimento, que devem prosseguir, porque os demais pedidos ou parte deles precisam ser instruídos. Essa possibilidade não existia no CPC anterior, que não admitia a cisão do julgamento do mérito. Todos os pedidos deviam ser julgados ao mesmo tempo, na sentença, ainda que no curso do processo um deles ficasse incontroverso ou não necessitasse de outras provas. Em caso de incontrovérsia, o juiz apenas podia conceder tutela antecipada.

O CPC atual permite que o julgamento do mérito seja cindido em momentos diferentes. Estabelece o art. 356 que o juiz decidirá parcialmente o mérito quando um ou mais dos pedidos formulados ou parcela deles mostrar-se incontroverso ou estiver em condições de imediato julgamento, nos termos do art. 355. Imagine-se, por exemplo, que o autor formule duas pretensões na petição inicial. O réu, em contestação, impugna apenas os fatos em que se funda uma delas, tornando necessária a produção de provas, sem impugnar a outra. O juiz decidirá parcialmente o mérito, julgando a pretensão incontroversa, por decisão interlocutória, e determinará o prosseguimento do processo, para a produção de provas em relação a outra pretensão. O processo só terá uma sentença, já que ela é o ato que lhe põe fim ou encerra a fase de conhecimento. Todavia o mérito poderá ser apreciado não apenas na sentença, mas em decisões de mérito, proferidas em caráter interlocutório. Serão decisões interlocutórias de mérito as que, no curso do processo e antes da sentença, julgarem parcialmente as pretensões formuladas. A decisão pode dizer respeito a algumas dessas pretensões, quando houver cumulação, ou a parcela de uma delas. Esse julgamento antecipado parcial de mérito é feito por decisão interlocutória e não sentença, e o recurso cabível será o de agravo de instrumento (art. 1.015, II). Mas é feito em caráter definitivo e em cognição exauriente.

Proferido o julgamento parcial, a parte poderá liquidar ou executar desde logo a obrigação reconhecida. Se houver agravo, e enquanto houver recurso pendente, a execução será provisória; se não, será definitiva. O art. 515, I, inclui entre os títulos judiciais a decisão proferida no processo civil que reconhecer a exigibilidade do cumprimento de obrigação, seja essa decisão interlocutória, seja sentença. Interposto o agravo, haverá sempre a possibilidade de retratação da decisão de mérito. Em razão da possibilidade de um dos pedidos ou parte dele ser julgado antes da sentença, por decisão interlocutória de mérito, o art. 502 denomina coisa julgada material a autoridade que torna imutável e indiscutível a decisão de mérito (decisão aqui em sentido amplo, abrangendo sentenças e decisões interlocutórias) não mais sujeitas a recurso, e o art. 503 estabelece que a decisão que julga total ou parcialmente o mérito tem força de lei nos limites da questão principal expressamente decidida.

É também por essa razão que o CPC prevê o cabimento de ação rescisória contra decisão de mérito (expressão que abrange as sentenças e as decisões interlocutórias de mérito). O prazo para exercer o direito à rescisão continua sendo de dois anos, mas a contar do trânsito em julgado da última decisão proferida no processo. Portanto, se houver mais de uma decisão de mérito, os dois anos não contarão do trânsito em julgado de cada uma delas, mas da última (art. 975).

10. SANEAMENTO E ORGANIZAÇÃO DO PROCESSO

Não sendo caso de julgamento antecipado, total ou parcial do mérito, e tomadas as providências preliminares, o juiz proferirá decisão de saneamento e organização do processo. Como já houve a audiência de conciliação ou mediação, em regra, não será designada nova audiência para conciliação e saneamento do processo. O saneamento e a organização do processo devem ser feitos por decisão interlocutória, na qual o juiz resolverá as questões processuais pendentes, se houver; delimitará as questões de fato sobre as quais recairá a atividade probatória, especificando os meios de prova admitidos; definirá a distribuição do ônus da prova, delimitará as questões de direito relevantes para a decisão de mérito e designará, se necessário, audiência de instrução e julgamento. Mas se a causa apresentar complexidade em matéria de fato ou de direito, o juiz deverá designar audiência para o saneamento do processo, em cooperação com as partes. Trata-se de mais uma aplicação do princípio da cooperação. A finalidade dela é permitir que o juiz, se for o caso, convide as partes a integrar ou esclarecer as suas alegações, trazendo-lhe maiores elementos para que possa promover o saneamento e a organização do processo, decidindo sobre as questões controvertidas e sobre as provas necessárias. A ideia é que haja uma cooperação e uma atuação conjunta dos sujeitos do processo, e que sejam prestados os esclarecimentos necessários para que ele possa ter um desenvolvimento mais adequado. Proferida a decisão saneadora, as partes têm o direito de pedir esclarecimentos ou solicitar ajustes, no prazo comum de cinco dias, findo o qual a decisão se torna estável. Em princípio, contra ela não cabe agravo de instrumento, salvo se decidir algumas das questões constantes do rol estabelecido no art. 1.015 do CPC (por exemplo, se o juiz promover a redistribuição do ônus da prova – art. 1.015, XI, ou excluir um litisconsorte, art. 1.015, VII). Por isso, nos termos do art. 1.009, § 1º, ela não fica acobertada pela preclusão, e as questões por ela resolvidas poderão ser suscitadas como preliminar de apelação (salvo se o juiz, no saneamento, decidir algum dos temas elencados no art. 1.015, quando então o prejudicado deverá agravar, sob pena de preclusão). Dentro de cinco dias da intimação da decisão saneadora, as partes podem pedir ao juiz esclarecimentos ou solicitar ajustes, que ele estará autorizado a fazer. Depois do prazo, a decisão se torna estável, o que significa que, embora não preclusa, não poderá ser alterada pelo juiz, só podendo ser reexaminada pelo órgão *ad quem*, se suscitada como preliminar de apelação ou nas contrarrazões.

Ocorre, na fase de saneamento e organização do processo, mais um exemplo do poder de influência das partes no procedimento. Estabelece o art. 357, § 2º, que "As partes podem apresentar ao juiz, para homologação, delimitação consensual das questões de fato e de direito a que se referem os incisos II e IV (isto é, os fatos sobre os quais recairá atividade probatória ou as questões de direito relevantes para a decisão de mérito); se homologada, a delimitação vincula as partes e o juiz". Amplia-se o poder de disposição das partes, mas sempre com a fiscalização e o controle judicial. Trata-se de mais uma aplicação do princípio da cooperação dos sujeitos do processo, para que ele tenha um desenvolvimento mais eficiente.

Ao promover o saneamento, o juiz deliberará sobre as provas necessárias para a instrução do processo. Se autorizar a prova testemunhal, já designará data para a audiência de instrução e julgamento, concedendo às partes prazo não superior a 15 dias para arrolar testemunhas (se for designada a audiência para saneamento e organização do processo, na hipótese do art. 357, § 3º, o rol de testemunhas já deve ser levado pelas partes à audiência), no máximo dez, sendo três, no máximo, para a prova de cada fato. O juiz poderá, ainda, limitar o número de testemunhas levando em conta a complexidade da causa e os fatos a serem demonstrados. Se determinar perícia, deverá observar o disposto no art. 465 e, se possível, fixar calendário para a sua realização.

BIBLIOGRAFIA

ALBERTO DOS REIS, José. *Intervenção de terceiros*. Coimbra: Coimbra Ed., 1948.

ALBERTON, Genaceia da Silva. *Assistência litisconsorcial*. São Paulo: Revista dos Tribunais, 1994.

ALSINA, Hugo. *Tratado teórico y práctico de derecho procesal civil y comercial*. Buenos Aires: Ediar, 1956.

ALVES BARBOSA, Antônio Alberto. *Da preclusão processual civil*. 2. ed. São Paulo: Revista dos Tribunais, 1992.

ALVIM, Thereza. *O direito processual de estar em juízo*. São Paulo: Revista dos Tribunais, 1996.

————. *Questões prévias e os limites objetivos da coisa julgada*. São Paulo: Revista dos Tribunais, 1977.

ALVIM WAMBIER, Teresa Arruda. *O novo regime do agravo*. 2. ed. São Paulo: Revista dos Tribunais, 1996.

————. *Nulidades do processo e da sentença*. 4. ed. São Paulo: Revista dos Tribunais, 1998.

AMARAL SANTOS, Moacyr. *Primeiras linhas de direito processual civil*. 5. ed. São Paulo: Saraiva, 1977. v. 1.

————. *Primeiras linhas de direito processual civil*. 3. ed. São Paulo: Saraiva, 1977. v. 2.

————. *Comentários ao Código de Processo Civil*. 3. ed. Rio de Janeiro: Forense, 1982. v. 4.

ARAGÃO, Egas Moniz. *Comentários ao Código de Processo Civil*. Rio de Janeiro: Forense, 1975. v. 2.

ARMELIN, Donaldo. *Legitimidade para agir no direito processual civil brasileiro*. São Paulo: Saraiva, 1979.

ARRUDA ALVIM, José Manoel. *Manual de direito processual civil*; parte geral. 5. ed. São Paulo: Revista dos Tribunais, 1996. v. 1.

————. *Manual de direito processual civil*. 5. ed. São Paulo: Revista dos Tribunais, 1996. v. 2.

————. *Tratado de direito processual civil*. 2. ed. São Paulo: Revista dos Tribunais, 1990. v. 1.

————. *Tratado de direito processual civil*. 1. ed. São Paulo: Revista dos Tribunais. v. 2.

————. *Direito processual civil. Teoria geral do processo de conhecimento*. São Paulo: Revista dos Tribunais, 1972. v. 1.

————. *Direito processual civil. Teoria geral do processo de conhecimento*. São Paulo: Revista dos Tribunais, 1972. v. 2.

ARRUDA ALVIM et al. *Código do Consumidor comentado*. 2. ed. São Paulo: Revista dos Tribunais, 1995.

————. *CPC comentado*. São Paulo: Revista dos Tribunais, 1976. v. 5.

ASSIS, Araken de. *Cumulação de ações*. São Paulo: Revista dos Tribunais, 1991.

BARBI, Celso Agrícola. *Comentários ao Código de Processo Civil*. Rio de Janeiro: Forense, 1975. v. 1.

BARBOSA MOREIRA, José Carlos. *O novo processo civil brasileiro*. 7. ed. Rio de Janeiro: Forense, 1986.

————. *Comentários ao Código de Processo Civil*. 4. ed. Rio de Janeiro: Forense, 1981. v. 5.

BEDAQUE, José Roberto dos Santos. *Poderes instrutórios do juiz*. São Paulo: Revista dos Tribunais, 1991.

BOAVENTURA PACÍFICO, Luiz Eduardo. *O ônus da prova no direito processual civil*. São Paulo: Revista dos Tribunais, 2001.

BORGES, Marcos Afonso. *Comentários ao Código de Processo Civil*. São Paulo: LEUD, 1975. v. 1.

BUZAID, Alfredo. *Do agravo de petição no sistema do Código de Processo Civil*. São Paulo: Revista dos Tribunais, 1945.

CAHALI, Yussef Said. *Honorários advocatícios*. São Paulo: Revista dos Tribunais, 1990.

CALAMANDREI, Piero. *Istituzioni di diritto processuale civile*. Padova: CEDAM, 1943.

CAMPOS JUNIOR, Ephraim. *Substituição processual*. São Paulo: Revista dos Tribunais, 1985.

CARNEIRO, Athos Gusmão. *Jurisdição e competência*. 6. ed. São Paulo: Saraiva, 1995.

————. *Intervenção de terceiros*. 6. ed. São Paulo: Saraiva, 1994.

————. *Audiência de instrução e julgamento*. 4. ed. Rio de Janeiro: Forense, 1990.

————. *Do rito sumário na reforma do CPC*. São Paulo: Saraiva, 1996.

CARNELUTTI, Francesco. *Sistema di diritto processuale civile*. Padova: CEDAM, 1936.

CARREIRA ALVIM, J. E. *Elementos de teoria geral do processo*. 7. ed. Rio de Janeiro: Forense, 1997.

CHIOVENDA, Giuseppe. *Instituições de direito processual civil*. Trad. J. Guimarães Menegale. São Paulo: Saraiva, 1965.

COSTA, Moacyr Lobo da. *Assistência*. São Paulo: Saraiva, 1968.

COUTURE, Eduardo. *Fundamentos del derecho procesal civil*. Buenos Aires: Depalma, 1958.

CRUZ E TUCCI, José Rogério. *Lineamentos da nova reforma do CPC*. 2. ed. São Paulo: Revista dos Tribunais, 2002.

————. *A "causa petendi" no processo civil*. São Paulo: Revista dos Tribunais, 1994.

CRUZ E TUCCI, José Rogério et al. *Garantias constitucionais do processo civil*. São Paulo: Revista dos Tribunais, 1999.

DINAMARCO, Cândido Rangel. *Instituições de direito processual civil*. São Paulo: Malheiros Ed., 2001. v. 1.

————. *Instituições de direito processual civil*. São Paulo: Malheiros Ed., 2001. v. 2.

————. *Instituições de direito processual civil*. São Paulo: Malheiros Ed., 2001. v. 3.

————. *Execução civil*. 3. ed. São Paulo: Malheiros Ed., 1993.

————. *A reforma do Código de Processo Civil*. São Paulo: Malheiros Ed., 1995.

————. *A reforma da reforma*. 3. ed. São Paulo: Malheiros Ed., 2002.

————. *Fundamentos do processo civil moderno*. 3. ed. São Paulo: Malheiros Ed., 2000. 2 v.

————. *A instrumentalidade do processo*. 2. ed. São Paulo: Revista dos Tribunais, 1990.

————. *Litisconsórcio*. São Paulo: Malheiros Ed., 1994.

FABRÍCIO, Adroaldo Furtado. *A ação declaratória incidental*. Rio de Janeiro: Forense, 1976.

FADEL, Sérgio Sahione. *CPC comentado*. Rio de Janeiro: Forense, 1984. v. 1.

FERRAZ, Sérgio. *Assistência litisconsorcial no direito processual civil*. São Paulo: Revista dos Tribunais, 1979.

FIGUEIRA JUNIOR, Joel Dias. *Novo procedimento sumário*. São Paulo: Revista dos Tribunais, 1996.

FORNACIARI JÚNIOR, Clito. *Reconhecimento jurídico do pedido*. São Paulo: Revista dos Tribunais, 1977.

————. *Da reconvenção no direito processual brasileiro*. 2. ed. São Paulo: Saraiva, 1983.

GIANESINI, Rita. *Da revelia no processo civil brasileiro*. São Paulo: Revista dos Tribunais, 1977.

GONÇALVES, Carlos Roberto. *Direito civil brasileiro*; parte geral. São Paulo: Saraiva, 2003. v. 1.

————. *Responsabilidade civil*. 7. ed. São Paulo: Saraiva, 2002.

————. *Principais inovações no Código Civil de 2002*. São Paulo: Saraiva, 2002.

GONÇALVES, Carlos Roberto et al. *Prescrição: questões relevantes e polêmicas. Novo Código Civil. Questões controvertidas*. Série grandes temas de direito privado. São Paulo: Método, 2003.

GRECO FILHO, Vicente. *Direito processual civil brasileiro*. 15. ed. São Paulo: Saraiva, 2002. v. 1.

————. *Direito processual civil brasileiro*. 15. ed. São Paulo: Saraiva, 2002. v. 2.

————. *Intervenção de terceiros no processo civil*. São Paulo: Saraiva, 1986.

GRINOVER, Ada Pellegrini et al. *Teoria geral do processo*. 8. ed. São Paulo: Revista dos Tribunais, 1991.

GUASP, Jaime. *Derecho procesal civil*. Madrid: Ed. Instituto de Estudios Políticos, 1961.

JORGE, Flávio Cheim. *Apelação cível. Teoria geral e admissibilidade*. São Paulo: Revista dos Tribunais.

————. *Chamamento ao processo*. 2. ed. São Paulo: Revista dos Tribunais, 1999.

KOMATSU, Roque. *Da invalidade no processo civil*. São Paulo: Revista dos Tribunais, 1991.

LACERDA, Galeno. *Despacho saneador*. Porto Alegre: Sulina, 1953.

LAMBAUER, Mathias. *Do litisconsórcio necessário*. São Paulo: Saraiva, 1982.

LIEBMAN, Enrico Tullio. *Eficácia e autoridade da sentença*. 3. ed. Rio de Janeiro: Forense, 1984.

LIMA FREIRE, Rodrigo da Cunha. *Condições da ação – enfoque sobre o interesse de agir no processo civil*. São Paulo: Revista dos Tribunais, 1999.

LOPES, João Batista. *A prova no direito processual civil*. São Paulo: Revista dos Tribunais, 2000.

————. *Ação declaratória*. 4. ed. São Paulo: Revista dos Tribunais, 1995.

LOPES DA COSTA, Alfredo Araújo. *Da intervenção de terceiros no processo*. São Paulo: Ed. C. Teixeira, 1930.

MACHADO, Antônio Cláudio da Costa. *A intervenção do Ministério Público no processo civil brasileiro*. São Paulo: Saraiva, 1989.

MARCATO, Antonio Carlos. *Anotações de direito processual civil*. Paraná: Bird Gráfica, 1993.

MARINONI, Luiz Guilherme. *Tutela cautelar e tutela antecipatória*. São Paulo: Revista dos Tribunais, 1992.

MARQUES, José Frederico. *Instituições de direito processual civil*. Rio de Janeiro: Forense. v. 1.

————. *Manual de direito processual civil*. São Paulo: Saraiva, 1974. v. 1.

MAURICIO, Ubiratan do Couto. *Assistência simples no direito processual civil*. São Paulo: Revista dos Tribunais, 1983.

MAZZILLI, Hugo Nigro. *O Ministério Público na Constituição de 1988*. São Paulo: Saraiva, 1989.

MIRANDA, Francisco Cavalcanti Pontes de. *Comentários ao Código de Processo Civil*. Rio de Janeiro: Forense, 1974. t. V.

MIRANDA, Gilson Delgado. *Procedimento sumário*. São Paulo: Revista dos Tribunais, 2000.

MOREIRA, Alberto Camiña et al. *Nova reforma processual civil*. 2. ed. São Paulo: Método, 2003.

MOREIRA ALVES, José Carlos. *A parte geral do projeto de Código Civil brasileiro*. São Paulo: Saraiva, 1986.

NEGRÃO, Theotonio. *Código de Processo Civil e legislação processual em vigor*. 31. ed. São Paulo: Saraiva, 2000.

NERY JUNIOR, Nelson. *Atualidades sobre o processo civil*. 2. ed. São Paulo: Revista dos Tribunais, 1996.

————. *Princípios do processo civil na Constituição Federal*. 4. ed. São Paulo: Revista dos Tribunais, 1997.

NERY JUNIOR, Nelson; NERY, Rosa Maria de Andrade. *Código de Processo Civil comentado*. 3. ed. São Paulo: Revista dos Tribunais, 1997.

OLIVEIRA JUNIOR, Waldemar Mariz. *Substituição processual*. São Paulo: Revista dos Tribunais, 1971.

PISANI, Andrea Proto. *Opposizione di terzo ordinaria*. Napoli: Jovene, 1965.

REGO, Hermenegildo de Souza. *Natureza das normas sobre prova*. São Paulo: Revista dos Tribunais, 1985.

RIOS GONÇALVES, Marcus Vinicius. *Processo de execução e cautelar*. Sinopses jurídicas. 4. ed. São Paulo: Saraiva, 2003.

————. *Procedimentos especiais*. Sinopses jurídicas. 3. ed. São Paulo: Saraiva, 2003.

————. *Vícios da posse*. 3. ed. São Paulo: Ed. Oliveira Mendes, 2003.

SANCHES, Sydney. *Denunciação da lide no direito processual civil brasileiro*. São Paulo: Revista dos Tribunais, 1984.

SANSEVERINO, Milton. *Procedimento sumaríssimo*. São Paulo: Revista dos Tribunais, 1983.

SANTOS, Ernane Fidélis dos. *Manual de direito processual civil*. São Paulo: Saraiva, 1985. v. 1.

SHIMURA, Sérgio. *Título executivo*. São Paulo: Saraiva, 1997.

SOUZA LASPRO, Oreste Nestor. *Duplo grau de jurisdição no direito processual civil*. São Paulo: Revista dos Tribunais, 1996.

TEIXEIRA, Sálvio de Figueiredo. *Código de Processo Civil anotado*. 6. ed. São Paulo: Saraiva, 1996.

THEODORO JUNIOR, Humberto. *Curso de direito processual civil*. Rio de Janeiro: Forense, 1985.

————. *Processo de conhecimento*. Rio de Janeiro. Forense, 1981.

TUCCI, Rogério Lauria. *Do julgamento conforme o estado do processo*. 2. ed. São Paulo: Saraiva, 1982.

WATANABE, Kazuo. *Da cognição no processo civil*. 2. ed. São Paulo: Central de Publicações Jurídicas, 1999.

WATANABE, Kazuo et al. *Código Brasileiro de Defesa do Consumidor comentado pelos autores do anteprojeto*. 5. ed. Rio de Janeiro: Forense, 1997.

YARSHELL, Flávio Luiz. *A interrupção da prescrição pela citação: confronto entre o novo Código Civil e o Código de Processo Civil*. Porto Alegre: Síntese, 2003.

ZANZUCCHI, Marco Tullio. *Diritto processuale civile*. Milano: Giuffrè, 1955.